OEP – oose Engineering Process

Bernd Oestereich ist Geschäftsführer der oose Innovative Informatik GmbH und Autor zahlreicher teilweise international verlegter Buch- und Zeitschriftenpublikationen. Mit seinen Arbeiten gibt er immer wieder wichtige Impulse im Software-Engineering und Projektmanagement.

Claudia Schröder ist selbstständige IT-Systemanalytikerin, Trainerin und betriebswirtschaftliche Unternehmensberaterin. Ihr Fokus liegt in den Bereichen Anforderungsanalyse, Geschäftsprozessmodellierung und -optimierung, Controlling und der Kommunikation zwischen fachlich- und technisch-orientierten Teams.

Markus Klink arbeitet als Berater bei der oose Innovative Informatik GmbH. Zuvor leitete er drei Jahre eine Offshore-Entwicklungsfirma in Bangalore, Indien. Seine Interessenschwerpunkte liegen in der Softwaremodellierung mit UML und BPMN, Vorgehensmodellen und Entwicklungsmethodik.

Guido Zockoll ist Senior-Trainer bei der oose Innovative Informatik GmbH und Geschäftsführer der experts@work GmbH. Er verfügt über ein breites Feld an praktischen Erfahrungen von der Hardware-Entwicklung bis zur Projektleitung. Seine Spezialgebiete sind OO-Architekturen, Entwurfsmuster und objektorientierte Entwicklungsmethodik.

Bernd Oestereich · Claudia Schröder · Markus Klink · Guido Zockoll

OEP – oose Engineering Process

Vorgehensleitfaden für agile Softwareprojekte

Herausgegeben von oose Innovative Informatik GmbH

dpunkt.verlag

Bernd Oestereich
Bernd.Oestereich@oose.de

Claudia Schröder
Claudia.Schroeder@oose.de

Markus Klink
Markus.Klink@oose.de

Guido Zockoll
Guido.Zockoll@experts-at-work.de

Mehr über die Autoren und den OEP erfahren Sie unter **www.oose.de/oep**

Lektorat: Christa Preisendanz
Copy-Editing: Redaktion ALUAN, Alexander Reischert, Köln
Satz: Bernd Oestereich, Hamburg
Herstellung: Birgit Bäuerlein
Umschlaggestaltung: Helmut Kraus, www.exclam.de
Druck und Bindung: Koninklijke Wöhrmann B.V., Zutphen, Niederlande

Bibliografische Information Der Deutschen Bibliothek
Die Deutsche Bibliothek verzeichnet diese Publikation in der Deutschen Nationalbibliografie; detaillierte bibliografische Daten sind im Internet über <http://dnb.ddb.de> abrufbar.

ISBN-10: 3-89864-407-3
ISBN-13: 978-3-89864-407-5

1. Auflage 2007

Ringstraße 19 B
69115 Heidelberg

5 4 3 2 1 0

Vorwort

Das Vorgehensmodell OEP – oose Engineering Process existiert in seiner Grundstruktur seit 1996, ist seit vielen Jahren im Internet unter www.oose.de/oep zugänglich und wurde seitdem von zahlreichen deutschsprachigen Großunternehmen eingesetzt und in Lizenz genommen.

Der OEP war immer als interaktive Referenz, also als elektronisches Referenz- und Nachschlagewerk gedacht. In den letzten Jahren wurde das Vorgehensmodell zweimal sehr weitgehend überarbeitet und erweitert.

Obwohl wir immer der Meinung waren, eine elektronische Referenz, also eine Sammlung von mehreren hundert verlinkten HTML-Seiten, sei die pragmatischste Lösung, erhielten wir immer öfter den Wunsch, den OEP auch in gedruckter Form bereitzustellen.

Diesem Wunsch sind wir hiermit nachgekommen. Durch die vollständige Wiedergabe aller Beschreibungstexte in diesem Buch geben wir gleichzeitig auch alle Inhalte der Online-Version frei. In dieser war bislang nur ein kleiner Teil des OEP frei zugänglich. Der Zugang zu den vollständigen Inhalten war den Lizenznehmern vorbehalten.

Der OEP wird sicherlich auch in den nächsten Jahren weiterentwickelt werden. Insofern freuen wir uns über Rückmeldungen und Verbesserungsvorschläge.

Im Übrigen hat der OEP viele Väter und Mütter, die Beschreibungstexte als auch deren späteren Überarbeitungen stammen von verschiedenen Personen. Die Rechte daran liegen bei der Firma oose Innovative Informatik GmbH. Die im Buchtitel genannten Autoren dieses Buches haben lediglich die Zusammenstellung und Aufbereitung in Buchform übernommen. Bernd hat die inhaltliche Redaktion übernommen, Claudia die Koordination, das Projektmanagement und die Berücksichtigung der Copy-Editing-Ergebnisse, Guido die Generierung aus unserer OEP-Datenbank, und Markus hat den Teil über das V-Modell XT beigetragen. Viele andere haben uns dabei geholfen.

Vielen Dank!

Hamburg, Sommer 2006

Bernd Oestereich, Claudia Schröder, Guido Zockoll und Markus Klink

Überblick

Inhalt

1

Einführung in den OEP

1.1 Einführung

Arten von Vorgehensmodellen

Grundstrukturen von Vorgehensmodellen

Der oose Engineering Process (OEP, bis 2005 auch unter dem Namen Object Engineering Process bekannt) ist ein seit vielen Jahren praxiserprobter Vorgehensleitfaden für die (objektorientierte) Softwareentwicklung. Er enthält Wissen und Erfahrungswerte aus dutzenden großen und kleinen Kundenprojekten. Er beschreibt einen modernen iterativ-inkrementellen und agilen Entwicklungsprozess, zugeschnitten auf die Entwicklung betrieblicher Informationssysteme als mehrschichtige objektorientierte Client-Server-Architektur.

Der OEP ist dabei kein abstraktes Vorgehensmodell, sondern eher ein konkreter Prozessleitfaden, d.h., er enthält sehr konkrete Vorschläge und Anleitungen auch zur praktischen Umsetzung. Der OEP ist außerdem auch kein universelles Vorgehensmodell, sondern zugeschnitten auf eine ganz bestimmte Methodik, Architektur und Projektorganisation.

Die Anpassung des OEP für andere Organsiationen und Projekte geschieht weniger, wie bei anderen Vorgehensmodellen, durch Konkretisierung abstrakter Beschreibungen, sondern durch Entfernen unpassender und Hinzufügen fehlender Beschreibungen.

Anspruch des OEP

Der OEP hat nicht den Anspruch, den Softwareentwicklungsprozess hundertprozentig vollständig und perfekt zu beschreiben, vielmehr geht er von der Annahme aus, dass Projekte sowieso nur zu einem gewissen Grad planbar und über Vorgehensmodelle anleitbar sind. Vielleicht sind daher nur 70 % der Aktivitäten beschrieben, diese jedoch in einer Art und Weise, dass sie einen unmittelbaren Nutzen für seine Anwender haben, beispielsweise durch Muster- und Beispielergebnisse, Checklisten u.Ä. Der praktische Nutzen des OEP steht im Vordergrund, eine Idealisierung und theoretische Perfektionierung des Prozessmodells wird hingegen als nachrangig angesehen.

Aufbau des OEP

Der Leitfaden gliedert sich in fünf Phasen, von denen vor allem die Entwurfs- und die Konstruktionsphase iterativ abgewickelt werden. Der Vorgehensleitfaden setzt sich zusammen aus Beschreibungen von Phasen, Meilensteinen, Iterationen, Disziplinen, Aktivitäten, Rollen, Ergebnissen u.a. Die Aktivitäten sind zur besseren Übersicht inhaltlich in so genannte Disziplinen gruppiert. Neben den Aktivitäten zur Geschäftsprozessmodellierung, Anforderungsanalyse, fachlicher und technischer Architektur und Systemerstellung umfasst der OEP auch die Bereiche Qualitätssicherung, Test, Abnahmen, Einsatz, Verteilung, Konfigurations-, Änderungs-, Prozess- und Projektmanagement. Für die Projektleitung ist das Vorgehensmodell eine wichtige Planungsunterlage. Aus dem Vorgehensmodell kann die Projektleitung viele der notwendigen und sinnvollen Aktivitäten ableiten. Sie kann das Vorgehensmodell im einfachsten Fall als einfache Checkliste verwenden, etwa für die Frage: *„Haben wir irgendwelche Aktivitäten und Ergebnisse in der Planung übersehen?"*

Nutzen des OEP

Der optimale Nutzen entsteht, wenn die Projektleitung alle im Vorgehensmodell beschriebenen Aktivitäten, Ergebnisse, Meilensteine etc. kritisch würdigt und jeweils entscheidet: *„Müssen oder sollten wir dies in unserem konkreten Projekt berücksichtigen, und wenn ja, in welcher Ausprägung?"*

Eigenverantwortung bleibt

Die Aktivitäten und Ergebnisse des Vorgehensmodells sind klassifiziert in optionale und obligatorische Bestandteile. Außerdem kann die Projektleitung wichtige inhaltliche Zusammenhänge und Abhängigkeiten entnehmen oder ableiten, um so die Reihenfolge und Dringlichkeit für die Aktivitäten des konkreten Projektes festzulegen. Trotz dieser Hilfestellung verbleibt die volle Verantwortung für die konkrete Projektplanung und -durchführung natürlich bei der Projektleitung – unabhängig davon, was das Vorgehensmodell berücksichtigt und nahe legt. Welche Aktivitäten sinnvoll und notwendig sind und welche Abhängigkeiten im Vorgehen tatsächlich vorliegen, kann nur für ein konkretes Projekt entschieden werden. Ebenso wird jedes Projekt stets eine Menge von Sachverhalten berücksichtigen müssen, die das Vorgehensmodell nicht kennt.

QS

Für die Qualitätssicherung (QS) ist das Vorgehensmodell ein hilfreicher Leitfaden, um die Planung und Durchführung eines konkreten Projektes hinsichtlich Vollständigkeit und Abhängigkeiten zu hinterfragen und nachzuvollziehen. Außerdem enthalten zahlreiche Beschreibungen von Aktivitäten und Ergebnissen Hinweise, wie die fachliche Qualität beurteilt werden kann.

Die übrigen Projektbeteiligten unterstützt das Vorgehensmodell durch teilweise detaillierte Arbeitsanleitungen, Hinweisen zur Form und Gliederung von Ergebnissen, Muster/Formulare, Ergebnisbeispiele, Verweise auf relevante Standards und Richtlinien usw.

Unified Process

Aufbau und Struktur des hier vorgestellten Vorgehensmodells folgt dem Unified Software Development Process (USDP oder *Unified Process* abgekürzt) von Ivar Jacobson, Grady Booch und James Rumbaugh ([Jacobson-1999]).

1.1.1 Struktur des Vorgehensmodells

Das Vorgehensmodell setzt sich aus den drei Teilen I

- Rahmenrichtlinien
- Durchführungsrichtlinien und -hilfen
- Prozessleitfaden

zusammen. Inhalt und Zielrichtung dieser einzelnen Punkte werden im Folgenden näher beschrieben.

1.1.1.1 Rahmenrichtlinien

Die Rahmenrichtlinien beschreiben,

- wie Projekte und ihr Umfeld (z.B. Lenkungsausschuss) in dem Unternehmen entstehen,
- welche allgemeinen Vorschriften zu beachten sind (Haushalts-, Wirtschaftlichkeits-, Beschaffungsrichtlinien etc.),
- welche besonderen projektexternen Organisationseinheiten und Gremien in welcher Weise einzubinden sind,
- welche grundsätzlichen Berichtswege zu beachten sind,
- den grundsätzlichen Aufbau und die Organisation von Projekten,
- die elementaren Phasen und Meilensteine.

Die Rahmenrichtlinien sind gewöhnlich für alle Projekte in dem Unternehmen bindend, ihre Einhaltung ist zu kontrollieren. Mit Ausnahme der Phasen und Meilensteine werden die Rahmenrichtlinien in diesem Buch nicht weiter behandelt, da diese unternehmensspezifisch sind. Jedes Unternehmen, das den OEP einsetzen möchte, beschreibt die bei ihm gültigen Rahmenbedingungen selbst.

1.1.1.2 Durchführungsrichtlinien und -hilfen

Die Durchführungsrichtlinien enthalten

- Standards, Richtlinien und Konventionen, die unabhängig vom konkreten Vorgehen zu berücksichtigen sind, beispielsweise Namenskonventionen, Modellierungsrichtlinien, Programmierrichtlinien u.Ä.
- Muster (leere Formulare, Dateien, Vorlagen etc.), Ergebnisbeispiele
- Checklisten
- Beschreibung der Werkzeuge
- ein Glossar

Auf die Durchführungsrichtlinien und -hilfen wird in diesem Buch nicht weiter eingegangen, da diese ebenso wie die Rahmenrichtlinien unternehmensspezifisch sind. Einige Elemente befinden sich jedoch in der Online-Version des OEP.

1.1.1.3 Prozessleitfaden

Der Prozessleitfaden beschreibt detailliert alle wichtigen potenziellen Aktivitäten, Ergebnisse, Meilensteine, beteiligten Rollen und ihre Abhängigkeiten voneinander. Der Prozessleitfaden dient der direkten Unterstützung der Planung und Durchführung von Projekten und steht beispielsweise im Intranet eines Unternehmens online zur Verfügung. Dieser Teil ist der Kernbestandteil dieses Buches.

Die im Prozessleitfaden genannten Aktivitäten und zu erstellenden Ergebnisse werden vom Projektleiter nach seinem Ermessen berücksichtigt. Der Projektleiter entscheidet darüber, welche dieser Aktivitäten im konkreten Projekt notwendig sind, in welchem Umfang sie durchgeführt werden und wann die Durchführung erfolgt. Ebenso entscheidet er bei den Ergebnissen, die nicht als verpflichtende Meilensteinergebnisse vorliegen müssen, in welcher Form und welchem Umfang sie erstellt werden müssen. Hierbei richtet er sich nach den Vorgaben des Prozessleitfadens.

1.1.2 Überblick

Phasen und Prozesse

Die Grundstruktur des Unified Process, die auch dem oose Engineering Process (OEP) zu Grunde liegt, setzt sich aus folgenden Beschreibungselementen zusammen:

- **Phasen**
  stellen eine zeitliche Gliederung des Entwicklungsprozesses dar. Jede Phase erfüllt einen definierten Zweck und führt zu definierten Ergebnissen. Sie lauten Vorbereitungsphase *(Inception)*, Entwurfs- und Architekturphase (*Elaboration*), Konstruktionsphase (*Construction*), Einführungsphase (*Transition*) und Betriebsphase (*Operation*).
- **Iterationen**
  Die Konstruktions- und ggf. die Vorbereitungsphase werden wiederum in mehrere, ca. vier bis acht Wochen dauernde Iterationen untergliedert. Am Anfang einer Iteration steht eine Festlegung realistischer und überprüfbarer Ziele, am Ende der Iteration eine systematische Bewertung der Zielerreichung. Im OEP werden Iterationen grundsätzlich als Timebox betrachtet. Siehe hierzu [Oestereich-2006-APM], [Oestereich-2006-interPM].
- **Meilensteine**
  sind die Verknüpfung von definierten Ergebnissen mit einem speziellen Zeitpunkt. Am Ende einer jeden Phase steht in jedem Fall ein Meilenstein. Weitere projektspezifische Meilensteine sind möglich.
- **Aktivitäten**
  beschreiben, wer wann was im Projekt zu tun hat, welche Voraus-

setzungen, Ergebnisse, Abhängigkeiten damit verbunden sind u.Ä. Die Granularität der Aktivitäten ist (mit Ausnahmen) so gewählt, dass damit ein oder mehrere Ergebnisse mit einem sinnvollen und definierten Zwischen- oder Endzustand entstehen, die Verantwortung für diese Ergebnisse eindeutig zu benennen ist und es sich um zeitlich zusammenhängende Tätigkeiten handelt.

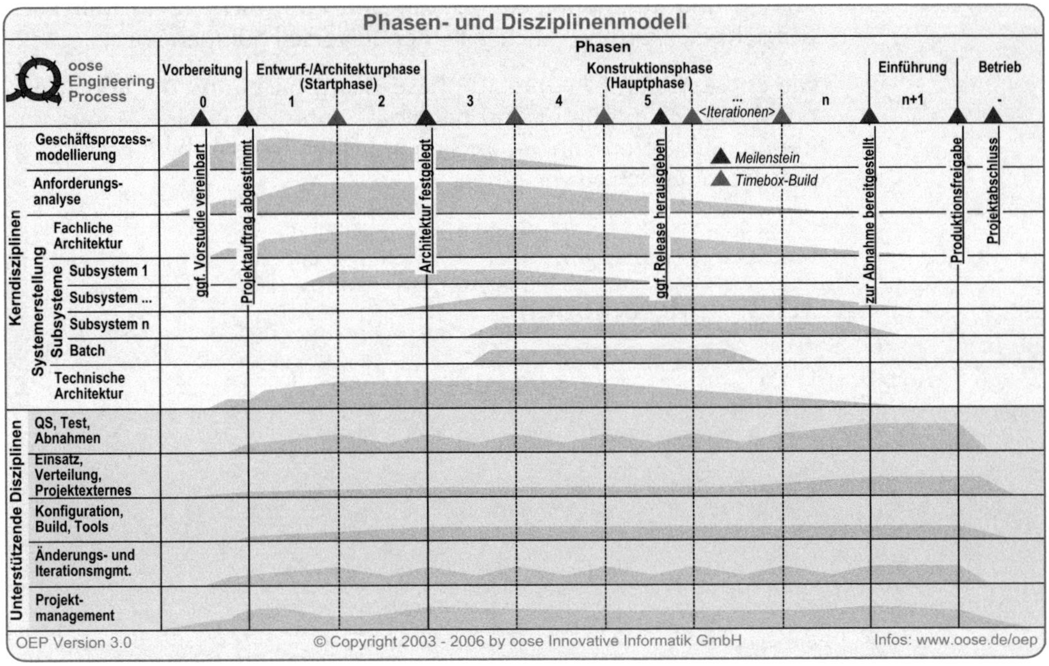

Abb. 1.1-1: Phasen und Disziplinen des OEP im Überblick

- **Disziplinen**
  stellen eine inhaltliche Gliederung der Entwicklungsaktivitäten dar. Die Kerndisziplinen im OEP heißen *Geschäftsprozessmodellierung, Anforderungsanalyse und Systemerstellung,* zu den unterstützenden Disziplinen gehören *Qualitätssicherung, Einsatz und Verteilung, Konfigurations- und Umgebungsmanagement, Iterations- und Änderungsmanagement* sowie *Projektmanagement*, wobei Systemerstellung als Kerndisziplin noch weiter untergliedert ist, wie später ausgeführt wird.

- **Rollen**
  sind Beschreibungen von beteiligten Personen bzw. Akteuren, ihren Verantwortlichkeiten, notwendigen oder sinnvollen Qualifikationen und ggf. ihrer aufbauorganisatorischen Herkunft. Im Unified Process werden diese Rollen *Worker* genannt.

- **Ergebnisse**
  beschreiben Grundstruktur und grundlegende Eigenschaften der im Projekt entstehenden Resultate. Sinnvolle temporäre Ergebnis-

se und Zwischenergebnisse werden ebenfalls beschrieben. Im Unified Process werden sie *Artefakte* (*Artifacts*) genannt.

Die Abb. 1.1-1 gibt einen ersten Überblick. Im oberen Bereich sind die Phasen des OEP zu sehen, im linken Bereich die Disziplinen. Die eingezeichneten Balken bzw. Gebirge in der Mitte geben sehr grob den Anteil bzw. die Intensität der jeweiligen Disziplinen in den einzelnen Phasen und Iterationen wieder. Sie sind zwar nicht völlig willkürlich gezeichnet, allerdings auch in keiner universell gültigen Weise.

Die Entwurfs- und Architekturphase (Startphase) und die Konstruktionsphase (Hauptphase) sind nochmals unterteilt in eine Menge von Iterationen. Deren Zahl ergibt sich individuell, die Abbildung ist auch hier exemplarisch zu verstehen.

1.1.3 Metamodell

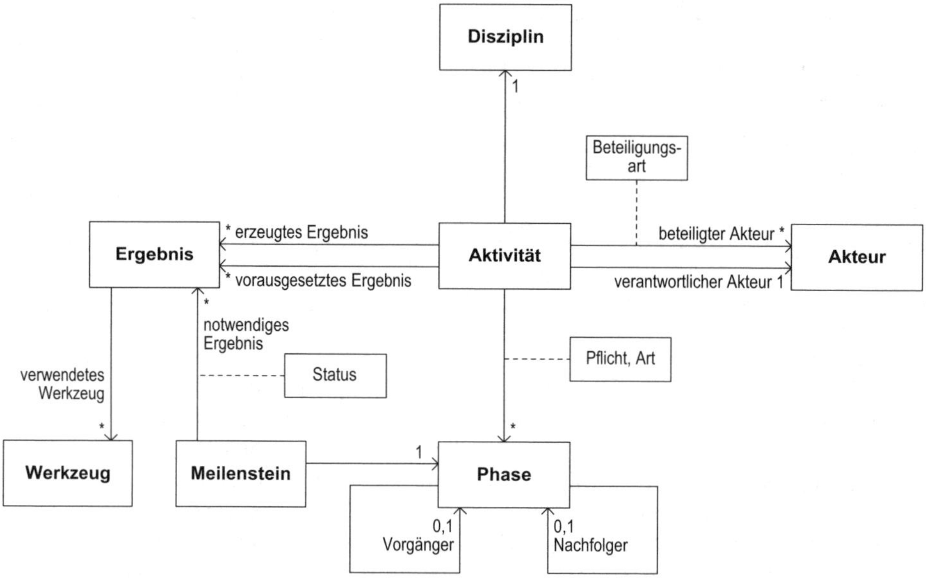

Abb. 1.1-2: Vereinfachtes Metamodell des OEP

1.1.4 Angenommene Rahmenbedingungen

Der Prozessleitfaden ist ausgerichtet an die Durchführung eines einzelnen Projektes, mit dem Software für ein größeres Unternehmen entwickelt werden soll.

Deutlich zu erkennen ist dies an Aktivitäten wie "Mitbestimmungsverfahren einleiten" (A-181, ⇨186). In kleineren Unternehmen ist dies nicht relevant, und die entsprechenden Aktivitäten sind in solchen Fällen einfach wegzulassen. Entsprechendes gilt auch für die vorhandenen Rollen. Der OEP unterscheidet zwischen Gesamt- und Teilprojektleitung, fachlicher und technischer Projektleitung und Architektur usw. In größeren Projekten werden diese Rollen von jeweils eigenen Personen wahrgenommen, während in kleineren Projekten diese Rollen in einer Person vereint sind, vom Projekt kollektiv wahrgenommen werden können oder gar nicht notwendig sind

OEP für große und für kleine Projekte

Der OEP geht von einer klaren Abgrenzung der Projektorganisation von der Auftraggeberorganisation aus, so als würde das Softwareprojekt von einem externen Auftragnehmer durchgeführt. Diese klare Trennung halten wir auch für rein unternehmensinterne Entwicklungsprojekte für sinnvoll und sollte in jedem Fall praktiziert werden. Die Adaption für diesen Anwendungsfall sollte mit dem OEP einfach sein.

Trennung Auftraggeber-/Auftragnehmerorganisation

Agil? Mit dem OEP wagen wir außerdem den Spagat, auf der einen Seite ein Vorgehensmodell bereitzustellen – und Vorgehensmodelle stehen in dem Ruf, schwergewichtig zu sein – und auf der anderen Seite eine agile Projektdurchführung zu unterstützen.

Agilität

Auch die klassischen agilen Verfahren wie beispielsweise Extreme Programming (XP) definieren eine Menge von Techniken, Konzepten, Werten und Methoden, die nicht immer in jeder Situation passen. XP ist als eine Art Ausgangspunkt oder Basislinie zu verstehen, d.h., das Projekt startet mit den durch XP vorgegebenen Methoden und entwickelt davon ausgehend sein eigenes angemessenes Vorgehen, das sich dann entsprechend mehr oder weniger von den gegebenen XP-Prinzipien wegentwickeln kann. Das muss so sein, denn XP will ja gerade kein starres Vorgehensmodell sein.

Extreme Programming

XP adressiert vor allem kleinere Projekte und konzentriert sich stark auf das Management der Anforderungsanalyse- und Implementierungstätigkeiten. Für mittlere und große Projekte bzw. Unternehmen wichtige Aspekte wie Roll-Out, Abstimmung mit dem Rechenzentrumsbetrieb oder Befriedigung unternehmensinterner Controlling- und Berichtsstandards sind keine expliziten Bestandteile von XP.

Der OEP richtet sich an mittlere und größere Unternehmen und enthält dementsprechend diese Aspekte. Dadurch ist der OEP weitaus umfassender als andere agile Methoden, dennoch aber durchdrungen von den Werten und Prinzipien agiler Methoden. Beispielsweise ist der OEP nicht nur ein iteratives Vorgehensmodell, sondern versteht Iterationen immer auch als Timeboxen (was für den Unified Process nicht zwingend ist). Eine ganze Reihe einzelner Aktivitäten dient dazu, wöchentliches Feedback zu etablieren und dennoch die bei agilen Verfahren höheren Planungsaufwände beherrschbar zu halten, indem die Planungszyklen drei bis acht Wochen dauern und dennoch mit

Agile Aspekte des OEP

den wöchentlichen Feedbacks über den Entwicklungsstand verknüpft sind. Ein hoher Grad von Testautomatisierung, hohe Kundeneinbindung, regelmäßige Retrospektiven, Daily-Build und Smoketests etc. sind selbstverständliche Bestandteile des OEP.

Verantwortung für projektspezifische Adaption

So wie XP-Techniken einen methodischen Startpunkt darstellen, so ist auch der OEP nur eine Basis, die vor und während des Projektes so anzupassen, weiterzuentwickeln und zu praktizieren ist, wie es für die konkrete Projektsituation angemessen erscheint. Das Projekt nimmt den OEP als Vorschlag, holt sich Anregungen und orientiert sich am OEP – behält aber in jedem Fall die Eigenverantwortung und Entscheidungsfreiheit für Abweichungen.

V-Modell XT

Der OEP ist deutlich konkreter als beispielsweise das V-Modell XT, der offizielle Vorgehensstandard der Bundesrepublik Deutschland (vgl. [Rausch-VMXT-2006]), und gerade deswegen sehr gut geeignet, um in Kombination mit dem V-Modell XT angewendet zu werden. Das V-Modell XT gibt in diesem Fall den Rahmen vor, den der OEP dann systematisch konkretisiert. Zu diesem Zweck haben wir eine Abbildungskonvention für das V-Modell XT erstellt, aus der die entsprechenden Bezugspunkte deutlich werden. Hierzu mehr im Kapitel 6 „V-Modell XT: ein Überblick“ (⇨279).

1.1.5 Anwendung des OEP

Lizenzmodelle

Der OEP richtet sich primär an Unternehmen, die für ihre Softwareentwicklungsprojekte ein einheitliches Vorgehensmodell wünschen. Diese Unternehmen können

- den OEP in Lizenz nehmen,
- an ihre unternehmensspezifischen Gegebenheiten anpassen,
- in dieser angepassten Form unternehmensweit bereitstellen (schriftlich, vor allem aber elektronisch)
- und dadurch schließlich innerhalb ihrer Projekte einsetzen.

Nutzungsmöglichkeiten

Der OEP kann auch direkt von einem Projekt genutzt werden, ohne Anpassung, in der Form, wie er hier im Buch oder im Internet unter www.oose.de/oep beschrieben ist. Diese Variante ist mit verschiedenen praktischen Einschränkungen verbunden, da der OEP in diesem Fall nur partiell passen wird.

Der OEP ist in diesem Buch sehr weitgehend beschrieben und zusätzlich im Internet größtenteils frei zugänglich. Dennoch erfordert jede kommerzielle Nutzung eine Lizenz! Details hierzu finden Sie unter www.oose.de/oep.

Der OEP ist kein Werkzeug zur Verwaltung oder direkten Steuerung konkreter Projekte, sondern besteht lediglich aus einer Vielzahl von Beschreibungstexten und einigen Muster- und Beispieldokumenten.

In diesem Sinne ist der OEP keine Software, sondern einfach nur Know-how.

Anpassung

Während bei anderen Vorgehensmodellen die projektspezifische Anpassung im Vordergrund steht, ist für den OEP die unternehmensspezifische Anpassung vorgesehen. Dahinter steht folgende Überlegung: Innerhalb eines Unternehmens sollen und werden Softwareentwicklungsprojekte in den meisten Fällen gleichartig durchgeführt. Die Art und Weise, wie Anforderungen beschrieben werden, wie die Zusammenarbeit des Projektes mit dem Rest des Unternehmens und externen Zulieferern gestaltet wird etc., soll nicht jedes Mal neu erfunden werden, sondern – soweit sinnvoll – einheitlich sein.

Innerhalb des Projektes obliegt es selbstverständlich der Verantwortung der Projektleitung, von diesem unternehmensüblichen Vorgehen abzuweichen. Das Vorgehensmodell bildet aber den Unternehmensstandard.

Zwischen verschiedenen Unternehmen sind die Vorgehensweisen gewöhnlich sehr viel unterschiedlicher als zwischen verschiedenen Projekten eines Unternehmens. Das hängt vor allem von folgenden Faktoren ab: der Größe der Unternehmen, der räumlichen, ggf. internationalen Verteilung, der Aufbau- und Ablauforganisation, der Größe und Dauer der Projekte, den Werkzeugen, der Branche, den gesetzlichen Auflagen und Rahmenbedingungen, dem Ausbildungsstand der Mitarbeiter, der nationalen und unternehmensspezifischen Kultur etc.

Allgemein gültige Vorgehensmodelle wie der OEP, der Unified Process, das V-Modell XT u.a. stecken damit in einem prinzipiellen Dilemma. Damit das Vorgehensmodell für möglichst viele verschiedene Anwender passt, ist es entweder sehr abstrakt zu beschreiben, wodurch jedoch der praktische Nutzen sinkt, oder es ist vor der Verwendung anzupassen.

Bei der projektspezifischen Anpassung ist der Anpassungsaufwand bei jedem Projekt komplett zu wiederholen. Bei der unternehmensspezifischen Anpassung findet nur eine einmalige Anpassung statt. Die beiden Varianten lassen sich auch in dem Sinne kombinieren, dass das Vorgehensmodell sowohl unternehmensspezifisch als auch, darauf aufbauend, projektspezifisch angepasst wird.

Der OEP ist für die unternehmensspezifische Anpassung konzipiert und versucht im Zweifelsfall lieber etwas konkreter zu sein. Einzelne Details passen für eine gegebene Situation daher nicht, die passenden Teile aber haben dann einen hohen Nutzwert.

Die zusätzliche projektspezifische Anpassung steht der Projektleitung frei. Unsere Erfahrung zeigt jedoch, dass dies in vielen Fällen nicht mehr notwendig ist. Die Projektleitung kann das Vorgehensmodell im einfachsten Fall als einfache Checkliste verwenden, etwa für die Frage: *„Haben wir irgendwelche Aktivitäten und Ergebnisse in der Planung übersehen?"*

Die unternehmensspezifischen Anpassungen können sehr verschiedene Aspekte betreffen:

- Bezeichnungen von Phasen, Meilensteinen, Disziplinen, Rollen etc.
- Inhaltliche Änderungen von Aktivitäten
- Entfernen von unpassenden und nicht benötigten Elementen
- Ergänzung wichtiger Elemente, die im Standard-OEP fehlen
- Erweiterung um konzeptionelle Elemente, d.h. Ergänzung des Metamodells
- Bereitstellung unternehmensspezifischer Vorlagen
- Äußere/gestalterische Anpassung (Verwendung des Logos, Umsetzung der Corporate Identity)

Um Änderungen und Erweiterungen dieser Art zu erleichtern, erhalten Lizenznehmer die OEP-Inhalte (Quelltexte) in einer Datenbank als Content-Editor, aus der heraus dann beispielsweise eine eigene OEP-Variante fürs Intranet generiert werden kann.

2

Phasen und Meilensteine im Überblick

2.1 Einführung

2.1.1 Abgrenzung vom Wasserfallmodell

Dem OEP liegt ein Phasenmodell zu Grunde, das sich nicht an dem klassischen Wasserfallmodell orientiert, sondern eine iterativ-inkrementelle Vorgehensweise ermöglicht.

Beim Wasserfallmodell wird der Entwicklungsprozess in Phasen mit klar abgrenzbaren Aufgaben unterteilt:

- *Analysephase*
  Die Anforderungen werden vollständig und detailliert spezifiziert.
- *Designphase*
  Auf Basis der Anforderungen wird ein vollständiges, umfassendes Lösungskonzept entwickelt.
- *Realisierungsphase*
  Auf Basis des Lösungskonzeptes wird die Lösung vollständig realisiert.
- *Testphase*
  Die erstellte Lösung wird vollständig getestet, abgenommen und zur Produktivsetzung freigegeben.

Statt der Aufteilung in diese vier Phasen wird manchmal auch eine differenzierte Aufteilung gewählt. Wesentlich ist jedoch, dass die einzelnen Tätigkeitsarten (Analysieren, Designen, Realisieren und Testen) jeweils vollständig für den kompletten inhaltlichen Umfang des Projektes gelten.

Der Erfinder des Wasserfallmodells ...

Das Wasserfallmodell geht auf eine Arbeit von Winston Royce aus dem Jahre 1970 zurück [Royce-1970], wobei es gar nicht in der Absicht von Winston Royce war, das Wasserfallmodell zu propagieren. Vielmehr beschreibt und forciert Royce einen iterativ-inkrementellen Ansatz.

Das, was wir heute unter dem Wasserfallmodell verstehen, ist für Royce nur eine theoretisch mögliche und allenfalls für ganz simple Projekte anwendbare einfache Ausprägung seines Modells, nämlich die Reduzierung auf eine einzelne Iteration.

... hatte es gar nicht so gemeint.

Dass die Arbeit von Royce letztendlich das Wasserfallmodell begründete, lag wahrscheinlich daran, dass diese kaum zulässige Simplifizierung seines Ansatzes später in den US-Standard DoD-STD-2167 eingeflossen ist. Einer der Autoren des STD-2167, David Maibor, hat später zugegeben, dass er, wäre er mit iterativ-inkrementellen Modellen besser vertraut gewesen, diese viel deutlicher empfohlen hätte [Larman-2003]. Der Standard STD-2167 wiederum hat andere Entwicklungen wie das deutsche V-Modell beeinflusst.

Das Wasserfallmodell ist ein historisches Missverständnis

Etwas zugespitzt kann man also sagen, dass die Verbreitung des Wasserfallmodells auf einem historischen Missverständnis beruht.

Nicht nur, dass dem ungewollten Erfinder des Wasserfallmodells klar war, dass iterative Ansätze überlegen sind; viele Großprojekte konnten schon in den 1970er Jahren damit Erfolge erzielen. Beispielsweise das IBM-Projekt zur Entwicklung der Space-Shuttle-Software. Dieses Projekt gliederte sich in 17 Iterationen je acht Wochen Dauer [Madden-1984].

So wie das Wasserfallmodell auf einem Missverständnis beruht, so existieren auch einige Missverständnisse bezüglich des iterativen Vorgehens.

Nicht-Wasserfall-Vorgehen ist iterativ. Wenn kein Wasserfallprozess praktiziert oder angestrebt wird, d.h. beispielsweise keine vollständige Analyse gemacht wird, auf die dann eine vollständige Entwurfsphase folgt usw., dann wird dies bereits als iteratives Vorgehen bezeichnet. Schließlich werden ja die elementaren Aktivitäten, wie Anforderungen erheben, Entwerfen, Realisieren, Testen etc., wenn nicht am Stück, so doch mehrfach hintereinander, quasi iterativ, durchgeführt.

Iteratives Vorgehen bezeichnet jedoch ein systematisches und durchaus kontrolliertes Vorgehen, während die Abwesenheit eines Wasserfallvorgehens möglicherweise einfach nur unsystematisches und chaotisches Vorgehen bedeutet.

Das Fünf-Iterationen-Modell. Hierunter wird ein ganz systematisches und strenges iteratives Vorgehen verstanden, das aus exakt fünf Iterationen besteht, in denen jeweils ganz spezifischen Tätigkeiten nachgegangen wird. Deswegen können die Iterationen auch mit eindeutigen Namen versehen werden:

- die Analyseiteration
- die Entwurfsiteration
- die Realisierungsiteration
- die Testiteration
- die Inbetriebnahmeiteration

Tatsächlich handelt es sich hierbei um das Wasserfallmodell, und der Begriff *Phase* wurde einfach in den Begriff *Iteration* umgetauft.

Nichtplanen ist iterativ. Warum eigentlich ein Projekt planen? Es reicht doch völlig aus, immer nur die nächste Iteration, also beispielsweise die kommenden zwei bis vier Wochen zu planen. Danach hat sich sowieso wieder alles verändert, ein umfassenderer Plan wäre dann hinfällig. Bei diesem Modell heißt es also:

- Plane immer nur n Wochen im Voraus (n ist eine kleine positive Zahl nahe 1).
- Nach Ablauf dieser Zeit wird dann die nächste „Iteration" geplant.
- Statt Planung kann auch einfach der Auftraggeber gefragt werden, was wir in den kommenden Wochen tun sollen. Wenn wir das fertig haben, darf sich der Auftraggeber ein paar neue Funktionalitäten wünschen.
- Wenn keine Zeit oder Geld mehr vorhanden ist oder der Auftraggeber keine Wünsche mehr hat, ist das Projekt beendet.

Diese Vorgehensweise ist durchaus praktikabel, in der Praxis aber eine sehr teure Angelegenheit. Wenn in den ersten Iterationen hauptsächlich instabile oder risikoarme Anforderungen umgesetzt werden, führt dies zu sehr kosten- und zeitintensiven Restrukturierungs- oder gar Sanierungsaufwänden in späteren Iterationen.

Um aber Risiken, Kernfunktionalität und stabile Anforderungen erkennen, die Anforderungen also priorisieren zu können, müssen diese umfassender bekannt sein.

Ein größerer Planungshorizont vermeidet diese Kosten – wie dies funktionieren kann, ohne damit wieder beim Wasserfallmodell zu landen, macht das in diesem Buch beschriebene iterative Vorgehen deutlich.

Iterative Vorgehensweisen sind ohne weiteres auch mit klassischen Ausschreibungssituationen vereinbar, beispielsweise im Rahmen öffentlicher Aufträge (siehe [Weilkiens-2004] sowie [Zockoll-2005]).

Der OEP basiert nicht auf dem Wasserfallmodell, sondern enthält einen iterativ-inkrementellen Ansatz. Dennoch gliedert sich auch der OEP in verschiedene Phasen, die nun im Folgenden beschrieben werden.

2.2 Entwicklungsphasen und Meilensteine im Überblick

Am Ende jeder Phase steht genau ein Meilenstein, der die zu erreichenden Ergebnisse definiert. Diese Meilensteine sind der vorrangige Betrachtungsgegenstand des obersten Managements, beispielsweise des Lenkungsauschusses. Die Einteilung in Phasen stellt die gröbste zeitliche Einteilung des Entwicklungsprozesses dar, und zugleich die einzige, die streng sequenziell definiert ist. Meilensteine

- **Vorbereitungsphase**:
  Problem verstehen, Planungs- und Entscheidungsbasis schaffen (typisch: drei bis sechs Wochen Dauer)
  - Überblicksklassenmodell

  - Übersicht über Anforderungen
  - Identifizierung der wichtigsten Risiken und Chancen
  - Untersuchung von Realisierungsalternativen, Klärung von Rahmenbedingungen
  - Aufwände und Termine schätzen, groben Projektplan entwickeln und abstimmen

- **Entwurfsphase (Startphase)**:
  Lösungsansatz verstehen und absichern, Architektur festlegen (typisch: ein bis drei Monate Dauer)
  - Identifizierung aller Anforderungen und Anwendungsfälle
  - Realisierung hoch priorisierter Anwendungsfälle
  - Untersuchung von Risiken bspw. durch Prototypen, Absicherung grundlegender fachlicher und technischer Entscheidungen
  - Fachliche und technische Architektur festlegen
- **Konstruktionsphase (Hauptphase)**:
  Lösung entwickeln (typisch: max. neun Monate Dauer)
  - Schrittweise (iterativ-inkrementelle) Entwicklung der Software (Analyse, Design, Implementierung, Test etc.)
  - Stufenweise Auslieferung bzw. Teilabnahmen
- **Einführungsphase**:
  Lösung einführen (typisch: vier bis acht Wochen Dauer)
  - Endgültiger Test und Abnahme in Zielumgebung
  - Schulung
  - Vollständige Inbetriebnahme
  - Übergabe an die Wartungsorganisation

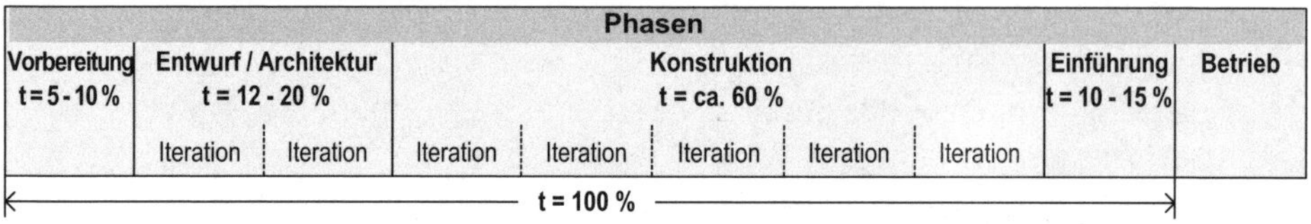

Abb. 2.2-1: Typische zeitliche Relation der einzelnen Phasen

Die Konstruktionsphase ist in jedem Fall in mehrere gleichartige Iterationen eingeteilt, alle anderen Phasen bedarfsweise. Inwieweit die Phasen in Iterationen eingeteilt werden, hängt in erster Linie vom zeitlichen Umfang der Phasen ab. Eine Phase, die insgesamt nicht länger als drei Wochen dauert, nochmals in Iterationen einzuteilen, ist normalerweise nicht sinnvoll, da ein Zeitraum von drei Wochen noch unmittelbar und gut überschaubar ist.

Beispielsweise ist die Vorbereitungsphase typischerweise eher kurz. In bestimmten Situationen, wenn zum Beispiel ein Festpreisangebot abgegeben werden soll, der Projektumfang sehr groß ist und erhebliche Risiken vorhanden sind, kann sich die Vorbereitungsphase auch über viele Monate erstrecken, so dass eine Untergliederung in Iterationen sinnvoll ist.

Die Dauer einer Iteration sollte zwischen zwei bis acht Wochen betragen. Immer dann, wenn eine Phase demnach nur aus ein bis zwei Iterationen bestehen könnte, ist die Untergliederung der Phase in Iterationen nicht sinnvoll.

2.2.1 Objektive Überprüfung von Meilensteinen

Jede Phase endet mit einem spezifischen Meilenstein, d.h., mit jeder Phase wird ein ganz bestimmtes inhaltliches Ziel verbunden. Solange dies nicht erreicht ist, d.h., solange der mit dem Ende der Phase verknüpfte Meilenstein noch nicht erreicht wurde, ist die Phase auch nicht abgeschlossen.

Eine **Phase** ist ein zeitlicher bzw. sachlogischer Gliederungsabschnitt eines Projektes. Eine Phase fasst eine Menge von Aktivitäten und Ergebnissen zu einer Planungs- und Kontrolleinheit zusammen. Am Ende jeder Phase steht ein Meilenstein, der die in der Phase zu erzielenden Inhalte definiert.

Ein **Meilenstein** definiert einen Termin, zu dem eine Menge von Ergebnissen in vorgegebener Detaillierung und Vollständigkeit nachprüfbar und formal dokumentiert vorliegen soll. Ein Meilenstein ist ein Hilfsmittel zur Planung und Überwachung eines Projektes.

Die Kriterien dafür, wann eine Phase erfolgreich abgeschlossen ist, sind hier im OEP nur sehr allgemein definiert. Die Kriterien sind in jedem Projekt im Detail unterschiedlich und daher projektspezifisch zu konkretisieren. Wichtig ist hierbei, dass die Kriterien eindeutig und möglichst objektiv nachvollziehbar festgelegt werden, bevor die Phase startet. Ansonsten läuft das Projekt Gefahr, dass das Phasenende danach definiert wird, was tatsächlich erreicht wurde, und nicht danach, was beabsichtigt oder erwartet worden war.

In der Praxis wird hier öfter geschummelt, als gut ist. Um sich vor dieser Art von Selbstbetrug zu schützen, sollten die Phasenmeilensteine einen ganz offiziellen Charakter bekommen. Hilfreich ist eine Trennung in folgende Instanzen:

- Das Projekt, das den Meilenstein herstellen muss.
- Eine neutrale Prüfinstanz, die inhaltlich die Meilensteinerreichung beurteilt.
- Eine Entscheidungsinstanz, die offiziell die Erreichung beschließen und feststellen darf. Gewöhnlich ist dies der Lenkungsausschuss.

Vor Beginn einer Phase konkretisiert das Projekt den Phasenmeilenstein. Wie könnte ein sachverständiger Außenstehender das Erreichen des Meilensteins objektiv überprüfen? Anhand welcher Ergebnisse, Kennzahlen o.Ä.? Stellen Sie sich vor, Sie sollten die Meilensteinerreichung eines fremden Projektes feststellen und in belastbarer (d.h. Kritik standhaltender) Weise begründen können.

Bei einigen Ergebnissen ist die objektive Beurteilung verhältnismäßig einfach. Beispielsweise wenn am Ende der Vorbereitungsphase ein grobes Klassenmodell vorliegen soll. Dessen Existenz lässt sich einfach feststellen, und das Wörtchen „grob" lässt einigen Interpretationsspielraum zu.

In anderen Fällen ist die Beurteilung viel schwieriger. Wenn am Ende der Vorbereitungsphase alle elementaren Risiken untersucht sein sollen, macht die Beschreibung objektiver Beurteilungskriterien hierfür schon etwas mehr Arbeit. Reicht es, wenn einfach nur eine Seite Text mit der Auflistung wichtiger Risiken existiert? Oder müssen mit verschiedenen Stakeholder-Gruppen dezidierte Risikoworkshops durchführt worden sein (die mit entsprechenden Protokollen zu belegen sind) und sollen zusätzlich die fünf höchstpriorisierten Risiken in jeweils eigenen Studien (ggf. mit Prototypen) untersucht worden sein (was durch entsprechende schriftliche Dokumente belegt werden muss)?

Am besten wäre es daher, die Meilensteinerreichung als Projekt gar nicht selbst festzustellen, sondern dies von einer externen Instanz (nennen wir sie mal Meilensteinauditoren) tun zu lassen. Dies können Kollegen aus anderen Projekten sein oder echte Externe. In diesem Fall erfolgt bereits die Formulierung der Meilensteine mit den Meilensteinauditoren gemeinsam. Sobald das Projekt meint, einen Meilenstein erreicht zu haben, bittet es die Auditoren, dies zu überprüfen bzw. die Erreichung zu beurteilen. Die Auditoren berichten (schriftlich und zusätzlich optional mündlich) dem Projekt und dem Lenkungsausschuss über das Untersuchungsergebnis und empfehlen eine Akzeptanz oder Ablehnung der Meilensteinerreichung. In jedem Fall stellt der Lenkungsausschuss dann offiziell das Erreichen oder Nichterreichen fest.

Bei Nichterreichen wird gewöhnlich der Meilenstein auf einen neuen, von den beteiligten Parteien nunmehr als realistisch angesehenen Termin verschoben.

Zusätzlich zu den Meilensteinen am Ende einer jeden Phase können weitere projektspezifische Meilensteine definiert werden. Hier kann ein Vorgehensmodell wie der OEP keine konkreten Vorgaben oder Vorschläge machen, weil dies projektspezifisch zu entscheiden ist.

Bei einem iterativen Vorgehen entsteht das System inkrementell, d.h., spätestens am Ende einer jeden Iteration liegt eine neue unvollständige und vorläufige, aber lauffähige Version des zu entwickelnden Systems vor. Diese einzelnen Zwischenergebnisse sind Iterationsergebnisse, und da wir im OEP Iterationen als Timeboxen verstehen, kommt für diese Teilergebnisse die Definition von Meilensteinen nicht in Betracht.

In diesem Zusammenhang ist die Unterscheidung von Builds und Releases wichtig. Ein Build ist eine unvollständige und vorübergehende Version, die sich in der Entwicklungsumgebung oder ggf. in einer entwicklungsnahen Testumgebung befindet.

Ein Release hingegen ist ein Build, das in der Produktionsumgebung laufen könnte, d.h., hierfür sind viel weitergehende Maßnahmen notwendig. Ein Release sollte immer auch ein Meilenstein sein.

Ein Build hingegen ist gewöhnlich kein Meilenstein. Natürlich kann ein Meilenstein auch mit einem bestimmten Build nachgewiesen werden, beispielsweise wenn die erfolgreiche Implementierung einer bestimmten Funktionalität nachgewiesen werden soll. Ein Build an sich definiert aber keinen Meilenstein.

Wenn weitere Meilensteine neben den Phasenmeilensteinen definiert werden, dann sind sie in den meisten Fällen mit bestimmten Releases oder gar mit der Produktivstellung eines ersten Teilsystems verbunden. Auch die produktive Anbindung an wichtige Schnittstellen zu bestehenden anderen Systemen kann einen weiteren Meilenstein darstellen.

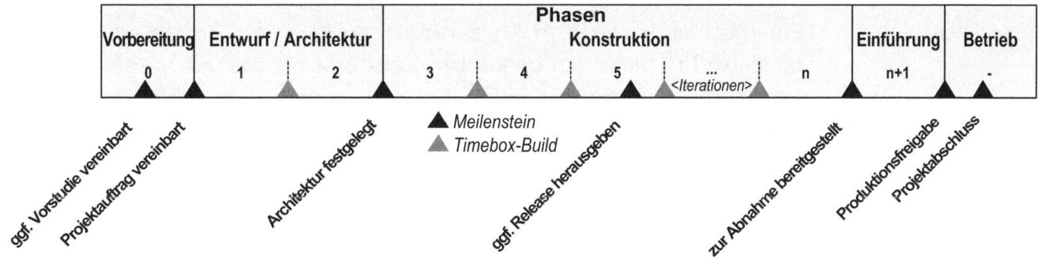

Abb. 2.2-2: Meilensteine im Überblick

2.2.2 Vorbereitungsphase

Planungs- und Entscheidungsgrundlagen schaffen

Die Vorbereitungsphase dient der grundlegenden Orientierung und Grobplanung für das Projekt. Zweck der Vorbereitungsphase ist es, Inhalte und Ziele des Projektes entscheidbar und planbar zu machen. Die Phase könnte auch Auftragsklärungsphase oder Angebotserstellungsphase genannt werden.

Die Anforderungen an das zu entwickelnde System werden so weit erhoben, dass damit Aussagen zu Aufwand, Projektdauer, benötigten Ressourcen, Meilensteinen und eine grobe Aufteilung in einzelne Iterationen möglich sind. Und zwar in einer solchen Genauigkeit bzw.

Zuverlässigkeit, wie sie in der aktuellen Situation minimal notwendig ist.

Wenn also der Auftraggeber nur eine sehr grobe Schätzung benötigt und die tatsächlichen Kosten und Termine erheblich abweichen dürfen, ist die Vorbereitungsphase schnell abzuschließen. Dies ist oftmals in internen Softwareentwicklungsprojekten der Fall, wenn also Auftraggeber und Auftragnehmer zum gleichen Unternehmen gehören und die fachliche Notwendigkeit des Projektes außer Frage steht. Oder es liegt beispielsweise bereits ein komplettes und gutes Pflichtenheft vor.

Das andere Extrem ist sicherlich eine Situation mit einem externen Auftraggeber, der einen Festpreis benötigt, einem Auftragnehmer, der eine bestimmte Mindestrendite erzielen möchte, und ausreichend Zeit, um die Vorbereitungsphase auch gründlich genug durchführen zu können. Existieren außergewöhnlich viele Risiken, wird dies sicherlich eine längere Vorbereitungsphase erfordern.

Wann also genau die Vorbereitungsphase erfolgreich abgeschlossen werden kann, lässt sich nicht pauschal definieren, sondern ist projektspezifisch. Letztendlich sind es drei wichtige Faktoren, die das Phasenende bestimmen: Wie viel Zeit steht überhaupt zur Verfügung und welche Genauigkeit der Ergebnisse fordert der Auftraggeber und welche der Auftragnehmer?

Für die Dauer der Vorbereitungsphase kann als Richtwert etwa fünf bis zehn Prozent vom gesamten Zeitbedarf (über alle vier Phasen) angenommen werden.

Die Vorbereitungsphase wird durchgeführt

- bei der Neuentwicklung von Software,
- beim Redesign bestehender Software mit fachlichen Änderungen,
- bei der Migration bestehender Software in eine neue Systemarchitektur,
- bei sehr umfangreichen Wartungsarbeiten.

Wenn dem Projekt eine eigenständige Geschäftsprozessmodellierung voranging und es von Änderungen der Organisation und der Geschäftsprozesse betroffen ist, fließen die Ergebnisse der Geschäftsprozessmodellierung in diese Vorbereitungsphase ein.

Unsicherheiten in der Machbarkeit von Produktanforderungen können in dieser Phase durch experimentelle Prototypen beantwortet werden.

Vorstudie
Entscheidungsfindung

Wenn die Durchführung des gesamten Projektes noch nicht entschieden ist oder noch sehr große Unsicherheit darüber besteht, rückt die Vorstudie in den Mittelpunkt der Vorbereitungsphase, mit der die Machbarkeit, Zweckmäßigkeit und die Alternativen geklärt werden sollen.

Sofern die Durchführung des gesamten Projektes unterstellt wird oder es hierzu eine klare Entscheidung gibt, konzentrieren sich die Aktivitäten der Vorbereitungsphase mehr auf die Konkretisierung und Abgrenzung der Projektinhalte.

Planung, Vorbereitung

Die wichtigsten Ergebnisse der Vorbereitungsphase sind:

- Definition des Projektziels und Abgrenzung des Projektes. Bei sehr unsicheren Projekten ggf. auch nur die Abstimmung eines Zielkorridors.
- Benennung des Auftraggebers, der einen klaren Projektauftrag gibt. Wenn Sie keinen Auftraggeber finden, der den Projektauftrag unterschreiben möchte, dann scheint das Projekt nicht wichtig zu sein und Sie sollten das Projekt nicht beginnen bzw. nicht die Projektleitung übernehmen.
- Überblick über den Problembereich und die Anforderungen an das Produkt. Also beispielsweise eine Liste wichtiger Anwendungsfälle oder eine pauschale Referenz (z.B. Ablösung eines bestehenden Systems). Wichtig ist aber auch eine Abgrenzung, was explizit nicht zum Projektumfang gehört.
- Überblick über die Rahmenbedingungen des Projektes. Rahmenbedingungen können technische Faktoren sein, beispielsweise bestimmte zu verwendende Technologien, Produkte, Programmiersprachen, Datenbanken etc., es können organisatorische, finanzielle, terminliche oder inhaltliche Rahmenbedingungen sein. Ist beispielsweise eine bestimmte Zertifizierung und Abnahme des Ergebnisses notwendig (z.B. durch Wirtschaftsprüfung, TÜV, FDA etc.)?
- Grobe Projektplanung. Hierzu gehören wichtige Meilensteine, Start- und Endtermin sowie eine einfache inhaltliche Gliederung des Projektes.
- Definition der Erfolgskriterien des Projektes
- Benennung der Risikofaktoren des Projektes
- Ggf. Erarbeitung, Bewertung, Empfehlung und Entscheidung über Realisierungsalternativen

Die Vorstudie ist Entscheidungsgrundlage für die Durchführung der Entwurfsphase.

Meilensteine der Vorbereitungsphase:

- **Vorstudie verfügbar** (optionaler Meilenstein)
  Dieser Meilenstein gilt als erreicht, wenn die Vorstudie vollständig erarbeitet ist und präsentationsfähig vorliegt, eine Empfehlung zum weiteren Vorgehen vorliegt und die Ergebnisse gegenüber dem Auftraggeber/Kunden präsentiert werden können.
- **Projektauftrag vereinbart** (markiert Abschluss der Phase)
  Dieser Meilenstein gilt als erreicht, wenn alle inhaltlichen Arbeiten der Vorbereitungsphase abgeschlossen sind und eine Entschei-

dung über die Fortsetzung des Projektes (beispielsweise auf Basis der Empfehlungen der Vorstudie) getroffen wurde.

Statt *Projektauftrag vereinbart* ist möglicherweise auch *Projektauftrag abgestimmt* oder *Angebot abgegeben* ein sinnvoller Meilenstein. *Projektauftrag vereinbart* bezieht sich eher auf eine interne Auftragssituation. Bei einem externen Auftraggeber ist normalerweise ein Angebot mit einer Bindefrist abzugeben. Innerhalb der Bindefrist kann der Auftragnehmer das Angebot annehmen, und der Auftragnehmer hat das Projekt dann entsprechend des Angebotes umzusetzen. In diesem Fall wäre das Ende der Vorbereitungsphase durch die Abgabe des Angebotes gekennzeichnet. Dies ist ein sehr einfaches und klares Kriterium.

Die Vorbereitungsphase wäre in diesem Fall auch dann zu Ende, wenn die Frist zur Angebotsabgabe verstrichen ist und noch kein Angebot abgegeben wurde.

Unabhängig davon, ob es eine interne oder externe Auftraggebersituation ist, kann zwischen dem Ende der Vorbereitungsphase und dem Beginn der nächsten Projektphase unter Umständen eine sehr lange Pause entstehen. Bei externen Aufträgen ist die Pause gewöhnlich begrenzt durch die Bindefrist des Angebotes. Aber auch bei internen Aufträgen kann es ggf. eine Weile dauern, bis das entsprechende Gremium oder die Geschäftsführung die Projektdurchführung beschließt. Auch bei internen Auftragssituationen kann es zu einer Ablehnung kommen.

Streng genommen ist die Vorbereitungsphase noch keine Projektphase, denn das eigentliche Projekt wird erst mit der Beauftragung, also mit Beginn der nächsten Phase, ins Leben gerufen. Oftmals sind zumindest einige Personen, die an der Vorbereitungsphase, d.h. Angebotserstellung beteiligt sind, auch im späteren Projekt dabei. Es können aber auch völlig andere Personen sein.

Geschäftsprozessanalyse und objektorientierte Softwareentwicklung

Geschäftsprozessmodellierung erstreckt sich gewöhnlich nicht nur über DV-relevante Abläufe und Prozesselemente, sondern beinhaltet auch organisatorische und manuelle Aspekte. In vielen Unternehmen ist nicht die Informatik, sondern eine eigene Abteilung (z.B. Betriebsorganisation) für die Geschäftsprozessanalyse zuständig. Im Rahmen von Geschäftsprozessanalysen wird zwar häufig Bedarf für neue Software oder für Änderungen an vorhandener Software erkannt, dennoch hat die Geschäftsprozessmodellierung einen anderen Fokus und etwas andere Ziele als die Softwareentwicklung. Geschäftsorganisatoren und Informatiker arbeiten mit unterschiedlichen Modellen, Methoden und Werkzeugen und an unterschiedlichen Aufgaben.

Die Analyse und Modellierung von Geschäftsprozessen kann deshalb aus dem Vorgehensmodell zur Softwareentwicklung ausgeklammert werden.

Bei der Softwareentwicklung müssen jedoch Ergebnisse der Geschäftsprozessmodellierung beachtet werden. Zum einen hinsichtlich der inhaltlichen Ausrichtung (erkannte Schwachstellen und Lücken im Geschäftsprozess reduzieren), zum anderen, um eine möglichst effektive und sinnvolle Integration des neuen Anwendungssystems zu erzielen. Ebenso können sich aus neu eingeführter Software wieder neue Ansatzpunkte für die Geschäftsprozessanalyse ergeben.

Der OEP enthält eine eigene Disziplin *Geschäftsprozessmodellierung*, um den Bezug und die Abhängigkeiten von Geschäftsprozessmodellierung und der Entwicklung von Softwaresystemen darzustellen. Diese Disziplin kann also einerseits eigenständig, d.h. losgelöst von der Softwareentwicklung betrachtet und praktiziert werden, andererseits aber auch als integraler Bestandteil von IT-Projekten angesehen werden.

2.2.3 Entwurfs- und Architekturphase

Die Architektur festlegen

Die Entwurfsphase dient der Analyse des Anwendungsbereiches und der Erfassung aller wichtigen funktionalen und nichtfunktionalen Anforderungen an das Produkt. Zweck der Entwurfsphase ist es, auf dieser Basis die grundsätzliche technische und fachliche Architektur festzulegen und alle grundsätzlichen Entscheidungen abzusichern.

Die fachlichen Zusammenhänge und Anforderungen sind detailliert zu ermitteln, die fachliche Architektur und die Anwendungsarchitektur sind zu erarbeiten und die Projektplanung ist zu detaillieren. Erste Lösungskonzepte werden entwickelt.

Zu Beginn des Projektes werden einige ganz grundlegende Entscheidungen getroffen. Wenn diese im Laufe des Projektes geändert werden müssten, könnte dies ganz erhebliche Kosten- und Terminüberschreitungen verursachen. Alle Entscheidungen mit einer solchen Tragweite sind gut abzusichern und gründlich zu überprüfen. Dies ist die vorrangige Aufgabe der Entwurfs- und Architekturphase.

Die Entscheidung für eine bestimmte zu verwendende Datenbank, für ein bestimmtes Framework oder für eine bestimmte Programmiersprache ist in den meisten Fällen so grundlegend, dass eine spätere Änderung das Projekt dramatisch zurückwerfen oder gar sein Scheitern auslösen kann.

Wenn also zu befürchten ist, dass das verwendete Framework nicht leistungsfähig genug sein wird, ist es dringend geboten, die Entscheidung für das Framework abzusichern. Beispielsweise durch die Erstellung eines Performance-Prototyps, mit dem der Nachweis erbracht werden kann, dass das Framework leistungsfähig genug ist. Werden Risiken dieser Art ignoriert, kann dies unter Umständen als fahrlässig angesehen werden.

Selbstverständlich lassen sich nicht alle Risiken perfekt absichern. Hundertprozentige Sicherheit von Entscheidungen wird es in Projekten nie geben. Wichtig ist jedoch, dass alle zu diesem Zeitpunkt bekannten Risiken identifiziert und bewertet (d.h. priorisiert) werden. Anschließend ist dann, ggf. gemeinsam mit dem Auftraggeber, zu entscheiden, wie viel Risiko das Projekt tragen soll oder kann. Daraus ergibt sich, welche Risiken frühzeitig, also in der Entwurfs- und Architekturphase, untersucht und berechenbar werden sollen.

Die Frage, wie viel Risiken das Projekt auf sich nehmen kann oder muss, ist normalerweise keine willkürliche oder freie Entscheidung, sondern durch Rahmenbedingungen vorgegeben. Die Absicherung von Risiken kostet gewöhnlich Geld und Zeit, und da diese Ressourcen in aller Regel begrenzt sind, lassen sich eben auch nur die allerwichtigsten Risiken berechenbar machen.

Kriterien für den erfolgreichen Abschluss der Entwurfs- und Architekturphase können also nicht allgemein gültig definiert werden, sondern sind wiederum projektspezifisch festzulegen. Letztendlich bestimmt der Auftraggeber, wie viel Sicherheit er benötigt oder sich (terminlich und finanziell) leisten kann.

Den meisten Risiken stehen entsprechende Chancen gegenüber. Wenn beispielsweise der Einführungstermin aufgrund einer Wettbewerbssituation extrem wichtig ist, müssen bestimmte Unsicherheiten in Kauf genommen werden, weil deren Absicherung ansonsten bereits dazu führen würde, den Einführungstermin nicht zu halten und somit den Nutzen des Gesamtvorhabens zu verfehlen.

Steht hingegen Zeit zur Verfügung und ein wirtschaftlicher Projekterfolg im Vordergrund, kann die Entwurfs- und Architekturphase möglicherweise erheblich ausgedehnt werden.

In jedem Fall sollten die Kriterien für den erfolgreichen Abschluss der Phase vor Beginn der Phase festgelegt werden.

Die wichtigsten Ergebnisse der Entwurfsphase sind gewöhnlich:

- Übersicht über alle Anwendungsfälle
- Detailliertes Fachklassen- und Komponentenmodell
- Festlegung der Anwendungsarchitektur (Frameworks, externe Schnittstellen, Schichtenmodell, Einsatz- und Verteilungsmodell)
- Iterationsplan (Anzahl, Inhalte und Ergebnisse der Iterationen)
- Übersicht und Priorisierung der Risiken
- Absicherung aller als kritisch eingestuften risikorelevanten Entscheidungen

Anwendungsfallübersicht. Alle, d.h. 100 Prozent der zu diesem Zeitpunkt bekannten, Anwendungsfälle sind zu identifizieren. Identifizieren bedeutet, dass die Anwendungsfälle einen eindeutigen Namen haben und ihre Auslöser und Ergebnisse beschrieben sind. Die Erfahrung hat gezeigt, dass Anwendungsfälle, die nur durch ihren Namen definiert werden, zu viele Verwechslungen, Missverständnisse oder Interpretationsspielräume zulassen. Obwohl der Mehraufwand nur sehr gering ist, führt die Definition des Auslösers und der Ergebnisse eines jeden Anwendungsfalles dazu, diese Probleme nahezu vollständig auszuschließen.

Wenn wir für die Entwurfs- und Architekturphase fordern, alle Anwendungsfälle (d.h. 100 Prozent) zu identifizieren, so erfolgt dies in dem Wissen, dass im Nachhinein weitere Anwendungsfälle erkannt werden. Bezogen auf den gesamten Projektverlauf liegt die Quote typischerweise bei 65 – 85 Prozent. Es liegt in der Natur der Sache, dass wir nicht alle Anforderungen am Anfang identifizieren können und im Projektverlauf Erkenntnisse über weitere Anforderungen gewinnen werden.

Zu beachten ist jedoch, dass dies keine Rückkehr zum Wasserfallmodell darstellt. Ziel ist nicht, alle Anforderungen vollständig und detailliert zu erheben und zu beschreiben. Ziel ist es vielmehr, einen möglichst vollständigen *Überblick* zu erhalten. Vor allem werden die Anwendungsfälle nicht oder nur teilweise detailliert. Auch bei großen Vorhaben wird die Liste der identifizierten Anwendungsfälle (Name, Auslöser, Ergebnis) auf wenige Seiten passen.

Neben den Anwendungsfällen sind allerdings weitere Anforderungen zu definieren. Vor allem müssen alle wichtigen nichtfunktionalen Anforderungen festgelegt werden, da diese oftmals ganz erhebliche Auswirkungen auf die Systemarchitektur haben. Anforderungen zur Performance, zur Wartbarkeit oder zur Sicherheit des Systems beeinflussen ganz erheblich Entscheidungen zu den verwendeten Technologien, Frameworks, Architekturprinzipien und -mustern.

Zusätzlich oder alternativ zu Anwendungsfällen kann die Identifizierung von Features sinnvoll oder notwendig sein. Unter Features verstehen wir eine anfangs bewusst unscharfe und später in konkrete Anforderungen zu untergliedernde Zusammenfassung von Anforderungen. Mehr hierzu in [Oestereich-2004-GPM].

Am Ende der Entwurfsphase kann ein externes Review durchgeführt werden.

Projektabbruch

Neben der angestrebten Entscheidung, die Entwurfs- und Architekturphase erfolgreich abzuschließen und in die Konstruktionsphase überzugehen, kann eine sinnvolle Entscheidung auch der Abbruch des Projektes sein. Hat die Untersuchung der Risiken beispielsweise gezeigt, dass diese nicht ausreichend eingegrenzt werden können, die Risiken inakzeptabel hoch bleiben oder die Projektziele nicht mehr erreicht werden können, wäre dies eine mögliche und sinnvolle Konsequenz.

Eine andere Alternative wäre eine Neuformulierung des Projektauftrages mit beispielsweise veränderten Rahmenbedingungen (Änderung der Termine, Kosten, Funktionalität oder Qualität).

Etablierung des Entwicklungsprozesses und der Entwicklungsorganisation. Mit Beginn der Entwurfs- und Architekturphase wird das Projekt auch personell, organisatorisch und in seiner Infrastruktur langsam aufgebaut. Es beginnt damit, dass entsprechende Räume und Arbeitsplätze herzurichten oder bereitzustellen sind, Entwicklungsumgebung und Konfigurationsmanagement aufgebaut werden, dass Projektgremien und Verantwortlichkeiten definiert und etabliert werden etc. Am Ende der Phase sollte der Nachweis erbracht sein, dass das Projekt vollumfänglich arbeitsfähig ist.

Es gehören hierzu grundlegende Sachverhalte wie die Vergabe von Berechtigungen, die Verfügbarkeit von Besprechungsräumen oder eine Telefonliste wichtiger Stakeholder. Ebenso sind auch die Berichtswege und Kommunikationsabläufe zu erproben. Steht die Fachabteilung qualitativ und quantitativ in ausreichender Weise zur Verfügung? Ist die Fachabteilung fähig, Entscheidungen beispielsweise über Anforderungen zu treffen? Haben sich die Abläufe zur Änderung von Anforderungen bewährt?

Auch hieraus ergeben sich möglicherweise weitere Risiken. Wurde beispielsweise mit dem Auftraggeber vereinbart, dass Anfragen zur Anforderungsklärung im Normalfall innerhalb von 48 Stunden beantwortet werden sollen, tatsächlich aber Antwortzeiten von über einer Woche üblich sind, kann das die gesamte Zeit- und Kostenplanung Makulatur werden lassen.

Die Entwurfs- und Architekturphase dient also auch dazu, die Zusammenarbeit mit Projektexternen, mit der Fachabteilung, dem Auftraggeber und anderen Zulieferern zu etablieren, zu prüfen und abzusichern.

Entsprechendes gilt auch für die projektinternen Abläufe. Beispielsweise wenn ein Generierungsprozess nicht wie erwartet in wenigen Minuten oder Stunden abgeschlossen werden kann, sondern typischerweise erheblich länger dauert.

Disziplin *Systemerstellung* ⇨35

Insofern werden in dieser Phase nicht nur erste risikobehaftete oder hoch priorisierte Anforderungen umgesetzt, sondern in angemessenem Umfang auch ganz durchschnittliche Anforderungen und Abläufe angegangen.

Je nach geplanter Dauer der Phase sollte diese in mehrere Iterationen aufgeteilt werden. Typischerweise nimmt die Entwurfs- und Architekturphase etwa 12 – 20 Prozent der Gesamtzeit der ersten vier Phasen in Anspruch. Je nach Risikolage sowie Sicherheits- und Klärungsbedürfnis kann die Dauer jedoch auch ganz anders sein.

Wenn eine Phasendauer von deutlich mehr als vier Wochen erwartet wird, ist eine Untergliederung in einzelne Iterationen sinnvoll.

Meilensteine der Entwurfsphase:

Meilensteine

- **Architektur festgelegt** (markiert Abschluss der Phase)
  Dieser Meilenstein gilt als erreicht, wenn eine fachliche Systempartitionierung vorgenommen wurde, d. h. eine fachliche Architektur vorliegt, die Machbarkeit, Risiken und Wirtschaftlichkeit neu betrachtet wurden und ein detaillierter Projekt- und Iterationsplan vorliegt. Der Softwareentwicklungsplan ist zu aktualisieren. Die Anforderungsspezifikation und mögliche erste Systementwürfe erhalten einen definierten Zwischenstand.

Software-entwicklungsplan

Anforderungs-spezifikation

- **Zusätzliche spezifische Meilensteine**
  Zusätzlich zum Phasenmeilenstein können weitere Meilensteine definiert werden, um spezielle einzelne erwartete Zwischenergebnisse überprüfbar zu machen. Beispiele: Performance-Nachweis, erster erfolgreicher Smoketest, erfolgreiche fachliche Abstimmung des ersten Anwendungsfalles etc.

Nicht jedes mögliche oder größere Zwischenergebnis sollte als Meilenstein definiert werden, sondern nur wirklich wichtige Zwischenschritte. Auf jeden Fall sollte der unterschiedliche Charakter von Meilensteinen und Iterationen/Timeboxen erhalten bleiben und beachtet werden. Das heißt, die Unterteilung in Iterationen erfolgt durchaus unabhängig von der Definition zusätzlicher Meilensteine.

2.2.4 Konstruktionsphase

Die Konstruktionsphase dient der inkrementellen Entwicklung des Systems bzw. der Subsysteme und ihrer Integration zu einem Produkt.

Das Produkt entwickeln

Die einzelnen Subsysteme werden spätestens jetzt in parallel arbeitenden Entwicklungsteams implementiert. Änderungen in den Anforderungen können nach Bewertung auch jetzt noch in den Entwicklungsprozess einfließen.

Die Konstruktionsphase hat bei Projekten von normaler Größe zwei bis sieben Iterationen. Je nach angesetzter Dauer einer Iteration erstreckt sich die Konstruktionsphase über zwei bis 14 Monate. Innerhalb einer Iteration werden die Anforderungen mit der jeweils höchsten Priorität in Analyse, Design, Implementation und Test umgesetzt. Der Funktionsumfang und die Qualität des Produktes wachsen inkrementell von Iteration zu Iteration.

Grundsätzlich unterstützt der OEP eine möglichst agile Entwicklung. Das heißt beispielsweise, dass der Zeitraum vom Erkennen einer Anforderung bis zum Nachweis der korrekten Umsetzung möglichst kurz sein soll. Es werden also nicht im Sinne eines Wasserfallprozesses zunächst alle Anforderungen im Detail geklärt. Stattdessen werden jeweils einzelne Anforderungen, kleine Pakete von Anforderungen oder überschaubare Features entsprechend ihrer Priorität angepackt und möglichst zügig umgesetzt. Im Idealfall wird bereits wenige Tage nach der Abstimmung einer Anforderung mit der Fachabteilung das Ergebnis präsentiert und eine Teilabnahme hierfür erzielt.

Die wichtigsten Ergebnisse dieser Phase sind:

- Implementierte und getestete Komponenten
- Implementierte und getestete Schnittstellen
- Implementierte und getestete komponentenübergreifende Dienste

Die Konstruktionsphase ist der zeitlich und aufwandsmäßig größte Abschnitt, er wird typischerweise ca. 60 Prozent des Zeitbedarfes aller vier Phasen ausmachen.

Am Ende der Konstruktionsphase steht das fertige Produkt. Meilensteine der Konstruktionsphase:

Testumgebung

- **Teilsystem in Testumgebung übernommen** (prospektiver Meilenstein)
  Wenn das System schrittweise eingeführt werden soll oder bestimmte Integrationstests (Einbindung externer Schnittstellen u.Ä.) nicht in der Entwicklungsumgebung stattfinden können, sondern beispielsweise nur in einer speziellen Testumgebung, sind hierfür entsprechende Meilensteine zu definieren. Zu diesen Meilensteinterminen müssen dann die entsprechenden Systembestandteile in einer Testumgebung vorliegen.

Abnahmeumgebung

- **Bereitstellung für Übernahme in Abnahmeumgebung** (markiert Abschluss der Phase)
  Am Ende der Konstruktionsphase ist das fertige System bereit, in eine Einweisungs- und Abnahmeumgebung überführt zu werden, um in einer mit der späteren Produktionsumgebung vergleichbaren Umgebung das System vollständig und endgültig testen und abnehmen zu können (Pilotumgebung). In dieser Umgebung können auch Schulungen und Einweisungen stattfinden.

2.2.5 Einführungsphase

Das Produkt in Betrieb nehmen

Die Einführungsphase dient dem Test und der Abnahme der kompletten Anwendung, der Auslieferung und Installation sowie der Schulung der Anwender.

Das Produkt wird in der Testumgebung installiert und unter realistischen Bedingungen getestet.

Die Anwender können im Umgang mit dem Produkt geschult werden. Hierzu müssen zunächst Schulungsunterlagen geschaffen und Schulungsleiter ausgebildet werden.

Die Entwicklungsdokumentation des Projektes wird abgeschlossen. Unter Umständen wird weiteres Personal ausgebildet, das die Wartung des Produktes übernehmen soll.

Wenn die Einführung mit einem komplizierten technischen oder organisatorischen Prozess verbunden ist, kann die Einführungsphase in mehreren Iterationen durchgeführt werden. Die Dauer der Phase kann demnach zwischen einem und fünf Monaten liegen.

Die Einführungsphase ist beendet, wenn das Produkt in der Produktionsumgebung installiert und betriebsfähig ist.

Meilenstein der Einführungsphase:

- **Übernahme und Inbetriebnahme in Produktionsumgebung** (markiert Abschluss der Phase)
  Am Ende der Einführungsphase wird das System in die Produktionsumgebung übertragen und kann in Betrieb genommen werden. Damit beginnt die Betriebsphase. Mit der Übertragung in die Produktionsumgebung wechselt auch die Verantwortung für das System, da das bisher verantwortliche Entwicklungsprojekt nun beendet ist, d. h. aufgelöst wird.

Produktionsumgebung

2.2.6 Betriebsphase

Die Betriebsphase dient der Anwendung des fertig gestellten Produktes.

Das Produkt betreiben

Die Betriebsphase ist das eigentliche Ziel des Projektes. Konfigurationen und sehr kleine Anpassungen des Produktes können ggf. als Adhoc-Wartung durchgeführt werden. Die Schulung und Betreuung der Anwender werden fortgesetzt. Größere Änderungen in den Anforderungen werden getrennt von dem Projekt aufgenommen, bewertet und für einen Nachfolgeauftrag gesammelt.

Wartung

Die Verantwortung für die Wartung des Produktes kann in dieser Phase von den Entwicklern in andere Hände übergehen.

Die Betriebsphase ist zwar formaler Bestandteil des OEP, inhaltlich jedoch kaum ausgeprägt, da der OEP die Unterstützung des Entwicklungsprojektes und nicht der anschließenden Wartung und Weiterentwicklung verfolgt.

2.3 Konkrete Aktivitäten im Überblick

OEP-Datenbank

Auf den folgenden Seiten finden Sie eine Übersicht über alle wichtigen Aktivitäten des oose Engineering Process (OEP). Sie sind geordnet nach Phasen und Prozessen. Jede Aktivität steht in einer Zeile, die den Namen der Aktivität benennt, die verantwortliche Rolle und weitere beteiligte Rollen nennt und die Ergebnisse auflistet.

Zu allen Aktivitäten existieren detaillierte Beschreibungen, die im Kapitel 3 (⇨67) wiedergegeben werden. Die Kurznamen der Aktivitäten sind aber relativ einfach zu verstehen.

Bei den beteiligten Rollen wird meistens auch eine Anzahl genannt, z.B. „1" oder „1..*". Hinweise darauf, in welcher Weise sie beteiligt sind (aktiv mitwirkend, beratend oder autorisierend), werden aus Platzgründen weggelassen.

Die Aktivitäten werden unterschieden in:

- *Iterative Aktivitäten*
  Diese Aktivitäten werden in jeder Iteration oder zumindest mehreren Iterationen duchgeführt und produzieren in jeder Iteration ein Teilergebnis.
- *Singuläre Aktivitäten*
  Hiermit sind solche Aktivitäten gemeint, die gewöhnlich nur einmalig und geschlossen durchzuführen sind.
- *Periodische Aktivitäten*
  Diese Aktivitäten werden wie die iterativen mehrfach bzw. regelmäßig durchgeführt, dienen jedoch nicht der inkrementellen Weiterentwicklung von Ergebnissen, sondern meistens der Überprüfung oder Aktualisierung von Ergebnissen und Informationen. Der Wiederholungszyklus ist unabhängig von den Iterationen.
- *Begleitende Aktivitäten*
  Diese Aktivitäten erzeugen keine direkt messbaren oder planbaren Ergebnisse oder sind selbst nicht explizit planbar. Beispielsweise wird aus der Aktivität „Attribute identifizieren" kein direkter Arbeitsauftrag resultieren, sondern diese Tätigkeit begleitend und in Zusammenhang mit anderen Aktivitäten geleistet. Sie sind der Vollständigkeit halber und zur Festlegung von Verantwortlichkeiten und anderen Rahmenbedingungen aufgeführt.
- *Exzeptionelle Aktivitäten*
  Hiermit werden Aktivitäten gekennzeichnet, deren Notwendigkeit, Auftreten oder Zeitpunkt kaum vorhersehbar ist, sondern an Ereignisse gekoppelt ist, die mit großer Wahrscheinlichkeit eintreten, beispielsweise wenn ein Fehler auftritt (Ereignis) und behoben werden muss (Aktivität).

Außerdem werden die Aktivitäten bezüglich ihrer Verbindlichkeit klassifiziert:

- *Obligatorische*[1] *Aktivitäten*
  müssen durchgeführt werden, wenn das Gesamtvorgehen nicht aus den Fugen geraten soll. Meistens sind Abhängigkeiten zu anderen Aktivitäten die Ursache hierfür.
- *Fakultative*[2] *Aktivitäten*
  sind nur unter bestimmten Umständen wichtig oder können ohne größeren Schaden ausgelassen werden.
- *Debitive*[3] *Aktivitäten*
  können ausgelassen werden, verursachen dann jedoch wahrscheinlich zusätzliche Kosten und Risiken. Sie werden also vor allem dann ausgelassen, wenn die zu erwartenden Zusatzkosten und -risiken im konkreten Fall vernachlässigbar oder vertretbar sind oder beispielsweise unter Inkaufnahme höherer Kosten und Risiken die Projektdauer minimiert werden soll.

Bitte beachten Sie, dass die folgenden Beschreibungen Beispiele aus einer speziellen Ausprägung des OEP sind, so dass der eine oder andere Begriff vielleicht etwas eigentümlich erscheinen mag, weil er aus einem bestimmten, hier nicht weiter erläuterten Kontext stammt.

Außerdem sind Unterscheidungen zwischen „Beschreiben" und „Spezifizieren" u.Ä. bewusst gewählt. Ebenso wird „Entwickeln" als Zusammenfassung von „erstmalig erstellen" und „pflegen/aktualisieren/verfeinern" verwendet.

Bei den aufgeführten Ergebnissen handelt es sich manchmal um Zusammenfassungen von Einzelergebnissen, deren Zusammensetzung in der Übersicht nicht sichtbar wird.

---

[1] obligatorisch: lat., „verbindlich", „verpflichtend"
[2] fakultativ: frz., „beliebig", „unverbindlich"
[3] debitiv: lat., „schuldend" (vgl. Debitor: „Schuldner")

2.3.1 Aktivitäten der Vorbereitungsphase

2.3.1.1 Geschäftsprozessmodellierung

Aktivität	Verantwortlich/Beteiligt	Ergebnisse
Workshop: Modellierungsfokus festlegen und Unternehmensziele beschreiben (A-237, Singuläre Aktivität, obligatorisch, ⇨69)	▪ SystemanalytikerIn ▪ AuftraggeberIn (aktiv mitwirkend) ▪ Fachexperte (aktiv mitwirkend) ▪ Fachliche Projektleitung (aktiv mitwirkend)	▪ Workshop-Protokoll
Organisationseinheiten modellieren (A-238, Singuläre Aktivität, fakultativ, bedarfsweise, ⇨70)	▪ SystemanalytikerIn ▪ Fachexperte (aktiv mitwirkend)	▪ Organisationsmodell
Ziel und Zweck der Geschäftsprozessmodellierung festlegen (A-239, Singuläre Aktivität, obligatorisch, ⇨71)	▪ SystemanalytikerIn ▪ AuftraggeberIn (aktiv mitwirkend) ▪ Fachexperte (aktiv mitwirkend) ▪ Fachliche Projektleitung (aktiv mitwirkend)	▪ Workshop-Protokoll
Aktive Geschäftspartner identifizieren (A-240, Singuläre Aktivität, obligatorisch, ⇨73)	▪ SystemanalytikerIn ▪ Fachexperte (aktiv mitwirkend)	▪ Liste mit aktiven Geschäftspartnern ▪ Fachliches Glossar ▪ Workshop-Protokoll
Workshop: Geschäftsanwendungsfälle der aktiven Geschäftspartner identifizieren (A-241, Singuläre Aktivität, obligatorisch, ⇨74)	▪ SystemanalytikerIn ▪ Fachexperte (aktiv mitwirkend)	▪ Geschäftsanwendungsfallbeschreibung ▪ Workshop-Protokoll
Unterstützende Geschäftsanwendungsfälle identifizieren (A-242, Singuläre Aktivität, debitiv, ⇨75)	▪ SystemanalytikerIn ▪ Fachexperte (aktiv mitwirkend) ▪ AnwenderIn (aktiv mitwirkend)	▪ Geschäftsanwendungsfallbeschreibung
Geschäftsmitarbeiter identifizieren und Akteurmodell entwickeln (A-243, Singuläre Aktivität, debitiv, ⇨77)	▪ SystemanalytikerIn ▪ Fachexperte (aktiv mitwirkend)	▪ Akteurmodell

2.3.1.2 Anforderungsanalyse

Aktivität	Verantwortlich/Beteiligt	Ergebnisse
Anforderungsspezifikationsentwurf erstellen (A-176, Singuläre Aktivität, fakultativ, ⇨90)	▪ SystemanalytikerIn ▪ Gesamtprojektleitung (ergebnisempfangend)	▪ Anforderungsspezifikation
Materialsammlung und -studie (A-201, Singuläre Aktivität, fakultativ, ⇨91)	▪ SystemanalytikerIn	▪ Katalog der Referenzdokumente
Vorstudie erstellen (A-128, Singuläre Aktivität, fakultativ, bedarfsweise, ⇨92)	▪ SystemanalytikerIn ▪ Fachexperte (beratend) ▪ Fachliche Projektleitung (aktiv mitwirkend) ▪ Technische Projektleitung (aktiv mitwirkend) ▪ Projekt-QualitätsmanagerIn (autorisierend) ▪ FachlicheR ArchitektIn (beratend)	▪ Vorstudie ▪ Systemanwendungsfallübersicht

Anforderungsbeitragende identifizieren (A-195, Singuläre Aktivität, obligatorisch, ⇨93)	▪ Systemanalytikerln	▪ Liste der Anforderungsbeitragenden
Anforderungsworkshop durchführen (Vorbereitungsphase) (A-226, Singuläre Aktivität, obligatorisch, ⇨96)	▪ SystemanalytikerIn ▪ Fachexperte (aktiv mitwirkend) ▪ AnwenderIn (aktiv mitwirkend) ▪ Fachliche Projektleitung (aktiv mitwirkend) ▪ FachlicheR ArchitektIn (aktiv mitwirkend)	▪ Geschäftsklassenmodell ▪ Liste mit Features und übergreifenden Anforderungen ▪ Subsystem ▪ Katalog externer Schnittstellen ▪ Subsystemmodell ▪ Schnittstellenspezifikation ▪ Katalog der Druck- und Ausgabeerzeugnisse ▪ Katalog der Stapelverarbeitungsprogramme ▪ Katalog nichtfunktionaler Anforderungen ▪ Ausschlussliste ▪ Fachliches Glossar ▪ Katalog aller offenen Probleme ▪ Systemanwendungsfallübersicht ▪ Systemanwendungsfallbeschreibung [essenziell] ▪ Workshop-Protokoll ▪ Bericht
Fachliches Glossar anlegen (A-204, Singuläre Aktivität, fakultativ, ⇨104)	▪ SystemanalytikerIn	▪ Fachliches Glossar
Anforderungsspezifikation zusammenstellen (A-15, Iterative Aktivität, obligatorisch, ⇨113)	▪ SystemanalytikerIn ▪ 1 fachliche Projektleitung (autorisierend) ▪ 1 technische Projektleitung (autorisierend) ▪ 1 Projekt-QualitätsmanagerIn (autorisierend)	▪ Anforderungsspezifikation

2.3.1.3 Systemerstellung

Die Disziplin Systemerstellung ist in nachfolgende Unterdisziplinen aufgeteilt.

2.3.1.4 Systemerstellung: Fachliche Architektur

Aktivität	Verantwortlich/Beteiligt	Ergebnisse
Subsystemmodell und grobes Geschäftsklassenmodell entwickeln (A-246, Singuläre Aktivität, obligatorisch, ⇨116)	▪ FachlicheR ArchitektIn ▪ SystemanalytikerIn (aktiv mitwirkend) ▪ ggf. DatenmodelliererIn (aktiv mitwirkend)	▪ Geschäftsklassenmodell ▪ Paketmodell ▪ Subsystemmodell
Fachliches Architekturmodell entwickeln (A-260, Iterative Aktivität, obligatorisch, falls dies zur Projektdefinition entscheidend ist, ⇨118)	▪ FachlicheR ArchitektIn ▪ SystemanalytikerIn (aktiv mitwirkend) ▪ DatenmodelliererIn (aktiv mitwirkend)	▪ Architekturkonzept ▪ Paketmodell ▪ Subsystemmodell
Referenzmodelle identifizieren und beschaffen (A-28, Singuläre Aktivität, fakultativ, nach Bedarf, ⇨121)	▪ SystemanalytikerIn ▪ 0..* Fachexperte (aktiv mitwirkend) ▪ 0..1 DatenmodelliererIn (aktiv mitwirkend)	▪ Katalog der Referenzdokumente ▪ Fachliches Glossar

2.3.1.5 Systemerstellung: Subsysteme

Keine Aktivitäten vorhanden.

2.3.1.6 Systemerstellung: Umfeld und Batch

Aktivität	Verantwortlich/Beteiligt	Ergebnisse
Systemschnittstellen identifizieren und klassifizieren (A-7, Iterative Aktivität, obligatorisch, für die wichtigsten Schnittstellen, ⇨136)	▪ Schnittstellenexperte ▪ 1..* Fachexperte (aktiv mitwirkend) ▪ ggf. TechnischeR ArchitektIn (beratend) ▪ ggf. Stapelverarbeitungsprogramm-entwicklerIn (beratend) ▪ FachlicheR ArchitektIn (aktiv mitwirkend)	▪ Katalog externer Schnittstellen ▪ Fachliches Glossar

2.3.1.7 Systemerstellung: Technische Architektur

Aktivität	Verantwortlich/Beteiligt	Ergebnisse
Technisches Architekturmodell definieren (A-187, Singuläre Aktivität, fakultativ, falls dies zur Projektdefinition entscheidend ist, ⇨141)	▪ TechnischeR ArchitektIn ▪ FachlicheR ArchitektIn (aktiv mitwirkend)	▪ Architekturkonzept

2.3.1.8 Qualitätssicherung, Test, Abnahmen

Aktivität	Verantwortlich/Beteiligt	Ergebnisse
Arbeitsauftragsreview durchführen (A-39, Iterative Aktivität, debitiv, ⇨143)	▪ ArbeitsauftragsgutachterIn ▪ 0..* Alle Projektmitglieder (aktiv mitwirkend) ▪ 1 Arbeitsauftragsverantwortlicher (aktiv mitwirkend)	▪ Arbeitsauftrag ▪ Bericht
Produktreview vorbereiten (A-262, Iterative Aktivität, debitiv, für wichtige Produkte, ⇨144)	▪ Verschiedene ▪ Verschiedene (aktiv mitwirkend)	▪ Sonstiges
Produktreview durchführen (A-263, Iterative Aktivität, obligatorisch, ⇨145)	▪ Verschiedene	▪ Lenkungsausschussprotokoll ▪ Bericht
Meilensteinreview vorbereiten (A-261, Singuläre Aktivität, obligatorisch, rechtzeitig vor Phasenende, ⇨146)	▪ Gesamtprojektleitung	▪ Sonstiges
Meilensteinerreichung überprüfen (A-18, Iterative Aktivität, obligatorisch, mind. am Phasenende, ⇨147)	▪ Gesamtprojektleitung ▪ AuftraggeberIn (aktiv mitwirkend) ▪ Fachexperte (aktiv mitwirkend) ▪ Fachliche Projektleitung (aktiv mitwirkend) ▪ Technische Projektleitung (aktiv mitwirkend) ▪ TesterIn (AnwenderIn) (aktiv mitwirkend)	▪ Meilensteindokument
Testkonzept entwerfen (A-254, Singuläre Aktivität, debitiv, ⇨150)	▪ Projekt-QualitätsmanagerIn	▪ Testkonzept

2.3.1.9 Einsatz, Verteilung und Projektexternes

Aktivität	Verantwortlich/Beteiligt	Ergebnisse
Projektexterne Anforderungen identifizieren und spezifizieren (A-95, Singuläre Aktivität, obligatorisch, ⇨161)	▪ Fachliche Projektleitung ▪ * Fachexperte (beratend) ▪ * Schnittstellenexperte (beratend) ▪ Technische Projektleitung (aktiv mitwirkend) ▪ 1 Projekt-QualitätsmanagerIn (aktiv mitwirkend)	▪ Katalog projektexterner Anforderungen und Zulieferleistungen ▪ Zulieferleistungsspezifikation

2.3.1.10 Konfigurations- und Umgebungsmanagement

Aktivität	Verantwortlich/Beteiligt	Ergebnisse
Mitarbeiterarbeitsplatz einrichten (A-155, Exzeptionelle Aktivität, debitiv, bedarfsweise, ⇨171)	▪ Konfigurations- und Build-ManagerIn	▪ Sonstiges
Projektumgebung einrichten bzw. anpassen (A-168, Singuläre Aktivität, debitiv, ⇨172)	▪ Konfigurations- und Build-ManagerIn ▪ Operator (beratend)	▪ Sonstiges
Architektur und Softwareentwicklungsumgebung evaluieren (A-23, Singuläre Aktivität, fakultativ, ⇨173)	▪ Technische Projektleitung ▪ TechnischeR ArchitektIn (beratend) ▪ Konfigurations- und Build-ManagerIn (beratend)	▪ Bericht

2.3.1.11 Iterations-, Prozess- und Änderungsmanagement

Aktivität	Verantwortlich/Beteiligt	Ergebnisse
Aufwandsschätzworkshop durchführen (A-249, Iterative Aktivität, obligatorisch, ⇨189)	▪ Gesamtprojektleitung ▪ TechnischeR ArchitektIn (aktiv mitwirkend) ▪ SystemanalytikerIn (aktiv mitwirkend) ▪ StapelverarbeitungsprogrammentwicklerIn (aktiv mitwirkend) ▪ DatenmodelliererIn (aktiv mitwirkend) ▪ Fachliche Projektleitung (aktiv mitwirkend) ▪ Technische Projektleitung (aktiv mitwirkend) ▪ Projekt-QualitätsmanagerIn (aktiv mitwirkend) ▪ FachlicheR ArchitektIn (aktiv mitwirkend)	▪ Aufwandsschätzung
Gesamtplanung (Makroplan) erstellen bzw. aktualisieren (A-12, Begleitende Aktivität, obligatorisch, Detaillierung ist abhängig vom Sicherheitsbedürfnis, ⇨193)	▪ Gesamtprojektleitung ▪ 1 fachliche Projektleitung (aktiv mitwirkend) ▪ 1 technische Projektleitung (aktiv mitwirkend) ▪ 1 Projekt-QualitätsmanagerIn (aktiv mitwirkend)	▪ Projektplan ▪ Releaseplan ▪ Softwareentwicklungsplan ▪ Katalog offener Aufgaben ▪ Projektorganisationsplan ▪ Ressourcenplan

Iterationen und Builds planen (A-16, Iterative Aktivität, obligatorisch, ⇨194)	▪ Fachliche Projektleitung ▪ 1..* Fachexperte (beratend) ▪ Gesamtprojektleitung (beratend) ▪ Gesamtprojektleitung (ergebnisempfangend) ▪ 1 technische Projektleitung (aktiv mitwirkend) ▪ 0..* Alle Projektmitglieder (beratend)	▪ Projektplan ▪ Releaseplan ▪ Iterationsplan ▪ Katalog der Mitwirkungsleistungen ▪ Meilensteindokument
Arbeitsaufträge für Iteration i+2 erstellen (A-294, Iterative Aktivität, obligatorisch, ⇨196)	▪ Gesamtprojektleitung ▪ Fachexperte (beratend) ▪ Fachliche Projektleitung (aktiv mitwirkend) ▪ Technische Projektleitung (aktiv mitwirkend)	▪ Projektplan ▪ Arbeitsauftrag
Arbeitsaufträge für Iteration i+1 erstellen (A-46, Iterative Aktivität, obligatorisch, ⇨197)	▪ Gesamtprojektleitung ▪ Fachliche Projektleitung (aktiv mitwirkend) ▪ Technische Projektleitung (aktiv mitwirkend) ▪ Alle Projektmitglieder (ergebnisempfangend) ▪ ArbeitsauftragsverantwortlicheR (aktiv mitwirkend)	▪ Arbeitsauftrag
Tätigkeitsberichte analysieren (A-193, Periodische Aktivität, obligatorisch, wöchentlich, ⇨200)	▪ Projekt-QualitätsmanagerIn ▪ Alle Projektmitglieder (aktiv mitwirkend)	▪ Katalog aller offenen Probleme ▪ Katalog offener Aufgaben
Wöchentliches Mikrocontrolling (A-295, Periodische Aktivität, obligatorisch, wöchentlich, ⇨201)	▪ Gesamtprojektleitung ▪ Alle Projektmitglieder (aktiv mitwirkend)	▪ Arbeitsauftrags-Statusbericht
Wöchentliche Mikrosteuerung (A-296, Periodische Aktivität, obligatorisch, wöchentlich, ⇨202)	▪ Gesamtprojektleitung ▪ Fachliche Projektleitung (aktiv mitwirkend) ▪ Technische Projektleitung (aktiv mitwirkend) ▪ 0..* Alle Projektmitglieder (beratend)	▪ Arbeitsauftrag
Arbeitsauftrags-Planungskorrektur (A-297, Iterative Aktivität, obligatorisch, ⇨203)	▪ Gesamtprojektleitung ▪ Fachliche Projektleitung (aktiv mitwirkend) ▪ Technische Projektleitung (aktiv mitwirkend) ▪ Alle Projektmitglieder (beratend) ▪ Alle Projektmitglieder (ergebnisempfangend)	▪ Arbeitsauftrag

2.3.1.12 Projektmanagement

Aktivität	Verantwortlich/Beteiligt	Ergebnisse
Phasenauftaktveranstaltung (A-158, Singuläre Aktivität, debitiv, ⇨176)	▪ Gesamtprojektleitung ▪ Alle Projektmitglieder (ergebnisempfangend)	▪ Sonstiges
Systemidee und Zielsetzung entwickeln (A-194, Iterative Aktivität, obligatorisch, ⇨177)	▪ Gesamtprojektleitung ▪ AuftraggeberIn (autorisierend) ▪ Alle Projektmitglieder (ergebnisempfangend) ▪ DV-Leitung (aktiv mitwirkend)	▪ Systemvision ▪ Projektname ▪ Produktkarton

Projektziele und Projektauftrag formulieren und iterativ abstimmen (A-2, Singuläre Aktivität, obligatorisch (⇨178)	▪ Gesamtprojektleitung ▪ 1 AuftraggeberIn (aktiv mitwirkend) ▪ 1 fachliche Projektleitung (aktiv mitwirkend) ▪ 1 technische Projektleitung (aktiv mitwirkend) ▪ 1 Projekt-QualitätsmanagerIn (aktiv mitwirkend)	▪ Projektauftrag
Projektpräsentation vorbereiten und halten (A-184, Singuläre Aktivität, fakultativ, bedarfsweise, ⇨180)	▪ Gesamtprojektleitung	▪ Projektpräsentation
Risikomanagementworkshop durchführen (Risiken, Erfolgskriterien) (A-250, Singuläre Aktivität, debitiv, ⇨180)	▪ Gesamtprojektleitung ▪ mögl. AuftraggeberIn (aktiv mitwirkend) ▪ AuftraggeberIn (ergebnisempfangend) ▪ SystemanalytikerIn (aktiv mitwirkend) ▪ Konfigurations- und Build-ManagerIn (aktiv mitwirkend) ▪ Fachliche Projektleitung (aktiv mitwirkend) ▪ Technische Projektleitung (aktiv mitwirkend) ▪ Projekt-QualitätsmanagerIn (aktiv mitwirkend) ▪ FachlicheR ArchitektIn (aktiv mitwirkend) ▪ Verschiedene (aktiv mitwirkend)	▪ Projektrisiken ▪ Projekterfolgskriterien ▪ Katalog aller offenen Probleme
Lenkungsausschuss vorbereiten (A-298, Iterative Aktivität, debitiv, ⇨183)	▪ Gesamtprojektleitung ▪ TechnischeR ArchitektIn (aktiv mitwirkend) ▪ Fachliche Projektleitung (aktiv mitwirkend) ▪ Technische Projektleitung (aktiv mitwirkend) ▪ FachlicheR ArchitektIn (aktiv mitwirkend)	▪ Projektpräsentation ▪ Bericht
Lenkungsausschusssitzung (A-183, Singuläre Aktivität, obligatorisch, ⇨184)	▪ Lenkungsausschuss ▪ AuftraggeberIn (aktiv mitwirkend) ▪ Gesamtprojektleitung (aktiv mitwirkend) ▪ Hauptpersonalrat (aktiv mitwirkend) ▪ Verschiedene (ergebnisempfangend) ▪ Verschiedene (aktiv mitwirkend) ▪ Controlling (aktiv mitwirkend) ▪ DV-Leitung (aktiv mitwirkend)	▪ Lenkungsausschussprotokoll
Personalrat über geplante Anwendung informieren (A-182, Singuläre Aktivität, fakultativ, sofern Zustimmung unsicher ist, ⇨185)	▪ Gesamtprojektleitung ▪ Hauptpersonalrat (ergebnisempfangend) ▪ ggf. Personalabteilung (aktiv mitwirkend)	▪ Information des Personalrates über geplante Einführung einer Anwendung
Mitbestimmungsverfahren einleiten (A-181, Singuläre Aktivität, fakultativ, sofern Zustimmung unsicher ist, ⇨186)	▪ Gesamtprojektleitung ▪ Hauptpersonalrat (ergebnisempfangend)	▪ Einleitung des Mitbestimmungsverfahrens

2.3.2 Aktivitäten der Startphase (Entwurf und Architektur)

2.3.2.1 Geschäftsprozessmodellierung

Aktivität	Verantwortlich/Beteiligt	Ergebnisse
Organisationseinheiten modellieren (A-238, Iterative Aktivität, fakultativ, ⇨70)	▪ <u>SystemanalytikerIn</u> ▪ Fachexperte (aktiv mitwirkend)	▪ Organisationsmodell
Workshop: Geschäftsanwendungsfälle der aktiven Geschäftspartner identifizieren (A-241, Singuläre Aktivität, obligatorisch, falls nicht in Vorbereitungsphase geschehen, ⇨74)	▪ <u>SystemanalytikerIn</u> ▪ Fachexperte (aktiv mitwirkend)	▪ Geschäftsanwendungsfallbeschreibung ▪ Workshop-Protokoll
Unterstützende Geschäftsanwendungsfälle identifizieren (A-242, Iterative Aktivität, obligatorisch, falls nicht in Vorbereitungsphase geschehen, ⇨75)	▪ <u>SystemanalytikerIn</u> ▪ Fachexperte (aktiv mitwirkend) ▪ AnwenderIn (aktiv mitwirkend)	▪ Geschäftsanwendungsfallbeschreibung
Geschäftsmitarbeiter identifizieren und Akteurmodell entwickeln (A-243, Iterative Aktivität, obligatorisch, falls nicht in Vorbereitungsphase geschehen, ⇨77)	▪ <u>SystemanalytikerIn</u> ▪ Fachexperte (aktiv mitwirkend)	▪ Akteurmodell
Geschäftsprozesse definieren (A-244, Iterative Aktivität, obligatorisch, ⇨78)	▪ <u>SystemanalytikerIn</u> ▪ Fachexperte (aktiv mitwirkend) ▪ AnwenderIn (aktiv mitwirkend)	▪ Geschäftsprozessbeschreibung
Geschäftsprozesse dokumentieren (A-245, Iterative Aktivität, obligatorisch, Ablaufmodellentwicklung bedarfsweise, ⇨79)	▪ <u>SystemanalytikerIn</u> ▪ Fachexperte (aktiv mitwirkend)	▪ Ablauf-/Aktivitätsdiagramm ▪ Geschäftsprozessbeschreibung
Geschäftsanwendungsfälle essenziell beschreiben (A-247, Iterative Aktivität, obligatorisch, ⇨80)	▪ <u>SystemanalytikerIn</u> ▪ Fachexperte (aktiv mitwirkend)	▪ Geschäftsanwendungsfallbeschreibung ▪ Offene-Punkte-Liste
Geschäftsanwendungsfall-Abläufe modellieren (A-248, Iterative Aktivität, fakultativ, vom Zweck der Geschäftsprozessmodellierung abhängig, ⇨82)	▪ <u>SystemanalytikerIn</u> ▪ Fachexperte (aktiv mitwirkend)	▪ Ablauf-/Aktivitätsdiagramm ▪ Fachliches Glossar ▪ Offene-Punkte-Liste
Geschäftsanwendungsfall-Abläufe optimieren und konsolidieren (A-269, Singuläre Aktivität, fakultativ, vom Zweck der Geschäftsprozessmodellierung abhängig, ⇨83)	▪ <u>SystemanalytikerIn</u> ▪ Fachexperte (aktiv mitwirkend) ▪ AnwenderIn (aktiv mitwirkend)	▪ Ablauf-/Aktivitätsdiagramm
Geschäftsanwendungsfall-Abläufe detailliert beschreiben (A-270, Iterative Aktivität, fakultativ, bedarfsweise, ⇨84)	▪ <u>SystemanalytikerIn</u> ▪ Fachexperte (aktiv mitwirkend) ▪ AnwenderIn (aktiv mitwirkend)	▪ Ablauf-/Aktivitätsdiagramm
Organisatorische Einbettung identifizieren und Abhängigkeiten ggf. reorganisieren (A-271, Iterative Aktivität, debitiv, ⇨85)	▪ <u>SystemanalytikerIn</u> ▪ Fachexperte (aktiv mitwirkend) ▪ AnwenderIn (aktiv mitwirkend)	▪ Ablauf-/Aktivitätsdiagramm
Kern-Geschäftsklassenmodell entwickeln (A-272, Iterative Aktivität, fakultativ, ⇨85)	▪ <u>SystemanalytikerIn</u> ▪ Fachexperte (aktiv mitwirkend) ▪ AnwendungsentwicklerIn (aktiv mitwirkend)	▪ Geschäftsklassenmodell
Geschäftsanwendungsfallmodell erstellen (A-273, Iterative Aktivität, fakultativ, ⇨86)	▪ <u>SystemanalytikerIn</u> ▪ Fachexperte (aktiv mitwirkend)	▪ Anwendungsfallmodell

Geschäftliche Anforderungen und Regeln beschreiben (A-275, Iterative Aktivität, debitiv, ⇨88)	▪ Systemanalytikerln ▪ Fachexperte (aktiv mitwirkend)	▪ Liste mit Features und übergreifenden Anforderungen ▪ Katalog nichtfunktionaler Anforderungen ▪ Systemanwendungsfallübersicht
Systemanwendungsfälle ableiten und identifizieren (A-276, Iterative Aktivität, debitiv, ⇨89)	▪ Systemanalytikerln ▪ Fachexperte (aktiv mitwirkend) ▪ TechnischeR Architektln (aktiv mitwirkend) ▪ FachlicheR Architektln (aktiv mitwirkend)	▪ Systemanwendungsfallübersicht
Glossar überprüfen und aktualisieren (A-290, Iterative Aktivität, obligatorisch, ⇨90)	▪ Fachexperte	▪ Fachliches Glossar

2.3.2.2 Anforderungsanalyse

Aktivität	Verantwortlich/Beteiligt	Ergebnisse
Materialsammlung und -studie (A-201, Iterative Aktivität, obligatorisch, ⇨91)	▪ Systemanalytikerln	▪ Katalog der Referenzdokumente
Anforderungsbeitragende identifizieren (A-195, Iterative Aktivität, obligatorisch, bedarfsweise, ⇨93)	▪ Systemanalytikerln	▪ Liste der Anforderungsbeitragenden
Systemanwendungsfälle identifizieren (A-200, Iterative Aktivität, debitiv, ⇨95)	▪ Systemanalytikerln ▪ Fachexperte (aktiv mitwirkend) ▪ Anwenderln (aktiv mitwirkend) ▪ Fachliche Projektleitung (aktiv mitwirkend)	
Zustandsmodelle für zustandsrelevante Geschäftsklassen erstellen (A-274, Iterative Aktivität, fakultativ, ⇨95)	▪ Systemanalytikerln ▪ Fachexperte (aktiv mitwirkend) ▪ Anwendungsentwicklerln (aktiv mitwirkend)	▪ Zustandsmodell
Anforderungsworkshop durchführen (A-228, Iterative Aktivität, obligatorisch, ⇨102)	▪ Systemanalytikerln ▪ Fachexperte (aktiv mitwirkend) ▪ Schnittstellenexperte (aktiv mitwirkend) ▪ Dialogentwicklerln (aktiv mitwirkend) ▪ Stapelverarbeitungsprogrammentwicklerln (aktiv mitwirkend) ▪ FachlicheR Architektln (aktiv mitwirkend)	▪ Ausschlussliste ▪ Fachliches Glossar ▪ Systemanwendungsfallübersicht ▪ Systemanwendungsfallbeschreibung [essenziell] ▪ Workshop-Protokoll ▪ Arbeitsauftrag
Fachliches Glossar anlegen (A-204, Iterative Aktivität, debitiv, ⇨104)	▪ Systemanalytikerln	▪ Fachliches Glossar
Systemanwendungsfall detaillieren (A-229, Iterative Aktivität, obligatorisch, die wichtigsten, d.h. ca. 30 % der identifizierten Systemanwendungsfälle, ⇨105)	▪ Systemanalytikerln ▪ Fachexperte (aktiv mitwirkend) ▪ Systemanalytikerln (aktiv mitwirkend)	▪ Kandidatenliste sekundärer Systemanwendungsfälle ▪ Ablauf-/Aktivitätsdiagramm ▪ Dialogablaufdiagramm ▪ Dialogkomponentenspezifikation ▪ Offene-Punkte-Liste ▪ Testfall
Systemanwendungsfallmodell entwickeln (A-233, Iterative Aktivität, obligatorisch, ⇨107)	▪ Fachexperte ▪ FachlicheR Architektln (aktiv mitwirkend)	▪ Systemanwendungsfallmodell

Exploratives Schnittstellen-Prototyping (A-207, Iterative Aktivität, debitiv, ⇨108)	▪ DialogentwicklerIn ▪ SystemanalytikerIn (aktiv mitwirkend) ▪ AnwenderIn (aktiv mitwirkend)	
Geschäftsklassenmodell entwickeln (A-230, Iterative Aktivität, obligatorisch, ⇨109)	▪ SystemanalytikerIn ▪ SystemanalytikerIn (aktiv mitwirkend) ▪ FachlicheR ArchitektIn (aktiv mitwirkend)	▪ Geschäftsklassenmodell ▪ Subsystem
Berichte und Auswertungen identifizieren und beschreiben (A-231, Iterative Aktivität, obligatorisch, ⇨110)	▪ SystemanalytikerIn ▪ Fachexperte (aktiv mitwirkend) ▪ SystemanalytikerIn (aktiv mitwirkend)	▪ Katalog der Druck- und Ausgabeerzeugnisse
Nichtfunktionale Anforderungen identifizieren (A-235, Iterative Aktivität, obligatorisch, ⇨111)	▪ SystemanalytikerIn ▪ Fachexperte (aktiv mitwirkend) ▪ SystemanalytikerIn (aktiv mitwirkend)	▪ Katalog nichtfunktionaler Anforderungen ▪ Ausschlussliste
Features identifizieren (A-236, Iterative Aktivität, obligatorisch, ⇨112)	▪ SystemanalytikerIn ▪ Fachexperte (aktiv mitwirkend) ▪ AnwenderIn (aktiv mitwirkend)	▪ Liste mit Features und übergreifenden Anforderungen
Anforderungsspezifikation zusammenstellen (A-15, Iterative Aktivität, obligatorisch, ⇨113)	▪ SystemanalytikerIn ▪ 1 Fachliche Projektleitung (autorisierend) ▪ 1 Technische Projektleitung (autorisierend) ▪ 1 Projekt-QualitätsmanagerIn (autorisierend)	▪ Anforderungsspezifikation
Glossar überprüfen (A-289, Iterative Aktivität, obligatorisch, ⇨114)	▪ Fachexperte	

2.3.2.3 Systemerstellung

Die Disziplin Systemerstellung ist in nachfolgende Unterdisziplinen aufgeteilt.

2.3.2.4 Systemerstellung: Fachliche Architektur

Aktivität	Verantwortlich/Beteiligt	Ergebnisse
Interaktionsmodelle erstellen (A-68, Iterative Aktivität, fakultativ, bedarfsweise, ⇨115)	▪ SystemanalytikerIn ▪ AnwendungsentwicklerIn (aktiv mitwirkend)	▪ Sequenzdiagramm
Glossar überprüfen und aktualisieren (A-71, Iterative Aktivität, fakultativ, ⇨116)	▪ Fachexperte	▪ Fachliches Glossar
Geschäftsklassenmodelle konsolidieren (A-251, Iterative Aktivität, obligatorisch, ⇨117)	▪ FachlicheR ArchitektIn ▪ TechnischeR ArchitektIn (aktiv mitwirkend) ▪ AnwendungsentwicklerIn (aktiv mitwirkend)	▪ Geschäftsklassenmodell
Dialogdoubletten identifizieren (A-259, Iterative Aktivität, obligatorisch, ⇨117)	▪ FachlicheR ArchitektIn ▪ DialogentwicklerIn (aktiv mitwirkend)	▪ Geschäftsklassenmodell
Fachliches Architekturmodell entwickeln (A-260, Iterative Aktivität, obligatorisch, ⇨118)	▪ FachlicheR ArchitektIn ▪ SystemanalytikerIn (aktiv mitwirkend) ▪ DatenmodelliererIn (aktiv mitwirkend)	▪ Architekturkonzept ▪ Paketmodell ▪ Subsystemmodell

Enumerationen (Schlüsseltabellen) identifizieren (A-284, Iterative Aktivität, debitiv, ⇨119)	▪ Systemanalytikerln ▪ 1..* Anwendungsentwicklerln (aktiv mitwirkend)	▪ Enumerationsanforderung
Referenzmodelle identifizieren und beschaffen (A-28, Iterative Aktivität, fakultativ, nach Bedarf, ⇨121)	▪ Systemanalytikerln ▪ 0..* Fachexperte (aktiv mitwirkend) ▪ 0..1 Datenmodelliererln (aktiv mitwirkend)	▪ Katalog der Referenzdokumente ▪ Fachliches Glossar
Datenbankschema spezifizieren (A-56, Iterative Aktivität, fakultativ, ⇨121)	▪ Datenmodelliererln ▪ 1 FachlicheR Architektln (beratend)	▪ Datenbankschema
Systemschnittstelle beschreiben (A-206, Singuläre Aktivität, obligatorisch, sofern noch nicht geschehen, ⇨122)	▪ Systemanalytikerln ▪ Schnittstellenexperte (aktiv mitwirkend) ▪ Anwenderln (aktiv mitwirkend)	▪ Schnittstellenspezifikation
Dialoge und Ablaufsteuerung entwickeln (A-86, Iterative Aktivität, fakultativ, ⇨123)	▪ Dialogentwicklerln ▪ FachlicheR Architektln (aktiv mitwirkend)	▪ Code ▪ Ablauf-/Aktivitätsdiagramm ▪ Dialog- und Dialogkomponentenrealisierung

2.3.2.5 Systemerstellung: Subsysteme

Aktivität	Verantwortlich/Beteiligt	Ergebnisse
Dialog spezifizieren (A-26, Iterative Aktivität, fakultativ, ⇨124)	▪ Systemanalytikerln ▪ 1 Dialogentwicklerln (aktiv mitwirkend)	▪ Dialogprototyp ▪ Fachliches Glossar ▪ Dialogkomponentenspezifikation
Primitive Datentypen identifizieren (A-165, Begleitende Aktivität, obligatorisch, ⇨125)	▪ Systemanalytikerln ▪ Anwendungsentwicklerln (aktiv mitwirkend) ▪ FachlicheR Architektln (aktiv mitwirkend) ▪ TechnischeR Architektln (aktiv mitwirkend)	▪ Datentypspezifikation
Datenbankabbildung (Persistierung) realisieren und testen (A-151, Iterative Aktivität, obligatorisch, ⇨127)	▪ Datenbankentwicklerln ▪ 1 Datenmodelliererln (beratend)	▪ Code
Code-Review durchführen (A-258, Iterative Aktivität, debitiv, ⇨128)	▪ Technische Projektleitung ▪ Systemanalytikerln (aktiv mitwirkend) ▪ Projekt-Qualitätsmanagerln (ergebnisempfangend) ▪ FachlicheR Architektln (aktiv mitwirkend)	▪ Code-Review-Statusbericht
Interaktionsmodelle erstellen (A-286, Iterative Aktivität, obligatorisch, bedarfsweise, ⇨129)	▪ Anwendungsentwicklerln	
Ausnahmen und mögliche Fehler identifizieren und beschreiben (A-81, Iterative Aktivität, fakultativ, ⇨129)	▪ Systemanalytikerln ▪ Designerln (aktiv mitwirkend)	▪ Design-Klassenmodell
Designklassenmodell und validiertes Subsystemmodell entwickeln (A-232, Iterative Aktivität, debitiv, ⇨130)	▪ Designerln ▪ Anwendungsentwicklerln (aktiv mitwirkend) ▪ Systemanalytikerln (aktiv mitwirkend) ▪ FachlicheR Architektln (aktiv mitwirkend)	▪ Design-Klassenmodell ▪ Paketmodell ▪ Subsystem

Datenbankabfragen entwickeln und testen (A-76, Iterative Aktivität, fakultativ, je Abfrage, ⇨131)	▪ Datenbankentwicklerln ▪ 1 Datenmodelliererln (beratend)	▪ Datenbankabfrage ▪ Testbericht
Berichte und Auswertungen entwickeln und testen (A-70, Iterative Aktivität, fakultativ, ⇨132)	▪ Berichtsentwicklerln	▪ Testbericht
Datenbankabfragen identifizieren und spezifizieren (A-74, Iterative Aktivität, debitiv, ⇨132)	▪ Systemanalytikerln ▪ 1 Datenmodelliererln (autorisierend)	▪ Datenbankabfragespezifikation
Fachklasse realisieren und testen (A-134, Begleitende Aktivität, fakultativ, ⇨133)	▪ Anwendungsentwicklerln ▪ Testdurchführerln (aktiv mitwirkend)	▪ Testbericht
Subsystemabhängigkeiten identifizieren und ggf. restrukturieren (A-213, Iterative Aktivität, obligatorisch, ⇨134)	▪ TechnischeR Architektln	▪ Architekturkonzept
Sequenzdiagramm entwickeln (A-215, Iterative Aktivität, debitiv, bedarfsweise, ⇨135)	▪ Systemanalytikerln ▪ Anwendungsentwicklerln (beratend)	▪ Sequenzdiagramm

2.3.2.6 Systemerstellung: Umfeld und Batch

Aktivität	Verantwortlich/Beteiligt	Ergebnisse
Systemschnittstellen identifizieren und klassifizieren (A-7, Iterative Aktivität, obligatorisch, für die wichtigsten Schnittstellen, ⇨136)	▪ Schnittstellenexperte ▪ 1..* Fachexperte (aktiv mitwirkend) ▪ ggf. TechnischeR Architektln (beratend) ▪ ggf. Stapelverarbeitungsprogramm-entwicklerln (beratend) ▪ FachlicheR Architektln (aktiv mitwirkend)	▪ Katalog externer Schnittstellen ▪ Fachliches Glossar
Adapter für externe Schnittstellen konzipieren, entwickeln und testen (A-48, Singuläre Aktivität, obligatorisch, je externe Schnittstelle, ⇨138)	▪ Anwendungsentwicklerln ▪ 1 Schnittstellenexperte (beratend) ▪ ggf. Stapelverarbeitungsprogramm-entwicklerln (aktiv mitwirkend) ▪ 1 FachlicheR Architektln (beratend) ▪ 1 Designerln (aktiv mitwirkend)	▪ Schnittstellenspezifikation ▪ Testbericht
Stapelverarbeitungsprogramme identifizieren und spezifizieren (A-58, Iterative Aktivität, obligatorisch, je Batch-Programm, ⇨139)	▪ Stapelverarbeitungsprogrammentwicklerln ▪ Fachexperte (beratend) ▪ TechnischeR Architektln (autorisierend)	▪ Stapelverarbeitungsprogrammspezifikation

2.3.2.7 Systemerstellung: Technische Architektur

Aktivität	Verantwortlich/Beteiligt	Ergebnisse
Technisches Architekturmodell definieren (A-187, Begleitende Aktivität, obligatorisch, ⇨141)	▪ TechnischeR Architektln ▪ FachlicheR Architektln (aktiv mitwirkend)	▪ Architekturkonzept
Interaktionsmodell erstellen (A-287, Iterative Aktivität, obligatorisch, bedarfsweise, ⇨142)	▪ Anwendungsentwicklerln	

2.3.2.8 Qualitätssicherung, Test, Abnahmen

Aktivität	Verantwortlich/Beteiligt	Ergebnisse
Arbeitsauftragsreview durchführen (A-39, Iterative Aktivität, obligatorisch, ⇨143)	▪ Arbeitsauftragsgutachterln ▪ 0..* Alle Projektmitglieder (aktiv mitwirkend) ▪ 1 Arbeitsauftragsverantwortlicher (aktiv mitwirkend)	▪ Arbeitsauftrag ▪ Bericht
Produktreview vorbereiten (A-262, Iterative Aktivität, obligatorisch, für wichtige Produkte, ⇨144)	▪ Verschiedene ▪ Verschiedene (aktiv mitwirkend)	▪ Sonstiges
Testkonzept erstellen (A-256, Iterative Aktivität, obligatorisch, ⇨150)	▪ Projekt-QualitätsmanagerIn ▪ SystemanalytikerIn (aktiv mitwirkend) ▪ Technische Projektleitung (aktiv mitwirkend) ▪ TesterstellerIn (beratend) ▪ TestautomatisiererIn (beratend)	▪ Testkonzept
Produktreview durchführen (A-263, Iterative Aktivität, obligatorisch, ⇨145)	▪ Verschiedene	▪ Lenkungsausschussprotokoll ▪ Bericht
Meilensteinreview vorbereiten (A-261, Singuläre Aktivität, obligatorisch, rechtzeitig vor Phasenende, ⇨146)	▪ Gesamtprojektleitung	▪ Sonstiges
Meilensteinerreichung überprüfen (A-18, Iterative Aktivität, obligatorisch, mind. am Phasenende, ⇨147)	▪ Gesamtprojektleitung ▪ AuftraggeberIn (aktiv mitwirkend) ▪ Fachexperte (aktiv mitwirkend) ▪ Fachliche Projektleitung (aktiv mitwirkend) ▪ Technische Projektleitung (aktiv mitwirkend) ▪ TesterIn (AnwenderIn) (aktiv mitwirkend)	▪ Meilensteindokument
Entwicklungsrichtlinien überprüfen (A-72, Periodische Aktivität, fakultativ, ca. alle ein bis zwei Monate, ⇨148)	▪ Technische Projektleitung ▪ TechnischeR ArchitektIn (aktiv mitwirkend) ▪ DialogentwicklerIn (aktiv mitwirkend) ▪ Konfigurations- und Build-ManagerIn (aktiv mitwirkend) ▪ DatenbankentwicklerIn (aktiv mitwirkend) ▪ Alle Projektmitglieder (ergebnisempfangend)	▪ Entwicklungsrichtlinien ▪ Bericht
Teststrategie (A-300, Singuläre Aktivität, obligatorisch, ⇨149)	▪ Projekt-QualitätsmanagerIn ▪ AuftraggeberIn (aktiv mitwirkend) ▪ Fachliche Projektleitung (aktiv mitwirkend) ▪ Technische Projektleitung (aktiv mitwirkend)	▪ Teststrategie ▪ Projektrisiken
Testplan erstellen (A-152, Iterative Aktivität, debitiv, ⇨153)	▪ Projekt-QualitätsmanagerIn ▪ TesterstellerIn (aktiv mitwirkend) ▪ TestautomatisiererIn (beratend)	▪ Testplan
Subsystem testen (A-51, Iterative Aktivität, obligatorisch, ⇨155)	▪ Projekt-QualitätsmanagerIn ▪ TesterstellerIn (aktiv mitwirkend) ▪ TestdurchführerIn (aktiv mitwirkend) ▪ TestautomatisiererIn (aktiv mitwirkend) ▪ TestbetreuerIn (aktiv mitwirkend)	▪ Testdokumentation ▪ Testbericht

Automatischer Systemtest (Regressionstest) (A-293, Periodische Aktivität, obligatorisch, täglich, ⇨157)	▪ Testdurchführerln ▪ TechnischeR ArchitektIn (beratend) ▪ Testerstellerln (beratend) ▪ Testbetreuerln (aktiv mitwirkend)	▪ Testbericht

2.3.2.9 Einsatz, Verteilung und Projektexternes

Aktivität	Verantwortlich/Beteiligt	Ergebnisse
Entwicklung globaler Dienste und Klassen (A-55, Iterative Aktivität, debitiv, ⇨160)	▪ System-Framework-Entwicklerln ▪ 1 technische Projektleitung (beratend)	▪ Katalog globaler Dienste und Klassen
Projektexterne Anforderungen identifizieren und spezifizieren (A-95, Iterative Aktivität, obligatorisch, ⇨161)	▪ Fachliche Projektleitung ▪ * Fachexperte (beratend) ▪ * Schnittstellenexperte (beratend) ▪ Technische Projektleitung (aktiv mitwirkend) ▪ 1 Projekt-Qualitätsmanagerln (aktiv mitwirkend)	▪ Katalog projektexterner Anforderungen und Zulieferleistungen ▪ Zulieferleistungsspezifikation
Zulieferleistungen überwachen (A-301, Periodische Aktivität, obligatorisch, wöchentlich, ⇨168)	▪ Gesamtprojektleitung ▪ Verschiedene (aktiv mitwirkend)	

2.3.2.10 Konfigurations- und Umgebungsmanagement

Aktivität	Verantwortlich/Beteiligt	Ergebnisse
Mitarbeiterarbeitsplatz einrichten (A-155, Singuläre Aktivität, obligatorisch, ⇨171)	▪ Konfigurations- und Build-Managerln	▪ Sonstiges
Projektumgebung einrichten bzw. anpassen (A-168, Singuläre Aktivität, obligatorisch, falls noch nicht in Vorbereitungsphase eingerichtet, ⇨172)	▪ Konfigurations- und Build-Managerln ▪ Operator (beratend)	▪ Sonstiges
Architektur und Softwareentwicklungsumgebung evaluieren (A-23, Singuläre Aktivität, debitiv, falls noch nicht in Vorbereitungsphase durchgeführt, ⇨173)	▪ Technische Projektleitung ▪ TechnischeR ArchitektIn (beratend) ▪ Konfigurations- und Build-Managerln (beratend)	▪ Bericht
Konfigurationsmanagement definieren (A-63, Singuläre Aktivität, debitiv, ⇨173)	▪ Konfigurations- und Build-Managerln	▪ Konfigurationsplan
Daily-Build und Smoketest (A-292, Periodische Aktivität, obligatorisch, täglich, ⇨174)	▪ Konfigurations- und Build-Managerln ▪ TechnischeR ArchitektIn (beratend) ▪ Testdurchführerln (beratend)	▪ Build
Release entwickeln (A-299, Singuläre Aktivität, fakultativ, bei Bedarf, prototypisch, ⇨175)	▪ Technische Projektleitung ▪ Anwendungsentwicklerln (aktiv mitwirkend) ▪ Konfigurations- und Build-Managerln (aktiv mitwirkend) ▪ Fachliche Projektleitung (beratend) ▪ Projekt-Qualitätsmanagerln (aktiv mitwirkend) ▪ Second-Level-Support (aktiv mitwirkend) ▪ DV-Leitung (autorisierend)	▪ Release

2.3.2.11 Iterations-, Prozess- und Änderungsmanagement

Aktivität	Verantwortlich/Beteiligt	Ergebnisse
Aufwandsschätzworkshop durchführen (A-249, Iterative Aktivität, obligatorisch, ⇨189)	▪ Gesamtprojektleitung ▪ TechnischeR ArchitektIn (aktiv mitwirkend) ▪ SystemanalytikerIn (aktiv mitwirkend) ▪ Stapelverarbeitungsprogrammentwick-lerIn (aktiv mitwirkend) ▪ DatenmodelliererIn (aktiv mitwirkend) ▪ Fachliche Projektleitung (aktiv mitwirkend) ▪ Technische Projektleitung (aktiv mitwirkend) ▪ Projekt-QualitätsmanagerIn (aktiv mitwirkend) ▪ FachlicheR ArchitektIn (aktiv mitwirkend)	▪ Aufwandsschätzung
Gesamtplanung (Makroplan) erstellen bzw. aktualisieren (A-12, Iterative Aktivität, obligatorisch, ⇨193)	▪ Gesamtprojektleitung ▪ 1 fachliche Projektleitung (aktiv mitwirkend) ▪ 1 technische Projektleitung (aktiv mitwirkend) ▪ 1 Projekt-QualitätsmanagerIn (aktiv mitwirkend)	▪ Projektplan ▪ Releaseplan ▪ Softwareentwicklungsplan ▪ Katalog offener Aufgaben ▪ Projektorganisationsplan ▪ Ressourcenplan
Iterationen und Builds planen (A-16, Iterative Aktivität, obligatorisch, ⇨194)	▪ Fachliche Projektleitung ▪ 1..* Fachexperte (beratend) ▪ Gesamtprojektleitung (beratend) ▪ Gesamtprojektleitung (ergebnisempfangend) ▪ 1 technische Projektleitung (aktiv mitwirkend) ▪ 0..* Alle Projektmitglieder (beratend)	▪ Projektplan ▪ Releaseplan ▪ Iterationsplan ▪ Katalog der Mitwirkungsleistungen ▪ Meilensteindokument
Arbeitsaufträge für Iteration i+2 erstellen (A-294, Iterative Aktivität, obligatorisch, ⇨196)	▪ Gesamtprojektleitung ▪ Fachexperte (beratend) ▪ Fachliche Projektleitung (aktiv mitwirkend) ▪ Technische Projektleitung (aktiv mitwirkend)	▪ Projektplan ▪ Arbeitsauftrag
Arbeitsaufträge für Iteration i+1 erstellen (A-46, Iterative Aktivität, obligatorisch, ⇨197)	▪ Gesamtprojektleitung ▪ Fachliche Projektleitung (aktiv mitwirkend) ▪ Technische Projektleitung (aktiv mitwirkend) ▪ Alle Projektmitglieder (ergebnisempfangend) ▪ Arbeitsauftragsverantwortlicher (aktiv mitwirkend)	▪ Arbeitsauftrag
Anforderungsänderung beurteilen (A-179, Exzeptionelle Aktivität, debitiv, ⇨198)	▪ Fachliche Projektleitung ▪ 1..* Verschiedene (aktiv mitwirkend)	▪ Anforderungsänderung [beurteilt]

Anforderungsänderung genehmigen (A-283, Exzeptionelle Aktivität, debitiv, ⇨198)	▪ Gesamtprojektleitung ▪ Fachliche Projektleitung (beratend) ▪ Technische Projektleitung (beratend) ▪ Projekt-QualitätsmanagerIn (beratend) ▪ Lenkungsausschuss (ergebnisempfangend)	▪ Anforderungsänderung [entschieden]
Anforderungen ändern oder ergänzen (A-282, Exzeptionelle Aktivität, debitiv, ⇨199)	▪ SystemanalytikerIn ▪ 1..* Verschiedene (aktiv mitwirkend)	▪ Anforderungsänderung [beantragt]
Tätigkeitsberichte analysieren (A-193, Periodische Aktivität, obligatorisch, wöchentlich, ⇨200)	▪ Projekt-QualitätsmanagerIn ▪ Alle Projektmitglieder (aktiv mitwirkend)	▪ Katalog aller offenen Probleme ▪ Katalog offener Aufgaben
Wöchentliches Mikrocontrolling (A-295, Periodische Aktivität, obligatorisch, wöchentlich, ⇨201)	▪ Gesamtprojektleitung ▪ Alle Projektmitglieder (aktiv mitwirkend)	▪ Arbeitsauftrags-Statusbericht
Wöchentliche Mikrosteuerung (A-296, Periodische Aktivität, obligatorisch, wöchentlich, ⇨202)	▪ Gesamtprojektleitung ▪ Fachliche Projektleitung (aktiv mitwirkend) ▪ Technische Projektleitung (aktiv mitwirkend) ▪ 0..* Alle Projektmitglieder (beratend)	▪ Arbeitsauftrag
Arbeitsauftrags-Planungskorrektur (A-297, Iterative Aktivität, obligatorisch, ⇨203)	▪ Gesamtprojektleitung ▪ Fachliche Projektleitung (aktiv mitwirkend) ▪ Technische Projektleitung (aktiv mitwirkend) ▪ Alle Projektmitglieder (beratend) ▪ Alle Projektmitglieder (ergebnisempfangend)	▪ Arbeitsauftrag

2.3.2.12 Projektmanagement

Aktivität	Verantwortlich/Beteiligt	Ergebnisse
Phasenauftaktveranstaltung (A-158, Singuläre Aktivität, obligatorisch, ⇨176)	▪ Gesamtprojektleitung ▪ Alle Projektmitglieder (ergebnisempfangend)	▪ Sonstiges
Iterationsauftaktveranstaltung (A-159, Iterative Aktivität, obligatorisch, außer bei Phasenstart, ⇨182)	▪ Gesamtprojektleitung ▪ * Alle Projektmitglieder (aktiv mitwirkend)	▪ Sonstiges
Projektpräsentation vorbereiten und halten (A-184, Singuläre Aktivität, fakultativ, bedarfsweise, ⇨180)	▪ Gesamtprojektleitung	▪ Projektpräsentation
Risikomanagementworkshop durchführen (Risiken, Erfolgskriterien) (A-250, Iterative Aktivität, debitiv, ⇨180)	▪ Gesamtprojektleitung ▪ mögl. AuftraggeberIn (aktiv mitwirkend) ▪ AuftraggeberIn (ergebnisempfangend) ▪ SystemanalytikerIn (aktiv mitwirkend) ▪ Konfigurations- und Build-ManagerIn (aktiv mitwirkend) ▪ Fachliche Projektleitung (aktiv mitwirkend) ▪ Technische Projektleitung (aktiv mitwirkend) ▪ Projekt-QualitätsmanagerIn (aktiv mit-	▪ Projektrisiken ▪ Projekterfolgskriterien ▪ Katalog aller offenen Probleme

	wirkend) ▪ FachlicheR ArchitektIn (aktiv mitwirkend) ▪ Verschiedene (aktiv mitwirkend)	
Lenkungsausschuss vorbereiten (A-298, Iterative Aktivität, obligatorisch, ⇨183)	▪ <u>Gesamtprojektleitung</u> ▪ TechnischeR ArchitektIn (aktiv mitwirkend) ▪ Fachliche Projektleitung (aktiv mitwirkend) ▪ Technische Projektleitung (aktiv mitwirkend) ▪ FachlicheR ArchitektIn (aktiv mitwirkend)	▪ Projektpräsentation ▪ Bericht
Lenkungsausschusssitzung (A-183, Iterative Aktivität, obligatorisch, ggf. auch periodisch, z.B. monatlich, ⇨184)	▪ <u>Lenkungsausschuss</u> ▪ AuftraggeberIn (aktiv mitwirkend) ▪ Gesamtprojektleitung (aktiv mitwirkend) ▪ Hauptpersonalrat (aktiv mitwirkend) ▪ Verschiedene (ergebnisempfangend) ▪ Verschiedene (aktiv mitwirkend) ▪ Controlling (aktiv mitwirkend) ▪ DV-Leitung (aktiv mitwirkend)	▪ Lenkungsausschussprotokoll
Monats- bzw. Quartalsbericht erstellen (A-172, Periodische Aktivität, obligatorisch, monatlich, ⇨183)	▪ <u>Gesamtprojektleitung</u> ▪ Lenkungsausschuss (ergebnisempfangend) ▪ Controlling (ergebnisempfangend)	▪ Monats- bzw. Quartalsbericht
Personalrat über geplante Anwendung informieren (A-182, Singuläre Aktivität, debitiv, ⇨185)	▪ <u>Gesamtprojektleitung</u> ▪ Hauptpersonalrat (ergebnisempfangend) ▪ ggf. Personalabteilung (aktiv mitwirkend)	▪ Information des Personalrates über geplante Einführung einer Anwendung
Mitbestimmungsverfahren einleiten (A-181, Singuläre Aktivität, debitiv, ⇨186)	▪ <u>Gesamtprojektleitung</u> ▪ Hauptpersonalrat (ergebnisempfangend)	▪ Einleitung des Mitbestimmungsverfahrens
Neuausrichtungsworkshop durchführen (A-252, Periodische Aktivität, debitiv, quartalsweise, ⇨187)	▪ <u>Gesamtprojektleitung</u> ▪ AuftraggeberIn (aktiv mitwirkend) ▪ SystemanalytikerIn (aktiv mitwirkend) ▪ Projekt-QualitätsmanagerIn (aktiv mitwirkend) ▪ FachlicheR ArchitektIn (aktiv mitwirkend)	▪ Projektauftrag

2.3.3 Aktivitäten der Hauptphase (Konstruktion)

2.3.3.1 Geschäftsprozessmodellierung

Aktivität	Verantwortlich/Beteiligt	Ergebnisse
Geschäftsprozesse dokumentieren (A-245, Iterative Aktivität, fakultativ, ⇨79)	▪ <u>SystemanalytikerIn</u> ▪ Fachexperte (aktiv mitwirkend)	▪ Ablauf-/Aktivitätsdiagramm ▪ Geschäftsprozessbeschreibung
Geschäftsanwendungsfälle essenziell beschreiben (A-247, Iterative Aktivität, debitiv, ⇨80)	▪ <u>SystemanalytikerIn</u> ▪ Fachexperte (aktiv mitwirkend)	▪ Geschäftsanwendungsfallbeschreibung ▪ Offene-Punkte-Liste

Geschäftsanwendungsfall-Abläufe modellieren (A-248, Iterative Aktivität, fakultativ, vom Zweck der Geschäftsprozessmodellierung abhängig, ⇨82)	▪ Systemanalytikerln ▪ Fachexperte (aktiv mitwirkend)	▪ Ablauf-/Aktivitätsdiagramm ▪ Fachliches Glossar ▪ Offene-Punkte-Liste
Geschäftsanwendungsfall-Abläufe detailliert beschreiben (A-270, Iterative Aktivität, fakultativ, bedarfsweise, ⇨84)	▪ Systemanalytikerln ▪ Fachexperte (aktiv mitwirkend) ▪ Anwenderln (aktiv mitwirkend)	▪ Ablauf-/Aktivitätsdiagramm
Organisatorische Einbettung identifizieren und Abhängigkeiten ggf. reorganisieren (A-271, Iterative Aktivität, fakultativ, ⇨85)	▪ Systemanalytikerln ▪ Fachexperte (aktiv mitwirkend) ▪ Anwenderln (aktiv mitwirkend)	▪ Ablauf-/Aktivitätsdiagramm
Kern-Geschäftsklassenmodell entwickeln (A-272, Iterative Aktivität, fakultativ, ⇨85)	▪ Systemanalytikerln ▪ Fachexperte (aktiv mitwirkend) ▪ Anwendungsentwicklerln (aktiv mitwirkend)	▪ Geschäftsklassenmodell
Geschäftsanwendungsfallmodell erstellen (A-273, Iterative Aktivität, fakultativ, ⇨86)	▪ Systemanalytikerln ▪ Fachexperte (aktiv mitwirkend)	▪ Anwendungsfallmodell
Geschäftliche Anforderungen und Regeln beschreiben (A-275, Iterative Aktivität, debitiv, ⇨88)	▪ Systemanalytikerln ▪ Fachexperte (aktiv mitwirkend)	▪ Liste mit Features und übergreifenden Anforderungen ▪ Katalog nichtfunktionaler Anforderungen ▪ Systemanwendungsfallübersicht
Systemanwendungsfälle ableiten und identifizieren (A-276, Iterative Aktivität, obligatorisch, ⇨89)	▪ Systemanalytikerln ▪ Fachexperte (aktiv mitwirkend) ▪ TechnischeR Architektln (aktiv mitwirkend) ▪ FachlicheR Architektln (aktiv mitwirkend)	▪ Systemanwendungsfallübersicht
Glossar überprüfen und aktualisieren (A-290, Iterative Aktivität, obligatorisch, ⇨90)	▪ Fachexperte	▪ Fachliches Glossar

2.3.3.2 Anforderungsanalyse

Aktivität	Verantwortlich/Beteiligt	Ergebnisse
Materialsammlung und -studie (A-201, Iterative Aktivität, fakultativ, ⇨91)	▪ Systemanalytikerln	▪ Katalog der Referenzdokumente
Anforderungsbeitragende identifizieren (A-195, Exzeptionelle Aktivität, fakultativ, bedarfsweise, ⇨93)	▪ Systemanalytikerln	▪ Liste der Anforderungsbeitragenden
Systemanwendungsfälle identifizieren (A-200, Iterative Aktivität, obligatorisch, ⇨95)	▪ Systemanalytikerln ▪ Fachexperte (aktiv mitwirkend) ▪ Anwenderln (aktiv mitwirkend) ▪ Fachliche Projektleitung (aktiv mitwirkend)	
Zustandsmodelle für zustandsrelevante Geschäftsklassen erstellen (A-274, Iterative Aktivität, debitiv, ⇨95)	▪ Systemanalytikerln ▪ Fachexperte (aktiv mitwirkend) ▪ Anwendungsentwicklerln (aktiv mitwirkend)	▪ Zustandsmodell
Anforderungsworkshop durchführen (A-228, Iterative Aktivität, debitiv, Teile daraus – je nach Bedarf, ⇨102)	▪ Systemanalytikerln ▪ Fachexperte (aktiv mitwirkend) ▪ Schnittstellenexperte (aktiv mitwirkend) ▪ Dialogentwicklerln (aktiv mitwirkend)	▪ Ausschlussliste ▪ Fachliches Glossar ▪ Systemanwendungsfallübersicht ▪ Systemanwendungsfallbeschreibung [essenziell]

	▪ StapelverarbeitungsprogrammentwicklerIn (aktiv mitwirkend) ▪ FachlicheR ArchitektIn (aktiv mitwirkend)	▪ Workshop-Protokoll ▪ Arbeitsauftrag
Systemanwendungsfall detaillieren (A-229, Iterative Aktivität, obligatorisch, für Ablaufmodelle und Dialogablaufmodelle bei Bedarf, ⇨105)	▪ SystemanalytikerIn ▪ Fachexperte (aktiv mitwirkend) ▪ SystemanalytikerIn (aktiv mitwirkend)	▪ Kandidatenliste sekundärer Systemanwendungsfälle ▪ Ablauf-/Aktivitätsdiagramm ▪ Dialogablaufdiagramm ▪ Dialogkomponentenspezifikation ▪ Offene-Punkte-Liste ▪ Testfall
Systemanwendungsfallmodell entwickeln (A-233, Iterative Aktivität, debitiv, ⇨107)	▪ Fachexperte ▪ FachlicheR ArchitektIn (aktiv mitwirkend)	▪ Systemanwendungsfallmodell
Exploratives Schnittstellen-Prototyping (A-207, Iterative Aktivität, debitiv, ⇨108)	▪ DialogentwicklerIn ▪ SystemanalytikerIn (aktiv mitwirkend) ▪ AnwenderIn (aktiv mitwirkend)	
Geschäftsklassenmodell entwickeln (A-230, Iterative Aktivität, obligatorisch, ⇨109)	▪ SystemanalytikerIn ▪ SystemanalytikerIn (aktiv mitwirkend) ▪ FachlicheR ArchitektIn (aktiv mitwirkend)	▪ Geschäftsklassenmodell ▪ Subsystem
Berichte und Auswertungen identifizieren und beschreiben (A-231, Iterative Aktivität, obligatorisch, ⇨110)	▪ SystemanalytikerIn ▪ Fachexperte (aktiv mitwirkend) ▪ SystemanalytikerIn (aktiv mitwirkend)	▪ Katalog der Druck- und Ausgabeerzeugnisse
Nichtfunktionale Anforderungen identifizieren (A-235, Iterative Aktivität, obligatorisch, ⇨111)	▪ SystemanalytikerIn ▪ Fachexperte (aktiv mitwirkend) ▪ SystemanalytikerIn (aktiv mitwirkend)	▪ Katalog nichtfunktionaler Anforderungen ▪ Ausschlussliste
Features identifizieren (A-236, Iterative Aktivität, obligatorisch, ⇨112)	▪ SystemanalytikerIn ▪ Fachexperte (aktiv mitwirkend) ▪ AnwenderIn (aktiv mitwirkend)	▪ Liste mit Features und übergreifenden Anforderungen
Anforderungsspezifikation zusammenstellen (A-15, Iterative Aktivität, obligatorisch, ⇨113)	▪ SystemanalytikerIn ▪ 1 fachliche Projektleitung (autorisierend) ▪ 1 technische Projektleitung (autorisierend) ▪ 1 Projekt-QualitätsmanagerIn (autorisierend)	▪ Anforderungsspezifikation
Glossar überprüfen (A-289, Iterative Aktivität, obligatorisch, ⇨114)	▪ Fachexperte	

2.3.3.3 Systemerstellung

Die Disziplin Systemerstellung ist in nachfolgende Unterdisziplinen aufgeteilt.

2.3.3.4 Systemerstellung: Fachliche Architektur

Aktivität	Verantwortlich/Beteiligt	Ergebnisse
Interaktionsmodelle erstellen (A-68, Iterative Aktivität, fakultativ, bedarfsweise, ⇨115)	▪ SystemanalytikerIn ▪ AnwendungsentwicklerIn (aktiv mitwirkend)	▪ Sequenzdiagramm

Glossar überprüfen und aktualisieren (A-71, Iterative Aktivität, fakultativ, ⇨116)	▪ Fachexperte	▪ Fachliches Glossar
Geschäftsklassenmodelle konsolidieren (A-251, Iterative Aktivität, obligatorisch, bedarfsweise, ⇨117)	▪ FachlicheR ArchitektIn ▪ TechnischeR ArchitektIn (aktiv mitwirkend) ▪ AnwendungsentwicklerIn (aktiv mitwirkend)	▪ Geschäftsklassenmodell
Dialogdoubletten identifizieren (A-259, Iterative Aktivität, obligatorisch, bedarfsweise, ⇨117)	▪ FachlicheR ArchitektIn ▪ DialogentwicklerIn (aktiv mitwirkend)	▪ Geschäftsklassenmodell
Fachliches Architekturmodell entwickeln (A-260, Iterative Aktivität, obligatorisch, nur zur Aktualisierung, ⇨118)	▪ FachlicheR ArchitektIn ▪ SystemanalytikerIn (aktiv mitwirkend) ▪ DatenmodelliererIn (aktiv mitwirkend)	▪ Architekturkonzept ▪ Paketmodell ▪ Subsystemmodell
Enumerationen (Schlüsseltabellen) identifizieren (A-284, Iterative Aktivität, debitiv, ⇨119)	▪ SystemanalytikerIn ▪ 1..* AnwendungsentwicklerIn (aktiv mitwirkend)	▪ Enumerationsanforderung
Designklassenmodell restrukturieren (A-285, Iterative Aktivität, obligatorisch, ⇨119)	▪ TechnischeR ArchitektIn ▪ FachlicheR ArchitektIn (beratend) ▪ DesignerIn (beratend)	▪ Design-Klassenmodell ▪ Subsystem
Enumerationsinhalte (Schlüsseltabellen) neu definieren oder überarbeiten (A-174, Singuläre Aktivität, obligatorisch, für jede neue/geänderte Enumeration, ⇨120)	▪ Fachexperte ▪ AnwendungsentwicklerIn (beratend)	▪ Enumeration (Schlüsseltabelle) ▪ Enumerationsanforderung
Datenbankschema spezifizieren (A-56, Iterative Aktivität, obligatorisch, ⇨121)	▪ DatenmodelliererIn ▪ 1 FachlicheR ArchitektIn (beratend)	▪ Datenbankschema
Dialoge und Ablaufsteuerung entwickeln (A-86, Iterative Aktivität, obligatorisch, ⇨123)	▪ DialogentwicklerIn ▪ FachlicheR ArchitektIn (aktiv mitwirkend)	▪ Code ▪ Ablauf-/Aktivitätsdiagramm ▪ Dialog- und Dialogkomponentenrealisierung

2.3.3.5 Systemerstellung: Subsysteme

Aktivität	Verantwortlich/Beteiligt	Ergebnisse
Dialog spezifizieren (A-26, Iterative Aktivität, obligatorisch, ⇨124)	▪ SystemanalytikerIn ▪ 1 DialogentwicklerIn (aktiv mitwirkend)	▪ Dialogprototyp ▪ Fachliches Glossar ▪ Dialogkomponentenspezifikation
Primitive Datentypen identifizieren (A-165, Begleitende Aktivität, obligatorisch, ⇨125)	▪ SystemanalytikerIn ▪ AnwendungsentwicklerIn (aktiv mitwirkend) ▪ FachlicheR ArchitektIn (aktiv mitwirkend) ▪ TechnischeR ArchitektIn (aktiv mitwirkend)	▪ Datentypspezifikation
Zustandsmodell beschreiben (A-67, Iterative Aktivität, debitiv, ⇨126)	▪ SystemanalytikerIn ▪ DesignerIn (aktiv mitwirkend)	▪ Zustandsmodell
Datenbankabbildung beschreiben (A-157, Iterative Aktivität, obligatorisch, ⇨127)	▪ SystemanalytikerIn ▪ 1 DatenmodelliererIn (beratend) ▪ 1 DatenbankentwicklerIn (beratend)	▪ Design-Klassenmodell ▪ Datenbankabbildungsspezifikation

Code-Review durchführen (A-258, Iterative Aktivität, debitiv, ⇨128)	▪ Technische Projektleitung ▪ SystemanalytikerIn (aktiv mitwirkend) ▪ Projekt-QualitätsmanagerIn (ergebnisempfangend) ▪ FachlicheR ArchitektIn (aktiv mitwirkend)	▪ Code-Review-Statusbericht
Interaktionsmodelle erstellen (A-286, Iterative Aktivität, obligatorisch, bedarfsweise, ⇨129)	▪ AnwendungsentwicklerIn	
Enumeration (Schlüsseltabellen) integrieren (A-173, Iterative Aktivität, obligatorisch, ⇨129)	▪ AnwendungsentwicklerIn	▪ Code
Ausnahmen und mögliche Fehler identifizieren und beschreiben (A-81, Iterative Aktivität, debitiv, ⇨129)	▪ SystemanalytikerIn ▪ DesignerIn (aktiv mitwirkend)	▪ Design-Klassenmodell
Designklassenmodell und validiertes Subsystemmodell entwickeln (A-232, Iterative Aktivität, obligatorisch, ⇨130)	▪ DesignerIn ▪ AnwendungsentwicklerIn (aktiv mitwirkend) ▪ SystemanalytikerIn (aktiv mitwirkend) ▪ FachlicheR ArchitektIn (aktiv mitwirkend)	▪ Design-Klassenmodell ▪ Paketmodell ▪ Subsystem
Datenbankabfragen entwickeln und testen (A-76, Iterative Aktivität, obligatorisch, je Abfrage, ⇨131)	▪ DatenbankentwicklerIn ▪ 1 DatenmodelliererIn (beratend)	▪ Datenbankabfrage ▪ Testbericht
Berichte und Auswertungen entwickeln und testen (A-70, Iterative Aktivität, obligatorisch, ⇨132)	▪ BerichtsentwicklerIn	▪ Testbericht
Datenbankabfragen identifizieren und spezifizieren (A-74, Iterative Aktivität, obligatorisch, ⇨132)	▪ SystemanalytikerIn ▪ 1 DatenmodelliererIn (autorisierend)	▪ Datenbankabfragespezifikation
Fachklasse realisieren und testen (A-134, Begleitende Aktivität, obligatorisch, ⇨133)	▪ AnwendungsentwicklerIn ▪ TestdurchführerIn (aktiv mitwirkend)	▪ Testbericht
Subsystemabhängigkeiten identifizieren und ggf. restrukturieren (A-213, Iterative Aktivität, obligatorisch, ⇨134)	▪ TechnischeR ArchitektIn	▪ Architekturkonzept
Sequenzdiagramm entwickeln (A-215, Iterative Aktivität, debitiv, bedarfsweise, ⇨135)	▪ SystemanalytikerIn ▪ AnwendungsentwicklerIn (beratend)	▪ Sequenzdiagramm

2.3.3.6 Systemerstellung: Umfeld und Batch

Aktivität	Verantwortlich/Beteiligt	Ergebnisse
Adapter für externe Schnittstellen konzipieren, entwickeln und testen (A-48, Singuläre Aktivität, debitiv, ⇨138)	▪ AnwendungsentwicklerIn ▪ 1 Schnittstellenexperte (beratend) ▪ ggf. StapelverarbeitungsprogrammentwicklerIn (aktiv mitwirkend) ▪ 1 FachlicheR ArchitektIn (beratend) ▪ 1 DesignerIn (aktiv mitwirkend)	▪ Schnittstellenspezifikation ▪ Testbericht

Stapelverarbeitungsprogramme identifizieren und spezifizieren (A-58, Iterative Aktivität, obligatorisch, je Batch-Programm, ⇨139)	▪ StapelverarbeitungsprogrammentwicklerIn ▪ Fachexperte (beratend) ▪ TechnischeR ArchitektIn (autorisierend)	▪ Stapelverarbeitungsprogrammspezifikation
Stapelverarbeitungsprogramme realisieren und testen (A-59, Singuläre Aktivität, obligatorisch, je Batch-Programm, ⇨140)	▪ StapelverarbeitungsprogrammentwicklerIn ▪ 1 Fachexperte (beratend) ▪ ggf. TechnischeR ArchitektIn (beratend)	▪ Stapelverarbeitungsprogramm (Batch-Programm) ▪ Testbericht

2.3.3.7 Systemerstellung: Technische Architektur

Aktivität	Verantwortlich/Beteiligt	Ergebnisse
Datenbanken und Datenbankschema einrichten (A-150, Singuläre Aktivität, obligatorisch, ⇨141)	▪ Datenbank-AdministratorIn ▪ 1 DatenmodelliererIn (beratend)	▪ Datenbank
Technisches Architekturmodell definieren (A-187, Exzeptionelle Aktivität, obligatorisch, nur zur Aktualisierung, ⇨141)	▪ TechnischeR ArchitektIn ▪ FachlicheR ArchitektIn (aktiv mitwirkend)	▪ Architekturkonzept
Interaktionsmodell erstellen (A-287, Iterative Aktivität, obligatorisch, bedarfsweise, ⇨142)	▪ AnwendungsentwicklerIn	

2.3.3.8 Qualitätssicherung, Test, Abnahmen

Aktivität	Verantwortlich/Beteiligt	Ergebnisse
Arbeitsauftragsreview durchführen (A-39, Periodische Aktivität, obligatorisch, ⇨143)	▪ ArbeitsauftragsgutachterIn ▪ 0..* Alle Projektmitglieder (aktiv mitwirkend) ▪ 1 Arbeitsauftragsverantwortlicher (aktiv mitwirkend)	▪ Arbeitsauftrag ▪ Bericht
Produktreview vorbereiten (A-262, Iterative Aktivität, obligatorisch, für wichtige Produkte, ⇨144)	▪ Verschiedene ▪ Verschiedene (aktiv mitwirkend)	▪ Sonstiges
Produktreview durchführen (A-263, Iterative Aktivität, obligatorisch, ⇨145)	▪ Verschiedene	▪ Lenkungsausschussprotokoll ▪ Bericht
Meilensteinreview vorbereiten (A-261, Singuläre Aktivität, obligatorisch, rechtzeitig vor Phasenende, ⇨146)	▪ Gesamtprojektleitung	▪ Sonstiges
Meilensteinerreichung überprüfen (A-18, Iterative Aktivität, obligatorisch, mind. am Phasenende, ⇨147)	▪ Gesamtprojektleitung ▪ AuftraggeberIn (aktiv mitwirkend) ▪ Fachexperte (aktiv mitwirkend) ▪ Fachliche Projektleitung (aktiv mitwirkend) ▪ Technische Projektleitung (aktiv mitwirkend) ▪ TesterIn (AnwenderIn) (aktiv mitwirkend)	▪ Meilensteindokument
Entwicklungsrichtlinien überprüfen (A-72, Periodische Aktivität, fakultativ, ca. alle ein bis zwei Monate, ⇨148)	▪ Technische Projektleitung ▪ TechnischeR ArchitektIn (aktiv mitwirkend) ▪ DialogentwicklerIn (aktiv mitwirkend) ▪ Konfigurations- und Build-ManagerIn	▪ Entwicklungsrichtlinien ▪ Bericht

	(aktiv mitwirkend) ▪ Datenbankentwicklerln (aktiv mitwirkend) ▪ Alle Projektmitglieder (ergebnisempfangend)	
Testplan erstellen (A-152, Singuläre Aktivität, obligatorisch, ⇨153)	▪ Projekt-QualitätsmanagerIn ▪ TesterstellerIn (aktiv mitwirkend) ▪ TestautomatisiererIn (beratend)	▪ Testplan
Testfälle erstellen (A-61, Begleitende Aktivität, obligatorisch, ⇨154)	▪ Projekt-QualitätsmanagerIn ▪ TesterstellerIn (aktiv mitwirkend) ▪ TestdurchführerIn (ergebnisempfangend)	▪ Testdaten ▪ Testfall
Subsystem testen (A-51, Iterative Aktivität, obligatorisch, ⇨155)	▪ Projekt-QualitätsmanagerIn ▪ TesterstellerIn (aktiv mitwirkend) ▪ TestdurchführerIn (aktiv mitwirkend) ▪ TestautomatisiererIn (aktiv mitwirkend) ▪ TestbetreuerIn (aktiv mitwirkend)	▪ Testdokumentation ▪ Testbericht
Enumerationen testen (A-175, Iterative Aktivität, obligatorisch, für alle neuen/geänderten Enumerationen, ⇨156)	▪ TesterIn (AnwenderIn)	▪ Testbericht
Automatischer Systemtest (Regressionstest) (A-293, Periodische Aktivität, obligatorisch, täglich, ⇨157)	▪ TestdurchführerIn ▪ TechnischeR ArchitektIn (beratend) ▪ TesterstellerIn (beratend) ▪ TestbetreuerIn (aktiv mitwirkend)	▪ Testbericht
Testkonzept überarbeiten und anpassen (A-257, Iterative Aktivität, debitiv, ⇨159)	▪ Projekt-QualitätsmanagerIn ▪ SystemanalytikerIn (aktiv mitwirkend) ▪ Technische Projektleitung (aktiv mitwirkend) ▪ TesterstellerIn (aktiv mitwirkend) ▪ TestdurchführerIn (aktiv mitwirkend) ▪ TestautomatisiererIn (aktiv mitwirkend) ▪ TestbetreuerIn (aktiv mitwirkend)	▪ Testkonzept
Release testen (A-302, Singuläre Aktivität, obligatorisch, je Release, ⇨158)	▪ Projekt-QualitätsmanagerIn ▪ TesterIn (AnwenderIn) (aktiv mitwirkend) ▪ TestdurchführerIn (aktiv mitwirkend) ▪ TestbetreuerIn (aktiv mitwirkend)	▪ Testdokumentation ▪ Testbericht ▪ Meilensteindokument
Release abnehmen (A-303, Singuläre Aktivität, obligatorisch, je Release, ⇨158)	▪ Projekt-QualitätsmanagerIn ▪ AuftraggeberIn (aktiv mitwirkend)	▪ Produkt-Übergabeprotokoll

2.3.3.9 Einsatz, Verteilung und Projektexternes

Aktivität	Verantwortlich/Beteiligt	Ergebnisse
Entwicklung globaler Dienste und Klassen (A-55, Iterative Aktivität, debitiv, ⇨160)	▪ System-Framework-EntwicklerIn ▪ 1 technische Projektleitung (beratend)	▪ Katalog globaler Dienste und Klassen
Projektexterne Anforderungen identifizieren und spezifizieren (A-95, Iterative Aktivität, obligatorisch, bedarfsweise, ⇨161)	▪ Fachliche Projektleitung ▪ * Fachexperte (beratend) ▪ * Schnittstellenexperte (beratend) ▪ Technische Projektleitung (aktiv mitwirkend) ▪ 1 Projekt-QualitätsmanagerIn (aktiv mitwirkend)	▪ Katalog projektexterner Anforderungen und Zulieferleistungen ▪ Zulieferleistungsspezifikation

Migrationskonzept erstellen (A-137, Iterative Aktivität, obligatorisch, in der Phasenmitte, ⇨161)	▪ <u>SystemanalytikerIn</u> ▪ Fachliche Projektleitung (aktiv mitwirkend) ▪ DatenbankentwicklerIn (aktiv mitwirkend) ▪ Projekt-QualitätsmanagerIn (aktiv mitwirkend) ▪ Roll-Out-ManagerIn (ergebnisempfangend)	▪ Migrationskonzept
Daten- und Systemmigration vorbereiten (A-138, Iterative Aktivität, obligatorisch, am Phasenende, ⇨162)	▪ <u>SystemanalytikerIn</u> ▪ Gesamtprojektleitung (aktiv mitwirkend) ▪ DatenbankentwicklerIn (aktiv mitwirkend) ▪ Projekt-QualitätsmanagerIn (aktiv mitwirkend) ▪ Datenbank-AdministratorIn (ergebnisempfangend)	▪ Skript, Makro oder Programm
Anwenderdokumentation entwickeln (A-139, Iterative Aktivität, obligatorisch, am Phasenende, ⇨163)	▪ <u>Technische(r) RedakteurIn</u> ▪ Fachliche Projektleitung (autorisierend) ▪ Alle Projektmitglieder (beratend)	▪ Anwenderdokumentation ▪ Online-Hilfe
Anwenderschulung vorbereiten (A-140, Iterative Aktivität, obligatorisch, am Phasenende, ⇨163)	▪ <u>TrainingskoordinatorIn</u> ▪ TrainerIn (aktiv mitwirkend)	▪ Schulungskonzept ▪ Schulungsunterlagen
Hotline, Support und Multiplikatoren schulen (A-142, Iterative Aktivität, obligatorisch, zum Phasenende, ⇨164)	▪ <u>Fachexperte</u> ▪ BerechtigungsadministratorIn (aktiv mitwirkend) ▪ 1..* Helpdesk-MitarbeiterIn (aktiv mitwirkend) ▪ 1..* TrainerIn (aktiv mitwirkend) ▪ 1..* Second-Level-Support (aktiv mitwirkend) ▪ 1 technische(r) RedakteurIn (aktiv mitwirkend)	▪ Anwenderfragebogen
Roll-Out planen (A-267, Begleitende Aktivität, obligatorisch, ⇨166)	▪ <u>Roll-Out-ManagerIn</u> ▪ Second-Level-Support (beratend) ▪ TrainingskoordinatorIn (beratend) ▪ InstallationsvorbereiterIn (beratend) ▪ Alle Projektmitglieder (ergebnisempfangend)	▪ Roll-Out-Plan
Zulieferleistungen überwachen (A-301, Periodische Aktivität, obligatorisch, wöchentlich, ⇨168)	▪ <u>Gesamtprojektleitung</u> ▪ Verschiedene (aktiv mitwirkend)	
Betriebskonzept und -handbuch erstellen (A-304, Singuläre Aktivität, obligatorisch, Entwurf/Vorbereitung, ⇨169)	▪ <u>TechnischeR ArchitektIn</u> ▪ Operator (aktiv mitwirkend) ▪ DV-Leitung (ergebnisempfangend) ▪ DesignerIn (aktiv mitwirkend) ▪ Roll-Out-ManagerIn (aktiv mitwirkend)	▪ Betriebskonzept und -handbuch
Datenschutzkonzept erstellen (A-305, Singuläre Aktivität, obligatorisch, Entwurf, ⇨170)	▪ <u>Fachliche Projektleitung</u> ▪ Fachexperte (beratend) ▪ SystemanalytikerIn (aktiv mitwirkend) ▪ Technische Projektleitung (beratend) ▪ Operator (beratend)	▪ Datenschutzkonzept
Change-Management-Konzept umsetzen (A-307, Singuläre Aktivität, fakultativ, für frühzeitige/präventive Maßnahmen, ⇨170)	▪ <u>Gesamtprojektleitung</u> ▪ Lenkungsausschuss (aktiv mitwirkend) ▪ Verschiedene (aktiv mitwirkend) ▪ DV-Leitung (aktiv mitwirkend)	▪ Sonstiges

2.3.3.10 Konfigurations- und Umgebungsmanagement

Aktivität	Verantwortlich/Beteiligt	Ergebnisse
Mitarbeiterarbeitsplatz einrichten (A-155, Singuläre Aktivität, obligatorisch, für neue Mitarbeiter, ⇨171)	▪ Konfigurations- und Build-ManagerIn	▪ Sonstiges
Projektumgebung einrichten bzw. anpassen (A-168, Exzeptionelle Aktivität, obligatorisch, wenn neue Tools, Framework-Versionen etc. eingeführt werden sollen, ⇨172)	▪ Konfigurations- und Build-ManagerIn ▪ Operator (beratend)	▪ Sonstiges
Daily-Build und Smoketest (A-292, Periodische Aktivität, obligatorisch, täglich, ⇨174)	▪ Konfigurations- und Build-ManagerIn ▪ TechnischeR ArchitektIn (beratend) ▪ TestdurchführerIn (beratend)	▪ Build
Release entwickeln (A-299, Singuläre Aktivität, debitiv, ⇨175)	▪ Technische Projektleitung ▪ AnwendungsentwicklerIn (aktiv mitwirkend) ▪ Konfigurations- und Build-ManagerIn (aktiv mitwirkend) ▪ Fachliche Projektleitung (beratend) ▪ Projekt-QualitätsmanagerIn (aktiv mitwirkend) ▪ Second-Level-Support (aktiv mitwirkend) ▪ DV-Leitung (autorisierend)	▪ Release

2.3.3.11 Iterations-, Prozess- und Änderungsmanagement

Aktivität	Verantwortlich/Beteiligt	Ergebnisse
Aufwandsschätzworkshop durchführen (A-249, Iterative Aktivität, debitiv, ⇨189)	▪ Gesamtprojektleitung ▪ TechnischeR ArchitektIn (aktiv mitwirkend) ▪ SystemanalytikerIn (aktiv mitwirkend) ▪ StapelverarbeitungsprogrammentwicklerIn (aktiv mitwirkend) ▪ DatenmodelliererIn (aktiv mitwirkend) ▪ Fachliche Projektleitung (aktiv mitwirkend) ▪ Technische Projektleitung (aktiv mitwirkend) ▪ Projekt-QualitätsmanagerIn (aktiv mitwirkend) ▪ FachlicheR ArchitektIn (aktiv mitwirkend)	▪ Aufwandsschätzung
Gesamtplanung (Makroplan) erstellen bzw. aktualisieren (A-12, Iterative Aktivität, obligatorisch, ⇨193)	▪ Gesamtprojektleitung ▪ 1 fachliche Projektleitung (aktiv mitwirkend) ▪ 1 technische Projektleitung (aktiv mitwirkend) ▪ 1 Projekt-QualitätsmanagerIn (aktiv mitwirkend)	▪ Projektplan ▪ Releaseplan ▪ Softwareentwicklungsplan ▪ Katalog offener Aufgaben ▪ Projektorganisationsplan ▪ Ressourcenplan
Iterationen und Builds planen (A-16, Iterative Aktivität, obligatorisch, ⇨194)	▪ Fachliche Projektleitung ▪ 1..* Fachexperte (beratend) ▪ Gesamtprojektleitung (beratend) ▪ Gesamtprojektleitung (ergebnisempfangend)	▪ Projektplan ▪ Releaseplan ▪ Iterationsplan ▪ Katalog der Mitwirkungsleistungen ▪ Meilensteindokument

	▪ 1 technische Projektleitung (aktiv mitwirkend) ▪ 0..* Alle Projektmitglieder (beratend)	
Arbeitsaufträge für Iteration i+2 erstellen (A-294, Iterative Aktivität, obligatorisch, ⇨196)	▪ Gesamtprojektleitung ▪ Fachexperte (beratend) ▪ Fachliche Projektleitung (aktiv mitwirkend) ▪ Technische Projektleitung (aktiv mitwirkend)	▪ Projektplan ▪ Arbeitsauftrag
Arbeitsaufträge für Iteration i+1 erstellen (A-46, Iterative Aktivität, obligatorisch, ⇨197)	▪ Gesamtprojektleitung ▪ Fachliche Projektleitung (aktiv mitwirkend) ▪ Technische Projektleitung (aktiv mitwirkend) ▪ Alle Projektmitglieder (ergebnisempfangend) ▪ Arbeitsauftragsverantwortlicher (aktiv mitwirkend)	▪ Arbeitsauftrag
Anforderungsänderung beurteilen (A-179, Exzeptionelle Aktivität, obligatorisch, ⇨198)	▪ Fachliche Projektleitung ▪ 1..* Verschiedene (aktiv mitwirkend)	▪ Anforderungsänderung [beurteilt]
Anforderungsänderung genehmigen (A-283, Exzeptionelle Aktivität, obligatorisch, ⇨198)	▪ Gesamtprojektleitung ▪ Fachliche Projektleitung (beratend) ▪ Technische Projektleitung (beratend) ▪ Projekt-QualitätsmanagerIn (beratend) ▪ Lenkungsausschuss (ergebnisempfangend)	▪ Anforderungsänderung [entschieden]
Anforderungen ändern oder ergänzen (A-282, Exzeptionelle Aktivität, obligatorisch, ⇨199)	▪ SystemanalytikerIn ▪ 1..* Verschiedene (aktiv mitwirkend)	▪ Anforderungsänderung [beantragt]
Tätigkeitsberichte analysieren (A-193, Periodische Aktivität, obligatorisch, wöchentlich, ⇨200)	▪ Projekt-QualitätsmanagerIn ▪ Alle Projektmitglieder (aktiv mitwirkend)	▪ Katalog aller offenen Probleme ▪ Katalog offener Aufgaben
Wöchentliches Mikrocontrolling (A-295, Periodische Aktivität, obligatorisch, wöchentlich, ⇨201)	▪ Gesamtprojektleitung ▪ Alle Projektmitglieder (aktiv mitwirkend)	▪ Arbeitsauftrags-Statusbericht
Wöchentliche Mikrosteuerung (A-296, Periodische Aktivität, obligatorisch, wöchentlich, ⇨202)	▪ Gesamtprojektleitung ▪ Fachliche Projektleitung (aktiv mitwirkend) ▪ Technische Projektleitung (aktiv mitwirkend) ▪ 0..* Alle Projektmitglieder (beratend)	▪ Arbeitsauftrag
Arbeitsauftrags-Planungskorrektur (A-297, Iterative Aktivität, obligatorisch, ⇨203)	▪ Gesamtprojektleitung ▪ Fachliche Projektleitung (aktiv mitwirkend) ▪ Technische Projektleitung (aktiv mitwirkend) ▪ Alle Projektmitglieder (beratend) ▪ Alle Projektmitglieder (ergebnisempfangend)	▪ Arbeitsauftrag

2.3.3.12 Projektmanagement

Aktivität	Verantwortlich/Beteiligt	Ergebnisse
Phasenauftaktveranstaltung (A-158, Singuläre Aktivität, obligatorisch, ⇨176)	▪ Gesamtprojektleitung ▪ Alle Projektmitglieder (ergebnisempfangend)	▪ Sonstiges
Iterationsauftaktveranstaltung (A-159, Singuläre Aktivität, obligatorisch, außer bei Phasenstart, ⇨182)	▪ Gesamtprojektleitung ▪ * Alle Projektmitglieder (aktiv mitwirkend)	▪ Sonstiges
Projektpräsentation vorbereiten und halten (A-184, Singuläre Aktivität, fakultativ, bedarfsweise, ⇨180)	▪ Gesamtprojektleitung	▪ Projektpräsentation
Risikomanagementworkshop durchführen (Risiken, Erfolgskriterien) (A-250, Iterative Aktivität, debitiv, ⇨180)	▪ Gesamtprojektleitung ▪ mögl. AuftraggeberIn (aktiv mitwirkend) ▪ AuftraggeberIn (ergebnisempfangend) ▪ SystemanalytikerIn (aktiv mitwirkend) ▪ Konfigurations- und Build-ManagerIn (aktiv mitwirkend) ▪ Fachliche Projektleitung (aktiv mitwirkend) ▪ Technische Projektleitung (aktiv mitwirkend) ▪ Projekt-QualitätsmanagerIn (aktiv mitwirkend) ▪ FachlicheR ArchitektIn (aktiv mitwirkend) ▪ Verschiedene (aktiv mitwirkend)	▪ Projektrisiken ▪ Projekterfolgskriterien ▪ Katalog aller offenen Probleme
Lenkungsausschuss vorbereiten (A-298, Iterative Aktivität, obligatorisch, ⇨183)	▪ Gesamtprojektleitung ▪ TechnischeR ArchitektIn (aktiv mitwirkend) ▪ Fachliche Projektleitung (aktiv mitwirkend) ▪ Technische Projektleitung (aktiv mitwirkend) ▪ FachlicheR ArchitektIn (aktiv mitwirkend)	▪ Projektpräsentation ▪ Bericht
Lenkungsausschusssitzung (A-183, Iterative Aktivität, obligatorisch, ggf. auch periodisch, z.B. monatlich, ⇨184)	▪ Lenkungsausschuss ▪ AuftraggeberIn (aktiv mitwirkend) ▪ Gesamtprojektleitung (aktiv mitwirkend) ▪ Hauptpersonalrat (aktiv mitwirkend) ▪ Verschiedene (ergebnisempfangend) ▪ Verschiedene (aktiv mitwirkend) ▪ Controlling (aktiv mitwirkend) ▪ DV-Leitung (aktiv mitwirkend)	▪ Lenkungsausschussprotokoll
Monats- bzw. Quartalsbericht erstellen (A-172, Periodische Aktivität, obligatorisch, monatlich, ⇨183)	▪ Gesamtprojektleitung ▪ Lenkungsausschuss (ergebnisempfangend) ▪ Controlling (ergebnisempfangend)	▪ Monats- bzw. Quartalsbericht
Neuausrichtungsworkshop durchführen (A-252, Periodische Aktivität, debitiv, quartalsweise, ⇨187)	▪ Gesamtprojektleitung ▪ AuftraggeberIn (aktiv mitwirkend) ▪ SystemanalytikerIn (aktiv mitwirkend) ▪ Projekt-QualitätsmanagerIn (aktiv mitwirkend) ▪ FachlicheR ArchitektIn (aktiv mitwirkend)	▪ Projektauftrag

2.3.4 Aktivitäten der Einführungsphase

2.3.4.1 Geschäftsprozessmodellierung

Keine Aktivitäten vorhanden.

2.3.4.2 Anforderungsanalyse

Aktivität	Verantwortlich/Beteiligt	Ergebnisse
Anforderungsspezifikation zusammenstellen (A-15, Iterative Aktivität, fakultativ, ⇨113)	▪ SystemanalytikerIn ▪ 1 fachliche Projektleitung (autorisierend) ▪ 1 technische Projektleitung (autorisierend) ▪ 1 Projekt-QualitätsmanagerIn (autorisierend)	▪ Anforderungsspezifikation

2.3.4.3 Systemerstellung

Die Disziplin Systemerstellung ist in nachfolgende Unterdisziplinen aufgeteilt.

2.3.4.4 Systemerstellung: Fachliche Architektur

Keine Aktivitäten vorhanden.

2.3.4.5 Systemerstellung: Subsysteme

Aktivität	Verantwortlich/Beteiligt	Ergebnisse
Fachklasse realisieren und testen (A-134, Exzeptionelle Aktivität, obligatorisch, zur Fehlerbehebung, ⇨133)	▪ AnwendungsentwicklerIn ▪ TestdurchführerIn (aktiv mitwirkend)	▪ Testbericht

2.3.4.6 Systemerstellung: Umfeld und Batch

Keine Aktivitäten vorhanden.

2.3.4.7 Systemerstellung: Technische Architektur

Keine Aktivitäten vorhanden.

2.3.4.8 Qualitätssicherung, Test, Abnahmen

Aktivität	Verantwortlich/Beteiligt	Ergebnisse
Arbeitsauftragsreview durchführen (A-39, Iterative Aktivität, obligatorisch, ⇨143)	▪ Arbeitsauftragsgutachterln ▪ 0..* Alle Projektmitglieder (aktiv mitwirkend) ▪ 1 Arbeitsauftragsverantwortlicher (aktiv mitwirkend)	▪ Arbeitsauftrag ▪ Bericht
Produktreview vorbereiten (A-262, Iterative Aktivität, obligatorisch, für wichtige Produkte, ⇨144)	▪ Verschiedene ▪ Verschiedene (aktiv mitwirkend)	▪ Sonstiges
Produktreview durchführen (A-263, Iterative Aktivität, obligatorisch, ⇨145)	▪ Verschiedene	▪ Lenkungsausschussprotokoll ▪ Bericht
Meilensteinreview vorbereiten (A-261, Singuläre Aktivität, obligatorisch, rechtzeitig vor Phasenende, ⇨146)	▪ Gesamtprojektleitung	▪ Sonstiges
Meilensteinerreichung überprüfen (A-18, Iterative Aktivität, obligatorisch, mind. am Phasenende, ⇨147)	▪ Gesamtprojektleitung ▪ AuftraggeberIn (aktiv mitwirkend) ▪ Fachexperte (aktiv mitwirkend) ▪ Fachliche Projektleitung (aktiv mitwirkend) ▪ Technische Projektleitung (aktiv mitwirkend) ▪ TesterIn (AnwenderIn) (aktiv mitwirkend)	▪ Meilensteindokument
Testfälle erstellen (A-61, Begleitende Aktivität, obligatorisch, ⇨154)	▪ Projekt-QualitätsmanagerIn ▪ TesterstellerIn (aktiv mitwirkend) ▪ TestdurchführerIn (ergebnisempfangend)	▪ Testdaten ▪ Testfall
Subsystem testen (A-51, Exzeptionelle Aktivität, obligatorisch, im Fehlerfall, ⇨155)	▪ Projekt-QualitätsmanagerIn ▪ TesterstellerIn (aktiv mitwirkend) ▪ TestdurchführerIn (aktiv mitwirkend) ▪ TestautomatisiererIn (aktiv mitwirkend) ▪ TestbetreuerIn (aktiv mitwirkend)	▪ Testdokumentation ▪ Testbericht
Anwendertest durchführen (A-153, Iterative Aktivität, obligatorisch, ⇨156)	▪ Projekt-QualitätsmanagerIn ▪ Fachexperte (aktiv mitwirkend) ▪ * TesterIn (AnwenderIn) (aktiv mitwirkend) ▪ TesterstellerIn (aktiv mitwirkend) ▪ TestdurchführerIn (aktiv mitwirkend) ▪ TestautomatisiererIn (aktiv mitwirkend) ▪ TestbetreuerIn (aktiv mitwirkend)	▪ Testbericht
Enumerationen testen (A-175, Singuläre Aktivität, obligatorisch, soweit nicht in Konstruktionsphase erledigt, ⇨156)	▪ TesterIn (AnwenderIn)	▪ Testbericht
Automatischer Systemtest (Regressionstest) (A-293, Periodische Aktivität, obligatorisch, täglich, ⇨157)	▪ TestdurchführerIn ▪ TechnischeR ArchitektIn (beratend) ▪ TesterstellerIn (beratend) ▪ TestbetreuerIn (aktiv mitwirkend)	▪ Testbericht
Release testen (A-302, Singuläre Aktivität, obligatorisch, je Release, ⇨158)	▪ Projekt-QualitätsmanagerIn ▪ TesterIn (AnwenderIn) (aktiv mitwirkend) ▪ TestdurchführerIn (aktiv mitwirkend) ▪ TestbetreuerIn (aktiv mitwirkend)	▪ Testdokumentation ▪ Testbericht ▪ Meilensteindokument

Release abnehmen (A-303, Singuläre Aktivität, obligatorisch, je Release, ⇨158)	▪ Projekt-QualitätsmanagerIn ▪ AuftraggeberIn (aktiv mitwirkend)	▪ Produkt-Übergabeprotokoll

2.3.4.9 Einsatz, Verteilung und Projektexternes

Aktivität	Verantwortlich/Beteiligt	Ergebnisse
Anwenderdokumentation entwickeln (A-139, Iterative Aktivität, obligatorisch, für die kurzfristigen Read.me-Dateien usw., ⇨163)	▪ Technische(r) RedakteurIn ▪ Fachliche Projektleitung (autorisierend) ▪ Alle Projektmitglieder (beratend)	▪ Anwenderdokumentation ▪ Online-Hilfe
Anwender schulen (A-141, Iterative Aktivität, debitiv, ⇨164)	▪ TrainerIn ▪ * AnwenderIn (aktiv mitwirkend)	▪ Anwenderfragebogen
Hotline, Support und Multiplikatoren schulen (A-142, Iterative Aktivität, debitiv, ⇨164)	▪ Fachexperte ▪ BerechtigungsadministratorIn (aktiv mitwirkend) ▪ 1..* Helpdesk-MitarbeiterIn (aktiv mitwirkend) ▪ 1..* TrainerIn (aktiv mitwirkend) ▪ 1..* Second-Level-Support (aktiv mitwirkend) ▪ 1 Technische(r) RedakteurIn (aktiv mitwirkend)	▪ Anwenderfragebogen
Anwendung und Daten migrieren (A-144, Singuläre Aktivität, obligatorisch, ⇨165)	▪ InstallationsvorbereiterIn ▪ DatenmodelliererIn (aktiv mitwirkend)	
Übergabe der Projektergebnisse an das Wartungsteam (A-265, Singuläre Aktivität, obligatorisch, ⇨165)	▪ Gesamtprojektleitung ▪ Alle Projektmitglieder (aktiv mitwirkend) ▪ FachlicheR ArchitektIn (aktiv mitwirkend) ▪ TechnischeR ArchitektIn (aktiv mitwirkend) ▪ DesignerIn (aktiv mitwirkend) ▪ DatenbankentwicklerIn (aktiv mitwirkend)	▪ Produkt-Übergabeprotokoll
Projektübergabe an Wartungsteam planen (A-266, Iterative Aktivität, obligatorisch, ⇨166)	▪ Gesamtprojektleitung ▪ Alle Projektmitglieder (beratend) ▪ FachlicheR ArchitektIn (aktiv mitwirkend) ▪ TechnischeR ArchitektIn (aktiv mitwirkend) ▪ DesignerIn (beratend) ▪ DatenbankentwicklerIn (beratend)	▪ Produkt-Übergabeprotokoll
Roll-Out durchführen (A-268, Iterative Aktivität, obligatorisch, ⇨167)	▪ Roll-Out-ManagerIn ▪ BerechtigungsadministratorIn (aktiv mitwirkend) ▪ Helpdesk-MitarbeiterIn (ergebnisempfangend) ▪ TrainerIn (aktiv mitwirkend) ▪ Second-Level-Support (aktiv mitwirkend) ▪ TrainingskoordinatorIn (aktiv mitwirkend) ▪ Datenbank-AdministratorIn (aktiv mit-	▪ Release ▪ Bericht

	wirkend) ▪ Operator (aktiv mitwirkend) ▪ InstallationsvorbereiterIn (aktiv mitwirkend)	
Anwenderfragebögen auswerten (A-279, Iterative Aktivität, debitiv, ⇨168)	▪ TrainingskoordinatorIn ▪ Gesamtprojektleitung (ergebnisempfangend) ▪ TrainerIn (aktiv mitwirkend)	▪ Anwenderfragebogen-Auswertung
Zulieferleistungen überwachen (A-301, Periodische Aktivität, obligatorisch, wöchentlich, ⇨168)	▪ Gesamtprojektleitung ▪ Verschiedene (aktiv mitwirkend)	
Betriebskonzept und -handbuch erstellen (A-304, Singuläre Aktivität, obligatorisch, Abstimmung und Freigabe, ⇨169)	▪ TechnischeR ArchitektIn ▪ Operator (aktiv mitwirkend) ▪ DV-Leitung (ergebnisempfangend) ▪ DesignerIn (aktiv mitwirkend) ▪ Roll-Out-ManagerIn (aktiv mitwirkend)	▪ Betriebskonzept und -handbuch
Datenschutzkonzept erstellen (A-305, Singuläre Aktivität, obligatorisch, Abstimmung, ⇨170)	▪ Fachliche Projektleitung ▪ Fachexperte (beratend) ▪ SystemanalytikerIn (aktiv mitwirkend) ▪ Technische Projektleitung (beratend) ▪ Operator (beratend)	▪ Datenschutzkonzept
Change-Management-Konzept umsetzen (A-307, Singuläre Aktivität, debitiv, ⇨170)	▪ Gesamtprojektleitung ▪ Lenkungsausschuss (aktiv mitwirkend) ▪ Verschiedene (aktiv mitwirkend) ▪ DV-Leitung (aktiv mitwirkend)	▪ Sonstiges

2.3.4.10 Konfigurations- und Umgebungsmanagement

Aktivität	Verantwortlich/Beteiligt	Ergebnisse
Daily-Build und Smoketest (A-292, Periodische Aktivität, obligatorisch, täglich, ⇨174)	▪ Konfigurations- und Build-ManagerIn ▪ TechnischeR ArchitektIn (beratend) ▪ TestdurchführerIn (beratend)	▪ Build
Release entwickeln (A-299, Singuläre Aktivität, debitiv, ⇨175)	▪ Technische Projektleitung ▪ AnwendungsentwicklerIn (aktiv mitwirkend) ▪ Konfigurations- und Build-ManagerIn (aktiv mitwirkend) ▪ Fachliche Projektleitung (beratend) ▪ Projekt-QualitätsmanagerIn (aktiv mitwirkend) ▪ Second-Level-Support (aktiv mitwirkend) ▪ DV-Leitung (autorisierend)	▪ Release

2.3.4.11 Iterations-, Prozess- und Änderungsmanagement

Aktivität	Verantwortlich/Beteiligt	Ergebnisse
Aufwandsschätzworkshop durchführen (A-249, Iterative Aktivität, fakultativ, ⇨189)	▪ Gesamtprojektleitung ▪ TechnischeR ArchitektIn (aktiv mitwirkend) ▪ SystemanalytikerIn (aktiv mitwirkend) ▪ StapelverarbeitungsprogrammentwicklerIn (aktiv mitwirkend) ▪ DatenmodelliererIn (aktiv mitwirkend)	▪ Aufwandsschätzung

	▪ Fachliche Projektleitung (aktiv mitwirkend) ▪ Technische Projektleitung (aktiv mitwirkend) ▪ Projekt-QualitätsmanagerIn (aktiv mitwirkend) ▪ FachlicheR ArchitektIn (aktiv mitwirkend)	
Gesamtplanung (Makroplan) erstellen bzw. aktualisieren (A-12, Iterative Aktivität, obligatorisch, ⇨193)	▪ Gesamtprojektleitung ▪ 1 fachliche Projektleitung (aktiv mitwirkend) ▪ 1 technische Projektleitung (aktiv mitwirkend) ▪ 1 Projekt-QualitätsmanagerIn (aktiv mitwirkend)	▪ Projektplan ▪ Releaseplan ▪ Softwareentwicklungsplan ▪ Katalog offener Aufgaben ▪ Projektorganisationsplan ▪ Ressourcenplan
Iterationen und Builds planen (A-16, Iterative Aktivität, fakultativ, ⇨194)	▪ Fachliche Projektleitung ▪ 1..* Fachexperte (beratend) ▪ Gesamtprojektleitung (beratend) ▪ Gesamtprojektleitung (ergebnisempfangend) ▪ 1 technische Projektleitung (aktiv mitwirkend) ▪ 0..* Alle Projektmitglieder (beratend)	▪ Projektplan ▪ Releaseplan ▪ Iterationsplan ▪ Katalog der Mitwirkungsleistungen ▪ Meilensteindokument
Arbeitsaufträge für Iteration i+2 erstellen (A-294, Iterative Aktivität, obligatorisch, ⇨196)	▪ Gesamtprojektleitung ▪ Fachexperte (beratend) ▪ Fachliche Projektleitung (aktiv mitwirkend) ▪ Technische Projektleitung (aktiv mitwirkend)	▪ Projektplan ▪ Arbeitsauftrag
Arbeitsaufträge für Iteration i+1 erstellen (A-46, Iterative Aktivität, obligatorisch, ⇨197)	▪ Gesamtprojektleitung ▪ Fachliche Projektleitung (aktiv mitwirkend) ▪ Technische Projektleitung (aktiv mitwirkend) ▪ Alle Projektmitglieder (ergebnisempfangend) ▪ Arbeitsauftragsverantwortlicher (aktiv mitwirkend)	▪ Arbeitsauftrag
Tätigkeitsberichte analysieren (A-193, Periodische Aktivität, obligatorisch, wöchentlich, ⇨200)	▪ Projekt-QualitätsmanagerIn ▪ Alle Projektmitglieder (aktiv mitwirkend)	▪ Katalog aller offenen Probleme ▪ Katalog offener Aufgaben
Wöchentliches Mikrocontrolling (A-295, Periodische Aktivität, obligatorisch, wöchentlich, ⇨201)	▪ Gesamtprojektleitung ▪ Alle Projektmitglieder (aktiv mitwirkend)	▪ Arbeitsauftrags-Statusbericht
Wöchentliche Mikrosteuerung (A-296, Periodische Aktivität, obligatorisch, wöchentlich, ⇨202)	▪ Gesamtprojektleitung ▪ Fachliche Projektleitung (aktiv mitwirkend) ▪ Technische Projektleitung (aktiv mitwirkend) ▪ 0..* Alle Projektmitglieder (beratend)	▪ Arbeitsauftrag
Arbeitsauftrags-Planungskorrektur (A-297, Iterative Aktivität, obligatorisch, ⇨203)	▪ Gesamtprojektleitung ▪ Fachliche Projektleitung (aktiv mitwirkend) ▪ Technische Projektleitung (aktiv mitwirkend) ▪ Alle Projektmitglieder (beratend) ▪ Alle Projektmitglieder (ergebnisempfangend)	▪ Arbeitsauftrag

2.3.4.12 Projektmanagement

Aktivität	Verantwortlich/Beteiligt	Ergebnisse
Phasenauftaktveranstaltung (A-158, Singuläre Aktivität, obligatorisch, ⇨176)	▪ Gesamtprojektleitung ▪ Alle Projektmitglieder (ergebnisempfangend)	▪ Sonstiges
Projektpräsentation vorbereiten und halten (A-184, Singuläre Aktivität, fakultativ, bedarfsweise, ⇨180)	▪ Gesamtprojektleitung	▪ Projektpräsentation
Risikomanagementworkshop durchführen (Risiken, Erfolgskriterien) (A-250, Iterative Aktivität, debitiv, ⇨180)	▪ Gesamtprojektleitung ▪ mögl. AuftraggeberIn (aktiv mitwirkend) ▪ AuftraggeberIn (ergebnisempfangend) ▪ SystemanalytikerIn (aktiv mitwirkend) ▪ Konfigurations- und Build-ManagerIn (aktiv mitwirkend) ▪ Fachliche Projektleitung (aktiv mitwirkend) ▪ Technische Projektleitung (aktiv mitwirkend) ▪ Projekt-QualitätsmanagerIn (aktiv mitwirkend) ▪ FachlicheR ArchitektIn (aktiv mitwirkend) ▪ Verschiedene (aktiv mitwirkend)	▪ Projektrisiken ▪ Projekterfolgskriterien ▪ Katalog aller offenen Probleme
Lenkungsausschuss vorbereiten (A-298, Exzeptionelle Aktivität, obligatorisch, ⇨183)	▪ Gesamtprojektleitung ▪ TechnischeR ArchitektIn (aktiv mitwirkend) ▪ Fachliche Projektleitung (aktiv mitwirkend) ▪ Technische Projektleitung (aktiv mitwirkend) ▪ FachlicheR ArchitektIn (aktiv mitwirkend)	▪ Projektpräsentation ▪ Bericht
Lenkungsausschusssitzung (A-183, Iterative Aktivität, obligatorisch, ggf. auch periodisch, z.B. monatlich, ⇨184)	▪ Lenkungsausschuss ▪ AuftraggeberIn (aktiv mitwirkend) ▪ Gesamtprojektleitung (aktiv mitwirkend) ▪ Hauptpersonalrat (aktiv mitwirkend) ▪ Verschiedene (ergebnisempfangend) ▪ Verschiedene (aktiv mitwirkend) ▪ Controlling (aktiv mitwirkend) ▪ DV-Leitung (aktiv mitwirkend)	▪ Lenkungsausschussprotokoll
Monats- bzw. Quartalsbericht erstellen (A-172, Periodische Aktivität, obligatorisch, monatlich, ⇨183)	▪ Gesamtprojektleitung ▪ Lenkungsausschuss (ergebnisempfangend) ▪ Controlling (ergebnisempfangend)	▪ Monats- bzw. Quartalsbericht
Personalrat über geplante Anwendung informieren (A-182, Singuläre Aktivität, obligatorisch, sofern nicht bereits durchgeführt, ⇨185)	▪ Gesamtprojektleitung ▪ Hauptpersonalrat (ergebnisempfangend) ▪ ggf. Personalabteilung (aktiv mitwirkend)	▪ Information des Personalrates über geplante Einführung einer Anwendung
Mitbestimmungsverfahren einleiten (A-181, Singuläre Aktivität, obligatorisch, sofern nicht bereits vorher eingeleitet, ⇨186)	▪ Gesamtprojektleitung ▪ Hauptpersonalrat (ergebnisempfangend)	▪ Einleitung des Mitbestimmungsverfahrens

Projektabschlussbericht erstellen (A-147, Singuläre Aktivität, debitiv, ⇨188)	▪ Gesamtprojektleitung ▪ Fachliche Projektleitung (aktiv mitwirkend) ▪ Technische Projektleitung (aktiv mitwirkend) ▪ Projekt-QualitätsmanagerIn (aktiv mitwirkend) ▪ Controlling (aktiv mitwirkend)	▪ Wirtschaftlichkeitsbetrachtung ▪ Projektabschlussbericht
Projekterfahrungsbericht erstellen (A-253, Singuläre Aktivität, debitiv, ⇨188)	▪ Gesamtprojektleitung ▪ SystemanalytikerIn (aktiv mitwirkend) ▪ Technische Projektleitung (aktiv mitwirkend) ▪ Projekt-QualitätsmanagerIn (aktiv mitwirkend) ▪ FachlicheR ArchitektIn (aktiv mitwirkend)	▪ Bericht

3

Disziplinen und Aktivitäten

3.1 Was ist eine Disziplin?

Als Disziplin bezeichnen wir eine fachliche Gruppierung der verschiedenen Einzelaktvitäten, d.h., fachlich ähnliche und zusammenhängende Aktvitäten werden in einer Disziplin zusammengefasst.

3.2 Geschäftsprozessmodellierung

Aufnahme, Abstimmung und Modellierung der zu berücksichtigenden und betroffenen Geschäftsprozesse.

Die Geschäftsprozesse beschreiben geschäftliche Abläufe und die betriebswirtschaftliche Sicht weitgehend unabhängig von einer möglichen systemtechnischen Umsetzung. Anforderungen an die systemtechnische Unterstützung werden dann in der Disziplin Anforderungsanalyse definiert.

3.2.1 Workshop: Modellierungsfokus festlegen und Unternehmensziele beschreiben (A-237)

Definiere den Fokus der Geschäftsprozessmodellierung und benenne die zu beachtenden Schwerpunkte durch Unterscheidung in obligatorische (Muss-) und optionale (Kann-)Bereiche. Beschreibe den Geschäftszweck des Unternehmens.

- Aktivität muss durchgeführt werden in der „Vorbereitungsphase" (⇨21) (Singuläre Aktivität).

Beschreibung:

Der Workshop wird mit allen wichtigen Anforderungsbeitragenden innerhalb eines Tages durchgeführt. Er wird von einem/r SystemanalytikerIn moderiert. Die einzelnen Aktivitäten werden in festgelegten Timeboxen durchgeführt. Ziel des Workshop ist es, kurze prägnante Ergebnisse zu erzielen. Langatmige und Zeit raubende Detaildiskussionen sind zu vermeiden. Die Moderatorin ist für die Vorgehensweise und für die ergebnisorientierte Durchführung verantwortlich.

Modellierungsfokus definieren

Geschäftsprozessmodellierung beginnt zunächst damit, den Betrachtungsgegenstand einzugrenzen. Für wen oder was sollen Geschäftsprozesse modelliert werden? Dabei stehen folgende Fragen im Vordergrund:

- Wie heißt die Organisation, deren Geschäftsprozesse modelliert werden sollen?
- Welche Organisationseinheiten sind zu betrachten?
- Sollen auch Bereiche außerhalb der eigenen Organisation, z.B. von Lieferanten und Kunden, einbezogen werden?
- Sind alle Teile der Organisation gleichermaßen zu betrachten oder sollen bestimmte Schwerpunkte beachtet werden? Lassen sich die einzelnen Bereiche eindeutig klassifizieren in „muss betrachtet werden", „sollte betrachtet werden" und „ist nicht zu betrachten"?

Zweck des Unternehmens beschreiben

Der Zweck der meisten Unternehmen ist das Geldverdienen. Wir formulieren den Zweck so, dass deutlich wird, womit Geld verdient werden soll, und konzentrieren uns auf die ein bis fünf wichtigsten Zwecke.

Bei vielen Unternehmen ist der Unternehmenszweck unmittelbar und ohne große Erläuterungen ersichtlich. In anderen Fällen ist dies jedoch nicht so. Beispiel: Bei Kfz-Vermietungen ist die Vermietung von Kraftfahrzeugen als Unternehmenszweck meist bereits aus dem Namen des Unternehmens ersichtlich. Tatsächlich verdienen Autovermietungen jedoch auch einen wesentlichen Teil ihres Geldes mit dem Verkauf von gebrauchten Kraftfahrzeugen.

Bei einem Modellierungsfokus, der sich über mehrere Organisationen bzw. Organisationseinheiten erstreckt, sind der unternehmerische Zweck und die geschäftlichen Ziele (die wir hier stets auf den gesamten Modellierungsbereich beziehen) möglicherweise weniger deutlich und daher aufwändiger herauszuarbeiten.

Leitfragen:

- Was ist der Unternehmenszweck?
- Wie möchte das Unternehmen von seinen Kunden gesehen werden? Formulieren Sie dieses Leitbild mit nur einem Satz!
- Was möchte das Unternehmen grundsätzlich erreichen? Formulieren Sie dieses Leitziel (oder auch die Vision) mit nur einem Satz!

Die Ergebnisse des Workshops werden protokolliert und dem Projektteam anschließend zur Verfügung gestellt.

Unterlagen:

- „Liste der Anforderungsbeitragenden (E-150)" (⇨209)

Ergebnisse:

- „Workshop-Protokoll (E-168)" (⇨250)

Verantwortlich:

- „SystemanalytikerIn (R–12)" (⇨260)

Beteiligte:

- „AuftraggeberIn (R–1)" (⇨272) – aktiv mitwirkend
- „Fachexperte (R–2)" (⇨258) – aktiv mitwirkend
- „Fachliche Projektleitung (R–27)" (⇨256) – aktiv mitwirkend

Nachfolgeaktivitäten [ggf. Bedingung]:

- „Ziel und Zweck der Geschäftsprozessmodellierung festlegen (A-239)" (⇨71)

3.2.2 Organisationseinheiten modellieren (A-238)

Die Organisationseinheiten innerhalb des Modellierungsfokus werden identifiziert und grafisch als Geschäftsklassenmodell dargestellt.

- Aktivität kann durchgeführt werden in der „Vorbereitungsphase" (⇨21) (Singuläre Aktivität, bedarfsweise)
- Aktivität kann durchgeführt werden in der „Startphase (Entwurf und Architektur)" (⇨25) (Iterative Aktivität).

Beschreibung:

Zur besseren Übersicht über die Verantwortlichkeiten, Berichtswege und Arbeitsteilung in oder zwischen Organisationen ist die grafische Darstellung der Organisationsstrukturen hilfreich. Organisationseinheiten gruppieren eine Menge zusammengehörender Geschäftsmitarbeiter und, je nach Modellierungsfokus, auch Geschäftspartner.

Geschäftspartner und Geschäftsmitarbeiter werden in der UML als Akteure (Strichfiguren) dargestellt. Organigramme sind zunächst Gruppierungen dieser Akteure. Zum anderen werden sie dazu verwendet, Beziehungsgeflechte untereinander darzustellen. Mit verschiedenen Symbolen und Linien können unterschiedliche Arten von Organisationseinheiten (Abteilungen, Stabsstellen usw.) wie auch unterschiedliche Arten von Beziehungen ausgedrückt werden (z.B. disziplinarische oder fachliche Weisungsbefugnis und Verantwortung sowie Berichts- und Kommunikationswege o.Ä.). Auch verschiedene Organisationsstrukturen lassen sich entsprechend mit Ausdrucksmitteln der UML darstellen (z.B. Einlinien- und Mehrliniensysteme, Matrixorganisationen usw.).

Leitfragen:
- Welche Berichtswege existieren? Wer berichtet an wen?
- Welche fachlichen und personellen Weisungsbefugnisse existieren?
- Welche fachlichen und personellen Verantwortlichkeiten existieren?
- Auf welche Standorte verteilt sich die Organisation?
- Welche Abhängigkeiten existieren? Wer liefert wem zu?
- Welche Personen oder Einheiten haben gleiche oder ähnliche Aufgaben?

Für jede identifizierte Einheit werden folgende Informationen festgehalten:
- Bezeichnung, ggf. Kürzel
- Beschreibung der Aufgaben, Verantwortlichkeiten, Kompetenzen und ggf. weiterer Besonderheiten
- Benennung der Leitung und evtl. Stellvertretungen, ggf. mit konkreten aktuellen Personennamen und weiteren Informationen zu diesen Personen
- Ggf. Auflistung aller oder wichtiger Mitglieder der Organisationseinheit und ihrer besonderen Funktionen, Verantwortungen und Kompetenzen

Unterlagen:
- „Workshop-Protokoll (E-168)" (⇨250)

Ergebnisse:
- „Organisationsmodell (E-175)" (⇨210)

Verantwortlich:
- „SystemanalytikerIn (R–12)" (⇨260)

Beteiligte:
- „Fachexperte (R–2)" (⇨258) – aktiv mitwirkend

Nachfolgeaktivitäten [ggf. Bedingung]:
- „Ziel und Zweck der Geschäftsprozessmodellierung festlegen (A-239)" (⇨71)

3.2.3 Ziel und Zweck der Geschäftsprozessmodellierung festlegen (A-239)

Die sieben wichtigsten Unternehmensziele werden identifiziert und mit Kennzahlen versehen. Maßnahmen zur Zielerreichung werden beschrieben.
- Aktivität muss durchgeführt werden in der „Vorbereitungsphase" (⇨21) (Singuläre Aktivität)

Beschreibung:

Es empfiehlt sich, diese Aktivität als Workshop durchzuführen.

Geschäftsprozessmodellierung in einem Unternehmen kann eine sisyphusartige Lebensaufgabe werden, wenn sie ohne Ziel als Selbstzweck betrieben wird. Sie liefert dann Ergebnisse, die eher zufällig nützlich sein können. Eine zielstrebigere Herangehensweise, also eine Ausrichtung auf klar definierte Ziele, führt jedoch schneller und sicherer zu verwendbaren Ergebnissen. Grundsätzlich sind operative und strategische Ziele zu unterscheiden.

Operative Ziele

Zur Erreichung operativer Ziele werden vorhandene Potenziale und Möglichkeiten ausgenutzt, um operative Kennzahlen wie Umsatz, Gewinn u.Ä. zu steigern. Operative Maßnahmen finanzieren sich aus vorhandenen Ressourcen und werden durchgeführt unter der Annahme, dass die Einnahmen mehr gesteigert werden können, als Kosten dabei verursacht werden.

Strategische Ziele

Strategische Ziele dienen gewöhnlich nicht zur unmittelbaren Verbesserung bestimmter Kennzahlen, sondern mit ihnen sollen die Möglichkeiten, Potenziale und allgemeinen Rahmenbedingungen verbessert werden. Aufgrund dieser verbesserten Möglichkeiten können dann später wiederum (noch besser) operative Ziele verfolgt werden. Strategische Ziele sind daher meistens mittel- oder langfristig ausgerichtet.

Folgende Leitfragen helfen bei der Zielfindung:
- Welche operativen Ziele sind hilfreich, um das Unternehmensleitziel zu erreichen?
- Welche strategischen Ziele sind hilfreich, um das Unternehmensleitziel zu erreichen?
- Mit welcher (einzelnen) Kennzahl lässt sich die Erreichung eines Ziels messen? Für jedes Ziel wird eine Kennzahl festgelegt.
- Mit welchen Aktionen und Maßnahmen ließe sich das Ziel wahrscheinlich erreichen?
- Priorisierung: Welche sind die sieben wichtigsten, von allen gefundenen Zielen?

Die Ausarbeitung der Ziele vereinfacht sich, wenn dreistufig vorgegangen wird:

Ziel benennen

Suchen Sie nach einem kurzen Satz oder wenigen Worten, die das Ziel einfach, aber verwechslungsfrei (in Bezug auf andere Ziele) beschreiben, z.B. „Hohe Kundentreue". Sammeln Sie verschiedene Formulierungen und Vorschläge und wählen Sie die beste Formulierung aus. Sie sollte von allen Mitarbeitern verstanden werden können.

Indikator bzw. Kennzahl festlegen

Suchen Sie nach einer einfach und objektiv ermittelbaren Kennzahl, mit der die Zielerreichung am besten gemessen werden kann. Maßgeblich ist nicht allein die genaueste oder dem Ziel am besten gerecht werdende Zahl, sondern sie soll auch möglichst objektiv und einfach zu ermitteln sein. Je komplizierter eine Kennzahl zu ermitteln oder interpretieren ist, desto geringer ist ihr Nutzen. Häufig lassen sich Zielerreichungen nur mit mehreren Kennzahlen optimal beschreiben. Wählen Sie dann eine einzige Kennzahl aus, die zwar nicht mehr optimal ist, aber die Messung der Zielerreichung vereinfacht. Beispiel: durchschnittliche jährliche Anzahl von Kfz-Vermietungen pro Kunde.

Folgende Arten von Kennzahlen werden häufig genutzt:
- Kosten für einen Unternehmens- oder Produktbereich
- Kosten pro Stück
- für Gesamtunternehmen oder einzelne Bereiche: Ergebnis, EBIT , ROI , Umsatz, Deckungsbeitrag, Auslastung u.Ä., Rendite
- Dauer, Geschwindigkeit pro Stück
- Qualität (ggf. durch Befragungen oder Gutachten), Service, Anzahl Reklamationen u.Ä.
- mögliche Maßnahmen und Aktionen festlegen

Maßnahmen und Aktionen festlegen

Anschließend sammeln Sie mögliche Maßnahmen und Aktionen, die durchgeführt werden können, um das Ziel zu erreichen oder ihm näher zu kommen. Wenn Sie mehr als drei mögliche Maßnahmen finden, wählen Sie nur die wichtigsten aus. Vergleichen Sie die Maßnahmen beispielsweise nach ihrem Kosten-Nutzen-Verhältnis und ihren Erfolgsaussichten.

Wenn Sie einen Workshop zur Zielfestlegung veranstalten, verwenden Sie Kartei- oder Metaplankarten, die Sie in drei Bereiche teilen: oben dick und fett der Name des Ziels, darunter die Kennzahl und unten, etwas kleiner geschrieben, die ein bis drei wichtigsten Maßnahmen. Die übrigen Maßnahmen, Kennzahlen und Anmerkungen können Sie auf der Rückseite notieren.

Hilfreich ist die Verwendung verschiedener Farben für die unterschiedlichen Zieltypen, beispielsweise Rot für das Unternehmensleitziel, Grün für die operativen Ziele und Gelb für die strategischen Ziele.

Die jetzt beschriebenen Ziele dienen dazu, um alle folgenden Aktivitäten der Geschäftsprozessmodellierung zu fokussieren.

Unterlagen:
- „Liste der Anforderungsbeitragenden (E-150)" (⇨209)

Ergebnisse:
- „Workshop-Protokoll (E-168)" (⇨250)

Verantwortlich:

- „SystemanalytikerIn (R–12)" (⇨260)

Beteiligte:

- „AuftraggeberIn (R–1)" (⇨272) – aktiv mitwirkend
- „Fachexperte (R–2)" (⇨258) – aktiv mitwirkend
- „Fachliche Projektleitung (R–27)" (⇨256) – aktiv mitwirkend

Nachfolgeaktivitäten [ggf. Bedingung]:

- „Aktive Geschäftspartner identifizieren (A-240)" (⇨73)

3.2.4 Aktive Geschäftspartner identifizieren (A-240)

In einem halbtägigen Workshop werden alle aktiven Geschäftspartner des Modellierungsfokus identifiziert und dokumentiert.

- Aktivität muss durchgeführt werden in der „Vorbereitungsphase" (⇨21) (Singuläre Aktivität).

Beschreibung:

Ein aktiver Geschäftspartner ist ein Akteur, der außerhalb des Modellierungsbereiches der Geschäftsprozessmodellierung steht und aktiv Geschäftsprozesse initiiert.

Hierzu betrachten wir die äußere Grenze des Unternehmens und suchen nach außen stehenden Akteuren, die aus eigener Initiative mit dem Unternehmen in Kontakt treten. In den meisten Fällen sind die wichtigsten aktiven Geschäftspartner bereits mit wenig Fachwissen auffindbar. Meistens reicht die einfache Frage, wer die Kunden des Unternehmens sind.

Folgende Leitfragen zur Begriffskonsolidierung aktiver Geschäftspartner helfen:

- Steht der identifizierte Geschäftspartner außerhalb des Unternehmens bzw. des Modellierungsbereiches? Steht „Begriff" außerhalb unseres Unternehmens?
- Initiiert der Geschäftspartner einen Geschäftsprozess? Steht er am Anfang einer Geschäftsprozesskette? Welchen Prozess stößt er an? Was stößt „Begriff" an?
- Ist der Begriff eine Abstraktion, eine Konkretisierung oder ein Synonym für einen anderen Begriff?
- Für konkrete Begriffe: Wie lautet der abstraktere Begriff? Wie würde man „konkreter Begriff" verallgemeinert nennen?
- Für abstrakte Begriffe: Welche anderen konkreten Ausprägungen existieren noch? Welche anderen „abstrakten Begriffe" gibt es noch?
- Für synonyme Begriffe: Welcher Begriff soll als Standard verwendet werden?

In dem Workshop lässt es sich kaum vermeiden, dass neben aktiven Geschäftspartnern auch noch andere Akteure genannt werden, d.h. passive Geschäftspartner und Geschäftsmitarbeiter. Dafür sollten die Workshop-Teilnehmer nicht getadelt werden (in der Art: „Aber das ist doch kein aktiver Geschäftspartner!"), denn früher oder später müssen auch die übrigen Akteure identifiziert werden. Wir nutzen also die Gelegenheit und halten auch die übrigen genannten Akteure fest.

In den meisten Fällen ist die Anzahl der aktiven Geschäftspartner überschaubar. Die meisten Unternehmen (bzw. Modellierungsfokusse) haben deutlich weniger als 20 aktive Geschäftspartner.

Unterlagen:

- „Liste der Anforderungsbeitragenden (E-150)" (⇨209)

Ergebnisse:

- „Liste mit aktiven Geschäftspartnern (E-156)" (⇨209)
- „Fachliches Glossar (E-7)" (⇨215)
- „Workshop-Protokoll (E-168)" (⇨250)

Verantwortlich:

- „SystemanalytikerIn (R–12)" (⇨260)

Beteiligte:

- „Fachexperte (R–2)" (⇨258) – aktiv mitwirkend

Nachfolgeaktivitäten [ggf. Bedingung]:

- „Workshop: Geschäftsanwendungsfälle der aktiven Geschäftspartner identifizieren (A-241)" (⇨74) [Ggf. macht es Sinn, beide Aktivitäten in einem Workshop durchzuführen.]

3.2.5 Workshop: Geschäftsanwendungsfälle der aktiven Geschäftspartner identifizieren (A-241)

Die Geschäftsanwendungsfälle der aktiven Geschäftspartner werden identifiziert und kurz beschrieben. Anschließend werden sie klassifiziert und beschrieben.

- Aktivität muss durchgeführt werden in der „Vorbereitungsphase" (⇨21) (Singuläre Aktivität).
- Aktivität muss durchgeführt werden in der „Startphase (Entwurf und Architektur)" (⇨25) (Singuläre Aktivität, falls nicht in Vorbereitungsphase geschehen).

Beschreibung:

Der Workshop wird mit allen wichtigen Anforderungsbeitragenden innerhalb eines Tages durchgeführt. Er wird von einem/r SystemanalytikerIn moderiert. Die einzelnen Aktivitäten werden in festgelegten Timeboxen durchgeführt. Ziel des Workshop ist es, kurze prägnante Ergebnisse zu erzielen. Langatmige und Zeit raubenden Detaildiskussionen sind zu vermeiden. Der/die ModeratorIn ist für die Vorgehensweise und für die ergebnisorientierte Durchführung verantwortlich.

Geschäftsanwendungsfälle der aktiven Geschäftspartner identifizieren

Ein Geschäftsanwendungsfall beschreibt einen geschäftlichen Ablauf, wird ausgelöst durch ein geschäftliches Ereignis und endet mit einem Ergebnis, das für den Unternehmenszweck und die Gewinnerzielungsabsicht direkt oder indirekt einen geschäftlichen Wert darstellt.

Um die wichtigsten Geschäftsanwendungsfälle zu finden, versetzen wir uns der Reihe nach in die Position der bisher bekannten aktiven Geschäftspartner und überlegen uns, welche Anwendungsfälle aus deren Sicht existieren. Noch besser wäre eine Befragung echter aktiver Geschäftspartner, falls dies möglich ist. Pro identifiziertem aktivem Geschäftspartner erstellen wir eine Liste der wichtigsten Geschäftsanwendungsfälle.

Dabei helfen folgende Leitfragen und -phrasen:

- Welche für das Unternehmen (bzw. den Modellierungsfokus) relevanten Ereignisse treten außerhalb des Unternehmens auf?
- Welche Anwendungsfälle sind aus Sicht des aktiven Geschäftspartners wichtig? Was erwartet ein aktiver Geschäftspartner vom Unternehmen? Worauf muss das Unternehmen aus Sicht des aktiven Geschäftspartners reagieren?
- Formuliere die Namen der Geschäftsanwendungsfälle so, dass sie in die Phrase „Das Unternehmen soll <Anwendungsfallname>" einsetzbar ist, wobei „Anwendungsfallname" sich möglichst aus einem Substantiv (im Singular) und einem aktiven Verb zusammensetzt (z.B. „Kfz vermieten"). Das Verb soll die Tätigkeit des Unternehmens beschreiben (z.B. „Reklamation annehmen").

Die Namen von Anwendungsfällen sollten möglichst immer aus einer einfachen Kombination von Substantiv und aktivem Verb bestehen. „Dem Käufer wird ein Kfz verkauft" wird beispielsweise umgeformt in „Kfz verkaufen". Pro Geschäftspartner wird eine Liste mit möglichen Geschäftsanwendungsfällen erstellt.

Geschäftsanwendungsfälle in Kern-Geschäftsanwendungsfälle und unterstützende Geschäftsanwendungsfälle klassifizieren

Ein Kerngeschäftsanwendungsfall beschreibt einen geschäftlichen Ablauf, der von einem aktiven Geschäftspartner ausgelöst wird, ein Ergebnis von geschäftlichem Wert für mindestens einen aktiven Geschäftspartner erzeugt und direkt mit dem Unternehmenszweck und einer Gewinnerzielungsabsicht zusammenhängt.

Ein unterstützender Geschäftsanwendungsfall beschreibt einen geschäftlichen Ablauf, der für den Unternehmenszweck und die Gewinnerzielungsabsicht keinen oder nur indirekt einen Wert darstellt.

Nachdem wir die Geschäftsanwendungsfälle der aktiven Geschäftspartner identifiziert haben, klassifizieren wir die gefundenen Geschäftsanwendungsfälle in Kern-Geschäftsanwendungsfälle und unterstützende Geschäftsanwendungsfälle.

Mit den Kern-Geschäftsanwendungsfällen wird gewöhnlich direkt eine Gewinnerzielungsabsicht verfolgt. Als unterstützende Geschäftsanwendungsfälle werden solche bezeichnet, die nur der Unterstützung der Kern-Geschäftsanwendungsfälle und lediglich indirekt dem Unternehmenszweck dienen. Der Verkauf von Produkten oder Dienstleistungen ist gewöhnlich ein Kerngeschäftsanwendungsfall, während beispielsweise die Finanzbuchhaltung oder der Wareneinkauf unterstützende Geschäftsanwendungsfälle darstellen.

Wir gehen also die Liste der gefundenen Geschäftsanwendungsfälle durch und entscheiden für jeden einzelnen, ob es sich um einen Kern- oder unterstützenden Geschäftsanwendungsfall handelt. Hierbei gilt die Regel: Im Zweifelsfall, also wenn die Entscheidung nicht unmittelbar eindeutig zu treffen ist, ist es ein unterstützender Geschäftsanwendungsfall.

Leitfragen für Kern-Geschäftsanwendungsfälle:
- Wird mit dem im Geschäftsanwendungsfall beschriebenen Geschäft direkt Geld verdient?
- Erhält ein aktiver Geschäftspartner aus dem Geschäftsanwendungsfall eine für ihn wertvolle Leistung?
- Kommt durch den Geschäftsanwendungsfall ein impliziter oder expliziter Vertrag mit dem beteiligten Geschäftspartner zustande?
- Im Zweifelsfall wird ein Geschäftsanwendungsfall als unterstützender Geschäftsanwendungsfall angesehen.

Die Liste der identifizierten Geschäftsanwendungsfälle wird erweitert um den Vermerk, um welchen Geschäftsanwendungsfalltyp es sich handelt.

Geschäftsanwendungsfälle beschreiben

Jeder Geschäftsanwendungsfall wird mit Name, Auslöser, Ergebnis, Akteur und Kurzbeschreibung dokumentiert.

Da typischerweise bereits in der Aktivität „Aktive Geschäftspartner identifizieren (A-240)" (⇨73) zusammen mit den aktiven Geschäftspartnern auch deren wichtigste Anwendungsfälle gefunden werden, ist es möglich, die beiden Aktivitäten zusammenzufassen.

Unterlagen:
- „Liste der Anforderungsbeitragenden (E-150)" (⇨209)
- „Liste mit aktiven Geschäftspartnern (E-156)" (⇨209)

Ergebnisse:
- „Geschäftsanwendungsfallbeschreibung (E-165)" (⇨216)
- „Workshop-Protokoll (E-168)" (⇨250)

Verantwortlich:
- „SystemanalytikerIn (R–12)" (⇨260)

Beteiligte:
- „Fachexperte (R–2)" (⇨258) – aktiv mitwirkend

Nachfolgeaktivitäten [ggf. Bedingung]:
- „Unterstützende Geschäftsanwendungsfälle identifizieren (A-242)" (⇨75)

3.2.6 Unterstützende Geschäftsanwendungsfälle identifizieren (A-242)

Die Liste mit den bereits identifizierten unterstützenden Geschäftsanwendungsfällen wird vervollständigt. Anschließend wird jeder unterstützende Geschäftsanwendungsfall beschrieben.
- Aktivität sollte durchgeführt werden in der „Vorbereitungsphase" (⇨21) (Singuläre Aktivität).

- Aktivität muss durchgeführt werden in der „Startphase (Entwurf und Architektur)" (⇨25) (Iterative Aktivität, falls nicht in Vorbereitungsphase geschehen).

Beschreibung:

Ein unterstützender Geschäftsanwendungsfall beschreibt einen geschäftlichen Ablauf, der für den Unternehmenszweck und die Gewinnerzielungsabsicht keinen oder nur indirekt einen Wert darstellt.

Unterstützende Geschäftsanwendungsfälle beschreiben

Die Anzahl der Kern-Geschäftsanwendungsfälle ist in den meisten Unternehmen geringer als die Anzahl der unterstützenden. Einen viel größeren Teil machen die unterstützenden Geschäftsanwendungsfälle aus, die den Rahmen und die Basis bilden, damit die Kern-Geschäftsanwendungsfälle überhaupt erst erfolgreich laufen können. Die bereits vorliegende Liste mit unterstützenden Geschäftsanwendungsfällen wird ergänzt und vervollständigt.

Leitfragen:
- Welche Leistungen von Lieferanten und anderen Geschäftspartnern sind notwendig, damit die Kern-Geschäftsanwendungsfälle dauerhaft funktionieren können?
- Welche internen Geschäftsanwendungsfälle werden noch benötigt?
- Welche Geschäftspartner (z.B. Lieferanten) sind in diese unterstützenden Geschäftsanwendungsfälle involviert?

Es ist offensichtlich, dass die Anzahl der unterstützenden Geschäftsanwendungsfälle gewöhnlich ein Vielfaches von der Anzahl der Kern-Geschäftsanwendungsfälle ausmachen wird. So stellt sich die Frage, welche notwendigen Unterstützungsleistungen sinnvollerweise zu betrachten sind. Konsequent zu Ende gedacht gehört beispielsweise die gesamte Bereitstellung der Infrastruktur des Unternehmens dazu, also beispielsweise: Schreibtische kaufen, Strom kaufen, Telefonanlage programmieren, Papierkörbe leeren, Teppich saugen, Visitenkarten drucken lassen, Bewerbungsgespräche führen und so weiter. Die Geschäftsprozessmodellierung so weit auszudehnen und eine vollständige Beschreibung aller Unternehmensprozesse anzustreben, könnte als Arbeitsbeschaffungsmaßnahme sinnvoll sein. Das perfekte und vollständige Modell ist jedoch wahrscheinlich unerreichbar. Wenn der letzte Geschäftsanwendungsfall beschrieben ist, haben sich die ersten schon wieder geändert.

Die folgenden Leitfragen helfen, sich auf die wesentlichen unterstützenden Geschäftsanwendungsfälle zu konzentrieren:

Leitfragen:
- Tätigkeiten wie Bereitstellung und Instandhaltung von allgemeiner Infrastruktur (Strom, Wasser, Telefon, PC-Hardware, Software, Büroreinigung etc.) sollten nur dann berücksichtigt werden, wenn sie eine besondere und über das übliche Maß hinausgehende Komplexität aufweisen. Außer natürlich, wenn diese Tätigkeiten zum Kerngeschäft gehören, wie beispielsweise bei einem Stromlieferanten.
- Beschreibt der Geschäftsanwendungsfall eine Gemeintätigkeit, die ohne direkten Bezug zu den Kern-Geschäftsanwendungsfällen steht? Beschreibt der Geschäftsanwendungsfall eine Tätigkeit, die unabhängig von der konkreten Geschäftstätigkeit ist und in gleicher Weise auch in völlig anderen Geschäften vorkommen könnte? Dies sind zumindest deutliche Indikatoren dafür, den Geschäftsanwendungsfall zu ignorieren.
- Unterstützt der Geschäftsanwendungsfall nicht nur einen einzelnen, sondern mehrere oder alle Kern-Geschäftsanwendungsfälle? Dies ist ein schwacher Indikator, es ist abzuwägen, ob der Geschäftsanwendungsfall berücksichtigt oder ignoriert werden soll.

Unterstützende Geschäftsanwendungsfälle beschreiben

Jeder unterstützende Geschäftsanwendungsfall wird mit Name, Auslöser, Ergebnis, Akteur und Kurzbeschreibung dokumentiert.

Unterlagen:
- „Geschäftsanwendungsfallbeschreibung (E-165)" (⇨216)
- „Liste der Anforderungsbeitragenden (E-150)" (⇨209)

Ergebnisse:
- „Geschäftsanwendungsfallbeschreibung (E-165)" (⇨216)

Verantwortlich:
- „SystemanalytikerIn (R–12)" (⇨260)

Beteiligte:
- „Fachexperte (R–2)" (⇨258) – aktiv mitwirkend
- „AnwenderIn (R–18)" (⇨273) – aktiv mitwirkend

Nachfolgeaktivitäten [ggf. Bedingung]:
- „Geschäftsmitarbeiter identifizieren und Akteurmodell entwickeln (A-243)" (⇨77)

3.2.7 Geschäftsmitarbeiter identifizieren und Akteurmodell entwickeln (A-243)

Jeder identifizierte Geschäftsanwendungsfall wird dahingehend untersucht, welche Akteure an ihm beteiligt sind. Anschließend wird ein Akteurmodell entwickelt.

- Aktivität sollte durchgeführt werden in der „Vorbereitungsphase" (⇨21) (Singuläre Aktivität).
- Aktivität muss durchgeführt werden in der „Startphase (Entwurf und Architektur)" (⇨25) (Iterative Aktivität, falls nicht in Vorbereitungsphase geschehen).

Beschreibung:

Wir unterscheiden zwei verschiedene Arten von Geschäftsmitarbeitern: die innen- und die außenorientierten. Die Außenorientierten, d.h. die nach außen gerichteten Mitarbeiter, haben direkten Kontakt mit den Geschäftspartnern, also vor allem Kunden und Lieferanten. Die Innenorientierten, d.h. nach innen gerichteten Mitarbeiter haben keinen Kontakt zu Außenstehenden, zumindest nicht im gewählten Modellierungsfokus.

Geschäftsmitarbeiter identifizieren

Alle bisher erkannten Geschäftsanwendungsfälle werden betrachtet und dahingehend untersucht, welche Akteure an ihnen beteiligt sind. Dazu wird jeder einzelne Geschäftanwendungsfall analysiert. Bei der Untersuchung von Kern-Geschäftsanwendungsfällen werden wir vor allem auf außenorientierte Geschäftsmitarbeiter stoßen. Die daran beteiligten innenorientierten Geschäftsmitarbeiter werden größtenteils erst bei der detaillierteren Beschreibung der einzelnen Ablaufschritte „Geschäftsanwendungsfall-Abläufe modellieren (A-248)" (⇨82) sowie bei der Untersuchung der unterstützenden Geschäftsanwendungsfälle sichtbar.

Leitfragen:
- Welche Personen bzw. Akteure sind in den Geschäftsanwendungsfall involviert?
- Welche Rolle spielen diese Personen?
- Wie heißen diese Rollen?

Es ist an dieser Stelle nicht sinnvoll oder zwingend, alle an einem Geschäftsanwendungsfall beteiligten Akteure zu identifizieren, sondern nur die wichtigsten (d. h. ca. sieben Akteure). Bei sieben oder mehr Akteuren zu einem Geschäftsanwendungsfall oder wenn schon mehr mehrere Minuten gesucht wird und keine weiteren Akteure mehr auftauchen, wird zu dem nächsten Geschäftsanwendungsfall übergegangen.

Unterlagen:
- „Geschäftsanwendungsfallbeschreibung (E-165)" (⇨216)

Ergebnisse:
- „Akteurmodell (E-176)" (⇨210)

Verantwortlich:
- „SystemanalytikerIn (R–12)" (⇨260)

Beteiligte:
- „Fachexperte (R–2)" (⇨258) – aktiv mitwirkend

Nachfolgeaktivitäten [ggf. Bedingung]:

- „Geschäftsprozesse definieren (A-244)“ (⇨78)

3.2.8 Geschäftsprozesse definieren (A-244)

Die identifizierten und beschriebenen Geschäftsanwendungsfälle werden gruppiert und zu Geschäftsprozessen klassifiziert.

- Aktivität muss durchgeführt werden in der „Startphase (Entwurf und Architektur)“ (⇨25) (Iterative Aktivität).

Beschreibung:

Ein Geschäftsprozess besteht aus einer Menge fachlich zusammengehöriger Geschäftsanwendungsfälle.

Geschäftsanwendungsfälle gruppieren und Geschäftsprozesse identifizieren

Beginnend mit den Kern- und fortgesetzt mit den unterstützenden Geschäftsanwendungsfällen werden thematisch zusammengehörende Geschäftsanwendungsfälle zusammengefasst. Hierzu ist es hilfreich, für jeden Geschäftsanwendungsfall eine Karte zu verwenden und diese dann an einer Pinwand zu Geschäftsprozessen gruppieren.

Folgende Leitfrage hilft:

- Welche Geschäftsanwendungsfälle sind thematisch oder fachlich verwandt oder ähnlich?

Versuchen Sie möglichst wenige Gruppen zu bilden (aber in jedem Fall mehr als eine). Wenn alle Karten bzw. Geschäftsanwendungsfälle zugeordnet wurden, gehen Sie die Gruppen noch einmal durch und überprüfen, ob die Karten dort immer noch richtig sind oder vielleicht besser in eine andere Gruppe passen würden.

Gruppen bzw. Geschäftsprozesse benennen

Danach gehen Sie die Gruppen/Geschäftsprozesse nochmals der Reihe nach durch und versuchen der Gruppe einen Namen zu geben. Der Name sollte eine Zusammenfassung oder Abstraktion darstellen, die zu allen in der Gruppe enthaltenen Geschäftsanwendungsfällen passt. Verwenden Sie nach Möglichkeit nur ein einzelnes Substantiv als Gruppenname.

Der Name darf große Ähnlichkeit mit dem wichtigsten Geschäftsanwendungsfall der Gruppe haben.

Gruppen bzw. Geschäftsprozesse klassifizieren

So wie die Geschäftsanwendungsfälle unterschieden wurden in Kern- und unterstützende Geschäftsanwendungsfälle, so werden jetzt die gebildeten Gruppen/Geschäftsprozesse ebenfalls klassifiziert. Hierzu werden die Gruppen der Reihe nach betrachtet und jeweils eine Entscheidung getroffen, ob die Gruppe einen Kerngeschäftsprozess oder einen unterstützenden Geschäftsprozess repräsentiert.

Leitfragen/Heuristik zur Klassifizierung von Geschäftsprozessen:

- Enthält die Gruppe ausschließlich unterstützende Geschäftsanwendungsfälle? Dann repräsentiert die Gruppe einen unterstützenden Prozess.
- Enthält die Gruppe ausschließlich Kern-Geschäftsanwendungsfälle? Dann repräsentiert die Gruppe einen Kern-Prozess.
- Enthält die Gruppe überwiegend Kern-Geschäftsanwendungsfälle und sind diese unmittelbar den Geschäftszielen und dem Geschäftszweck zuzuordnen? Dann repräsentiert die Gruppe einen Kern-Prozess.

Bei der Klassifizierung wird neben den enthaltenen Geschäftsanwendungsfällen auch der Name der Gruppe beurteilt. In vielen Fällen kann die Entscheidung relativ schnell und eindeutig getroffen werden, da die Gruppen beispielsweise unstrittig Kern-Prozesse sind (sie enthalten nur Kern-Geschäftsanwendungsfälle). Die Klassifizierung der Geschäftsanwendungsfälle wird unabhängig von der Klassifizierung der Geschäftsprozesse belassen.

Unterlagen:

- „Geschäftsanwendungsfallbeschreibung (E-165)“ (⇨216)

Ergebnisse:
- „Geschäftsprozessbeschreibung (E-167)" (⇨216)

Verantwortlich:
- „SystemanalytikerIn (R–12)" (⇨260)

Beteiligte:
- „Fachexperte (R–2)" (⇨258) – aktiv mitwirkend
- „AnwenderIn (R–18)" (⇨273) – aktiv mitwirkend

Nachfolgeaktivitäten [ggf. Bedingung]:
- „Geschäftsprozesse dokumentieren (A-245)" (⇨79)

3.2.9 Geschäftsprozesse dokumentieren (A-245)

Die identifizierten Geschäftsprozesse werden dokumentiert. Anschließend wird für jeden Geschäftsprozess ein Ablaufmodell entwickelt.
- Aktivität muss durchgeführt werden in der „Startphase (Entwurf und Architektur)" (⇨25) (Iterative Aktivität, Ablaufmodellentwicklung bedarfsweise).
- Aktivität kann durchgeführt werden in der „Hauptphase (Konstruktion)" (⇨29) (Iterative Aktivität).

Beschreibung:

Geschäftsprozesse dokumentieren

Nachdem die Geschäftsprozesse durch Gruppierung der Geschäftsanwendungsfälle identifiziert wurden, werden sie genauer untersucht und beschrieben. Mit Hilfe von Ablaufdiagrammen werden sie grafisch dargestellt.

Die Beschreibung eines Geschäftsprozesses besteht aus folgenden Elementen:
- Name (möglichst ein Substantiv)
- Prozesstyp (entweder Kerngeschäftsprozess oder unterstützender Geschäftsprozess)
- Kurzbeschreibung (max. zehn Sätze Kurzbeschreibung, worum es in diesem Geschäftsprozess geht) Die Kurzbeschreibung sollte so abstrakt und kurz wie möglich und so detailliert und konkret wie nötig sein, dass eine Unterscheidung von allen anderen Geschäftsprozessen möglich ist. Alle Sachverhalte in einer Kurzbeschreibung sollten möglichst auf dem gleichen Abstraktionsniveau sein.
- Auflistung der enthaltenen Geschäftsanwendungsfälle
- Geschäftsprozess-Verantwortlicher (immer nur eine Person: Welcher Geschäftsmitarbeiter ist für den erfolgreichen, effizienten und effektiven Betrieb des Geschäftsprozesses verantwortlich?). Prozessverantwortlich ist immer genau eine Person. Wenn mehrere Personen verantwortlich sind, dann sind Verantwortungsbereiche abzugrenzen, so dass für jeweils einen Sachverhalt immer nur eine Person verantwortlich ist. Im Übrigen ist vor allem die Diskussion darüber sehr fruchtbar, wer für den Prozess verantwortlich ist, da hierbei gewöhnlich eine Reihe von Details und neuen Erkenntnissen auftaucht. Auch ISO 9000 fordert Geschäftsprozess-Verantwortliche.
- Prozessbeteiligte (Welche Geschäftsmitarbeiter und Geschäftspartner sind insgesamt an dem Geschäftsprozess beteiligt?)

Ablaufdiagramm entwickeln

Für jeden Geschäftsprozess wird ein Ablaufmodell entwickelt, soweit möglich.

Geschäftsprozesse stellen eine lose Sammlung von Geschäftsanwendungsfällen dar. In der Regel beinhalten sie einen Prozess bzw. einen Ablauf. Es gibt jedoch eine geringe, aber nicht zu vernachlässigende Anzahl von Geschäftsprozessen, in denen bestimmte Abläufe, d.h. Geschäftsanwendungsfälle, mehr oder weniger losgelöst von den übrigen sind. Beispielsweise dadurch, dass sie zwar fachlich und thematisch in diesen Prozess gehören, sie aber in keinem bestimmten zeitlichen Bezug zu den übrigen Geschäftsanwendungsfällen stehen. In diesem Fall kann für diesen Geschäftsprozess kein Ablaufdiagramm erstellt werden.

Unterlagen:
- „Geschäftsanwendungsfallbeschreibung (E-165)" (⇨216)

Ergebnisse:
- „Ablauf-/Aktivitätsdiagramm (E-38)" (⇨219)
- „Geschäftsprozessbeschreibung (E-167)" (⇨216)

Verantwortlich:
- „SystemanalytikerIn (R–12)" (⇨260)

Beteiligte:
- „Fachexperte (R–2)" (⇨258) – aktiv mitwirkend

Nachfolgeaktivitäten [ggf. Bedingung]:
- „Geschäftsanwendungsfälle essenziell beschreiben (A-247)" (⇨80)

3.2.10 Geschäftsanwendungsfälle essenziell beschreiben (A-247)

Jeder Geschäftsanwendungsfall
- Aktivität muss durchgeführt werden in der „Startphase (Entwurf und Architektur)" (⇨25) (Iterative Aktivität).
- Aktivität sollte durchgeführt werden in der „Hauptphase (Konstruktion)" (⇨29) (Iterative Aktivität).

Beschreibung:

Nachdem die Geschäftsanwendungsfälle identifiziert und zu Geschäftsprozessen zusammengefasst wurden, werden sie nun weiter untersucht und ihre Beschreibung detailliert.

Jeder Geschäftsanwendungsfall wird wie folgt beschrieben:
- Name (mind. ein Substantiv und ein aktives Verb)
- Kurzbeschreibung (max. fünf Sätze)
- Aktive Geschäftspartner (aussagekräftiger Name)
- Passive Geschäftspartner
- Innenorientierte Geschäftsmitarbeiter
- Außenorientierte Geschäftsmitarbeiter
- Auslöser
- Ergebnis/Motivation (ggf. Ergebnisse)
- Eingehende/Ausgehende Daten
- Vorbedingungen
- Nachbedigungen
- Essenzieller Ablauf
- Unterstütze Ziele
- Priorität
- Offene Punkte

Name, Kurzbeschreibung und die Akteure sind aus den vorigen Aktivitäten bereits bekannt.

Definiere bzw. überprüfe Anfang und Ende der Geschäftsanwendungsfälle mit Hilfe von Auslösern und Ergebnissen.

Die klare Benennung, wo ein Geschäftsanwendungsfall anfängt und wo er aufhört, ist von großer Bedeutung. Dazu müssen alle beteiligten Modellierer einheitliche und möglichst objektive Kriterien zur Festlegung von Anfang und Ende haben, sonst würden verschiedene Personen für den gleichen geschäftlichen Sachverhalt möglicherweise eine unterschiedliche Anzahl von Geschäftsanwendungsfällen identifizieren, Sachverhalte mehrfach beschreiben, wichtige Teile vergessen oder einfach nur die übrigen Modellierer verwirren.

Hierbei helfen folgende Leitfragen:
- Was ist der (bzw. sind die) geschäftlich relevante Auslöser?
- Welche geschäftlich relevanten und wertvollen Ergebnisse sind entstanden?
- Wird ein aus Sicht der beteiligten Akteure (Geschäftspartner und Geschäftsmitarbeiter) zeitlich und sachlogisch zusammenhängender Sachverhalt beschrieben?

- Beschreibt die Summe aller Teilabläufe (Anwendungsfälle), die jeweils durch die Auslöser und Ergebnisse begrenzt sind, lückenlos den gesamten Geschäftsprozess? Welche Teile fehlen noch und in welchem Anwendungsfall sind sie zu beschreiben?

Auslöser

Als geschäftlich relevanter Auslöser werden zum einen alle Ereignisse bezeichnet, die von außen auf das betrachtete geschäftliche System zukommen. Beispielsweise eine Nachricht von einem (aktiven oder passiven) Geschäftspartner. Zusätzlich werden auch alle Ereignisse betrachtet, die zwar nicht von einem Geschäftspartner kommen, aber stellvertretend oder vorwegnehmend für diesen geschehen, d.h. für den Geschäftspartner einen geschäftlich relevanten Sachverhalt darstellen. Häufig sind dies zeitliche Auslöser, beispielsweise der Beginn oder Ablauf einer Frist.

Ergebnisse

Ähnlich werden die Ergebnisse bewertet. Nicht jedes Zwischen- oder Teilergebnis wird hier als geschäftlich relevant angesehen, sondern nur solche, die den Geschäftspartnern explizit zugehen und für diese einen geschäftlichen Wert darstellen. Entstehen verschiedene Detailergebnisse in einem gemeinsamen zeitlichen Kontext und sind sie inhaltlich zusammenhängend oder abhängig, werden sie zu einem Ergebnis zusammengefasst.

Keine zeitliche Kohärenz

Im Gegensatz zu den Systemanwendungsfällen müssen Geschäftsanwendungsfälle keine zeitliche Kohärenz aufweisen, d.h., sie dürfen Abläufe beschreiben, die zeitlich unterbrochen oder unterbrechbar sind. Wird beispielsweise ein Kfz von einem Kunden abgeholt, genutzt und irgendwann wieder zurückgegeben, so wird dies als ein Geschäftsanwendungsfall angesehen. Maßgeblich ist, wann der Geschäftspartner das geschäftlich wertvolle bzw. relevante Ergebnis erhält bzw. abgeschlossen hat.

Definition der eingehenden Daten

Jeder Geschäftsanwendungsfall verarbeitet bestimmte Informationen, d.h. Daten. Die Ergebnisse eines Anwendungsfalles und somit die ausgehenden Daten haben wir bereits definiert. Zum besseren Verständnis der Geschäftsanwendungsfälle beschreiben wir zusätzlich auch die jeweils eingehenden Daten. Dabei ist eine abstrakte und zusammenfassende Beschreibung ausreichend. Statt Kundennummer, Vorname, Nachname etc. schreiben wir einfach Kundendaten. Suchen Sie stets eine möglichst abstrakte Beschreibung, die gerade noch aussagekräftig und verständlich genug ist.

Benenne die beteiligten Akteure eines jeden Geschäftsanwendungsfalles. Aus den vorherigen Aktivitäten sind bereits die beteiligten aktiven und passiven Geschäftspartner sowie die innen- und außenorientierten Geschäftsmitarbeiter bekannt.

Essenzieller Ablauf

Der Ablauf eines Geschäftsanwendungsfalles besitzt gewöhnlich bei detaillierter Betrachtung eine hohe Komplexität, die die Gefahr birgt, sich bei seiner Beschreibung zu verzetteln. Andererseits bergen einfachere Beschreibungen die Gefahr, zwar kurz und knapp, aber inhaltlich sehr einseitig zu sein, d.h. möglicherweise die falschen Sachverhalte zu betonen. Unter einer essenziellen Beschreibung verstehen wir eine ganz bestimmte Art der Abstraktion, die dazu führen soll, vergleichbare und einheitliche Überblicksbeschreibungen von Geschäftsanwendungsfällen zu erhalten. Die Kriterien für eine essenzielle Beschreibung ergeben sich aus den folgenden Heuristiken.

Leitfragen/Heuristiken:

- Beschreibe so abstrakt wie möglich und nur so konkret wie nötig.
- Konzentriere dich auf den unmittelbaren geschäftlichen Zweck, d.h., vermeide die Beschreibung konkreter technologischer Rahmenbedingungen oder Lösungen.
- Unterscheide die Sachverhalte, die in Zukunft mit hoher Wahrscheinlichkeit stabil bleiben werden, von denen, die sich in absehbarer Zeit ändern könnten. Beschreibe möglichst nur die stabilen Sachverhalte.

Eine essenzielle Beschreibung ist so weit abstrahiert, dass der geschäftliche Ablauf unabhängig von konkreten Implementierungsformen ist. Die Beschreibung des Anwendungsfalles „Geld vom Girokonto abheben" wäre beispielsweise so allgemein, dass damit das Abheben am Geldautomaten, am Bankschalter oder das Aufladen einer Geldkarte gemeint sein kann. Eine essenzielle Beschreibung ist eine sehr abstrakte und komprimierte Form, deren Zweck vor allem darin besteht, einen Überblick zu geben.

Abstraktion heißt, einen komplexen Sachverhalt unter bestimmten Gesichtspunkten zusammenzufassen.

Priorisierung der Geschäftsanwendungsfälle

Die Priorität eines Geschäftsanwendungsfalles kann entweder in vereinfachter Weise aufgrund einer subjektiven Einschätzung beispielsweise auf einer Skala von 1 - 10 vorgenommen werden (0 = bedeutungslos, 10 = absolut wichtig) oder systematisch zu den Zieldefinitionen in Relation gesetzt werden.

Offene Punkte

Im Laufe der Erhebung der Anforderungen an den Geschäftsanwendungsfall ergeben sich Fragen, die nicht sofort geklärt werden können, sondern weitere Untersuchungen, Rückfragen o.Ä. erfordern. Um diese nicht aus den Augen zu verlieren, ist es hilfreich, für jeden Geschäftsanwendungsfall eine Liste offener Punkte zu führen.

Unterlagen:
- „Geschäftsanwendungsfallbeschreibung (E-165)" (⇨216)

Ergebnisse:
- „Geschäftsanwendungsfallbeschreibung (E-165)" (⇨216)
- „Offene-Punkte-Liste (E-152)" (⇨249)

Verantwortlich:
- „SystemanalytikerIn (R–12)" (⇨260)

Beteiligte:
- „Fachexperte (R–2)" (⇨258) – aktiv mitwirkend

Nachfolgeaktivitäten [ggf. Bedingung]:
- „Geschäftsanwendungsfall-Abläufe modellieren (A-248)" (⇨82)

3.2.11 Geschäftsanwendungsfall-Abläufe modellieren (A-248)

Für jeden Geschäftsanwendungsfall wird ein Aktivitätsmodell entwickelt. Alle fachlich relevanten Varianten und Ausnahmen werden notiert.

- Aktivität kann durchgeführt werden in der „Startphase (Entwurf und Architektur)" (⇨25) (Iterative Aktivität, vom Zweck der Geschäftsprozessmodellierung abhängig).
- Aktivität kann durchgeführt werden in der „Hauptphase (Konstruktion)" (⇨29) (Iterative Aktivität, vom Zweck der Geschäftsprozessmodellierung abhängig).

Beschreibung:
- Beschreibe den Standardablauf eines jeden Geschäftsanwendungsfalles in Form eines Aktivitätsmodells.
- Identifiziere zu jedem Geschäftsanwendungsfall vollständig alle fachlich relevanten Varianten und Ausnahmen und notiere sie im Aktivitätsmodell.
- Notiere nicht sofort klärbare Fragen in einer Offene-Punkte-Liste.
- Überprüfe und restrukturiere ggf. die Ablaufreihenfolgen.
- Überprüfe und konsolidiere die verwendeten Begriffe.

In den vorigen Schritten wurden die Geschäftsanwendungsfälle identifiziert, deren Rahmen (Auslöser, Ergebnisse etc.) beschrieben sowie der Standardablauf im Gutfall skizziert. Jetzt geht es darum, die ganzen Ausnahmen und Varianten zu finden, die für die Geschäftsanwendungsfälle relevant sind.

Gewöhnlich ist die Beschreibung der Ausnahmen und Varianten um einiges aufwändiger als der Standardfall. Während der Standardfall mit natürlichsprachlichen Mitteln noch gut zu beschreiben ist, gilt dies für die Ausnahmefälle nicht mehr. Die Anzahl der Ausnahmen kann sehr schnell Ausmaße annehmen, die eine reine textliche Beschreibung nicht mehr sinnvoll erscheinen lassen. Ein Geschäftsanwendungsfall, der zehn oder mehr Seiten umfasst, wird wahrscheinlich im weiteren Projektverlauf kaum noch gelesen und verstaubt. Außerdem sind die Abhängigkeiten, Bedingungen und Schleifen/Wiederholungen im Ablauf mit natürlicher Sprache kaum übersichtlich und verständlich darzustellen.

Daher verwenden wir Ablaufdiagramme als Beschreibungsmittel. Die UML enthält zu diesem Zweck so genannte Aktivitäten.

Beschreibe den Standardablauf als Aktivitätsmodell

Bevor die Ausnahmen und Varianten grafisch notiert werden können, benötigen wir als Basis ein Aktivitätsmodell für den Standardablauf.

Identifiziere alle fachlich relevanten Ausnahmen und Varianten

Ausgangspunkt ist der Standardablauf. Die Untersuchung beginnt mit der Frage nach weiteren möglichen Anfangszuständen. Danach wird jeder einzelne Schritt des Standardablaufes unter die Lupe genommen und nach den möglichen Ausnahmen und Varianten gefragt, die dort auftreten können.

Leitfragen:
- Welche weiteren Anfangszustände bzw. weiteren Auslöser des Geschäftsanwendungsfalles sind möglich?
- Welche Entscheidungen und Verzweigungen treten im Ablauf auf?
- Welche (weiteren) Ergebnisse können erzielt werden? Welche Geschäftsobjekte werden bearbeitet und verändert?
- Was passiert in der jeweiligen Variante? Wie geht es dann im Ablauf weiter?
- Was ist sonst noch in diesem Fall zu beachten?
- Welche Ausnahmen und Varianten sind ähnlich und können zusammengefasst werden, ohne dass dadurch besondere Anforderungen verloren gehen?

Offene-Punkte-Liste führen

Zweifel bei der Zusammenfassung von Varianten werden in die Liste der offenen Punkte zu diesem Geschäftsanwendungsfall aufgenommen, bis sie durch die Fachabteilung abschließend geklärt wurde.

Unterlagen:
- „Geschäftsanwendungsfallbeschreibung (E-165)" (⇨216)

Ergebnisse:
- „Ablauf-/Aktivitätsdiagramm (E-38)" (⇨219)
- „Fachliches Glossar (E-7)" (⇨215)
- „Offene-Punkte-Liste (E-152)" (⇨249)

Verantwortlich:
- „SystemanalytikerIn (R–12)" (⇨260)

Beteiligte:
- „Fachexperte (R–2)" (⇨258) – aktiv mitwirkend

Nachfolgeaktivitäten [ggf. Bedingung]:
- „Geschäftsanwendungsfall-Abläufe optimieren und konsolidieren (A-269)" (⇨83)

3.2.12 Geschäftsanwendungsfall-Abläufe optimieren und konsolidieren (A-269)

Die Ablaufreihenfolgen werden überprüft und ggf. restrukturiert. Die verwendeten Begriffe werden konsolidiert.

- Aktivität kann durchgeführt werden in der „Startphase (Entwurf und Architektur)" (⇨25) (Singuläre Aktivität, vom Zweck der Geschäftsprozessmodellierung abhängig).

Beschreibung:
- Überprüfe und restrukturiere ggf. die Ablaufreihenfolgen.
- Überprüfe und konsolidiere die verwendeten Begriffe.

Bei der Beschreibung des ursprünglichen essenziellen Ablaufes wurde eine typische Reihenfolge der einzelnen Schritte angenommen. Bisher wurde jedoch noch nicht hinterfragt und diskutiert, ob der Ablauf nicht vielleicht auch anders aussehen könnte und möglicherweise flexibler oder effizienter gestaltet werden kann.

Es gibt zwei grundsätzliche Vorgehensweisen zur Restrukturierung:
- zum einen eine erfahrungsbasierte Restrukturierung. Hierbei wird jeder Schritt unter die Lupe genommen und darüber nachgedacht, ob die Reihenfolge, d.h. seine Position, eine andere sein könnte. Diese Ideen werden mit der Fachabteilung besprochen und abgestimmt.
- Die andere Vorgehensweise ist eine formale, systematisch herleitbare Restrukturierung. Hierbei werden für jeden einzelnen Schritt die Voraussetzungen und Ergebniszustände beschrieben (sog. Vor- und Nachbedingungen) und dann überprüft, an welcher Stelle im Ablauf die Vorbedingungen erfüllt sind. Ab dort besteht prinzipiell die Möglichkeit, den Schritt durchzuführen.

Unterlagen:
- „Ablauf-/Aktivitätsdiagramm (E-38)“ (⇨219)
- „Geschäftsanwendungsfallbeschreibung (E-165)“ (⇨216)

Ergebnisse:
- „Ablauf-/Aktivitätsdiagramm (E-38)“ (⇨219)

Verantwortlich:
- „SystemanalytikerIn (R–12)“ (⇨260)

Beteiligte:
- „Fachexperte (R–2)“ (⇨258) – aktiv mitwirkend
- „AnwenderIn (R–18)“ (⇨273) – aktiv mitwirkend

Nachfolgeaktivitäten [ggf. Bedingung]:
- „Geschäftsanwendungsfall-Abläufe detailliert beschreiben (A-270)“ (⇨84)

3.2.13 Geschäftsanwendungsfall-Abläufe detailliert beschreiben (A-270)

Die Geschäftsanwendungsfall-Abläufe werden detailliert beschrieben.
- Aktivität kann durchgeführt werden in der „Startphase (Entwurf und Architektur)“ (⇨25) (Iterative Aktivität, bedarfsweise).
- Aktivität kann durchgeführt werden in der „Hauptphase (Konstruktion)“ (⇨29) (Iterative Aktivität, bedarfsweise).

Beschreibung:

In der Praxis sollten Ablaufmodelle mit einem UML-Modellierungswerkzeug erstellt werden. Diese Werkzeuge bieten üblicherweise die Möglichkeit, jedes einzelne Element (d.h. jede Aktivität, jeden Aktivitätsübergang etc.) weiter zu erläutern. Alternativ könnten diese auch beispielsweise mit einem Textverarbeitungsprogramm erstellt werden. In der Detailbeschreibung werden neben dem Namen des möglichen Ergebnisses (auch Transition oder Aktivitätsübergang genannt) auch noch Ergebnisobjekte und Bedingungen genannt. Mit den Ergebnisobjekten wird beschrieben, welche Geschäftsobjekte von der Aktivität erzeugt oder verändert wurden. Es ist grundsätzlich möglich, diese Informationen auch grafisch in einem Ablaufmodell zu notieren. Die Diagramme werden dann jedoch schnell unübersichtlich.

Unterlagen:
- „Ablauf-/Aktivitätsdiagramm (E-38)“ (⇨219)
- „Geschäftsanwendungsfallbeschreibung (E-165)“ (⇨216)

Ergebnisse:
- „Ablauf-/Aktivitätsdiagramm (E-38)“ (⇨219)

Verantwortlich:
- „SystemanalytikerIn (R–12)" (⇨260)

Beteiligte:
- „Fachexperte (R–2)" (⇨258) – aktiv mitwirkend
- „AnwenderIn (R–18)" (⇨273) – aktiv mitwirkend

3.2.14 Organisatorische Einbettung identifizieren und Abhängigkeiten ggf. reorganisieren (A-271)

Die einzelnen Ablaufschritte eines Geschäftsanwendungsfalles werden jeweils einer Organisationseinheit zugeordnet, mögliche Abhängigkeiten werden analysiert.
- Aktivität sollte durchgeführt werden in der „Startphase (Entwurf und Architektur)" (⇨25) (Iterative Aktivität).
- Aktivität kann durchgeführt werden in der „Hauptphase (Konstruktion)" (⇨29) (Iterative Aktivität).

Beschreibung:
- Bestimme, welche einzelnen Schritte im Ablauf von welchen Organisationseinheiten verantwortet werden.
- Ermittle die sich daraus ergebenen Abhängigkeiten.
- Restrukturiere die Verantwortlichkeiten oder Organisationseinheiten ggf. derart, dass die Abhängigkeiten minimiert werden.

Gewöhnlich ist dies durch einfache Befragung der betroffenen Organisationseinheiten und Fachexperten möglich. Jede Aktivität wird der Organisationseinheit zugeordnet, die für die Durchführung dieser Aktivität verantwortlich ist. Selbstverständlich können mehrere Akteure und Organisationseinheiten an einer Aktivität beteiligt sein und aktiv oder passiv mitwirken. Es geht lediglich um die eindeutige Zuordnung von Verantwortung. Die einzelnen Verantwortlichkeitsbereiche werden in Aktivitätsdiagrammen ähnlich wie Schwimmbahnen dargestellt; dieses Diagramm wird daher auch Schwimmbahnendiagramm genannt.

Unterlagen:
- „Geschäftsanwendungsfallbeschreibung (E-165)" (⇨216)

Ergebnisse:
- „Ablauf-/Aktivitätsdiagramm (E-38)" (⇨219)

Verantwortlich:
- „SystemanalytikerIn (R–12)" (⇨260)

Beteiligte:
- „Fachexperte (R–2)" (⇨258) – aktiv mitwirkend
- „AnwenderIn (R–18)" (⇨273) – aktiv mitwirkend

3.2.15 Kern-Geschäftsklassenmodell entwickeln (A-272)

Die vier wichtigsten Geschäftsobjekte werden aus den Kern-Geschäftsanwendungsfällen abgeleitet. Ein Geschäftsklassenmodell wird entwickelt.
- Aktivität kann durchgeführt werden in der „Startphase (Entwurf und Architektur)" (⇨25) (Iterative Aktivität).
- Aktivität kann durchgeführt werden in der „Hauptphase (Konstruktion)" (⇨29) (Iterative Aktivität).

Beschreibung:

Der Name Geschäftsprozessmodellierung sagt bereits, dass es dabei um die Beschäftigung mit Abläufen, also dynamischen Aspekten des Geschäfts geht. Nichtsdestotrotz ist auch die Sicht auf die strukturellen

Zusammenhänge des betroffenen Geschäfts für das Gesamtverständnis wichtig. Dieses herauszuarbeiten und darzustellen, ist hier das Ziel.

- Entnehme den Kern-Geschäftsanwendungsfällen die vier wichtigsten Geschäftsobjekte. Nehme zusätzlich alle anderen Geschäftsobjekte, die genauso wichtig sind wie diese vier.
- Erstelle mit diesen Geschäftsobjekten ein Klassenmodell.
- Erkenne, welche weiteren Geschäftsobjekte noch zu berücksichtigen sind, damit das Modell verständlich wird, und nehme diese ebenfalls auf.

Ein Geschäftsobjekt beschreibt einen Gegenstand, ein Konzept, einen Ort oder eine Person aus dem Geschäftsbereich aus einer fachlichen Perspektive und in einem Abstraktions- und Detaillierungsgrad, wie er vor allem von den beteiligten Fachabteilungen und Entscheidungsträgern verstanden werden kann. In dem ersten Schritt zur Entwicklung eines Geschäftsklassenmodells geht es nicht darum, alle möglichen Geschäftsobjekte zu identifizieren, sondern einen Überblick über die wichtigsten zu geben. Es sollten dies je nach Umfang des Geschäftsprozessmodellierungsbereiches 5 – 15 Geschäftsobjekte sein. Wenn Sie sich unsicher sind, welche noch zu den wichtigsten gehören und welche nicht mehr, hilft eine einfache Regel:

Schreiben Sie zunächst die auf, die unstrittig sehr wichtig sind, begrenzen sie deren Zahl aber auf ca. vier Stück. Dann vergleichen Sie alle weiteren Kandidaten, ob diese mindestens ebenso wichtig sind wie einer der vorhandenen vier.

Welche anderen Geschäftsobjekte sind genauso wichtig?

Erstellung eines ersten Klassenmodelles

Diese wichtigen Geschäftsobjekte werden nun in einem UML-Klassendiagramm dargestellt. Dabei werden die Beziehungen dieser Geschäftsobjekte untereinander berücksichtigt.

Vergleich Klassenmodell und Datenmodell

Vereinfacht betrachtet ist ein Klassenmodell auch eine Art Datenmodell (oder ERM – Entity-Relationship-Model). Die Klassen sind dann die Tabellen bzw. Entities und die Objekte wären dann die Spalten bzw. Einträge in diesen Tabellen. Allerdings beschreiben Klassenmodelle nicht nur die Datenstruktur von Objekten, sondern auch deren Verhalten (z.B. „ändere Vorname"). Außerdem kennen die Informatiker noch eine ganze Reihe anderer Arten von Klassen neben den sog. Entitätsklassen (z.B. Steuerungsklassen, Schnittstellen etc.). Daher sind Klassenmodell und Datenmodell trotz gewisser Ähnlichkeiten nicht gleichzusetzen.

Das Klassenmodell kann später noch weiter verfeinert werden, indem die Assoziationen zwischen den Klassen benannt werden, Mengenverhältnisse (Multiplizitäten) und Assoziationsrichtungen konkretisiert werden, Gemeinsamkeiten abstrahiert werden, Entwurfsmuster für zusätzliche Semantik (z.B. Historisierung, Partner-Rollen-Muster etc.) u.Ä. zugefügt werden.

Ergebnisse:

- „Geschäftsklassenmodell (E-115)" (⇨209)

Verantwortlich:

- „SystemanalytikerIn (R–12)" (⇨260)

Beteiligte:

- „Fachexperte (R–2)" (⇨258) – aktiv mitwirkend
- „AnwendungsentwicklerIn (R–11)" (⇨262) – aktiv mitwirkend

Nachfolgeaktivitäten [ggf. Bedingung]:

- „Geschäftsanwendungsfallmodell erstellen (A-273)" (⇨86)

3.2.16 Geschäftsanwendungsfallmodell erstellen (A-273)

Die Geschäftsanwendungsfälle werden in einem Ablaufmodell dargestellt.

- Aktivität kann durchgeführt werden in der „Startphase (Entwurf und Architektur)" (⇨25) (Iterative Aktivität).

- Aktivität kann durchgeführt werden in der „Hauptphase (Konstruktion)“ (⇨29) (Iterative Aktivität).

Beschreibung:

- Stelle alle bisher vorhandenen Geschäftsanwendungsfälle in einem Anwendungsfallmodell dar. Alle Geschäftsanwendungsfälle eines Geschäftsprozesses werden in jeweils einem eigenen Anwendungsfalldiagramm dargestellt.
- Identifiziere und beschreibe die involvierten Geschäftsmitarbeiter.
- Identifiziere gleiche Schritte in verschiedenen Geschäftsanwendungsfällen und löse sie als sekundäre Geschäftsanwendungsfälle heraus, um ein redundanzfreies Modell herzustellen.

Die bisher ermittelten und beschriebenen Geschäftsanwendungsfälle wurden mit einer entsprechenden Schablone in natürlicher Sprache sowie deren Abläufe jeweils als ein UML-Aktivitätsmodell beschrieben. Zwischen den Geschäftsanwendungsfällen bestehen jedoch teilweise Abhängigkeiten und Gemeinsamkeiten, die nun systematisch erschlossen werden sollen. Die dabei erkannten Beziehungen zwischen den verschiedenen Geschäftsanwendungsfällen werden mit einem Anwendungsfalldiagramm dargestellt.

Stelle die vorhandenen Geschäftsanwendungsfälle als Anwendungsfallmodell dar. Anwendungsfälle werden in der UML grafisch durch Ellipsen repräsentiert, zwischen denen es verschiedene Beziehungen geben kann, insbesondere Enthält-Beziehungen («include»). In einem Schritt werden alle Geschäftsanwendungsfälle als einfache Ellipsen in einem Anwendungsfalldiagramm dargestellt. Da abgesehen von trivialen Aufgaben als Ergebnis der Geschäftsprozessmodellierung mehr Anwendungsfälle entstehen, als sich übersichtlich in einem Diagramm auf einer Seite darstellen lassen, ist es zweckmäßig, die Anwendungfälle zu gruppieren und auf verschiedene Diagramme aufzuteilen. Die UML enthält zur Gruppierung von Modellierungselementen so genannte Pakete.

Die Gruppen respektive Pakete liegen bereits vor, es handelt sich hierbei um die Geschäftsprozesse. Geschäftsprozesse werden repräsentiert durch eine Menge von Geschäftsanwendungsfällen. Zu jedem Geschäftsprozess wird jeweils ein Anwendungsfalldiagramm gezeichnet.

Identifiziere und beschreibe die involvierten Geschäftsmitarbeiter.

In der Aktivität „Geschäftsmitarbeiter identifizieren und Akteurmodell entwickeln (A-243)“ (⇨77) wurden bereits Geschäftsmitarbeiter identifiziert. Diese können auch hier in den Geschäftsanwendungsfall-Modellen berücksichtigt werden, um so die fachlichen und organisatorischen Zusammenhänge besser zu verdeutlichen.

Löse Redundanzen in den Geschäftsanwendungsfällen auf.

Bei der Vielzahl von Geschäftsanwendungsfällen, die während der Modellierung entstehen, entstehen bedingt durch das systematische Vorgehen teilweise Redundanzen, d.h., bestimmte Schritte in den Abläufen werden doppelt oder mehrfach beschrieben. Beispielsweise wird ein Schritt wie „Kunde identifizieren“ üblicherweise mehrfach vorkommen. Solche Mehrfachbeschreibungen führen früher oder später zu Problemen, da bei Änderungen und Weiterentwicklungen möglicherweise nicht alle betroffenen Stellen gepflegt werden und dadurch inkonsistente Beschreibungen entstehen.

Abhängigkeiten zwischen Geschäftsprozessen minimieren

Unsere Geschäftsanwendungsfälle sind zu Geschäftsprozessen zusammengefasst, die modelltechnisch durch entsprechende Pakete repräsentiert werden. Nachdem nun Gemeinsamkeiten dieser Geschäftsanwendungsfälle in Form von sekundären Geschäftsanwendungsfällen herausgelöst wurden, stellt sich die Frage, in welches Paket bzw. in welchen Geschäftsprozess diese sekundären Geschäftsanwendungsfälle unterzubringen sind. Wenn ein Geschäftsanwendungsfall einen sekundären Geschäftsanwendungsfall eines anderen Geschäftsprozesses verwendet, dann entsteht eine Abhängigkeit zwischen den Geschäftsprozessen.

Für die Paketzuordnung gelten folgende Regeln:

- Ein sekundärer Geschäftsanwendungsfall, der nur von Geschäftsanwendungsfällen eines Geschäftsprozesses verwendet wird, gehört in genau diesen Geschäftsprozess.
- Wenn durch die Verwendung von sekundären Geschäftsanwendungsfällen zyklische Abhängigkeiten zwischen Geschäftsprozessen entstehen, ist zu prüfen, ob die abhängigkeitsauslösenden sekundären Geschäftsanwendungsfälle in einen anderen Geschäftsprozess verschoben werden können, so dass nur noch eine einseitige Abhängigkeit übrig bleibt.

- Wenn sich zyklische Abhängigkeiten nicht durch eine solche Verschiebung auflösen lassen, sollte ggf. ein neues Paket mit dem Namen „Sekundäre Geschäftsanwendungsfälle" eröffnet werden, in dem alle zyklenauslösenden sekundären Geschäftsanwendungsfälle gesammelt werden.
- Bei einer Vielzahl sekundärer Geschäftsanwendungsfälle in dem neu eingerichteten Paket können diese wieder zu fachlichen Gruppen, d.h. zu entsprechenden Unterpaketen zusammengefasst werden. Bei näherer Betrachtung der zur Vermeidung zyklischer Abhängigkeiten zusätzlich eingerichteten Pakete ergeben sich somit unter Umständen so genannte Querschnittsprozesse, beispielsweise Materialbeschaffung, Buchhaltung o.Ä.

Unterlagen:
- „Geschäftsanwendungsfallbeschreibung (E-165)" (⇨216)
- „Ablauf-/Aktivitätsdiagramm (E-38)" (⇨219)

Ergebnisse:
- „Anwendungsfallmodell (E-178)" (⇨217)

Verantwortlich:
- „SystemanalytikerIn (R–12)" (⇨260)

Beteiligte:
- „Fachexperte (R–2)" (⇨258) – aktiv mitwirkend

Nachfolgeaktivitäten [ggf. Bedingung]:
- „Systemanwendungsfälle ableiten und identifizieren (A-276)" (⇨89)

3.2.17 Geschäftliche Anforderungen und Regeln beschreiben (A-275)

Alle den Anwendungsfall übergreifende Anforderungen werden spezifiziert.
- Aktivität sollte durchgeführt werden in der „Startphase (Entwurf und Architektur)" (⇨25) (Iterative Aktivität).
- Aktivität sollte durchgeführt werden in der „Hauptphase (Konstruktion)" (⇨29) (Iterative Aktivität).

Beschreibung:
- Beschreibe alle geschäftlichen Anforderungen und Regeln in einem zentralen Anforderungskatalog.
- Detailliere die Anforderungen nach einem gegebenen Beschreibungsschema.
- Referenziere geschäftsobjektspezifische Geschäftsregeln in den jeweiligen Geschäftsobjekten.
- Referenziere anwendungsfallspezifische Geschäftsregeln in den jeweiligen Anwendungsfällen.

Anforderungen und Geschäftsregeln

Es werden verschiedene Arten von Anforderungen unterschieden. Für Geschäftsregeln am wichtigsten sind die so genannten funktionalen Anforderungen. Im Rahmen von Softwareentwicklungsprojekten werden zusätzlich auch noch die nichtfunktionalen Anforderungen wichtig.

Anforderungen beschreiben Eigenschaften und Verhaltensweisen, die stets erfüllt sein sollen. Anforderungen können in verschiedenen Modellierungskontexten auftreten. Solche Anforderungen, die sich auf Abläufe und Verhaltensweisen beziehen, sind in Anwendungsfällen zunächst gut aufgehoben. Anwendungsfälle sind letztendlich fachlich motivierte Zusammenfassungen vor allem funktionaler und ablauforientierter Anforderungen. Anforderungen, die sich auf statische Eigenschaften von Personen, Gegenständen und sonstigen Geschäftsobjekte beziehen, passen zunächst gut in die Beschreibungen von Geschäftsobjekten.

Viele Anforderungen beziehen sich jedoch nicht nur auf einen einzelnen Anwendungsfall oder ein einzelnes Geschäftsobjekt, sondern auf mehrere, so dass sie mehrfach in identischer Weise zu beschreiben wären, was wir natürlich wegen der Mehrarbeit und Konsistenzproblemen vermeiden möchten. Außerdem gäbe es dann drei verschiedene Orte, an denen Anforderungen abgelegt sind.

Beschreibe alle geschäftlichen Anforderungen und Regeln in einem zentralen Anforderungskatalog.

Wir gehen daher so vor, dass Geschäftsregeln und übergreifende Anforderungen zentral an einem Ort, dem Anforderungskatalog, abgelegt werden. In den Anwendungsfällen und Geschäftsobjekten, für die bestimmte Anforderungen gelten, nehmen wir nur Verweise auf die entsprechenden Anforderungen des zentralen Kataloges auf. Der zentrale Anforderungskatalog kann in der Praxis ein einfaches Word-Dokument oder eine Excel-Liste sein, ebenso können Anforderungen alternativ in speziellen Anforderungsmanagement-Werkzeugen oder in gewöhnlichen UML-Modellierungswerkzeugen abgelegt sein.

Die einfachen Word- oder Excel-Listen sind in größeren Projekten nicht mehr handhabbar. Spezielle Anforderungsmanagement-Werkzeuge wiederum sind in den meisten Fällen eher zu umständlich, wir präferieren daher die Notation und Spezifikation von Anforderungen mit einfachen UML-Mitteln.

Leitfragen zur Identifikation funktionaler Anforderungen:
- Welche Allgemeinfakte liegen vor? Beispiel: Der erste Kundenkontakt erfolgt immer über einen Vertriebsmitarbeiter.
- Welche besonderen Handlungseinschränkungen existieren? Beispiel: Kunden der Bonitätsklasse C erhalten keinen Kredit.
- Welche Schlussfolgerungen sind generell zu beachten? Beispiel: Kunden, die mehr als 10.000 Statuskilometer haben, erhalten 10 % Rabatt.
- Welche Berechnungsvorschriften sind zu beachten? Beispiel: Der Nettobestellwert errechnet sich aus der Summe der Werte der einzelnen Bestellpositionen ohne Mehrwertsteuer.

Nicht jede Anforderung muss als einzelnes Element notiert werden; dies hängt von dem gewünschten und zweckmäßigen Detaillierungsgrad ab. Für eine weniger detaillierte Darstellung bieten sich Features an, die eine fachlich zusammenhängende Menge von Anforderungen darstellen. Ein Feature ist also einfach eine Liste elementarer Anforderungen.

Ergebnisse:
- „Liste mit Features und übergreifenden Anforderungen (E-158)" (⇨210)
- „Katalog nichtfunktionaler Anforderungen (E-71)" (⇨212)
- „Systemanwendungsfallübersicht (E-2)" (⇨217)

Verantwortlich:
- „SystemanalytikerIn (R–12)" (⇨260)

Beteiligte:
- „Fachexperte (R–2)" (⇨258) – aktiv mitwirkend

3.2.18 Systemanwendungsfälle ableiten und identifizieren (A-276)

- Aktivität sollte durchgeführt werden in der „Startphase (Entwurf und Architektur)" (⇨25) (Iterative Aktivität).
- Aktivität muss durchgeführt werden in der „Hauptphase (Konstruktion)" (⇨29) (Iterative Aktivität).

Beschreibung:
- Entscheide für jeden vorliegenden Geschäftsanwendungsfall, ob er systemtechnisch umgesetzt werden soll.
- Ergänze ggf. fehlende fachliche Ausnahmen und Varianten, beispielsweise fachlich sinnvolle Abbruchmöglichkeiten.
- Zerlege diese systemtechnisch umzusetzenden Geschäftsanwendungsfälle in zeitlich kohärente Systemanwendungsfälle.
- Erstelle ein Systemanwendungsfallmodell.

In vielen Fällen wird Geschäftsprozessmodellierung mit dem Zweck betrieben, die Automatisierung zu verbessern. In diesem Fall können die Ergebnisse der Geschäftsprozessmodellierung wichtige Rahmenbedingungen und Anforderungen für die Softwareentwicklung darstellen.

Entscheide für jeden vorliegenden Geschäftsanwendungsfall, ob und wie er systemtechnisch umgesetzt werden soll. Sofern ein Geschäftsanwendungsfall im Softwaresystem zu berücksichtigen ist, definieren wir hierfür entsprechende Systemanwendungsfälle. Das Konzept der Anwendungsfälle bleibt also weiterhin erhalten, für die technische Implementierung jedoch in der etwas restriktiveren und formaleren Form der so genannten Systemanwendungsfälle. Es ist nicht nur zu entscheiden, dass ein Geschäftsanwendungsfall systemtechnisch umzusetzen ist, wir müssen auch bestimmen, wie dies geschehen soll, beispielsweise auf welcher technischen Plattform.

Unterlagen:
- „Geschäftsanwendungsfallbeschreibung (E-165)" (⇨216)

Ergebnisse:
- „Systemanwendungsfallübersicht (E-2)" (⇨217)

Verantwortlich:
- „SystemanalytikerIn (R–12)" (⇨260)

Beteiligte:
- „Fachexperte (R–2)" (⇨258) – aktiv mitwirkend
- „TechnischeR ArchitektIn (R–6)" (⇨260) – aktiv mitwirkend
- „FachlicheR ArchitektIn (R–70)" (⇨267) – aktiv mitwirkend

3.2.19 Glossar überprüfen und aktualisieren (A-290)

Diese Aktivität ist ähnlich wie „Glossar überprüfen und aktualisieren (A-71)" (⇨116). Bitte lesen Sie dort alle weiteren Details nach.
- Aktivität muss durchgeführt werden in der „Startphase (Entwurf und Architektur)" (⇨25) (Iterative Aktivität).
- Aktivität muss durchgeführt werden in der „Hauptphase (Konstruktion)" (⇨29) (Iterative Aktivität).

Unterlagen:
- „Fachliches Glossar (E-7)" (⇨215)

Ergebnisse:
- „Fachliches Glossar (E-7)" (⇨215)

Verantwortlich:
- „Fachexperte (R–2)" (⇨258)

3.3 Anforderungsanalyse

Analyse und Beschreibung aller wichtigen funktionalen und nichtfunktionalen Anforderungen an das zu entwickelnde System (Was soll das System leisten?)

Aufnahme der Anforderungen des Auftraggebers, der Anwender und anderer Fachexperten, Analyse vorhandener Unterlagen wie beispielsweise Ergebnisse der Geschäftsprozessmodellierung, evtl. Vorgängerprojekte, Beschreibungen und Dokumente bestehender (abzulösender) Systeme etc.

Die Anforderungen sind bezüglich ihrer Konsistenz, Widerspruchsfreiheit, Vollständigkeit, Dringlichkeit, Wichtigkeit, Aufwände, Chancen und Risiken gemeinsam mit dem Auftraggeber und anderen Beteiligten zu bewerten.

3.3.1 Anforderungsspezifikations-Entwurf erstellen (A-176)

Von der endgültigen Anforderungsspezifikation wird vorab ein Entwurf erstellt.
- Aktivität kann durchgeführt werden in der „Vorbereitungsphase" (⇨21) (Singuläre Aktivität).

Beschreibung:

Bevor die Anforderungsspezifikation vollständig ausgearbeitet ist und formell abgestimmt wird, ist es gewöhnlich notwendig, die Kerninformationen aus Sicht des Managements, d.h. des Auftraggebers, informell abzustimmen.

Hier wird ein Entwurf der Anforderungsspezifikation benötigt, der eine möglichst vollständige Gliederung enthält, aber nur zu den von allen Beteiligten als wichtig oder kritrisch angesehenen Sachverhalten stichwortartige Aussagen enthält. Diese werden in kurzen, meist informellen Besprechungen mit dem Auftraggeber u.a. geklärt.

Besonders Aussagen zur Kernfunktionalität sowie auszuschließende Anforderungen gehören dazu.

Der Anforderungsspezifikations-Entwurf ist ein allmählich wachsendes Dokument, das schließlich in die endgültige, formell abstimmfähige Fassung mündet.

Unterlagen:
- „Systemanwendungsfallübersicht (E-2)" (⇨217)

Ergebnisse:
- „Anforderungsspezifikation (E-20)" (⇨207)

Verantwortlich:
- „SystemanalytikerIn (R–12)" (⇨260)

Beteiligte:
- „Gesamtprojektleitung (R–3)" (⇨255) – ergebnisempfangend

Nachfolgeaktivitäten [ggf. Bedingung]:
- „Anforderungsspezifikation zusammenstellen (A-15)" (⇨113)

3.3.2 Materialsammlung und -studie (A-201)

Identifiziere und studiere alle Materialien, Referenzmodelle, Gegenstände, Beispiele und Muster im Anwendungsbereich, soweit sie Anforderungen, Informationen und Rahmenbedingungen für die Anforderungsanalyse enthalten.

- Aktivität kann durchgeführt werden in der „Vorbereitungsphase" (⇨21) (Singuläre Aktivität).
- Aktivität muss durchgeführt werden in der „Startphase (Entwurf und Architektur)" (⇨25) (Iterative Aktivität).
- Aktivität kann durchgeführt werden in der „Hauptphase (Konstruktion)" (⇨29) (Iterative Aktivität).

Beschreibung:
- Identifiziere und studiere die Materialien, Referenzmodelle, Gegenstände, Beispiele und Muster im Anwendungsbereich.
- Bewerte die Materialien und Gegenstände hinsichtlich ihrer Brauchbarkeit und Relevanz für das aktuelle Projekt (Aktualität, Verbindlichkeit, Korrektheit, Wichtigkeit etc.).

Materialien und Gegenstände. Zur Analyse des Anwendungsbereiches gehört auch das Studium und die Sammlung von Materialien und Gegenständen, zumindest wenn Sie betriebliche Informationssysteme entwickeln; bei technischen Systemen ist dies ggf. nicht sinnvoll oder möglich. Dazu gehören Formulare, Vordrucke, Korrespondenzen, Arbeitsplatzbeschreibungen usw. Lassen Sie sich Beispiele und Muster geben. Numerieren Sie diese Dokumente durch, damit Sie sie besser zitieren und referenzieren können, z.B. "Material Nr. 112" oder abgekürzt "M-112". Legen Sie alle Materialien in einem Ordner ab.

Außerdem sind die offensichtlichen Arbeitsgegenstände zu identifizieren bzw. zu benennen. Als Referenzmodell kann verstanden werden:
- ein Datenmodell oder Datenbankschema
- ein Funktionsmodell, Funktionsverzeichnis u.Ä.
- Ablaufpläne
- Klassenmodelle
- Anforderungskataloge, Vorstudien, Systemanwendungsfallbeschreibungen etc.

- Existierende Anwendungen
- Handbücher, Schulungsunterlagen und andere Unterlagen zu existierenden oder ehemaligen Anwendungen
- Teilmodelle anderer Projekte mit ähnlicher Ausrichtung

Die möglichen Referenzmodelle sind in einem Verzeichnis aufzuführen, aus dem hervorgeht,
- wo das Dokument zu finden ist bzw. von wo es beschafft wurde,
- was der Inhalt des Dokumentes ist (max. zehn Zeilen Beschreibung),
- welche Ansprechpartner nähere Informationen dazu liefern können,
- wann das Dokument erstellt und zuletzt aktualisiert wurde;
- eine Einschätzung der Qualität und Brauchbarkeit des Dokumentes für das aktuelle Projekt, sofern dies möglich ist (max. fünf Zeilen Text) und
- ggf. weitere Bemerkungen und Besonderheiten.

Soweit sinnvoll und möglich, sollten die Dokumente nicht nur verzeichnet, sondern auch beschafft und kurz gesichtet werden.

Ergebnisse:
- „Katalog der Referenzdokumente (E-73)" (⇨211)

Verantwortlich:
- „SystemanalytikerIn (R–12)" (⇨260)

3.3.3 Vorstudie erstellen (A-128)

Untersuchung des grundsätzlichen Entwicklungsgegenstandes und Beschreibung grundsätzlicher Lösungsalternativen
- Aktivität kann durchgeführt werden in der „Vorbereitungsphase" (⇨21) (Singuläre Aktivität, bedarfsweise).

Beschreibung:

Grundsätzliches Vorgehen:
- Generelle Zielsetzung festlegen. Zusammen mit dem Auftraggeber werden die generelle Zielsetzung und die zu beachtenden Randbedingungen festgelegt. Ergebnisdokumente: Gesprächsprotokolle u.Ä.
- Informationsquellen. Es werden Unterlagen eingesehen und vorhandene Ideen zu dem Problem aufgenommen. Wie wird derzeit mit dem Problem umgegangen? Ergebnisdokumente: Verzeichnis der vorhandenen Informationsquellen und Ansprechpartner
- Ist-Zustand. Durch Fragenkataloge und Interviews wird der Ist-Zustand in groben Zügen erhoben.
- Anforderungen klären. In Gesprächen mit den Fachabteilungen werden die generellen funktionalen und nichtfunktionalen Anforderungen und Zielvorstellungen der Betroffenen und Beteiligten ermittelt.
- Problemfeld abgrenzen. Was gehört nicht mehr zu der Aufgabe? Wo existieren Schnittstellen zur Außenwelt? Ergebnisdokument: Aufgabenbeschreibung, Kontextdiagramm
- Akteure identifizieren. Wer macht was, d.h., welche Anwender haben welche Aufgaben und Kompetenzen im Kontext des Problembereiches? Ergebnisdokumente: Akteurdiagramm, ggf. Kompetenzschema, Berechtigungskonzept
- Umfeld beschreiben. Wie sieht die Umgebung aus, in der das zu entwickelnde System einmal laufen soll? Ergebnisdokument: ein Infrastrukturmodell, das die Hardware-, Software-, Netzwerk- und Middlewaretechnologie und -architektur beschreibt.
- Systemanwendungsfälle identifizieren. Wie heißen die Systemanwendungsfälle, die das System unterstützen soll? Eine namentliche Auflistung der Fälle liefert bereits eine erste Orientierung über die Anforderungen. Gegebenenfalls wird jeder Systemanwendungsfall bereits mit einem Satz oder einigen Stichworten kurz erläutert. Ergebnis: Systemanwendungsfallübersicht
- Prioritäten. Es werden Schwerpunkte definiert und Prioritäten vergeben. Welche Probleme sind am dringendsten zu lösen, welche haben etwas mehr Zeit? Ergebnisdokument: Rahmenkonzept

- Lösungsalternativen. Mögliche Lösungsansätze werden erarbeitet und gegenübergestellt: Welche Alternativen sind denkbar? Bei ganz dringenden Problemen stellt sich die Frage nach möglichen Sofortmaßnahmen. Ergebnisdokument: Darstellung der Lösungsalternativen
- Empfehlung. Die Lösungsalternativen werden (nach zuvor definierten Kriterien) bewertet, gegebenenfalls Wirtschaftlichkeitsbetrachtungen durchgeführt. Ergebnisdokument: Empfehlung
- Weiteres Vorgehen. Abschließend wird das weitere Vorgehen für die empfohlene bzw. vom Auftraggeber gewünschte Alternative geplant. Ergebnisdokument: Empfehlungen zum weiteren Vorgehen

Alle Punkte zusammen bilden die Vorstudie, die vor dem eigentlichen Projekt erarbeitet wird. Ob und wie detailliert eine Vorstudie durchgeführt wird, hängt vom Umfang und von der Tragweite des Projektes ab und von den Risiken, die für den Auftraggeber und den Auftragnehmer damit verbunden sind. Unter Umständen kann sich die Aufgabe als sehr viel umfangreicher als ursprünglich gedacht erweisen. Dann ist zu überlegen, ob das Projekt nicht in einzelne Teilprojekte zu gliedern ist. Unter Umständen stellt sich auch die Frage, ob anstelle einer individuellen Softwareentwicklung vielleicht vorhandene Standardprodukte das Problem lösen. Lautet die Entscheidung, dass eine individuelle Software zu realisieren ist, dann beginnt das eigentliche Softwareentwicklungsprojekt.

Sofern die Machbarkeit, Zweckmäßigkeit oder Entscheidung für eine von mehreren Lösungsvarianten noch offen sind, sollte die Vorstudie die zur Klärung hierfür notwendigen Informationen erarbeiten. Ist hingegen das grundsätzliche weitere Vorgehen bereits entschieden, dient die Vorstudie mehr zur Vorbereitung der nachfolgenden Phasen.

Unterlagen:
- „Projekterfolgskriterien (E-22)" (⇨242)
- „Projektauftrag (E-1)" (⇨238)
- „Projektrisiken (E-23)" (⇨242)
- „Anforderungsspezifikation (E-20)" (⇨207)

Ergebnisse:
- „Vorstudie (E-78)" (⇨237)
- „Systemanwendungsfallübersicht (E-2)" (⇨217)

Verantwortlich:
- „SystemanalytikerIn (R-12)" (⇨260)

Beteiligte:
- „Fachexperte (R-2)" (⇨258) – beratend
- „Fachliche Projektleitung (R-27)" (⇨256) – aktiv mitwirkend
- „Technische Projektleitung (R-37)" (⇨257) – aktiv mitwirkend
- „Projekt-QualitätsmanagerIn (R-38)" (⇨266) – autorisierend
- „FachlicheR ArchitektIn (R-70)" (⇨267) – beratend

3.3.4 Anforderungsbeitragende identifizieren (A-195)

Identifiziere die Anforderungsbeitragenden (Stakeholder), d.h. Projekt-Ansprechpartner, Fachexperten, Anforderungsverantwortliche, Systembetroffene u.a.

- Aktivität muss durchgeführt werden in der „Vorbereitungsphase" (⇨21) (Singuläre Aktivität).
- Aktivität muss durchgeführt werden in der „Startphase (Entwurf und Architektur)" (⇨25) (Iterative Aktivität, bedarfsweise).
- Aktivität kann durchgeführt werden in der „Hauptphase (Konstruktion)" (⇨29) (Exzeptionelle Aktivität, bedarfsweise).

Beschreibung:

Identifiziere die Anforderungsbeitragenden. Noch bevor die Anforderungen an das zu erstellende System ermittelt werden, gilt es zunächst einmal herauszufinden, wer denn überhaupt Anforderungen an dieses System liefern könnte.

Hierzu wird versucht, alle beteiligten Parteien zu finden, die von dem zu entwickelnden System (bzw. Projekt) direkt oder indirekt betroffen sind oder von denen das zu entwickelnde System (bzw. Projekt) betroffen ist. Denn dies sind die Personen oder Organisationseinheiten, die möglicherweise bestimmte Erwartungen und Anforderungen an das zu erstellende System formulieren. Mit den indirekt betroffenen sind solche Personen gemeint, die zwar keinen direkten Kontakt zum System haben, aber im geschäftlichen Umfeld bzw. an dem Geschäft beteiligt sind, das vom System unterstützt werden soll.

Im englischen Sprachraum gibt es hierfür das Wort Stakeholder, das in etwa mit Projektbetroffene, Systembetroffene, Interessenshalter oder Anforderungsbeitragende übersetzt werden kann. Stakeholder sind beispielsweise:
- Anwender des Systems
- Fachabteilung
- Revisionsabteilung
- Auftraggeber, Geldgeber, Management, Vorstand, Geschäftsführung
- Gesetzgeber, Standards
- Kunden
- Systemadministratoren, Servicepersonal, Schulungspersonal, Hotline, Support
- Systementwickler, Systemwartung/Systemweiterentwickler
- Käufer des Systems
- Marketing, Vertrieb
- Projektgegner und -befürworter

Einige der Anforderungsbeitragenden sind von vornherein bekannt, da sie offensichtlich sind oder als Ansprechpartner für das Projekt benannt wurden, häufig beispielsweise der Auftraggeber und Vertreter der Fachabteilung. Die übrigen Anforderungsbeitragenden findet man durch Gespräche und Interviews mit den bereits bekannten Anforderungsbeitragenden heraus. Allgemeinwissen, gesunder Menschenverstand und etwas Branchenkenntnis führen ebenfalls schnell zu den wichtigsten Anforderungsbeitragenden.

Wenn Sie nicht alle Anforderungsbeitragenden eines Systems ermitteln können, steigt die Wahrscheinlichkeit, dass Sie auch eine Reihe von Anforderungen an das System nicht oder nicht rechtzeitig erkennen. Viele Fehler und Mängel, die unmittelbar nach der produktiven Einführung eines Systems auftreten, lassen sich auf vergessene Anforderungsbeitragende zurückführen. Nach Einführung des Systems erhalten diese Anforderungsbeitragenden in irgendeiner Weise direkten oder indirekten Kontakt mit dem System und merken, dass ihre Anforderungen nicht oder nur unbefriedigend berücksichtigt wurden.

Identifiziere die Projekt-Ansprechpartner. Zunächst müssen die konkreten AnsprechpartnerInnen ermittelt werden, damit der Anwendungsbereich analysiert werden kann.

Für das weitere Vorgehen ist es sinnvoll, die AnsprechpartnerInnen dahingehend zu unterscheiden, ob es sich um unerfahrene AnwenderInnen, erfahrene AnwenderInnen, AnwendungsbereichsexpertInnen (DomänenexpertInnen) oder verantwortliche Führungskräfte handelt und welche Entscheidungsbefugnisse sie bei der Abstimmung der Anforderungen haben.

Unterscheide die Ansprechpartner in
- Fachexperten, also solche Personen, die Experten des Anwendungsgebietes sind, die Ihnen also helfen können, das Anwendungsgebiet zu verstehen und fachliche Fragen qualifiziert beantworten. Die Fachexperten sind häufig, aber nicht immer auch Anwender des späteren Systems.
- Anforderungsverantwortliche, also solche Personen, die befugt sind, die Anforderungen an das neue System festzulegen bzw. abzustimmen. Die offiziellen Verantwortlichen sind häufig keine Fachexperten, sondern verlassen sich in ihren Entscheidungen oft auf die Meinung von Fachexperten und Systembetroffenen.
- Systembetroffene, also solche Personen, die von dem fertig gestellten System direkt betroffen sein werden, also beispielsweise die späteren Anwender. Sie werden auch (System-)Akteure genannt.

Unterlagen:
- „Systemvision (E-148)" (⇨236)
- „Projektauftrag (E-1)" (⇨238)

Ergebnisse:
- „Liste der Anforderungsbeitragenden (E-150)" (⇨209)

Verantwortlich:
- „SystemanalytikerIn (R–12)" (⇨260)

3.3.5 Systemanwendungsfälle identifizieren (A-200)

Diese Aktivität wird im Rahmen eines Workshops „Anforderungsworkshop durchführen (Vorbereitungsphase) (A-226)" (⇨96) durchgeführt. Bitte lesen Sie dort alle weiteren Details nach.
- Aktivität sollte durchgeführt werden in der „Startphase (Entwurf und Architektur)" (⇨25) (Iterative Aktivität).
- Aktivität muss durchgeführt werden in der „Hauptphase (Konstruktion)" (⇨29) (Iterative Aktivität).

Unterlagen:
- „Systemanwendungsfallbeschreibung [essenziell] (E-6)" (⇨218)

Verantwortlich:
- „SystemanalytikerIn (R–12)" (⇨260)

Beteiligte:
- „Fachexperte (R–2)" (⇨258) – aktiv mitwirkend
- „AnwenderIn (R–18)" (⇨273) – aktiv mitwirkend
- „Fachliche Projektleitung (R–27)" (⇨256) – aktiv mitwirkend

3.3.6 Zustandsmodelle für zustandsrelevante Geschäftsklassen erstellen (A-274)

Für jede Geschäftsklasse mit signifikantem zustandsabhängigem Verhalten wird ein Zustandsmodell entwickelt.
- Aktivität kann durchgeführt werden in der „Startphase (Entwurf und Architektur)" (⇨25) (Iterative Aktivität).
- Aktivität sollte durchgeführt werden in der „Hauptphase (Konstruktion)" (⇨29) (Iterative Aktivität).

Beschreibung:
- Identifiziere die möglichen fachlichen Zustände eines jeden Geschäftsobjektes.
- Kennzeichne alle Geschäftsklassen mit signifikantem zustandsabhängigem Verhalten.
- Entwickle für jede als zustandsabhängig gekennzeichnete Geschäftsklasse ein Zustandsmodell.

Geschäftsobjekte enthalten eine Menge von Attributen (Datenwerten), ein Geschäftsobjekt Kunde beinhaltet beispielsweise die Attribute Kunden-Nr., Name und Anschrift. Ein Zustand ist eine Abstraktion und stellt eine fachlich motivierte Zusammenfassung einer Menge möglicher Attributwerte dar. Abläufe und Geschäftsregeln bedingen oder beziehen sich häufig auf bestimmte Zustände der beteiligten Geschäftsobjekte. Beispielsweise kann eine Rechnung nicht mehr geändert werden, wenn sie gebucht wurde. Gebucht ist ein möglicher Zustand der Rechnung, der sich beispielsweise dadurch manifestiert, dass das Buchungsdatum gesetzt wurde. Mit Zustandsdiagrammen werden vor allem folgende fachliche Aspekte beschrieben:
- In welchen Zuständen kann sich ein Objekt befinden?
- Welche äußeren Ereignisse bewirken einen Zustandswechsel?
- Welche besonderen Anforderungen sind in den jeweiligen Zuständen zu beachten?

Identifiziere die möglichen fachlichen Zustände eines jeden Geschäftsobjektes.

Unterlagen:
- „Geschäftsklassenmodell (E-115)" (⇨209)
- „Fachliches Glossar (E-7)" (⇨215)

Ergebnisse:
- „Zustandsmodell (E-62)" (⇨222)

Verantwortlich:
- „SystemanalytikerIn (R–12)" (⇨260)

Beteiligte:

- „Fachexperte (R–2)" (⇨258) – aktiv mitwirkend
- „AnwendungsentwicklerIn (R–11)" (⇨262) – aktiv mitwirkend

3.3.7 Anforderungsworkshop durchführen (Vorbereitungsphase) (A-226)

Ein maximal zweitägiger Workshop wird mit den wichtigsten Anforderungsbeitragenden durchgeführt. Darin werden die grundlegenden Anforderungen in kurzer und abstrakter Form dokumentiert. In den Folgephasen werden sie weiterentwickelt und detailliert.
- Aktivität muss durchgeführt werden in der „Vorbereitungsphase" (⇨21) (Singuläre Aktivität).

Beschreibung:

Der erste Anforderungsworkshop wird mit allen wichtigen Anforderungsbeitragenden innerhalb eines Tages (max. zwei Tage) durchgeführt. Während des Workshops werden die wichtigsten Anforderungen gesammelt und grob dokumentiert. Die daraus resultierenden Ergebnisse bilden die Basis für die folgenden Aktivitäten und werden in späteren Phasen weiterentwickelt und detailliert.

Bei der Anforderungssammlung sollte so vorgegangen werden, dass sich alle gesammelten Anforderungen auf dem gleichen Abstraktionsnieveau befinden. Um dies zu erreichen, wird zunächst eine Liste mit den wichtigsten Systemanwendungsfällen erstellt. Anschließend werden die wichtigsten Systemanwendungsfälle in einer bestimmten Form, der so genannten essenziellen Beschreibung, beschrieben. Dies ergibt eine gute Ausgangsbasis: Die wichtigsten Anforderungen wurden genannt und befinden sich auf der gleichen Abstraktionsebene. Bei den weiteren Ergebnissen fällt es den Teilnehmenden nun leichter zu entscheiden, welche wirklich wichtig sind und mit der Systemidee zu tun haben, und sie haben ein Gefühl dafür bekommen, unterschiedliche Abstraktionsebenen zu erkennen und bei der Analyse einzuhalten.

Der Workshop wird von einem Systemanalytiker moderiert. Die einzelnen Aktivitäten werden in festgelegten Timeboxen durchgeführt. Ziel des Workshops ist es, kurze prägnante Ergebnisse zu erzielen. Langatmige und Zeit raubenden Detaildiskussionen sind zu vermeiden. Der Moderator ist für die Vorgehensweise und zielführende Moderation verantwortlich.

Folgende Aktivitäten werden in folgender Reihenfolge in begrenzten Zeitabschnitten durchgeführt:
- Systemgrenze definieren
- Systemanwendungsfallübersicht erstellen
- Essenzbeschreibungen für die wichtigsten (ca. 20 %) Systemanwendungsfälle durchführen
- Nichtfunktionale Anforderungen identifizieren
- Auszuschließende Anforderungen identifizieren
- Features identifizieren
- Subsysteme identifizieren und, soweit es sich ergibt, ein erstes grobes Geschäftsklassenmodell entwickeln
- Berichte und Auswertungen identifizieren
- Batch-Programme identifizieren
- System-Schnittstellen identifizieren und klassifizieren

Systemgrenze definieren

Die Anforderungsanalyse beginnt zunächst damit, die Systemgrenze zu ermitteln. Für wen oder was soll ein System entwickelt werden? Dabei stehen folgende Fragen im Vordergrund:
- Wie lautet die fachliche Problemstellung?
- Wie wird dezeit mit dem Problem umgegangen, wie werden die geschäftlichen Aufgaben erledigt?
- Welche Organisationseinheiten sind davon betroffen?

- Sollen auch Bereiche außerhalb der eigenen Organisation, z.B. von Lieferanten und Kunden, einbezogen werden?
- Sind alle Teile der Organisation gleichermaßen zu betrachten oder sollen bestimmte Schwerpunkte beachtet werden? Lassen sich die einzelnen Bereiche eindeutig klassifizieren in „muss betrachtet werden", „sollte betrachtet werden" und „ist nicht zu betrachten"?

Die Ergebnisse werden dokumentiert und den Projektmitgliedern zur Verfügung gestellt.

Systemanwendungsfallübersicht (Liste der wichtigsten Systemanwendungsfälle) erstellen

Die wichtigsten im Projekt zu berücksichtigenden Systemanwendungsfälle sollen identifiziert werden, soweit sie zu diesem Zeitpunkt bekannt sind.

Es wird eine Liste mit den Systemanwendungsfällen angelegt.

Jeder Systemanwendungsfall erhält eine Bezeichnung, die mindestens aus einem Substantiv und einem Verb besteht (z.B. "Vertrag anlegen"). Soweit notwendig sind erste einfache Recherchen und Rückfragen bei anwesenden Experten über das Anwendungsgebiet durchzuführen. Die Systemanwendungsfälle können, soweit entsprechende Informationen vorliegen, mit einer Kurzbeschreibung (max. drei Sätze), möglichen Vor- bzw. Nachbedingungen und Akteuren kommentiert werden.

Ebenfalls können zu jedem Systemanwendungsfall die Namen von Ansprechpartnern/Experten notiert sowie andere Informationsquellen (Dokumente etc.) genannt werden, soweit diese hier bereits bekannt sind.

Der Systemanalytiker ist für die Vollständigkeit der Systemanwendungsfall-Identifizierung verantwortlich.

Negativliste:

Sofern nahe liegende Systemanwendungsfälle explizit vom Projektumfang ausgeschlossen werden sollen, werden sie in gleicher Weise beschrieben, erhalten jedoch den Status "ausgeschlossen".

Zusätzlich können die identifizierten Systemanwendungsfälle mit Hilfe von Systemanwendungsfalldiagrammen dargestellt werden. Dies ist in dem ersten Workshop nicht unbedingt nötig, die grafische Darstellung hilft zur besseren Abgrenzung zum Systemumfeld, außerdem können die Zusammenhänge der identifizierten Systemanwendungsfälle und ihrer Akteure veranschaulicht werden.

Das Systemanwendungsfallmodell enthält alle identifizierten Systemanwendungsfälle und die an ihnen beteiligten Akteure.

Ein Systemanwendungsfalldiagramm enthält eine Menge von Systemanwendungsfällen und deren Beziehungen untereinander sowie zu ihren Akteuren. Es enthält jeweils eine überschaubare Menge von Systemanwendungsfällen (eine Seite), d.h., in Abhängigkeit von der Anzahl der Systemanwendungsfälle werden ggf. mehrere Einzeldiagramme angelegt. Jeder identifizierte Systemanwendungsfall kommt in mindestens einem Diagramm vor. Alle in den Systemanwendungsfällen genannten Akteure sind auch in den Diagrammen zu verwenden. Bei einer geringen Anzahl von Systemanwendungsfällen (weniger als sechs) macht die Darstellung als Systemanwendungsfalldiagramm keinen Sinn.

Essenzbeschreibungen für die wichtigsten (ca. 20 %) Systemanwendungsfälle

Die identifizierten Systemanwendungsfälle werden detailliert durch:

- Name (Substantiv und Verb)
- Kurzbeschreibung (max. drei Sätze)
- Benennung des Auslösers (Ein Systemanwendungsfall hat genau einen fachlichen Auslöser)
- Benennung wichtiger Ergebnisse
- Auflistung der einzelnen essenziellen Schritte (Intentionen)

Derart beschriebene Systemanwendungsfälle führen den Status "essenziell beschrieben". Essenzielle Systemanwendungsfälle sind eine spezielle Form der Anwendungsfallbeschreibung, die keine Annahmen über bestimmte Technologien, Implementierungsbedingungen, Entwicklungsumgebungen etc. treffen, sondern in abstrakter Weise nur die eigentliche Intention beschreiben. Beispielsweise wird im Systemanwendungsfall "Geld aus Geldautomat holen" statt "1. Karte einschieben, 2. PIN eingeben" ganz abstrakt die Formulierung "Kunde identifizieren" verwendet. Ein essenziell beschriebener Systemanwendungsfall besteht dadurch nur noch aus wenigen aufgelisteten Sätzen. Systemanwendungsfälle mit dem Status "ausgeschlossen" werden nicht weiter detailliert.

Sofern während dieser Aktivität neue Systemanwendungsfälle erkannt werden, werden sie in die Liste der Systemanwendungsfälle aufgenommen (vorangehende Aktivität) und anschließend ebenfalls essenziell beschrieben.

Soweit notwendig, sind erste einfache Recherchen und Rückfragen bei anwesenden Experten über das Anwendungsgebiet durchzuführen.

Alle wichtigen Fachbegriffe (inkl. Synonyme und Homonyme), die im Rahmen der Systemanwendungsfallanalyse vorkommen, werden in einem Fachglossar erläutert (ca. zwei bis zehn Zeilen Text). Das Glossar wird vom Domänenexperten erstellt und gepflegt. Der Systemanalytiker prüft am Ende dieser Aktivität, ob alle wichtigen Fachbegriffe aus den Systemanwendungsfällen im Glossar eingetragen und verständlich erläutert sind.

Nichtfunktionale Anforderungen identifizieren

Mit Systemanwendungsfällen werden vorwiegend funktionale und geschäftsorientierte Anforderungen beschrieben. Systemanwendungsfälle können im Kontext ihrer Anforderungen auch nichtfunktionale Anforderungen, wie beispielsweise anwendungsfallspezifische Qualitäts- und Sicherheitsanforderungen, beinhalten.

Grundsätzliche Anforderungen an Qualität, Sicherheit, Systemverfügbarkeit, Robustheit usw. werden, soweit vorhanden, im Rahmen dieser Aktivität separat dokumentiert.

Ebenso werden alle funktionalen und nichtfunktionalen Anforderungen, deren Relevanz zwar nahe liegt, die aber im Rahmen dieses Projektes nicht erfüllt werden müssen bzw. nicht erfüllt werden sollen, explizit erwähnt und kurz in einer Ausschlussliste beschrieben.

Zu den nichtfunktionalen Anforderungen gehören unter anderem:

- Benutzbarkeit
- Performance
- Wartbarkeit
- Administrierbarkeit
- Rahmenbedingungen
- etc.

Features identifizieren

Ein Feature ist eine Sammlung einer Menge einzelner Anforderungen jedweder Granularität. Eine detaillierte Planung aufgrund von Features ist daher nicht möglich, sie helfen jedoch in der Anforderungsanalyse bei der Sammlung von Anforderungen. Übergangsweise stellen sie jeweils ein Sammelbecken für unterschiedlichste Anforderungen dar, vor allem wenn noch keine eindeutige Zuordnung zu einer Anforderungsart (funktionale Anforderung, allgemeine Anforderung etc.) möglich ist und die Vollständigkeit, Widerspruchs- und Redundanzfreiheit noch nicht gewährleistet ist. Zu einem späteren Zeitpunkt können die gesammelten Features genauer untersucht und einer Anforderungsart zugeordnet werden.

Bei der Sammlung von Anforderungen ist vielen Anforderungsbeitragenden schnell klar, dass zum Beispiel eine Kundenverwaltung oder Dokumentenverwaltung benötigt wird. Zu diesem Zeitpunkt im Workshop sind bereits die wichtigsten Systemanwendungsfälle benannt, sie können zu sinnvollen Features gebündelt werden. Weitere genannte Features helfen, um noch nicht bekannte Systemanwendungsfälle oder andere Anforderungen zu identifizieren.

Die genannten Features werden auf einer Liste dokumentiert. Gegebenenfalls sind Ansprechpartner mit aufzunehmen.

Auszuschließende Anforderungen identifizieren

Systemanwendungsfälle, nichtfunktionale Anforderungen oder Features, die nicht für das zu realisierende System relevant sind, werden als solche in ihren Beschreibungen gekennzeichnet und auf einer Ausschlussliste gesammelt. Sie sind im Allgemeinen nicht näher zu detaillieren.

Subsysteme identifizieren und, soweit es sich ergibt, ein erstes grobes Geschäftsklassenmodell entwickeln

Das Gesamtsystem wird in fachliche **Subsysteme** untergliedert.

Ausgangsbasis hierfür sind die Systemanwendungsfälle, das Glossar, das Geschäftsklassenmodell (soweit vorhanden) und die darin genannten Fachbegriffe und Geschäftsklassen.

Beispiel: Im Rahmen eines Versicherungssystems ließen sich die Subsysteme *Partner*, *Vertrag*, *Schaden* etc. identifizieren. Die Unterteilung in fachliche Subsysteme ist notwendig, um das zukünftig zu entwickelnde System zu veranschaulichen. Aus dem Ergebnis können aber auch zahlreiche Anhaltspunkte abgeleitet werden, wie die zukünftige Projektorganisation günstig gestaltet werden könnte.

Bei kleineren Projekten wird das Projekt komplett als ein "Subsystem" betrachtet, eine Untergliederung ist dann nicht sinnvoll. Das Ergebnis ist als UML-Subsystemmodell darzustellen. Die strukturellen Zusammenhänge der wichtigsten fachlichen Gegenstände werden in Form eines UML-Geschäftsklassenmodells beschrieben.

Aus den Systemanwendungsfällen werden die wichtigsten fachlichen Gegenstände abgeleitet. Eine Liste der identifizierten Geschäftsklassen wird erstellt, ein erstes grobes **Geschäftsklassenmodell** abgeleitet.

Dieses Geschäftsklassenmodell soll die grundsätzliche Problemstruktur und die Zusammenhänge der wichtigsten fachlichen Begriffe beschreiben. Es werden somit ganz allgemeine und damit den Systemanwendungsfällen übergeordnete Anforderungen beschrieben (beispielsweise "1 Kunde hat n Anschriften"). Auf eine Detaillierung wird in der Vorbereitungphase verzichtet.

Alle im Geschäftsklassenmodell vorkommenden Geschäftsklassennamen sollten als Fachbegriffe im Glossar definiert sein.

In nachfolgenden Iterationen oder wenn aus anderen Gründen jetzt bereits ein Geschäfsklassenmodell vorliegt, wird dieses aktualisiert und ggf. restrukturiert, um neue Erkenntnisse aus den genannten Beschreibungen, Dokumenten etc. einzuarbeiten.

Es werden nur die fachlich relevanten Klassen, die sog. Geschäftsklassen betrachtet, und von diesen ggf. nur eine ausgewählte Menge, d.h. die wichtigsten. Durch Abstraktion gefundene Klassen, Basisklassen, technisch motivierte Klassen, Schnittstellen, Steuerungsklassen u.Ä. werden außer Acht gelassen.

Eventuell vorhandene Referenzmodelle (alte oder aktuelle Datenmodelle u.Ä.) können herangezogen werden, um Hinweise oder Lösungskonzepte zur fachlichen Strukturierung des Anwendungsgebietes zu erhalten.

Bei der Erstellung des Geschäftsklassenmodells sollte der Fokus auf den Assoziationen liegen (inkl. den Spezialformen Aggregation und Komposition). Beziehungs- und Rollennamen, Multiplizitäten und Zusicherungen sollten, soweit bekannt, notiert werden. Vererbungsbeziehungen sollten nur soweit notwendig modelliert werden. Eine aktive Suche nach Generalisierungen/Spezialisierungen und der elegantesten Vererbungsstruktur sollte vermieden werden.

Berichte und Auswertungen identifizieren

Alle externen Erzeugnisse, die von dem System produziert werden sollen oder deren Produktion durch das System ausgelöst wird, sind zu identifizieren.

Als externe Erzeugnisse des Systems werden hier alle Dinge betrachtet, die zur Erfüllung oder als Ergebnis der unterstützten Geschäftsprozesse entstehen, beispielsweise

- Erzeugnisse für externe Geschäftspartner (Kunden, Lieferanten etc.),
- Erzeugnisse für interne Geschäftspartner (andere Organisationseinheiten, Abteilungen etc.),
- interne Erzeugnisse zu Archivierungs- und Dokumentationszwecken, zur Erfüllung gesetzlicher Bestimmungen etc.,
- temporäre oder exzeptionelle interne Erzeugnisse zur manuellen Weiterbearbeitung, wegen fehlender DV-Unterstützung, für Notfälle oder zur manuellen Überprüfung von Systemdaten und -zuständen.

Als Erzeugnisse gelten hierbei unter anderem

- Briefe, Mitteilungen etc.
- Verträge, Policen etc.
- Kontoauszüge u.Ä.
- Rechnungen, Lieferscheine etc.
- Auswertungen, Listen, Berichte

Ob es sich dabei um individuelle, standardisierte oder automatisierte Erzeugnisse handelt, ist nebensächlich. Ebenso, in welchem Medium die Ergebnisse zu finden sind (Papier, Postversand, Fax, E-Mail, Datenträger, Chipkarten, andere kodierte Karten, Barcodes etc.).

Es ist eine Liste der identifizierten Systemerzeugnisse zu erstellen, die die Erzeugnisse benennt (möglichst je ein Substantiv), Inhalt, Zweck und Häufigkeit kurz beschreibt (zwei bis zehn Zeilen Text), auf ein Muster verweist und die derzeitig produzierende/verantwortliche Stelle benennt. Gegebenenfalls gibt sie auch Hinweise zu Änderungswünschen bezüglich der Erzeugnisse (Was soll geändert werden? Wann? Wer benötigt dies?).

Erzeugnisse, deren Produktion vom System erwartet wird oder werden könnte, die aber nicht im Rahmen des aktuellen Projektes enthalten sein sollen, sind ebenfalls zu betrachten und als solche zu kennzeichnen. Sie werden ebenfalls in die Ausschlussliste aufgenommen.

Batch-Programme identifizieren

Identifizierung von Funktionalitäten und Systemanwendungsfällen, die keinen menschlichen Akteur haben, sondern automatisch ausgelöst werden, sowie von Funktionalitäten, die außerhalb der objektorientierten Anwendungsarchitektur liegen.

Batch-Programme und nicht objektorientierte Programme sollten unter Umständen nicht in Form von Systemanwendungsfällen beschrieben werden (auch wenn dies prinzipiell möglich wäre). Stattdessen werden die Spezifikations- und Dokumentationsformen verwendet, die hierfür bislang in der Entwicklungsorganisation verwendet wurden.

Im Rahmen dieser Aktivität geht es zunächst darum, diese Programm- bzw. Systemteile zu identifizieren. Betrachtet werden sollen solche Funktionalitäten, die

- ausschließlich maschinelle Auslöser und Akteure besitzen (z.B. zeitliche Auslöser) und außerhalb des Online-Betriebes arbeiten,
- außerhalb der normalen (objektorientierten) Anwendungsarchitektur eingesetzt werden/laufen sollen (Großrechner, spezielle Geräte/Rechner u.Ä.),
- die mit nicht objektorientierten Mittel umgesetzt werden sollen,
- die von Personen umgesetzt werden sollen, die keine objektorientierten Ausdrucksmöglichkeiten anwenden (sollen/können).

Neben den beteiligten Experten, die befragt werden müssen, sind die vorhandenen Systemanwendungsfallbeschreibungen systematisch nach möglichen Kandidaten hierfür zu durchsuchen.

Systemschnittstellen identifizieren und klassifizieren

Systeme und Schnittstellen, zu denen das zu entwickelnde System Kontakt hat, werden identifiziert und bezüglich ihrer Komplexität kurz bewertet.

Alle Schnittstellen und Systeme, die vom zu entwickelnden System möglicherweise zu berücksichtigen sind, werden genannt und dokumentiert.

Zu jeder Schnittstelle soll beschrieben werden:

- Name der Schnittstelle
- Kurzbeschreibung zwei bis zehn Zeilen
- Komplexitätsklasse der Schnittstelle (komplex | standard | einfach)
- ggf. Ausschlusshinweis

Sofern sich herausstellt, dass eine Schnittstelle im Rahmen des Projektes nicht berücksichtigt werden muss, wird sie dennoch in obiger Form beschrieben, jedoch mit einem Ausschlusshinweis versehen, der darüber informiert, warum die Schnittstelle nicht berücksichtigt werden muss.

Soweit bereits in dem ersten Workshop bekannt, werden zusätzlich dokumentiert:

- Benennung der betroffenen externen Systeme (Programmnamen, Transaktionsbezeichnungen o.Ä.)
- Art der Schnittstelle: synchron (funktionale Schnittstelle), asynchron (Datenaustausch z.B. über Dateien oder DB-Tabellen)
- Richtung der Schnittstelle: lesend, schreibend
- Häufigkeit der Aktivierung, z.B. einmal täglich, ca. 100 Mal täglich etc.
- ca. Datenvolumen pro Aktivierung (in Byte)
- Wichtigkeit der Schnittstelle (wichtig | standard | nachrangig)

- mögliche Ansprechpartner, Referenzen, Dokumente etc.
- Besonderheiten

Die vorhandenen Systemanwendungsfallbeschreibungen werden systematisch ausgewertet, um Hinweise auf Schnittstellen und externe Systeme zu erhalten.

Der Domänenexperte ist ergebnisverantwortlich, wird aber Untersuchungen u.Ä. an den Schnittstellenexperten delegieren. Systemanalytiker und Chefarchitekt wirken insoweit mit, als dass sie die Zusammenhänge und Abhängigkeiten mit der fachlichen und technischen Architektur betrachten und somit zur Bewertung der Schnittstellen beitragen.

Ggf. werden im Rahmen der Schnittstellenanalyse noch weitere Systemanwendungsfälle und sinnvolle Glossareinträge entdeckt.

Als Hilfmittel für den Workshop eignen sich Flipchart-Papier, freie Flächen und eine Digitalkamera. Alle Arbeitsergebnisse werden mit unterschiedlichen Arbeitstechniken (Brainstorming, Brainwriting, Clustering, Mindmapping etc.) entwickelt und zu Papier gebracht. Am Ende jeder Timebox werden die Ergebnisse fotografiert. Eine neue Session kann beginnen. Alle am Ende des Workshops gesammelten Ergebnistypen werden elektronisch ins Projektverzeichnis zur weiteren Bearbeitung gestellt.

Unterlagen:
- „Liste der Anforderungsbeitragenden (E-150)" (⇨209)
- „Projektauftrag (E-1)" (⇨238)
- „Systemvision (E-148)" (⇨236)

Ergebnisse:
- „Geschäftsklassenmodell (E-115)" (⇨209)
- „Liste mit Features und übergreifenden Anforderungen (E-158)" (⇨210)
- „Subsystem (E-58)" (⇨227)
- „Katalog externer Schnittstellen (E-9)" (⇨210)
- „Subsystemmodell (E-54)" (⇨222)
- „Schnittstellenspezifikation (E-63)" (⇨223)
- „Katalog der Druck- und Ausgabeerzeugnisse (E-75)" (⇨211)
- „Katalog der Stapelverarbeitungsprogramme (E-76)" (⇨212)
- „Katalog nichtfunktionaler Anforderungen (E-71)" (⇨212)
- „Ausschlussliste (E-155)" (⇨214)
- „Fachliches Glossar (E-7)" (⇨215)
- „Katalog aller offenen Probleme (E-24)" (⇨243)
- „Systemanwendungsfallübersicht (E-2)" (⇨217)
- „Systemanwendungsfallbeschreibung [essenziell] (E-6)" (⇨218)
- „Workshop-Protokoll (E-168)" (⇨250)
- „Bericht (E-77)" (⇨252)

Verantwortlich:
- „SystemanalytikerIn (R–12)" (⇨260)

Beteiligte:
- „Fachexperte (R–2)" (⇨258) – aktiv mitwirkend
- „AnwenderIn (R–18)" (⇨273) – aktiv mitwirkend
- „Fachliche Projektleitung (R–27)" (⇨256) – aktiv mitwirkend
- „FachlicheR ArchitektIn (R–70)" (⇨267) – aktiv mitwirkend

Aufwands- und Terminhinweise: ein bis zwei Veranstaltungstage für alle teilnehmenden Personen, ein Tag Vorbereitung für ModeratorIn

Nachfolgeaktivitäten [ggf. Bedingung]:
- „Anforderungsworkshop durchführen (A-228)" (⇨102) [Im zweiten Anforderungsworkshop werden die Arbeitsergebnisse aus diesem Workshop weiterentwickelt und detailliert.]
- „Anforderungsspezifikation zusammenstellen (A-15)" (⇨113)

3.3.8 Anforderungsworkshop durchführen (A-228)

Ein eintägiger Workshop wird mit den wichtigsten Anforderungsbeitragenden durchgeführt. Ein Teil der Ergebnisse aus der Vorbereitungsphase wird gemeinsam innerhalb des Workshops vervollständigt, für Detailarbeiten werden separate Arbeitsaufträge erteilt.

- Aktivität muss durchgeführt werden in der „Startphase (Entwurf und Architektur)" (⇨25) (Iterative Aktivität).
- Aktivität sollte durchgeführt werden in der „Hauptphase (Konstruktion)" (⇨29) (Iterative Aktivität, Teile daraus – je nach Bedarf).

Beschreibung:

Der Workshop wird mit allen wichtigen Anforderungsbeitragenden innerhalb eines Tages durchgeführt. Die im ersten Anforderungsworkshop (Vorbereitungsphase) erarbeiteten Ergebnisse werden weiterentwickelt. Für diesen Workshop ist es notwenig, Experten für Detailfragen einzuladen, damit die Detaillierung der vorliegenden Ergebnisse erfolgen kann. Für arbeitsintensivere Detailaufgaben werden Arbeitsaufträge an einzelne teilnehmende Personen vergeben. Diese Arbeitsaufträge sind eigenverantwortlich separat zu erledigen. Die Anzahl der Arbeitsaufträge pro Person ist von der Projektgröße (Anzahl Projektmitarbeiter) und -dauer abhängig. So macht es beispielsweise in größeren Projekten mit einer hohen Anzahl von Projektmitarbeitern Sinn, in kleinen Arbeitsgruppen eine sinnvolle Anzahl von Arbeitsaufträgen gemeinsam abzuarbeiten, während in kleineren Projekten mit wenigen Projektmitarbeitern die Arbeitsaufträge möglicherweise von Einzelpersonen zu erledigen sind. Der/die ModeratorIn des Workshops ist für die zielführende Durchführung des Workshops und die Dokumentation der Arbeitsaufträge in der Arbeitsauftragsdatenbank verantwortlich.

Der Workshop wird von einem/r SystemanalytikerIn moderiert. Die einzelnen Aktivitäten werden in festgelegten Timeboxen durchgeführt. Ziel des Workshops ist es, die bislang vorliegenden Ergebnisse zu vertiefen und für zeitintensivere Aktivitäten Arbeitspaare/Kleingruppen für die Detaillierung zu benennen. Dazu werden die Teilnehmer in sinnvolle Arbeitspaare aufgeteilt und die zu erarbeitenden Aktivitäten je Arbeitspaar zugewiesen.

Als Hilfmittel eignen sich Flipchart-Papier, freie Flächen und eine Digitalkamera. Alle Arbeitsergebnisse werden mit unterschiedlichen Arbeitstechniken (Brainstorming, Brainwriting, Clustering, Mindmapping etc.) entwickelt und mit Stiften zu Papier gebracht. Am Ende jeder Aufgabe werden die Ergebnisse fotografiert. Alle am Ende des Workshops gesammelten Ergebnistypen werden elektronisch im Projektverzeichnis zur weiteren Bearbeitung zur Verfügung gestellt.

Folgende Aktivitäten werden in dem Workshop durchgeführt:

- Vollständige Systemanwendungsfallübersicht erstellen
- Essenzbeschreibungen für alle erkannten Systemanwendungsfälle durchführen
- Arbeitsaufträge vergeben

Vollständige Systemanwendungsfallübersicht erstellen

Im vorausgegangenen Anforderungsworkshop (Vorbereitungsphase) „Anforderungsworkshop durchführen (Vorbereitungsphase) (A-226)" (⇨96) wurden die wichtigsten 20 % der Systemanwendungsfälle identifiziert und eine Übersicht erstellt. Nun gilt es, alle restlichen noch ausstehenden Systemanwendungsfälle zu finden und zu identifzieren. Dies gilt unter der Voraussetzung, dass sie zu diesem Zeitpunkt bekannt sind.

Die Liste mit den Systemanwendungsfällen wird vervollständigt.

Jeder Systemanwendungsfall erhält eine Bezeichnung, die möglichst aus einem Substantiv und einem Verb besteht (z.B. "Vertrag anlegen"). Soweit notwendig, sind erste einfache Recherchen und Rückfragen bei anwesenden Experten über das Anwendungsgebiet durchzuführen. Die Systemanwendungsfälle können, soweit entsprechende Informationen vorliegen, mit einer Kurzbeschreibung (max. drei Sätze), möglichen Vor- bzw. Nachbedingungen und Akteuren kommentiert werden.

Können Rückfragen nicht im Workshop geklärt werden, sind zu dem jeweiligen Systemanwendungsfall die Namen von Ansprechpartnern/Experten sowie andere Informationsquellen (Dokumente etc.) zu notieren, soweit diese bekannt sind. Alle offenen Punkte können mittels Arbeitsaufträgen überwiesen werden.

Der Systemanalytiker ist für die Vollständigkeit der Systemanwendungsfall-Identifizierung verantwortlich.

Negativliste:

Sofern nahe liegende Systemanwendungsfälle explizit vom Projektumfang ausgeschlossen werden sollen, werden sie in gleicher Weise beschrieben, erhalten jedoch den Status "ausgeschlossen". Sie werden in der Ausschlussliste dokumentiert.

Essenzbeschreibungen für alle erkannten Systemanwendungsfälle durchführen (mind. 80 %)

Die identifizierten Systemanwendungsfälle werden essenziell beschrieben durch:
- Name (Substantiv und Verb)
- Kurzbeschreibung (max. drei Sätze)
- Benennung des Auslösers (Ein Systemanwendungsfall hat genau einen fachlichen Auslöser.)
- Benennung wichtiger Ergebnisse
- Priorität des Systemanwendungsfalles (gering | mittel | hoch)
- Auflistung der einzelnen essenziellen Schritte (Intentionen)

Derart beschriebene Systemanwendungsfälle führen den Status "essenziell beschrieben". Essenzielle Systemanwendungsfälle sind eine spezielle Form der Anwendungsfallbeschreibung, die keine Annahmen über bestimmte Technologien, Implementierungsbedingungen, Entwicklungsumgebungen etc. treffen, sondern in abstrakter Weise nur die eigentliche Intention beschreiben. Beispielsweise wird im Systemanwendungsfall „Geld aus Geldautomat holen" statt „1. Karte einschieben, 2. PIN eingeben" ganz abstrakt die Formulierung „Kunde identifizieren" verwendet.

Systemanwendungsfälle mit dem Status „ausgeschlossen" werden nicht weiter detailliert.

Sofern während dieser Aktivität neue Systemanwendungsfälle erkannt werden, werden sie in die Liste der Systemanwendungsfälle aufgenommen und anschließend ebenfalls essenziell beschrieben.

Soweit notwendig, sind erste einfache Recherchen und Rückfragen bei anwesenden Experten über das Anwendungsgebiet durchzuführen.

Alle wichtigen Fachbegriffe (inkl. Synonyme und Homonyme), die im Rahmen der Systemanwendungsfallanalyse vorkommen, werden in einem Fachglossar erläutert (ca. zwei bis zehn Zeilen Text). Das Glossar wird vom Domänenexperten erstellt und gepflegt. Der Analytiker prüft am Ende dieser Aktivität, ob alle wichtigen Fachbegriffe aus den Systemanwendungsfällen im Glossar eingetragen und verständlich erläutert sind.

Arbeitsaufträge zuweisen

Für die Detaillierung und Weiterentwicklung der restlichen Ergebnisse aus dem Anforderungsworkshop der Vorbereitungsphase wird pro essenziell beschriebenem Systemanwendungsfall je ein Arbeitsauftrag einer fachlich geeigneten Person oder ggf. einer kleinen Arbeitsgruppe (von der Projektgröße abhängig) zur eigenverantwortlichen Bearbeitung zugewiesen. Der Aufwand des Arbeitsauftrages richtet sich nach der Komplexität des Systemanwendungsfalles. Dies ist bei der Verteilung der Arbeitsaufträge zu berücksichtigen.

Folgende Aktivitäten sind je Systemanwendungsfall durchzuführen, d.h. Inhalt eines jeweiligen Arbeitsauftrages:
- Vollständiges Ablaufmodell und Dialogmodell mit allen Ausnahmen und Varianten je essenziell beschriebenem Systemanwendungsfall beschreiben, siehe „Systemanwendungsfall detaillieren (A-229)" (⇨105)
- Systemanwendungsfallmodell mit Beziehungen zwischen Systemanwendungsfällen und allen ableitbaren sekundären Systemanwendungsfällen entwickeln, siehe „Systemanwendungsfallmodell entwickeln (A-233)" (⇨107)
- Je ein Geschäftsklassenmodell pro identifiziertem Subsystem mit wichtigen Geschäftsklassen entwickeln, Attribute und Operationen identifizieren und beschreiben, soweit bekannt, siehe „Geschäftsklassenmodell entwickeln (A-230)" (⇨109)
- „Berichte und Auswertungen identifizieren und beschreiben (A-231)" (⇨110)
- „Nichtfunktionale Anforderungen identifizieren (A-235)" (⇨111)
- „Features identifizieren (A-236)" (⇨112)

- „Systemschnittstellen identifizieren und klassifizieren (A-7)" (⇨136)
- „Stapelverarbeitungsprogramme identifizieren und spezifizieren (A-58)" (⇨139)

Unterlagen:

- „Systemanwendungsfallübersicht (E-2)" (⇨217)
- „Fachliches Glossar (E-7)" (⇨215)
- „Anforderungsspezifikation (E-20)" (⇨207)
- „Systemanwendungsfallbeschreibung [essenziell] (E-6)" (⇨218)
- „Katalog der Stapelverarbeitungsprogramme (E-76)" (⇨212)
- „Katalog der Druck- und Ausgabeerzeugnisse (E-75)" (⇨211)
- „Katalog nichtfunktionaler Anforderungen (E-71)" (⇨212)
- „Katalog externer Schnittstellen (E-9)" (⇨210)
- „Bericht (E-77)" (⇨252)
- „Ausschlussliste (E-155)" (⇨214)
- „Subsystem (E-58)" (⇨227)

Ergebnisse:

- „Ausschlussliste (E-155)" (⇨214)
- „Fachliches Glossar (E-7)" (⇨215)
- „Systemanwendungsfallübersicht (E-2)" (⇨217)
- „Systemanwendungsfallbeschreibung [essenziell] (E-6)" (⇨218)
- „Workshop-Protokoll (E-168)" (⇨250)
- „Arbeitsauftrag (E-5)" (⇨250)

Verantwortlich:

- „SystemanalytikerIn (R–12)" (⇨260)

Beteiligte:

- „Fachexperte (R–2)" (⇨258) – aktiv mitwirkend
- „Schnittstellenexperte (R–5)" (⇨259) – aktiv mitwirkend
- „DialogentwicklerIn (R–15)" (⇨263) – aktiv mitwirkend
- „StapelverarbeitungsprogrammentwicklerIn (R–20)" (⇨263) – aktiv mitwirkend
- „FachlicheR ArchitektIn (R–70)" (⇨267) – aktiv mitwirkend

Nachfolgeaktivitäten [ggf. Bedingung]:

- „Systemanwendungsfall detaillieren (A-229)" (⇨105)
- „Systemanwendungsfallmodell entwickeln (A-233)" (⇨107)
- „Geschäftsklassenmodell entwickeln (A-230)" (⇨109)
- „Berichte und Auswertungen identifizieren und beschreiben (A-231)" (⇨110)

3.3.9 Fachliches Glossar anlegen (A-204)

Lege ein fachliches Glossar an und definiere dort alle wichtigen fachlichen Begriffe.

- Aktivität kann durchgeführt werden in der „Vorbereitungsphase" (⇨21) (Singuläre Aktivität).
- Aktivität sollte durchgeführt werden in der „Startphase (Entwurf und Architektur)" (⇨25) (Iterative Aktivität).

Beschreibung:

- Lege ein fachliches Glossar an und definiere dort alle wichtigen fachlichen Begriffe.
- Definiere alle Klassen des Klassenmodells als Begriffe im Glossar.
- Definiere alle Assoziationsrollen als Begriffe im Glossar.
- Definiere alle übrigen wichtigen fachlichen Gegenstände, Konzepte und Zustände dieser Gegenstände im Glossar.
- Definiere auch alle wichtigen allgemeinen und fachlichen Prozesswörter im Glossar.
- Überprüfe alle Definitionen im Glossar mit der Standardcheckliste zur natürlichsprachlichen Analyse.

Während wir uns mit dem Anwendungsgebiet vertraut machen und Szenarien entwickeln, begegnen wir permanent den Fachbegriffen des Anwendungsbereiches. Diese werden in einem Fachlexikon gesammelt und genau beschrieben. Dies ist zum einen wichtig, um Kommunikationsstörungen zwischen Entwickelnden und Anwendenden zu minimieren. Immer wieder kommt es vor, dass beide Seiten sehr selbstverständlich Begriffe gebrauchen und dabei fahrlässig unterstellen, dass die jeweils andere das Gleiche darunter versteht.

Zum anderen werden Begriffe auch innerhalb des Anwendungsbereiches von verschiedenen Anwendenden und BereichsexpertInnen unterschiedlich interpretiert und verwendet. Dies betrifft, auch wenn es naiv anmutet, gerade so scheinbar einfache Basisbegriffe wie Kunde und Anschrift. Beispielsweise stellt sich dann heraus, dass auch Lieferanten und Mitarbeiter Kunden sein können, dass es sich bei Kunden sowohl um Unternehmen als auch um Privatpersonen handeln kann und so weiter.

Verschiedene Personen im Anwendungsbereich betrachten die mit diesen Begriffen bezeichneten Objekte aus teilweise sehr unterschiedlichen Blickwinkeln und sehen ganz unterschiedliche Ausprägungen, Verantwortlichkeiten, Rollen und Attribute.

Die Definition der Begriffe in einem Fachlexikon hilft also den EntwicklerInnen bei der Einarbeitung in den Anwendungsbereich und sorgt für die Konfrontation unterschiedlicher Auslegungen. In vielen Fällen lassen sich unterschiedliche Interpretationen widerspruchsfrei klären. Bestimmte Begriffe lassen sich möglicherweise aber nicht vereinheitlichen, ihre unterschiedlichen und sich widersprechenden Auslegungen sind vielleicht berechtigt. In solchen Fällen lassen sich die Widersprüche in dem Fachlexikon zumindest dokumentieren.

Definieren Sie auch wichtige Prozesswörter, also Begriffe, die einen Vorgang beschreiben. Zumeist handelt es sich hierbei um Verben (Tätigkeitswörter). Auch hier ergeben sich häufig unterschiedliche Definitionsmöglichkeiten. Vor allem, wenn es verschiedene Spezialisierungen zu einem Prozesswort gibt, beispielsweise „reservieren", „vorreservieren", „unverbindlich reservieren". In diesem Fall stellt sich beim Versuch, die Definitionen zu formulieren, ggf. heraus, dass „vorreservieren" oder „unverbindlich reservieren" fachlich unsinnig sind.

Achten Sie bei den Formulierungen darauf, dass es beim Glossar nur darum geht, mögliche Missverständnisse, Verwechslungen und Fehlinterpretationen zu vermeiden und somit Fehler in der Kommunikation der beteiligten Personen zu vermeiden. Schreiben Sie nicht mehr (aber auch nicht weniger) als hierfür notwendig. In keinem Fall geht es darum, alle Anforderungen in Zusammenhang mit einem Begriff zu definieren, auch wenn in den Glossareinträgen häufig implizit auch Anforderungen stecken. Das Glossar ist kein Ersatz für Anforderungsdefinitionen!

Unterlagen:
- „Geschäftsklassenmodell (E-115)" (⇨209)

Ergebnisse:
- „Fachliches Glossar (E-7)" (⇨215)

Verantwortlich:
- „SystemanalytikerIn (R–12)" (⇨260)

Nachfolgeaktivitäten [ggf. Bedingung]:
- „Glossar überprüfen und aktualisieren (A-71)" (⇨116)

3.3.10 Systemanwendungsfall detaillieren (A-229)

Pro identifiziertem Systemanwendungsfall wird ein vollständiges Ablaufmodell mit allen Ausnahmen und Varianten entwickelt. Anhand des Modells werden Dialoge identifiziert und beschrieben.

- Aktivität muss durchgeführt werden in der „Startphase (Entwurf und Architektur)" (⇨25) (Iterative Aktivität, die wichtigsten, d.h. ca. 30 % der identifizierten Systemanwendungsfälle).
- Aktivität muss durchgeführt werden in der „Hauptphase (Konstruktion)" (⇨29) (Iterative Aktivität, Für Ablaufmodelle und Dialogablaufmodelle bei Bedarf).

Beschreibung:

Pro Systemanwendungsfall ein vollständiges Ablaufmodell entwickeln

Nachdem die identifizierten Systemanwendungsfälle essenziell beschrieben wurden, werden sie nun im Detail betrachtet. Sie werden so weit detailliert, dass die einzelnen Aktivitätsschritte bezüglich ihrer Vor- und Nachbedingungen, Akteure, ein- und ausgehender Daten und Ereignisse vollständig sind. Dies geschieht, indem man in zwei Schritten vorgeht:

- Standardablauf beschreiben
- Vollständigen Ablauf beschreiben

Textuelle Beschreibungen treffen häufig keine Aussagen darüber, welche Schritte nacheinander bzw. nebenläufig ausgeführt werden können und unter welchen Bedingungen dies ggf. möglich ist. Die Abbildung in Ablaufmodellen bietet diesen Vorteil und beschreibt formal. Daneben wird auf lange textuelle Dokumentation verzichtet.

Standardablauf beschreiben

Aus der essenziellen Systemanwendungsfallbeschreibung werden die einzelnen Schritte übernommen und als Aktivitäten in einem Ablaufdiagramm dargestellt. Dabei wird der Normalablauf notiert, meist handelt es sich häufig um sequenzielle Abfolgen. Sofern sich hinter einem Schritt in der essenziellen Systemanwendungsfallbeschreibung mehrere elementare Einzelaktivitäten verbergen, kann das Ablaufmodell entsprechend erweitert und die Aktivitäten zerlegt werden.

Vollständigen Ablauf beschreiben

Nun gilt es, für jede Aktivität alle vorgesehenen Ausnahmen und Verzweigungsmöglichkeiten zu modellieren. Das heißt, für jede Aktivität werden die möglichen Ausnahmen und Varianten geklärt. Die Frage lautet nun: Welche anderen Ergebnisse einer Aktivität sind denkbar und fachlich möglich? Ggf. werden Widersprüche, Lücken und neue offene Fragen in den essenziellen Systemanwendungsfallbeschreibungen entdeckt. Diese sind dann dort einzuarbeiten bzw. zu dokumentieren. Die Detailtiefe der Essenzschritte wird dadurch nicht verändert.

So wird mit jeder Aktivität verfahren, bis alle fachlich denkbaren Situationen berücksichtigt wurden und das Diagramm vollständig ist. Wichtig ist, dass nur die fachlichen und ablaufspezifischen Ausnahmen in das Ablaufmodell mit aufgenommen werden. Technische Fehler und Störungen werden nicht modelliert.

Zusätzlich wird eine Liste mit möglichen Kandidaten für sekundäre Systemanwendungsfälle erstellt. Darauf sind der Name des Systemanwendungsfalles mit den Namen für mögliche Kandidaten für sekundäre Systemanwendungsfälle zu notieren. In einer Folgeaktivität werden alle Kandidatenlisten zusammengeführt und bei der Erstellung des Systemanwendungsfallmodells genutzt.

Als Nebenprodukt lassen sich aus der vollständigen Ablaufspezifikation alle fachlich motivierten, ablaufspezifischen Testfälle ableiten. Für jede Transition wird mindestens ein Testfall benötigt.

Soweit möglich und sinnvoll, sollten die Abläufe mit den Anwendern und den Fachexperten durchgesprochen werden.

Dialoge identifizieren

In komplexen Anwendungen treten einzelne Dialoge zumeist in einer Vielzahl verschiedener Kontexte auf. Damit die Anwender nicht für jeden Bearbeitungskontext einen anderen, separaten Dialog vorgesetzt bekommen und auch angesichts der Entwicklungs- und Pflegekosten, sollten Dialoge möglichst universell in verschiedenen Kontexten einsetzbar sein.

Um Dialoge oder Dialogelemente abzuleiten, wird das Ablaufmodell systematisch untersucht, wann ein Dialog oder Dialogelement benötigt wird. Fachlich oder durch den Kontext des Ablaufes zusammenhängende Dialogelemente (z.B. die Einzelfelder zu einer Anschrift) werden identifiziert und benannt. Diese Informationen werden als Bemerkung bzw. Anhang zu den Systemanwendungsfällen oder separat beschrieben. Die notwendigen Dialogelemente (Felder, Schaltflächen u.Ä.) werden mit einem Namen versehen. Soweit möglich, werden die Elemente auch zu Gruppen (die dann auch einen Namen erhalten) zugeordnet. Die einzelnen Elemente einer Gruppe fachlich zusammengehörender Dialogelemente werden in einer Folgeaktivität „Dialog spezifizieren (A-26)“ (⇨124) detailliert spezifiziert. Alle Ereignisauslöser und Verzweigungsmöglichkeiten in Dialogen sollten auch im Ablaufmodell berücksichtigt sein. Beispielsweise stehen die Felder Straße, Hausnummer, Ort und PLZ in einem fachlich

Beispielsweise stehen die Felder Straße, Hausnummer, Ort und PLZ in einem fachlich engen Zusammenhang und können daher sinnvoll zu einem Dialogfragment „Anschrift" zusammengefasst werden.

Jeder identifizierte Dialog wird wie folgt essenziell dokumentiert:
- Name
- Kurzbeschreibung (max. drei Sätze)
- Verwendung
- Komplexität (einfach | standard | komplex)
- Eingabefelder (bspw. verschiedene Suchbegriffe wie Kundennr., Name usw.)
- Anzeigefelder (Name, Anschrift usw.)
- Verzweigungsmöglichkeiten (Kundenakte)
- Aktionen (Suche starten, Suchbegriff löschen etc.)

In einer Folgeaktivität „Dialog spezifizieren (A-26)" (⇨124) werden Dialogelemente der essenziellen Beschreibungen detailliert spezifiziert. Die Konsolidierung aller identifizierten und essenziell beschriebenen Dialoge kann entweder durch die Arbeitsauftragsverantwortlichen untereinander oder durch den fachlichen Architekt geschehen.

Unterlagen:
- „Anforderungsspezifikation (E-20)" (⇨207)
- „Fachliches Glossar (E-7)" (⇨215)
- „Systemanwendungsfallbeschreibung [essenziell] (E-6)" (⇨218)
- „Systemanwendungsfallübersicht (E-2)" (⇨217)
- „Geschäftsklassenmodell (E-115)" (⇨209)

Ergebnisse:
- „Kandidatenliste sekundärer Systemanwendungsfälle (E-154)" (⇨220)
- „Ablauf-/Aktivitätsdiagramm (E-38)" (⇨219)
- „Dialogablaufdiagramm (E-139)" (⇨224)
- „Dialogkomponentenspezifikation (E-45)" (⇨225)
- „Offene-Punkte-Liste (E-152)" (⇨249)
- „Testfall (E-59)" (⇨235)

Verantwortlich:
- „SystemanalytikerIn (R–12)" (⇨260)

Beteiligte:
- „Fachexperte (R–2)" (⇨258) – aktiv mitwirkend
- „SystemanalytikerIn (R–12)" (⇨260) – aktiv mitwirkend

Nachfolgeaktivitäten [ggf. Bedingung]:
- „Systemanwendungsfallmodell entwickeln (A-233)" (⇨107)
- „Geschäftsklassenmodell entwickeln (A-230)" (⇨109)
- „Berichte und Auswertungen identifizieren und beschreiben (A-231)" (⇨110)
- „Dialog spezifizieren (A-26)" (⇨124)

3.3.11 Systemanwendungsfallmodell entwickeln (A-233)

Aus den Ablaufmodellen wird ein Systemanwendungsfallmodell mit Beziehungen zwischen Systemanwendungsfällen und allen ableitbaren sekundären Systemanwendungsfällen entwickelt
- Aktivität muss durchgeführt werden in der „Startphase (Entwurf und Architektur)" (⇨25) (Iterative Aktivität).
- Aktivität sollte durchgeführt werden in der „Hauptphase (Konstruktion)" (⇨29) (Iterative Aktivität).

Beschreibung:

Dies geschieht, indem man in mehreren Schritten vorgeht:
- Listen mit möglichen sekundären Systemanwendungsfallkandidaten zusammenführen
- Involvierte Akteure identifizieren und beschreiben

- Gleiche Schritte (Kandidaten) in verschiedenen Systemanwendungsfällen identifizieren und als sekundäre Systemanwendungsfälle herauslösen

Die Listen der möglichen sekundären Systemanwendungsfallkandidaten werden zusammengeführt und anhand der genannten Systemanwendungsfälle ein Systemanwendungsfallmodell entwickelt.

Das Systemanwendungsfallmodell enthält alle identifizierten Systemanwendungsfälle und die an ihnen beteiligten Akteure. Ein Systemanwendungsfalldiagramm enthält eine Menge von Systemanwendungsfällen und deren Beziehungen untereinander sowie zu ihren Akteuren. Es enthält jeweils eine überschaubare Menge von Systemanwendungsfällen (eine Seite), d.h., in Abhängigkeit von der Anzahl der Systemanwendungsfälle werden ggf. mehrere Einzeldiagramme angelegt. Jeder identifizierte Systemanwendungsfall kommt in mindestens einem Diagramm vor. Alle in den Systemanwendungsfällen genannten Akteure sind auch in den Diagrammen zu verwenden.

Anhand des Systemanwendungsfallmodells können die in der Liste genannten Kandidaten für sekundäre Systemanwendungsfälle überprüft werden. Ausgehend vom Systemanwendungsfallmodell werden durch Umstrukturierung des Modells und Berücksichtigung von Details aus den Systemanwendungsfallbeschreibungen weitere sekundäre Systemanwendungsfälle abgeleitet.

Durch Umstrukturierung und Herausfaktorisierung von Gemeinsamkeiten sowie durch Generalisierung entstehen neue (sekundäre, d.h. abgeleitete) Systemanwendungsfälle. Diese werden mit Include-Beziehungen in das vorhandene Modell eingefügt.

In das Modell werden dabei vorrangig keine neuen Anforderungen aufgenommen, sondern es wird die vorhandene Problem- und Anforderungsbeschreibung lediglich umstrukturiert.

Unterlagen:
- „Systemanwendungsfallübersicht (E-2)" (⇨217)
- „Ablauf-/Aktivitätsdiagramm (E-38)" (⇨219)
- „Kandidatenliste sekundärer Systemanwendungsfälle (E-154)" (⇨220)

Ergebnisse:
- „Systemanwendungsfallmodell (E-153)" (⇨219)

Verantwortlich:
- „Fachexperte (R–2)" (⇨258)

Beteiligte:
- „FachlicheR ArchitektIn (R–70)" (⇨267) – aktiv mitwirkend

3.3.12 Exploratives Schnittstellen-Prototyping (A-207)

Entwickle zu jeder identifizierten Schnittstelle, vor allem zu Dialogschnittstellen, einen explorativen Prototypen zur Abstimmung mit den Anforderungsgebern.
- Aktivität sollte durchgeführt werden in der „Startphase (Entwurf und Architektur)" (⇨25) (Iterative Aktivität).
- Aktivität sollte durchgeführt werden in der „Hauptphase (Konstruktion)" (⇨29) (Iterative Aktivität).

Beschreibung:
- Entwickle zu den identifizierten Schnittstellenelementen explorative Prototypen.

Explorative Prototypen sind in den meisten Fällen Sequenzen von Dialogentwürfen , die die zuvor angelegten Anwendungsfälle illustrieren. In den Anwendungsfällen werden die konkreten Handlungen der AnwenderInnen einschließlich eventueller Ausnahmen und Sonderfälle beschrieben.

Exploratives, d.h. erforschendes Prototyping dient der Analyse. Es ist ein Medium, um mit den späteren AnwenderInnen über das geplante Anwendungssystem zu kommunizieren. Häufig handelt es sich bei den explorativen Prototypen um Dialogentwürfe. Es können aber auch Auswertungen, Druckmuster, Formularentwürfe, Simulationen oder Berechnungsvorschriften sein. Letztgenannte können beispielsweise als Tabellenkalkulation realisiert und gemeinsam mit den Fachleuten aus dem Anwendungsbereich überprüft werden.

Explorative Dialogprototypen vermitteln Anwendern und Fachabteilung sehr konkret wichtige Aspekte des zukünftigen Systems. Je nach Abstraktions- und Vorstellungsvermögen der Anwender und ihren Erfahrungen mit Softwaresystemen kann es vorkommen, dass auf die vorgelegten Dialogentwürfe auch sehr konkret reagiert wird, beispielsweise in der Form: "Das Feld muss aber weiter nach oben und dieses hier ist viel zu klein". Sie als Systemanalytiker sind jedoch froh, gerade die Dialoge identifiziert zu haben, und wollen solche Details vielleicht noch nicht hören.

Die gewonnenen Informationen über den Anwendungsbereich dienen dem Entwicklungsteam als Basis zum Entwurf von Dialogfolgen. Die Dialogentwürfe werden somit Teile der Anwendungsfälle, da sämtliche in den Anwendungsfällen beschriebene Abläufe von dem zu entwickelnden Anwendungssystem unterstützt werden sollen. Alle in den Anwendungsfällen beschriebenen Situationen können mit den späteren AnwenderInnen Dialog für Dialog durchgespielt werden und liefern in der Regel zahlreiche weitere Erkenntnisse und Fragen.

Alle Fragen, Einwände, Vorschläge, Ideen usw., die von den AnwenderInnen geäußert und nicht unmittelbar geklärt werden können, müssen protokolliert und anschließend ausgewertet werden.

Prototypingworkshops sollten gut vorbereitet stattfinden:

- Jeder Workshop hat ein klar definiertes Thema bzw. behandelt einen speziellen, allen Beteiligten zuvor bekannten Aspekt. Die AnwenderInnen sollten zu einem Workshop eventuelles Anschauungsmaterial (Verträge, Formulare etc.) hierzu mitbringen.
- Die auftretenden Fragen sollten protokolliert werden, ebenso, wer für die Klärung verantwortlich ist bzw. wie mit dieser Frage umgegangen werden soll. Das Protokoll wird allen Beteiligten später ausgehändigt.

Bevor die Dialogentwürfe mit den AnwenderInnen durchgesprochen werden, sollten sie innerhalb des Entwicklungsteams diskutiert werden, um bereits mit einer möglichst ausgereiften Fassung in den Anwenderworkshop zu gehen. Es reicht gewöhnlich nicht, die gefundenen Attribute in das Dialogfenster zu bringen und drei Schaltflächen (Speichern, Abbrechen, Hilfe) hinzuzufügen. Die Dialoge können nicht als Einzelteile betrachtet, sondern müssen als Teil eines Szenarios, eines Vorgangs begriffen werden. Der Vorgang insgesamt muss praktikabel und für die AnwenderInnen sinnvoll sein.

Verantwortlich:

- „DialogentwicklerIn (R–15)" (⇨263)

Beteiligte:

- „SystemanalytikerIn (R–12)" (⇨260) – aktiv mitwirkend
- „AnwenderIn (R–18)" (⇨273) – aktiv mitwirkend

3.3.13 Geschäftsklassenmodell entwickeln (A-230)

Pro identifiziertem Subsystem wird ein Geschäftsklassenmodell entwickelt. Alle Attribute und Operationen der identifizierten Geschäftsklassen werden beschrieben, soweit sie bekannt sind.

- Aktivität muss durchgeführt werden in der „Startphase (Entwurf und Architektur)" (⇨25) (Iterative Aktivität).
- Aktivität muss durchgeführt werden in der „Hauptphase (Konstruktion)" (⇨29) (Iterative Aktivität).

Beschreibung:

Je identifiziertem Subsystem wird ein eigenes UML-Geschäftsklassenmodell entwickelt.

Die strukturellen Zusammenhänge der wichtigsten fachlichen Gegenstände werden in Form eines Geschäftsklassenmodells beschrieben. Aus den Systemanwendungsfällen werden die wichtigsten fachlichen Gegenstände abgeleitet. Eine Liste der identifizierten Geschäftsklassen wird erstellt, ein erstes Geschäftsklassenmodell abgeleitet, soweit dies noch nicht geschehen ist.

Alle im Geschäftsklassenmodell vorkommenden Geschäftsklassennamen sollten als Fachbegriffe im Glossar definiert sein. Im Design-Klassenmodell werden sie ggf. genauer spezifiziert, d.h., es werden die fachlich relevanten Attribute, Assoziationen, Zusicherungen und Operationen (keine primitiven Get- und Set-Operationen) definiert.

In nachfolgenden Iterationen oder wenn aus anderen Gründen bereits ein Geschäftsklassenmodell vorliegt, wird dieses aktualisiert und ggf. restrukturiert, um neue Erkenntnisse aus den genannten Beschreibungen, Dokumenten etc. einzuarbeiten.

Es werden nur die fachlich relevanten Klassen, die sog. Geschäftsklassen betrachtet und von diesen ggf. nur eine ausgewählte Menge, d.h. die wichtigsten. Durch Abstraktion gefundene Klassen, Basisklassen, technisch motivierte Klassen, Schnittstellen, Steuerungsklassen u.Ä. werden außer Acht gelassen.

Evtl. vorhandene Referenzmodelle (alte oder aktuelle Datenmodelle u.Ä.) können herangezogen werden, um Hinweise oder Lösungskonzepte zur fachlichen Strukturierung des Anwendungsgebietes zu erhalten.

Bei der Erstellung des Geschäftsklassenmodells sollte der Fokus auf den Assoziationen liegen. Beziehungs- und Rollennamen, Multiplizitäten und Zusicherungen sollten, soweit bekannt, notiert werden. Vererbungsbeziehungen sollten nur soweit notwendig modelliert werden. Eine aktive Suche nach Generalisierungen/Spezialisierungen und der elegantesten Vererbungsstruktur sollte vermieden werden.

Attribute und Operationen werden je Geschäftsklasse identifiziert und beschrieben, Kandidaten sind aus den Systemanwendungsfällen abzuleiten.

Unterlagen:
- „Geschäftsklassenmodell (E-115)" (⇨209)
- „Systemanwendungsfallbeschreibung [essenziell] (E-6)" (⇨218)

Ergebnisse:
- „Geschäftsklassenmodell (E-115)" (⇨209)
- „Subsystem (E-58)" (⇨227)

Verantwortlich:
- „SystemanalytikerIn (R–12)" (⇨260)

Beteiligte:
- „SystemanalytikerIn (R–12)" (⇨260) – aktiv mitwirkend
- „FachlicheR ArchitektIn (R–70)" (⇨267) – aktiv mitwirkend

Nachfolgeaktivitäten [ggf. Bedingung]:
- „Designklassenmodell und validiertes Subsystemmodell entwickeln (A-232)" (⇨130)
- „Geschäftsklassenmodelle konsolidieren (A-251)" (⇨117) [Gemeinsamkeiten bzw. Schnittmengen aller UML-Geschäftsklassenmodelle werden herausgelöst, um Redundanzen zu vermeiden.]

3.3.14 Berichte und Auswertungen identifizieren und beschreiben (A-231)

Berichte und Auswertungen identifizieren
- Aktivität muss durchgeführt werden in der „Startphase (Entwurf und Architektur)" (⇨25) (Iterative Aktivität).
- Aktivität muss durchgeführt werden in der „Hauptphase (Konstruktion)" (⇨29) (Iterative Aktivität).

Beschreibung:

Berichte und Auswertungen identifizieren

Alle externen Erzeugnisse, die von dem System produziert werden sollen oder deren Produktion durch das System ausgelöst wird, sind zu identifizieren.

Als externe Erzeugnisse des Systems werden hier alle Dinge betrachtet, die zur Erfüllung oder als Ergebnis der unterstützten Geschäftsprozesse entstehen, beispielsweise
- Erzeugnisse für externe Geschäftspartner (Kunden, Lieferanten etc.),
- Erzeugnisse für interne Geschäftspartner (andere Organisationseinheiten, Abteilungen etc.),
- interne Erzeugnisse zu Archivierungs- und Dokumentationszwecken, zur Erfüllung gesetzlicher Bestimmungen etc.,

- temporäre oder exzeptionelle interne Erzeugnisse zur manuellen Weiterbearbeitung, wegen fehlender DV-Unterstützung, für Notfälle oder zur manuellen Überprüfung von Systemdaten und -zuständen.

Als Erzeugnisse gelten hierbei unter anderem
- Briefe, Mitteilungen etc.
- Verträge, Policen etc.
- Kontoauszüge u.Ä.
- Rechnungen, Lieferscheine etc.
- Auswertungen, Listen, Berichte

Ob es sich dabei um individuelle, standardisierte oder automatisierte Erzeugnisse handelt, ist nebensächlich. Ebenso, in welchem Medium die Ergebnisse zu finden sind (Papier, Postversand, Fax, E-Mail, Datenträger, Chipkarten, andere kodierte Karten, Barcodes etc.).

Es ist eine Liste der identifizierten Systemerzeugnisse zu erstellen, die die Erzeugnisse benennt (möglichst ein Substantiv), Inhalt, Zweck und Häufigkeit kurz beschreibt (2 – 50 Zeilen Text), auf ein Muster verweist und die derzeitig produzierende/verantwortliche Stelle benennt. Gegebenenfalls auch Hinweise zu Änderungswünschen bezüglich der Erzeugnisse (Was soll geändert werden? Wann? Wer benötigt dies?).

Erzeugnisse, deren Produktion vom System erwartet wird oder werden könnte, die aber nicht im Rahmen des aktuelles Projektes enthalten sein sollen, sind ebenfalls zu betrachten. Solche explizit auszuschließenden Erzeugnisse sind ebenfalls in die Liste aufzunehmen und als solche zu kennzeichnen.

Um die Erzeugnisse zu identifizieren, sind Gespräche mit den Anwendern, Fachleuten, Schnittstellenexperten und Kennern des Systemumfeldes zu führen. Systemanwendungsfälle und evtl. Geschäftsprozessmodelle sind, soweit vorhanden, auszuwerten.

Unterlagen:
- „Katalog der Druck- und Ausgabeerzeugnisse (E-75)" (⇨211)

Ergebnisse:
- „Katalog der Druck- und Ausgabeerzeugnisse (E-75)" (⇨211)

Verantwortlich:
- „SystemanalytikerIn (R–12)" (⇨260)

Beteiligte:
- „Fachexperte (R-2)" (⇨258) – aktiv mitwirkend
- „SystemanalytikerIn (R–12)" (⇨260) – aktiv mitwirkend

3.3.15 Nichtfunktionale Anforderungen identifizieren (A-235)

Identifiziere nichtfunktionale Anforderungen und dokumentiere sie.
- Aktivität muss durchgeführt werden in der „Startphase (Entwurf und Architektur)" (⇨25) (Iterative Aktivität).
- Aktivität muss durchgeführt werden in der „Hauptphase (Konstruktion)" (⇨29) (Iterative Aktivität).

Beschreibung:

Mit Systemanwendungsfällen werden vorwiegend funktionale und geschäftsorientierte Anforderungen beschrieben. Systemanwendungsfälle können im Kontext ihrer Anforderungen auch nichtfunktionale Anforderungen, wie beispielsweise anwendungsfallspezifische Qualitäts- und Sicherheitsanforderungen, beinhalten. Typischerweise sind die meisten Qualitäts- und Sicherheitsanforderungen aber nicht anwendungsfallspezifisch.

Grundsätzliche übergreifende Anforderungen an Qualität, Sicherheit, Systemverfügbarkeit, Robustheit usw. werden, soweit vorhanden, im Rahmen dieser Aktivität separat dokumentiert.

Ebenso werden alle funktionalen und nichtfunktionalen Anforderungen, deren Relevanz zwar nahe liegt, die aber im Rahmen dieses Projektes nicht erfüllt werden müssen bzw. sollen, explizit erwähnt und kurz in einer Ausschlussliste beschrieben.

Zu den nichtfunktionalen Anforderungen gehören unter anderem:
- Speziell benötigte Hardware-Voraussetzungen
- Speziell benötigte Betriebssystem- und Systemsoftware-Voraussetzungen
- Speziell Datenschutz- und Sicherheitsanforderungen, z.B. Benutzerautorisierung, Berechtigungen, Client-lokale Datenhaltung u.Ä.
- Zu gewährleistende Systemverfügbarkeit, z.B. 24 Stunden täglich, von Montag bis Samstag, max. zwei Stunden Systemausfall pro Monat usw.
- Antwortzeitverhalten, z.B. max. drei Sekunden nach jeder Eingabe in 90 % der Fälle. Sofern diese Forderungen anwendungsfallbezogen sind, sollten sie dort aufgeführt werden, z.B. durchschnittlich 15 Minuten zur Erfassung eines neuen Vertrages o.Ä.
- Bedienbarkeit, Ergonomie
- Grundsätzliche Qualitätsanforderungen (ein Flugsicherungssystem hat andere Qualitätsanforderungen als ein Flugreservierungssystem)

Unterlagen:
- „Katalog nichtfunktionaler Anforderungen (E-71)" (⇨212)
- „Ausschlussliste (E-155)" (⇨214)

Ergebnisse:
- „Katalog nichtfunktionaler Anforderungen (E-71)" (⇨212)
- „Ausschlussliste (E-155)" (⇨214)

Verantwortlich:
- „SystemanalytikerIn (R–12)" (⇨260)

Beteiligte:
- „Fachexperte (R–2)" (⇨258) – aktiv mitwirkend
- „SystemanalytikerIn (R–12)" (⇨260) – aktiv mitwirkend

3.3.16 Features identifizieren (A-236)

Identifiziere Feature als eine Art Sammelbecken für Anforderungen jedweder Granularität. Sobald die Zuordung der einzelnen Anforderungen zu einer bestimmten Anforderungsart bekannt ist, ordne die Anforderung zu und detailliere sie.

- Aktivität muss durchgeführt werden in der „Startphase (Entwurf und Architektur)" (⇨25) (Iterative Aktivität).
- Aktivität muss durchgeführt werden in der „Hauptphase (Konstruktion)" (⇨29) (Iterative Aktivität).

Beschreibung:

Ein Feature ist eine Sammlung einer Menge einzelner Anforderungen jedweder Granularität. Eine detaillierte Planung aufgrund von Features ist daher nicht möglich, sie hilft jedoch in der Anforderungsanalyse bei der Sammlung von Anforderungen. Übergangsweise stellen sie jeweils ein Sammelbecken für unterschiedlichste Anforderungen dar, vor allem, wenn noch keine eindeutige Zuordnung zu einer Anforderungsart (funktionale Anforderung, allgemeine Anforderung etc.) möglich und die Vollständigkeit, Widerspruchs- und Redundanzfreiheit noch nicht gewährleistet ist. Zu einem späteren Zeitpunkt können die gesammelten Features genauer untersucht und einer Anforderungsart zugeordnet werden.

Bei der Sammlung von Anforderungen ist vielen Anforderungsbeitragenden schnell klar, dass zum Beispiel eine Kundenverwaltung oder Dokumentenverwaltung benötigt wird. Zu diesem Zeitpunkt im Workshop sind bereits die wichtigsten Systemanwendungsfälle benannt, sie können zu sinnvollen Features gebündelt werden. Weitere genannte Features helfen, um noch nicht bekannte Systemanwendungsfälle oder andere Anforderungen zu identifizieren.

Die genannten Features werden auf einer Liste dokumentiert. Gegebenenfalls sind Ansprechpartner mit aufzunehmen.

Enumerationen (Schlüsselwerte) sind spezielle Features und werden separat „Enumerationen (Schlüsseltabellen) identifizieren (A-284)" (⇨119) beschrieben.

Unterlagen:
- „Systemanwendungsfallübersicht (E-2)" (⇨217)

Ergebnisse:
- „Liste mit Features und übergreifenden Anforderungen (E-158)" (⇨210)

Verantwortlich:
- „SystemanalytikerIn (R–12)" (⇨260)

Beteiligte:
- „Fachexperte (R–2)" (⇨258) – aktiv mitwirkend
- „AnwenderIn (R–18)" (⇨273) – aktiv mitwirkend

Nachfolgeaktivitäten [ggf. Bedingung]:
- „Enumerationen (Schlüsseltabellen) identifizieren (A-284)" (⇨119)

3.3.17 Anforderungsspezifikation zusammenstellen (A-15)

Zusammenfassung der fachlichen Einzeldokumente und redaktionelle Bearbeitung zu einem Abschlussbericht der „Vorbereitungsphase" (⇨21)
- Aktivität muss durchgeführt werden in der „Vorbereitungsphase" (⇨21) (Iterative Aktivität).
- Aktivität muss durchgeführt werden in der „Startphase (Entwurf und Architektur)" (⇨25) (Iterative Aktivität).
- Aktivität muss durchgeführt werden in der „Hauptphase (Konstruktion)" (⇨29) (Iterative Aktivität).
- Aktivität kann durchgeführt werden in der „Einführungsphase" (⇨30) (Iterative Aktivität).

Beschreibung:

Zusammentragen der fachlichen Einzeldokumente der „Vorbereitungsphase" (⇨21) zu einem Gesamtdokument.

Das Gesamtdokument bekommt ein Deckblatt und ein Inhaltsverzeichnis. Es trägt ein Erstellungsdatum. Das Dokument liegt mindestens einmal in Papierform (Ordner) sowie in elektronischer Form (HTML, PDF o.Ä.) vor.

Je nach Art und Umfang des Projektes sollte die Anforderungsspezifikation auch folgende Informationen enthalten, die seitens der Projektleitung o.a. geliefert werden:
- Einführung in das Thema und die Aufgabenstellung
- Grundzüge des Systemkonzeptes sowie der Entwicklungs- und der späteren Zielumgebung
- Grenzen, Beschränkungen, Prioritäten, gegebenenfalls Stufenplan.
- Aufgaben-, Rollen- und Verantwortungsteilung zwischen allen Beteiligten (Auftraggeber, Anwender, Entwickler u.a.)
- Zuverlässigkeits- und Qualitätsanforderungen, d.h. Klassifizierung des Aufwandes, der zur Erreichung bestimmter Ziele notwendig ist (Ein Flugleitsystem muss höheren Anforderungen genügen als ein Flugreservierungssystem.)
- Geschwindigkeitsanforderungen, gefordertes Antwortzeitverhalten
- Mengengerüst
- Prinzipielle Reaktion auf unerwünschte Ereignisse und fehlerhafte Bedienung

Begründung:

Erzeugen eines sichtbaren, anfassbaren Abschlussdokumentes als Endergebnis der Phase und Unterlage für die folgende Ergebnispräsentation.

Unterlagen:
- „Anforderungsspezifikation (E-20)" (⇨207)
- „Katalog nichtfunktionaler Anforderungen (E-71)" (⇨212)
- „Systemanwendungsfallübersicht (E-2)" (⇨217)

- „Katalog externer Schnittstellen (E-9)" (⇨210)
- „Katalog der Druck- und Ausgabeerzeugnisse (E-75)" (⇨211)
- „Katalog der Stapelverarbeitungsprogramme (E-76)" (⇨212)
- „Bericht (E-77)" (⇨252)
- „Liste mit Features und übergreifenden Anforderungen (E-158)" (⇨210)

Ergebnisse:
- „Anforderungsspezifikation (E-20)" (⇨207)

Verantwortlich:
- „SystemanalytikerIn (R–12)" (⇨260)

Beteiligte:
- „Fachliche Projektleitung (R–27)" (⇨256) [1] - autorisierend
- „Technische Projektleitung (R–37)" (⇨257) [1] - autorisierend
- „Projekt-QualitätsmanagerIn (R–38)" (⇨266) [1] - autorisierend

Aufwands- und Terminhinweise: Aufwand: ca. 1 – 3 PT; Dauer: ca. 1 – 4 Tage

Nachfolgeaktivitäten [ggf. Bedingung]:
- „Projektziele und Projektauftrag formulieren und iterativ abstimmen (A-2)" (⇨178)
- „Iterationen und Builds planen (A-16)" (⇨194)

3.3.18 Glossar überprüfen (A-289)

Diese Aktivität ist ähnlich wie „Glossar überprüfen und aktualisieren (A-71)" (⇨116). Bitte lesen Sie dort alle weiteren Details nach.

- Aktivität muss durchgeführt werden in der „Startphase (Entwurf und Architektur)" (⇨25) (Iterative Aktivität).
- Aktivität muss durchgeführt werden in der „Hauptphase (Konstruktion)" (⇨29) (Iterative Aktivität).

Verantwortlich:
- „Fachexperte (R–2)" (⇨258)

3.4 Systemerstellung

Konzeption und Realisierung eines funktionsfähigen Systems entsprechend den erhobenen Anforderungen unter Berücksichtigung einer konkreten Entwicklungs- und Zielumgebung bzw. -architektur. Diese Disziplin gliedert sich in weitere Unterprozesse.

Die Systemerstellung bezieht sich auf eine Menge kleinerer, fachlich und logisch zusammenhängender Bestandteile, die möglichst unabhängig voneinander entwickelt werden, wobei die Entwicklung jeweils direkt aufeinander folgende Aktivitäten von Analyse, Design, Implementierung und Test beinhaltet.

3.5 Systemerstellung: Fachliche Architektur

Strukturierung des Gesamtsystems in fachliche Subsysteme und Komponenten. Erstellung allgemeiner und Komponenten übergreifender Konzepte und Systembestandteile.

Hierzu gehören beispielsweise die Modellierung des Subsystemmodells, die Koordinierung der subsystemspezifischen Klassen- und Datenmodelle, Erstellung und Einrichtung von Datenbankschemata, Konzeption und Erstellung von Subsystem übergreifenden Vorgangs- und Ablaufsteuerungen, Abstimmung der Subsystemschnittstellen und -spezifikationen sowie globaler fachlicher Services.

3.5.1 Interaktionsmodelle erstellen (A-68)

Die in den Anwendungsfallbeschreibungen dargestellten Standardabläufe werden mit Hilfe von Sequenzdiagrammen exemplarisch untersucht und die Eignung des Klassenentwurfs hierzu überprüft.

- Aktivität kann durchgeführt werden in der „Startphase (Entwurf und Architektur)" (⇨25) (Iterative Aktivität, bedarfsweise).
- Aktivität kann durchgeführt werden in der „Hauptphase (Konstruktion)" (⇨29) (Iterative Aktivität, bedarfsweise).

Beschreibung:

Anwendungsfallbeschreibungen repräsentieren eine textuelle Beschreibung eines Standardablaufes, erweitert um Ausnahmen und Fehlersituationen. Aktivitätsdiagramme beschreiben darüber hinaus mögliche Nebenläufigkeiten, Bedingungen, Sprünge und Wiederholungen.

Der Standardablauf eines jeden Systemanwendungsfalles soll nun mit Hilfe jeweils eines Sequenzdiagramms näher untersucht und formal beschrieben werden. Dabei wird der notwendige konkrete Nachrichtenverkehr zwischen den beteiligten Objekten identifiziert.

Im Gegensatz zu den Aktivitätsdiagrammen wird zwar nur einer von vielen möglichen Abläufen betrachtet, dieser jedoch detaillierter im Hinblick auf seine Umsetzung, d.h., es werden Klassen und ihre Operationen betrachtet, die zur Unterstützung des Ablaufes notwendig bzw. sinnvoll sind.

In bestimmten Fällen und für bestimmte Personen ist die Erstellung eines Sequenzdiagramms einfacher als die eines Aktivitätsdiagramms. Somit dient die Erstellung von Sequenzdiagrammen dem besseren Einstieg in die Aktivitätsmodellierung oder auch ihrer exemplarischen Überprüfung. Anstelle von Sequenzdiagrammen können auch Kollaborationsdiagramme verwendet werden. Gegebenenfalls müssen hierzu weitere fachliche Informationen eingeholt oder Annahmen getroffen werden.

Über die vorhandenen Klassen und ihre Verantwortlichkeiten sind Annahmen zu treffen bzw. Klassen und ihre Verantwortlichkeiten werden hier identifiziert.

Ggf. werden Widersprüche, Lücken und neue offene Fragen in den Anwendungsfallbeschreibungen entdeckt. Diese sind dann in die Anwendungsfallbeschreibungen einzuarbeiten bzw. dort zu dokumentieren.

Sequenz- und Kommunikationsdiagramme sollten, wenn überhaupt, nur mit ausgewählten und dafür qualifizierten Anwendern diskutiert werden.

Interaktionsmodelle können darüber hinaus zur Dokumentation erstellt werden, beispielsweise um das Zusammenspiel von Klassen zu veranschaulichen.

Unterlagen:
- „Ablauf-/Aktivitätsdiagramm (E-38)" (⇨219)

Ergebnisse:
- „Sequenzdiagramm (E-169)" (⇨220)

Verantwortlich:
- „SystemanalytikerIn (R-12)" (⇨260)

Beteiligte:
- „AnwendungsentwicklerIn (R-11)" (⇨262) – aktiv mitwirkend

Nachfolgeaktivitäten [ggf. Bedingung]:
- „Technisches Architekturmodell definieren (A-187)" (⇨141)
- „Projektexterne Anforderungen identifizieren und spezifizieren (A-95)" (⇨161)

3.5.2 Glossar überprüfen und aktualisieren (A-71)

Das vorhandene Glossar wird überprüft und um neue Begriffe und Änderungen aktualisiert.

- Aktivität kann durchgeführt werden in der „Startphase (Entwurf und Architektur)" (⇨25) (Iterative Aktivität).
- Aktivität kann durchgeführt werden in der „Hauptphase (Konstruktion)" (⇨29) (Iterative Aktivität).

Beschreibung:

Das Glossar wird überprüft, ob alle Fachbegriffe aufgenommen und beschrieben wurden. Neue Begriffe sind aufzunehmen und zu beschreiben. Änderungen sind nachzupflegen. Das Glossar ist die Basis für eine funktionierende Kommunikation innerhalb eines Projektes, da es Begriffe sauber voneinander abgrenzt. Siehe auch Aktivität 204.

Unterlagen:

- „Fachliches Glossar (E-7)" (⇨215)

Ergebnisse:

- „Fachliches Glossar (E-7)" (⇨215)

Verantwortlich:

- „Fachexperte (R–2)" (⇨258)

3.5.3 Subsystemmodell und grobes Geschäftsklassenmodell entwickeln (A-246)

Das Gesamtsystem wird in fachliche motivierte Subsysteme untergliedert. Diese Aktivität wird im Rahmen des Anforderungsworkshops „Anforderungsworkshop durchführen (Vorbereitungsphase) (A-226)" (⇨96) durchgeführt.

- Aktivität muss durchgeführt werden in der „Vorbereitungsphase" (⇨21) (Singuläre Aktivität).

Unterlagen:

- „Systemanwendungsfallbeschreibung [essenziell] (E-6)" (⇨218)
- „Fachliches Glossar (E-7)" (⇨215)
- „Katalog externer Schnittstellen (E-9)" (⇨210)
- „Architekturkonzept (E-140)" (⇨218)

Ergebnisse:

- „Geschäftsklassenmodell (E-115)" (⇨209)
- „Paketmodell (E-53)" (⇨222)
- „Subsystemmodell (E-54)" (⇨222)

Verantwortlich:

- „FachlicheR ArchitektIn (R–70)" (⇨267)

Beteiligte:

- „SystemanalytikerIn (R–12)" (⇨260) – aktiv mitwirkend
- „DatenmodelliererIn (R–22)" (⇨264) [ggf.] – aktiv mitwirkend

Nachfolgeaktivitäten [ggf. Bedingung]:

- „Anforderungsspezifikation zusammenstellen (A-15)" (⇨113)

3.5.4 Geschäftsklassenmodelle konsolidieren (A-251)

Die verschiedenen Einzelmodelle werden verglichen, um fachliche Ähnlichkeiten und Überschneidungen zu lokalisieren.

- Aktivität muss durchgeführt werden in der „Startphase (Entwurf und Architektur)" (⇨25) (Iterative Aktivität).
- Aktivität muss durchgeführt werden in der „Hauptphase (Konstruktion)" (⇨29) (Iterative Aktivität, bedarfsweise).

Beschreibung:

Der Systemarchitekt lokalisiert durch Vergleich der verschiedenen Einzelmodelle untereinander fachliche Ähnlichkeiten und Überschneidungen, ggf. auch dadurch, dass ihm die einzelnen Teams ihre Einzelmodelle präsentieren.

Die aufgefallenen Ähnlichkeiten und Überschneidungen kann der Architekt ggf. durch weitere Gespräche mit den Beteiligten einer Lösung zuführen. Beispielsweise, indem eines der Teams die alleinige Verantwortung erhält, die Überschneidung bewusst toleriert wird oder Teile einem dritten Verantwortlichkeitsbereich übertragen werden.

Begründung:

Verschiedene UML-Geschäftsklassenmodelle wurden in verschiedenen Arbeitsaufträgen mit verschiedenen Personen erarbeitet. Es gilt nun Gemeinsamkeiten bzw. Schnittmengen herauszulösen, um eine Redundanz zu vermeiden.

Unterlagen:

- „Geschäftsklassenmodell (E-115)" (⇨209)

Ergebnisse:

- „Geschäftsklassenmodell (E-115)" (⇨209)

Verantwortlich:

- „FachlicheR ArchitektIn (R–70)" (⇨267)

Beteiligte:

- „TechnischeR ArchitektIn (R–6)" (⇨260) – aktiv mitwirkend
- „AnwendungsentwicklerIn (R–11)" (⇨262) – aktiv mitwirkend

3.5.5 Dialogdoubletten identifizieren (A-259)

Alle identifizierten Dialoge werden auf mögliche Doubletten hin untersucht.

- Aktivität muss durchgeführt werden in der „Startphase (Entwurf und Architektur)" (⇨25) (Iterative Aktivität).
- Aktivität muss durchgeführt werden in der „Hauptphase (Konstruktion)" (⇨29) (Iterative Aktivität, bedarfsweise).

Beschreibung:

Der Systemarchitekt lokalisiert durch Vergleich der verschiedenen Einzelmodelle untereinander fachliche Ähnlichkeiten und Überschneidungen, ggf. auch dadurch, dass ihm die einzelnen Teams ihre Einzelmodelle präsentieren.

Die aufgefallenen Ähnlichkeiten und Überschneidungen kann der Architekt ggf. durch weitere Gespräche mit den Beteiligten einer Lösung zuführen. Beispielsweise, indem eines der Teams die alleinige Verantwortung erhält, die Überschneidung bewusst toleriert wird oder Teile einem dritten Verantwortlichkeitsbereich übertragen werden.

Unterlagen:

- „Systemanwendungsfallmodell (E-153)" (⇨219)

Ergebnisse:
- „Geschäftsklassenmodell (E-115)" (⇨209)

Verantwortlich:
- „FachlicheR ArchitektIn (R–70)" (⇨267)

Beteiligte:
- „DialogentwicklerIn (R–15)" (⇨263) – aktiv mitwirkend

Nachfolgeaktivitäten [ggf. Bedingung]:
- „Dialog spezifizieren (A-26)" (⇨124)

3.5.6 Fachliches Architekturmodell entwickeln (A-260)

Ein fachliches Architekturmodell, d. h. die Untergliederung des Gesamtsystems in einzelne Subsysteme, wird entwickelt.
- Aktivität muss durchgeführt werden in der „Vorbereitungsphase" (⇨21) (Iterative Aktivität, falls dies zur Projektdefinition entscheidend ist).
- Aktivität muss durchgeführt werden in der „Startphase (Entwurf und Architektur)" (⇨25) (Iterative Aktivität).
- Aktivität muss durchgeführt werden in der „Hauptphase (Konstruktion)" (⇨29) (Iterative Aktivität, nur zur Aktualisierung).

Beschreibung:

Ein fachliches Architekturmodell stellt die grundsätzliche fachliche Systempartitionierung dar, d.h. in welche einzelnen Subsysteme sich das Gesamtsystem gliedert. Dazu ist herauszuarbeiten,
- welche Subsysteme es gibt,
- welche Beziehungen und Abhängigkeiten diese zueinander haben, d.h. welche Schnittstellen anderen bereitgestellt werden und welche Schnittstellen von anderen genutzt werden,
- für welche fachlichen Aufgaben die Subsysteme grundsätzlich verantwortlich sind, beispielsweise welche Geschäftsklassen zu ihnen gehören, soweit diese bekannt sind.

Auch vorhandene einzubindende Alt- und Fremdsysteme sind zu berücksichtigen, wenn diese Schnittstellen zu dem zu erstellenden System haben.

Nach Möglichkeit sind nicht nur die Abhängigkeiten der Subsysteme untereinander darzustellen, sondern etwas detaillierter, welche konkreten Schnittstellen verwendet bzw. bereitgestellt werden, siehe auch Schnittstellen dokumentieren in „Anforderungsworkshop durchführen (Vorbereitungsphase) (A-226)" (⇨96) und „Anforderungsworkshop durchführen (A-228)" (⇨102).

Das fachliche Architekturmodell kann als UML-Subsystemmodell bzw. -Klassenmodell dargestellt werden. Vgl. auch „Technisches Architekturmodell definieren (A-187)" (⇨141) und „Geschäftsklassenmodelle konsolidieren (A-251)" (⇨117).

Unterlagen:
- „Katalog externer Schnittstellen (E-9)" (⇨210)
- „Subsystem (E-58)" (⇨227)
- „Architekturkonzept (E-140)" (⇨218)
- „Fachliches Glossar (E-7)" (⇨215)
- „Systemanwendungsfallbeschreibung [essenziell] (E-6)" (⇨218)

Ergebnisse:
- „Architekturkonzept (E-140)" (⇨218)
- „Paketmodell (E-53)" (⇨222)
- „Subsystemmodell (E-54)" (⇨222)

Verantwortlich:
- „FachlicheR ArchitektIn (R–70)" (⇨267)

Beteiligte:
- „SystemanalytikerIn (R–12)" (⇨260) – aktiv mitwirkend
- „DatenmodelliererIn (R–22)" (⇨264) – aktiv mitwirkend

3.5.7 Enumerationen (Schlüsseltabellen) identifizieren (A-284)

- Aktivität sollte durchgeführt werden in der „Startphase (Entwurf und Architektur)" (⇨25) (Iterative Aktivität).
- Aktivität sollte durchgeführt werden in der „Hauptphase (Konstruktion)" (⇨29) (Iterative Aktivität).

Beschreibung:

Enumerationen sind funktionale Anforderungen, die Use-Case-übergreifend sind.

Enumerationen (Schlüsselwerte) sind Aufzählungstypen, hinter denen konfigurierbare, meistens datenbankgestützte Wertemengen stehen. Die Wertemengen ändern sich typischerweise nur selten. Beispiel: Familienstand = ledig, verheiratet, geschieden, verwitwet. Zur Definition der Enumerationen werden die möglichen fachlichen Werte des Enumerationstyps ermittelt und Bezeichnung, Beschreibung, Kürzel und Gültigkeitszeiträume des jeweiligen Werts festgelegt. Bei Enumerationen, die bereits im Altsystem verfügbar waren, müssen die entsprechenden Eigenschaften von dort berücksichtigt werden.

Begründung:

Enumerationen sind häufig unternehmensweit gültige Wertemengen und von daher nur in Ausnahmefällen projektspezifisch zu entwickeln. Sie werden stattdessen von einer zentralen Einheit den Projekten zur Verfügung gestellt. Sofern Projekte Bedarf nach neuen Enumerationen identifizieren, fordern sie die entsprechende Umsetzung von der zentralen Einheit an.

Unterlagen:
- „Anforderungsspezifikation (E-20)" (⇨207)

Ergebnisse:
- „Enumerationsanforderung (E-96)" (⇨215)

Verantwortlich:
- „SystemanalytikerIn (R–12)" (⇨260)

Beteiligte:
- „AnwendungsentwicklerIn (R–11)" (⇨262) [1..*] - aktiv mitwirkend

Nachfolgeaktivitäten [ggf. Bedingung]:
- „Enumerationsinhalte (Schlüsseltabellen) neu definieren oder überarbeiten (A-174)" (⇨120)

3.5.8 Designklassenmodell restrukturieren (A-285)

- Aktivität muss durchgeführt werden in der „Hauptphase (Konstruktion)" (⇨29) (Iterative Aktivität).

Beschreibung:

Die Design-Klassenmodelle der Subsysteme müssen von einer zentralen Architekturgruppe Subsystem übergreifend betrachtet und auf Abhängigkeiten hin untersucht werden.

Redundanzen hinsichtlich in verschiedenen Subsystemen realisierter Klassen, die dieselbe Fachlichkeit ausdrücken, müssen konsolidiert und in nur eine verantwortliche Klasse überführt werden.

Anwendungsfallabläufe, die sich über mehrere Subsysteme erstrecken, müssen hinsichtlich Korrektheit speziell an den Subsystemschnittstellen überprüft werden. Da Subsysteme in der Regel von Teams getrennt realisiert werden, fehlt hier die ganzheitliche Sicht und kann zu Fehlern führen, wie z.B. doppelt umgesetzte Aktivitäten an den Übergängen zu anderen Subsystemen.

Gegebenenfalls entstehen in dieser Aktivität weitere Subsysteme, die z.B. Querschnittsfunktionalitäten realisieren.

Unterlagen:
- „Design-Klassenmodell (E-50)" (⇨221)
- „Subsystem (E-58)" (⇨227)

Ergebnisse:
- „Design-Klassenmodell (E-50)" (⇨221)
- „Subsystem (E-58)" (⇨227)

Verantwortlich:
- „TechnischeR ArchitektIn (R–6)" (⇨260)

Beteiligte:
- „FachlicheR ArchitektIn (R–70)" (⇨267) – beratend
- „DesignerIn (R–84)" (⇨268) – beratend

3.5.9 Enumerationsinhalte (Schlüsseltabellen) neu definieren oder überarbeiten (A-174)

Für neue bzw. zu ändernde Enumerationen wird die vollständige Wertemenge bereitgestellt bzw. die vorhandene angepasst.

- Aktivität muss durchgeführt werden in der „Hauptphase (Konstruktion)" (⇨29) (Singuläre Aktivität, für jede neue/geänderte Enumeration).

Beschreibung:

Während der Entwicklung kann übergangsweise mit exemplarischen Werten gearbeitet werden. Danach sind die endgültigen, vollständigen und korrekten Werte für die Wertemenge in das System einzupflegen. Die Inhalte sind, soweit notwendig, abzustimmen und qualitativ zu sichern. Beispielsweise ist die Erfüllung der in Referenzdokumenten genannten Anforderungen und Werte zu überprüfen (z.B. Arbeitsanweisungen, Gesetzestexte o.Ä.).

Die fachlichen Anforderungen ergeben sich aus der Enumerations-Anforderung. Die technische Basisimplementierung der Enumeration mit exemplarischen Werten liegt ebenfalls bereits vor und wird geliefert.

Der erfolgreiche Abschluss dieser Aktivität wird durch einen entsprechenden Vermerk (Status) in der Enumerations-Anforderung gekennzeichnet.

Unterlagen:
- „Enumeration (Schlüsseltabelle) (E-51)" (⇨229)
- „Enumerationsanforderung (E-96)" (⇨215)

Ergebnisse:
- „Enumeration (Schlüsseltabelle) (E-51)" (⇨229)
- „Enumerationsanforderung (E-96)" (⇨215)

Verantwortlich:
- „Fachexperte (R–2)" (⇨258)

Beteiligte:
- „AnwendungsentwicklerIn (R–11)" (⇨262) – beratend

Nachfolgeaktivitäten [ggf. Bedingung]:
- „Enumerationen testen (A-175)" (⇨156)

3.5.10 Referenzmodelle identifizieren und beschaffen (A-28)

Diese Aktivität wird im Rahmen der Aktivität „Materialsammlung und -studie (A-201)" (⇨91) durchgeführt. Bitte lesen Sie dort die Details nach.

- Aktivität kann durchgeführt werden in der „Vorbereitungsphase" (⇨21) (Singuläre Aktivität, nach Bedarf).
- Aktivität kann durchgeführt werden in der „Startphase (Entwurf und Architektur)" (⇨25) (Iterative Aktivität, nach Bedarf).

Begründung:

Wenn ein vorhandenes System durch ein neues abgelöst werden soll, andere Projekte sich mit dem Problemgebiet des aktuellen Projektes bereits einmal beschäftigt haben, können die dort entstandenen Dokumente und Modelle hilfreich sein, um beispielsweise die Vollständigkeit der Anforderungserhebung zu überprüfen:

- Sind die in den Referenzen genannten Anforderungen auch für das aktuelle Projekt relevant?
- Kann aus den dokumentierten Ergebnissen und Entscheidungen etwas für das aktuelle Projekt gelernt werden?

Unterlagen:

- „Fachliches Glossar (E-7)" (⇨215)

Ergebnisse:

- „Katalog der Referenzdokumente (E-73)" (⇨211)
- „Fachliches Glossar (E-7)" (⇨215)

Verantwortlich:

- „SystemanalytikerIn (R-12)" (⇨260)

Beteiligte:

- „Fachexperte (R-2)" (⇨258) [0..*] - aktiv mitwirkend
- „DatenmodelliererIn (R-22)" (⇨264) [0..1] - aktiv mitwirkend

Nachfolgeaktivitäten [ggf. Bedingung]:

- „Technisches Architekturmodell definieren (A-187)" (⇨141)
- „Projektexterne Anforderungen identifizieren und spezifizieren (A-95)" (⇨161)

3.5.11 Datenbankschema spezifizieren (A-56)

Mapping, DB-Schema, Mengengerüste, Zugriffsfrequenzen, Indizes, Schlüssel, Tabellen- und Objekt-Cache

- Aktivität kann durchgeführt werden in der „Startphase (Entwurf und Architektur)" (⇨25) (Iterative Aktivität).
- Aktivität muss durchgeführt werden in der „Hauptphase (Konstruktion)" (⇨29) (Iterative Aktivität).

Beschreibung:

- Formulierung in DDL
- Erwartetes Datenvolumen
- Änderungsfrequenz
- Lesefrequenz
- Hinzufügungsfrequenz

Unterlagen:

- „Design-Klassenmodell (E-50)" (⇨221)

Ergebnisse:

- „Datenbankschema (E-42)" (⇨221)

Verantwortlich:

- „DatenmodelliererIn (R-22)" (⇨264)

Beteiligte:
- „FachlicheR ArchitektIn (R–70)“ (⇨267) [1] - beratend

3.5.12 Systemschnittstelle beschreiben (A-206)

Beschreibe ausgehend von den Anwendungsfällen die notwendigen externen Schnittstellen (außer Dialoge) des zu entwickelnden Systems, d.h., fasse die ein- und ausgehenden Daten, Objekte und Ereignisse in Form von Schnittstellenbeschreibungen zusammen.
- Aktivität muss durchgeführt werden in der „Startphase (Entwurf und Architektur)“ (⇨25) (Singuläre Aktivität, sofern noch nicht geschehen).

Beschreibung:

Bestimme zu jedem Anwendungsfall die Anwendungsfallschnittstelle, d.h., fasse die ein- und ausgehenden Daten, Objekte und Ereignisse in Form von Schnittstellenbeschreibungen zusammen.

Nachdem die Abläufe mit Hilfe von Anwendungsfällen, Ablauf- und Objektflussdiagrammen detailliert beschrieben wurden, werden nun die Strukturelemente identifiziert, die an der äußeren Systemgrenze liegen. Sämtliche Interaktionen, Ein- und Ausgaben des zu entwickelnden Systems mit seiner Umgebung werden identifiziert und beschrieben.

Jedem Anwendungsfallschritt können die involvierten Schnittstellen zugeordnet werden. Dabei ist es weniger wichtig, eine exakte Zuordnung zu den einzelnen Schritten zu erzielen, als überhaupt die involvierten Schnittstellenelemente zu finden.

Anschließend wird für jede Schnittstelle beschrieben:
- Name der Schnittstelle
- Kurzbeschreibung zwei bis zehn Zeilen Text
- Komplexitätsgrad der Schnittstelle (komplex | standard | einfach)
- ggf. Ausschlusshinweis

Sofern sich herausstellt, dass eine Schnittstelle im Rahmen des Projektes nicht berücksichtigt werden muss, wird sie dennoch in obiger Form beschrieben, jedoch mit einem Ausschlusshinweis versehen, der darüber informiert, warum die Schnittstelle nicht berücksichtigt werden muss.

Abgesehen von diesen Gemeinsamkeiten sind je nach Art der Schnittstelle andere Beschreibungstechniken zur weiteren Detaillierung sinnvoll, deshalb sind zunächst einmal die verschiedenen Arten zu unterscheiden:
- Dialogschnittstellen
- Ausgabeerzeugnisse (Briefe, Berichte etc.)
- Datenschnittstellen von oder zu externen Systemen
- Funktionale Schnittstellen zu externen Systemen

Alle Schnittstellen und externen Systeme, die vom zu entwickelnden System möglicherweise zu berücksichtigen sind, werden untersucht.

Für funktionale Schnittstellen und Datenschnittstellen werden, soweit bereits bekannt, zusätzlich dokumentiert:
- Benennung der betroffenen externen Systeme (Programmnamen, Transaktionsbezeichnungen o.Ä.)
- Art der Schnittstelle: synchron (funktionale Schnittstelle), asynchron (Datenaustausch z.B. über Dateien, DB-Tabellen oder Warteschlangen)
- Richtung der Schnittstelle: lesend, schreibend
- Häufigkeit der Aktivierung und ggf. Verteilung auf die Tageszeit, z.B. einmal täglich, ca. 100 Mal täglich etc.
- Maximales, minimales und durchschnittliches Datenvolumen pro Aktivierung (in Byte)
- Wichtigkeit der Schnittstelle (wichtig | standard | nachrangig)
- Mögliche Ansprechpartner, Referenzen, Dokumente etc.
- Besonderheiten

Gegebenenfalls werden im Rahmen der Schnittstellenanalyse noch weitere Anwendungsfälle und sinnvolle Glossareinträge entdeckt.

Dialogschnittstellen und Ausgabeerzeugnisse können nach einem ähnlichen Schema beschrieben werden:

- Wer verwendet den Dialog/das Ausgabeerzeugnis (Anzahl, Qualifikation etc.)?
- Wann und wie häufig wird der Dialog/das Ausgabeerzeugnis verwendet (global, durchschnittlich pro Benutzer, Verteilung über die Tageszeit, Wochentage, Monate o.Ä.), z.B. einmal täglich, ca. 100 Mal täglich etc.?
- Wichtigkeit der Schnittstelle (wichtig | standard | nachrangig)
- Mögliche Ansprechpartner, Referenzen, Dokumente etc.
- Besonderheiten

Unterlagen:

- „Systemanwendungsfallbeschreibung [essenziell] (E-6)" (⇨218)

Ergebnisse:

- „Schnittstellenspezifikation (E-63)" (⇨223)

Verantwortlich:

- „SystemanalytikerIn (R–12)" (⇨260)

Beteiligte:

- „Schnittstellenexperte (R–5)" (⇨259) – aktiv mitwirkend
- „AnwenderIn (R–18)" (⇨273) – aktiv mitwirkend

3.5.13 Dialoge und Ablaufsteuerung entwickeln (A-86)

- Aktivität kann durchgeführt werden in der „Startphase (Entwurf und Architektur)" (⇨25) (Iterative Aktivität).
- Aktivität muss durchgeführt werden in der „Hauptphase (Konstruktion)" (⇨29) (Iterative Aktivität).

Beschreibung:

Basierend auf der „Dialogkomponentenspezifikation (E-45)" (⇨225) und der „Systemanwendungsfallbeschreibung [essenziell] (E-6)" (⇨218) werden die Dialoge und die zugehörige Ablaufsteuerung entwickelt. Die Ablaufsteuerung ist verantwortlich für das korrekte Zusammenspiel der Elemente eines Dialoges bzw. der Dialoge untereinander. Es sind u.a. Modalitäten, Regeln und Ausnahmen zu modellieren.

Unterlagen:

- „Dialogkomponentenspezifikation (E-45)" (⇨225)
- „Systemanwendungsfallbeschreibung [essenziell] (E-6)" (⇨218)

Ergebnisse:

- „Code (E-81)" (⇨226)
- „Ablauf-/Aktivitätsdiagramm (E-38)" (⇨219)
- „Dialog- und Dialogkomponentenrealisierung (E-46)" (⇨228)

Verantwortlich:

- „DialogentwicklerIn (R–15)" (⇨263)

Beteiligte:

- „FachlicheR ArchitektIn (R–70)" (⇨267) – aktiv mitwirkend

3.6 Systemerstellung: Subsysteme

Analyse, Design, Implementierung und Test der einzelnen Subsysteme (oder Komponenten) der zu erstellenden Anwendung

Jedes Subsystem existiert als eigene Entwicklungsdisziplin, d.h., in einem konkreten Projekt hat die Disziplin „Systemerstellung: Subsysteme" (⇨114) für jedes Subsystem eine konkrete Ausprägung. Die einzelnen Subsysteme werden weitgehend entkoppelt und parallel zueinander in eigenen Entwicklungsprozessen/-teams entwickelt.

Deren Entwicklungen werden regelmäßig zum Iterationsende synchronisiert, ihre Aktivitäten werden durch ein zentrales „Iterations-, Prozess- und Änderungsmanagement" (⇨189) aufeinander abgestimmt und koordiniert. Ein übergeordneter fachlicher Zusammenhalt wird auch von Aktivitäten der Disziplin „Systemerstellung: Fachliche Architektur" (⇨114) unterstützt.

Die Anzahl der Subsysteme oder Komponenten ist abhängig von der Größe des Projektes.

3.6.1 Dialog spezifizieren (A-26)

Die einzelnen Elemente einer Gruppe fachlich zusammengehörender Dialogelemente werden detailliert spezifiziert.

- Aktivität kann durchgeführt werden in der „Startphase (Entwurf und Architektur)" (⇨25) (Iterative Aktivität).
- Aktivität muss durchgeführt werden in der „Hauptphase (Konstruktion)" (⇨29) (Iterative Aktivität).

Beschreibung:

Ein Dialog ist die Zusammenfassung einer Menge von Dialogelementen (Eingabefelder, Schaltflächen etc.) zu einer Gruppe. Die zusammengefassten Elemente stehen dabei fachlich meistens in einem engen Zusammenhang und werden vorwiegend gemeinsam betrachtet.

Um Dialoge oder Dialogelemente abzuleiten, wird bei einem Ablaufmodell systematisch untersucht, wann ein Dialog oder Dialogelement benötigt wird, soweit dies nicht bereits schon in einer vorherigen Aktivität „Systemanwendungsfall detaillieren (A-229)" (⇨105) geschehen ist. Fachlich oder durch den Kontext des Ablaufes zusammenhängende Dialogelemente (z.B. die Einzelfelder zu einer Anschrift) werden identifiziert und benannt. Diese Informationen werden als Bemerkung bzw. Anhang zu den Systemanwendungsfällen oder in einer separaten Liste festgehalten. Die notwendigen Dialogelemente (Felder, Schaltflächen u.Ä.) werden mit einem Namen versehen. Soweit möglich, werden die Elemente auch zu Gruppen (die dann auch einen Namen erhalten) zugeordnet. Die einzelnen Elemente einer Gruppe fachlich zusammengehörender Dialogelemente werden detailliert spezifiziert. Beispielsweise stehen die Felder Straße, Hausnummer, Ort und PLZ in einem fachlich engen Zusammenhang und können daher sinnvoll zu einem Dialogfragment „Anschrift" zusammengefasst und essenziell beschrieben werden.

Jeder Dialog kann wie folgt essenziell dokumentiert werden:

- Name
- Kurzbeschreibung (max. drei Sätze)
- Verwendung
- Komplexität (einfach, standard, komplex)
- Eingabefelder (bspw. verschiedene Suchbegriffe wie Kundennr., Name usw.)
- Anzeigefelder (Name, Anschrift usw.)
- Verzweigungsmöglichkeiten (Kundenakte)
- Aktionen (Suche starten, Suchbegriff löschen etc.)

Wurden die Dialoge bereits in einer vorherigen Aktivität identifiziert und essenziell dokumentiert „Systemanwendungsfall detaillieren (A-229)" (⇨105), werden die vorhandenen Dialogelemente detailliert spezifiziert.

Für jedes Element wird festgelegt:

- Feld- bzw. Elementname

- Typ des Dialogelementes (z.B. Textfeld, Combo-Box, Schaltfläche etc.)
- Pflichtfeld, ggf. mit Bedingungen
- Bereich einzugebender Stellen (Mindestlänge, Maximallänge)
- Vorbelegung bzw. Standardwert
- ggf. Bedingungen für Feldsperrung
- ggf. Bedingungen für Feldausblendung
- Feldprüfungen und Fehlermeldungen
- Kurzer Infotext (Bubble Help)
- Langer Infotext
- ggf. Wertevorrat, Selektionsvorschrift u.Ä.
- Ausgelöstes Ereignis (z.B. bei Drücken einer Schaltfläche, Verlassen des Feldes etc.), ggf. mit Bedingungen
- Bemerkungen

Sofern die einzelnen Details nicht bekannt sind, werden einfach Annahmen getroffen oder Standardwerte eingesetzt. Dies ist dann als Bemerkung zu notieren.

Die Spezifikationen der Dialogkomponenten werden ggf. als Anhang zu den Systemanwendungsfällen verwaltet.

Begründung:

Für die Kommunikation und Abstimmung mit Anwendern und den Fachabteilungen sind Dialogentwürfe von elementarer Bedeutung. Deswegen sind sie so schnell wie möglich zu konkretisieren. Die Kompensation von Informationslücken durch willkürliche bzw. Standardannahmen ist wegen der direkten Anwenderrückmeldung relativ unkritisch.

Unterlagen:
- „Ablauf-/Aktivitätsdiagramm (E-38)" (⇨219)

Ergebnisse:
- „Dialogprototyp (E-66)" (⇨228)
- „Fachliches Glossar (E-7)" (⇨215)
- „Dialogkomponentenspezifikation (E-45)" (⇨225)

Verantwortlich:
- „SystemanalytikerIn (R–12)" (⇨260)

Beteiligte:
- „DialogentwicklerIn (R–15)" (⇨263) [1] - aktiv mitwirkend

Nachfolgeaktivitäten [ggf. Bedingung]:
- „Technisches Architekturmodell definieren (A-187)" (⇨141)
- „Projektexterne Anforderungen identifizieren und spezifizieren (A-95)" (⇨161)

3.6.2 Primitive Datentypen identifizieren (A-165)

Allgemeine Datentypen werden identifiziert und danach berurteilt, ob sie projektspezifisch oder Projekt übergreifend (Wiederverwendung) zu verwenden sind.

- Aktivität muss durchgeführt werden in der „Startphase (Entwurf und Architektur)" (⇨25) (Begleitende Aktivität).
- Aktivität muss durchgeführt werden in der „Hauptphase (Konstruktion)" (⇨29) (Begleitende Aktivität).

Beschreibung:

Mit primitiven Datentypen sind hier nicht solche gemeint, die bereits durch die Programmiersprache und Entwicklungsumgebung bereitgestellt werden, sondern solche, die ähnlich wie diese zu behandeln sind, jedoch unternehmens- oder projektspezifisch sind.

Primitive Datentypen fassen Basisfunktionalität zusammen, die in verschiedenen Kontexten verwendet werden kann, beispielsweise Datumsmenge, Adresse oder Gemeindeschlüssel. Verantwortlichkeiten, Attribute und Methoden dieser Datentypen werden wie bei üblichen Klassen festgelegt und in der Implementierungsklasse festgehalten. Es ist zu beachten, dass primitive Datentypen nur andere primitive Datentypen und Aufzählungstypen nutzen dürfen.

Für jeden primitiven Datentyp ist zu entscheiden, ob er fachlich eine enge Projektbindung besitzt, d.h. wahrscheinlich nicht in anderen Projekten und fachlichen Kontexten (wieder-)verwendbar ist, oder ob der Datentyp projektneutral ist, d.h. eine spätere Wiederverwendung wahrscheinlich erscheint.

Projektspezifische Datentypen werden ganz normal innerhalb des Projektes entwickelt.

Wiederverwendbare primitive Datentypen werden von der zentralen Architekturgruppe realisiert und bereitgestellt. In besonderen Fällen werden auch solche Datentypen innerhalb des Projektes entwickelt, jedoch noch während der Projektlaufzeit an die zentrale Architekturgruppe übergeben. Die Datentypspezifikation ist gleichzeitig auch der Auftrag an die zentrale Architekturgruppe.

Primitive Datentypen unterscheiden sich von sonstigen Objekten dadurch, dass sie per Wert und nicht per Referenz weitergeleitet werden. Entsprechend werden sie meist so realisiert, dass der Wert eines Objektes nicht geändert werden kann. Primitive Datentypobjekte werden selber nicht persistent gespeichert, sondern nur als Attribute von Entity-Klassen.

Unterlagen:
- „Geschäftsklassenmodell (E-115)“ (⇨209)

Ergebnisse:
- „Datentypspezifikation (E-118)“ (⇨221)

Verantwortlich:
- „SystemanalytikerIn (R–12)“ (⇨260)

Beteiligte:
- „AnwendungsentwicklerIn (R–11)“ (⇨262) – aktiv mitwirkend
- „FachlicheR ArchitektIn (R–70) “ (⇨267) – aktiv mitwirkend
- „TechnischeR ArchitektIn (R–6)“ (⇨260) – aktiv mitwirkend

Nachfolgeaktivitäten [ggf. Bedingung]:
- „Entwicklung globaler Dienste und Klassen (A-55)“ (⇨160) [Folgeaktivität wird außerhalb des Projektes durchgeführt.]

3.6.3 Zustandsmodell beschreiben (A-67)

Identifiziere mögliche Zustände von Objekten und erstelle ein Zustandsmodell.
- Aktivität sollte durchgeführt werden in der „Hauptphase (Konstruktion)“ (⇨29) (Iterative Aktivität).

Beschreibung:
- Identifiziere die möglichen fachlichen Zustände jedes Objektes.
- Entscheide darüber, wie die identifizierten Zustände modelliert und implementiert werden sollen (z.B. Zustandautomat, Zusicherung, Zustandsattribute, Entwurfsmuster "Zustand" etc.).

Wenn kein ausreichend signifikantes Zustandsmodell vorhanden ist, wird diese Aktivität nicht durchgeführt.

Zustandsmodelle beziehen sich auf Objekte, aber auch auf Instanzen von Komponenten.

Ergebnisse:
- „Zustandsmodell (E-62)“ (⇨222)

Verantwortlich:
- „SystemanalytikerIn (R–12)“ (⇨260)

Beteiligte:
- „DesignerIn (R–84)“ (⇨268) – aktiv mitwirkend

3.6.4 Datenbankabbildung (Persistierung) realisieren und testen (A-151)

Die Abbildung der Entitätsobjekte auf die Datenbank wird durch Bereitstellung eines Persistenzdienstes umgesetzt.

- Aktivität muss durchgeführt werden in der „Startphase (Entwurf und Architektur)" (⇨25) (Iterative Aktivität).

Beschreibung:

Die Beziehung zwischen Entitätsobjekten und deren Repräsentation auf der Datenbank wird zur Laufzeit durch einen Persistenzdienst hergestellt. Dieser muss die Beziehungen der Objekte und Attribute auf Tabellen und Spalten der Datenbank und umgekehrt abbilden.

Es muss ermittelt werden, in welchem Format die Daten im Objektmodell und in der Datenbank gespeichert werden. Diese Information ist grundlegend für die Realisierung der Datenbankabbildung.

Der Persistenzdienst berücksichtigt,

- welches Datum beim Laden des Objektes in welches Attribut übernommen werden soll (und welche Konvertierungsmethoden dazu aufzurufen sind),
- an welcher Stelle in der Datenbank beim Speichern des Objektes ein Attributwert zu speichern ist,
- wie Konflikte bei der Konvertierung aufgelöst werden können.

Für umfangreiche Datenbankabfragen kann der Persistenzdienst aus Performance-Gründen umgangen werden (siehe „Datenbankabfragen identifizieren und spezifizieren (A-74)" (⇨132)).

Unterlagen:

- „Datenbankabbildungsspezifikation (E-65)" (⇨225)
- „Datenbankschema (E-42)" (⇨221)
- „Design-Klassenmodell (E-50)" (⇨221)

Ergebnisse:

- „Code (E-81)" (⇨226)

Verantwortlich:

- „DatenbankentwicklerIn (R–30)" (⇨265)

Beteiligte:

- „DatenmodelliererIn (R–22)" (⇨264) [1] - beratend

3.6.5 Datenbankabbildung beschreiben (A-157)

Für alle persistent zu haltenden Daten wird die Zuordnung zu den entsprechenden Datenbankinhalten semiformal festgelegt.

- Aktivität muss durchgeführt werden in der „Hauptphase (Konstruktion)" (⇨29) (Iterative Aktivität).

Beschreibung:

Die Entitätsobjekte repräsentieren zu einem großen Teil Daten, die zentral in einer Datenbank gehalten werden. Um Objekte von der Datenbank zu laden und sie nach Änderungen wieder dorthin zurückzuschreiben, ist es notwendig, die Abbildung zwischen Objekt und Datenbank zu spezifizieren.

Um das Laden und Speichern von Objekten zu ermöglichen, muss die Abbildung in beiden Richtungen eindeutig sein.

Unterlagen:

- „Datenbankschema (E-42)" (⇨221)

Ergebnisse:

- „Design-Klassenmodell (E-50)" (⇨221)
- „Datenbankabbildungsspezifikation (E-65)" (⇨225)

Verantwortlich:

- „SystemanalytikerIn (R–12)" (⇨260)

Beteiligte:

- „DatenmodelliererIn (R–22)" (⇨264) [1] - beratend
- „DatenbankentwicklerIn (R–30)" (⇨265) [1] - beratend

3.6.6 Code-Review durchführen (A-258)

Innerhalb der Entwicklungsteams oder vom Systemarchitekten wird der neu geschriebene Code einem Review unterzogen.

- Aktivität sollte durchgeführt werden in der „Startphase (Entwurf und Architektur)" (⇨25) (Iterative Aktivität).
- Aktivität sollte durchgeführt werden in der „Hauptphase (Konstruktion)" (⇨29) (Iterative Aktivität).

Beschreibung:

Nach dem Abschluss-Build einer Konstruktionsiteration erfolgen gegenseitige Code-Reviews zwischen den Entwicklern eines Teams. Dabei werden die zuletzt neu erstellten oder angepassten Teile des Programm-Codes und von Ablaufskripten durch einen anderen Entwickler gelesen und auf die folgenden Punkte geprüft:

- Einhalten des Coding-Styleguide und der Entwicklungsrichtlinien
- Lesbarkeit des Codes
- Verständlichkeit und Nachvollziehbarkeit des Codes
- Konformität der Lösung zum Arbeitsauftrag
- Wahl eines dem Problem angemessenen Designs
- Wahl eines der bestehenden Architektur konformen Designs
- Art und Eignung der Unit-Tests für den Code

Zu jedem Arbeitsauftrag wird im Code-Review-Statusbericht vermerkt, ob ein Review stattgefunden hat, durch wen und mit welchem Ergebnis er durchgeführt wurde und welche Konsequenzen daraus entstehen.

Stichprobenhaft nimmt der fachliche Architekt auch Code-Reviews vor. Er geht dabei gezielt auf die architekturrelevanten Arbeitspakete zu.

Der Code-Review-Statusbericht geht als eines der Iterationsergebnisse an den Projekt-Qualitätsmanager. Er kann die Qualität der Reviews anhand der Dichte, Ergebnisse und Konsequenzen und im weiteren Verlauf entdeckter Fehler beurteilen, um Verbesserungsvorschläge machen zu können.

Begründung:

Code-Reviews haben zwei Vorteile:

- Der Code wird besser lesbar und damit besser wartbar geschrieben.
- Es findet ein breiter Informations- und Wissensaustausch unter allen am Review beteiligten Entwicklern statt. Auch gestalten sich Vertretungen oder Übernahmen zukünftig einfacher.

Unterlagen:

- „Arbeitsauftrag (E-5)" (⇨250)
- „Entwicklungsrichtlinien (E-47)" (⇨229)

Ergebnisse:

- „Code-Review-Statusbericht (E-162)" (⇨230)

Verantwortlich:

- „Technische Projektleitung (R–37)" (⇨257)

Beteiligte:

- „SystemanalytikerIn (R–12)" (⇨260) – aktiv mitwirkend
- „Projekt-QualitätsmanagerIn (R–38)" (⇨266) – ergebnisempfangend
- „FachlicheR ArchitektIn (R–70)" (⇨267) – aktiv mitwirkend

Nachfolgeaktivitäten [ggf. Bedingung]:

- „Testkonzept überarbeiten und anpassen (A-257)“ (⇨159)

3.6.7 Interaktionsmodelle erstellen (A-286)

Diese Aktivität ist ähnlich wie „Interaktionsmodelle erstellen (A-68)“ (⇨115). Bitte lesen Sie dort alle weiteren Details nach. Während bei der fachlichen Architektur vor allem Subsystem übergreifende Abläufe näher untersucht werden, geht es hier um die Untersuchung subsysteminterner Abläufe und Details.

- Aktivität muss durchgeführt werden in der „Startphase (Entwurf und Architektur)“ (⇨25) (Iterative Aktivität, bedarfsweise).
- Aktivität muss durchgeführt werden in der „Hauptphase (Konstruktion)“ (⇨29) (Iterative Aktivität, bedarfsweise).

Verantwortlich:

- „AnwendungsentwicklerIn (R–11)“ (⇨262)

3.6.8 Enumeration (Schlüsseltabellen) integrieren (A-173)

Eine neue, von der zentralen Architekturgruppe bereitgestellte Enumeration wird in das Projekt integriert.

- Aktivität muss durchgeführt werden in der „Hauptphase (Konstruktion)“ (⇨29) (Iterative Aktivität).

Beschreibung:

Primitive Klassen und Enumerationen (Schlüsselwerte), die fachlich allgemein gültig sind und nicht nur ein spezielles Projekt betreffen, werden von einer zentralen Architekturgruppe entwickelt und bereitgestellt.

Die fertig entwickelte und getestete Lösung wird entweder im Rahmen eines neuen Framework-Release bereitgestellt oder durch eine vorab gelieferte Version einer Enumeration mit der Maßgabe, mit dem nächsten Framework-Release auf die dort vorhandene Lösung umzustellen.

Unterlagen:

- „Enumerationsanforderung (E-96)“ (⇨215)

Ergebnisse:

- „Code (E-81)“ (⇨226)

Verantwortlich:

- „AnwendungsentwicklerIn (R–11)“ (⇨262)

Nachfolgeaktivitäten [ggf. Bedingung]:

- „Enumerationen testen (A-175)“ (⇨156)

3.6.9 Ausnahmen und mögliche Fehler identifizieren und beschreiben (A-81)

- Aktivität kann durchgeführt werden in der „Startphase (Entwurf und Architektur)“ (⇨25) (Iterative Aktivität).
- Aktivität sollte durchgeführt werden in der „Hauptphase (Konstruktion)“ (⇨29) (Iterative Aktivität).

Beschreibung:

Ausnahmen und Fehlerzustände im Ablauf werden identifiziert und beschrieben. Die Beschreibung umfasst:
- Name
- Kurzbeschreibung
- Aktion

Die Beschreibung findet sich im „Design-Klassenmodell (E-50)" (⇨221) in Form von Exception-Klassen. Die Exception-Klassen werden hierarchisch modelliert (Generalisierung/Spezialisierung). Dadurch werden Gemeinsamkeiten explizit dargestellt.

Im Rahmen der Fehlerbehandlung können für spezielle Exceptions differenzierte Ausnahmebehandlungen erfolgen. Zu definieren ist beispielsweise die Darstellung in der Systemschnittstelle (z.B. GUI). Möglich ist hier u.a.:
- Ausnahmebehandlung wird nicht dargestellt, z.B. automatisches Anlegen einer Standardkonfigurationsdatei bei fehlender Konfigurationsdatei
- Ausnahme wird transformiert, z.B. ausführliches internes Fehlerprotokoll zum Auslesen für Entwickler und eine allgemeine Fehlermeldung an der Systemschnittstelle
- Fehler wird unverändert an der Systemschnittstelle dargestellt

Neu identifizierte Ausnahmen und Fehlerzustände können ggf. bereits vorhandenen Exception-Klassen zugeordnet werden.

Unterlagen:
- „Systemanwendungsfallbeschreibung [essenziell] (E-6)" (⇨218)

Ergebnisse:
- „Design-Klassenmodell (E-50)" (⇨221)

Verantwortlich:
- „SystemanalytikerIn (R-12)" (⇨260)

Beteiligte:
- „DesignerIn (R-84)" (⇨268) – aktiv mitwirkend

3.6.10 Designklassenmodell und validiertes Subsystemmodell entwickeln (A-232)

Pro Subsystem je ein Designklassenmodell entwickeln sowie ein validiertes Subsystemmodell entwerfen
- Aktivität sollte durchgeführt werden in der „Startphase (Entwurf und Architektur)" (⇨25) (Iterative Aktivität).
- Aktivität muss durchgeführt werden in der „Hauptphase (Konstruktion)" (⇨29) (Iterative Aktivität).

Beschreibung:

Basis ist ein erstes grobes Subsystemmodell („Anforderungsworkshop durchführen (Vorbereitungsphase) (A-226)" (⇨96)), soweit vorhanden, bzw. ein Geschäftsklassenmodell sowie die identifizierten Systemanwendungsfälle. Sofern ein erstes Subsystemmodell besteht, wird dieses weiterentwickelt.

Pro Subsystem wird ein validiertes vollständiges Subsystemmodell inklusive der benötigten und bereitgestellten Schnittstellen erstellt.

Die in dem Geschäftsklassenmodell enthalten Geschäftsklassen werden durch Detaillierung und Restrukturierung in weitere Klassen untergliedert. Beispielsweise ist die Klasse „Kunde" noch sehr allgemein, wahrscheinlich gibt es verschiedene Arten von Kunden. Außerdem haben diese Anschriften, Rufnummern, Bankverbindungen etc., die durch eigene Klassen repräsentiert werden könnten. Auch können Gemeinsamkeiten bei den Geschäftsklassen existieren, zum Beispiel für die Klassen „Kunde" und „Kundenmitarbeiter" bestünde diese Möglichkeit.

Fasse fachlich zusammenhängende Geschäftsklassen des Geschäftsklassenmodells zu Subsystemen zusammen, indem Annahmen darüber getroffenen werden, wie groß die Abhängigkeiten und die fachliche Zusammengehörigkeit der Geschäftsklassen sind. So entsteht beispielsweise für die Geschäftsklassen „Kunde" und „Kundenmitarbeiter" das Subsystem „Kunde". So wird mit allen Geschäftsklassen fortgefahren, bis alle fachlichen Subsysteme identifiziert wurden.

Die benötigten und bereitgestellten Schnittstellen je Subsystem werden im Modell explizit spezifiziert und gekennzeichnet. Ebenso müssen die Abhängigkeiten zwischen den Subsystemen dargestellt und auf zyklische Abhängigkeiten überprüft werden (siehe auch „Systemschnittstellen identifizieren und klassifizieren (A-7)" ⇨136) und „Subsystemabhängigkeiten identifizieren und ggf. restrukturieren (A-213)" (⇨134)).

Je ein Designklassenmodell pro identifiziertem Subsystem (basierend auf dem UML-Subsystemmodell) entwickeln sowie alle Attribute, Operationen, globale Services und „Enumerationen (Schlüsseltabellen) identifizieren (A-284)" (⇨119) und beschreiben

Entwickle ausgehend vom Geschäftsklassenmodell (Problembeschreibung) für jedes Subsystem ein spezifisches Design-Klassenmodell (Lösungskonzept). Innerhalb eines Subsystems können die Beziehungen zwischen den fachlichen Geschäftsklassen prinzipiell erhalten bleiben, werden aber ggf. detailliert und weiterentwickelt. Für jedes Subsystem ergibt sich so ein spezifisches Designklassenmodell, das unabhängig von den Designklassenmodellen anderer Subsysteme ist.

Aus den Systemanwendungsfällen und anderen Unterlagen sind systematisch alle Kandidaten für Attribute und Operationen je Designklasse zu extrahieren.

Unterlagen:
- „Geschäftsklassenmodell (E-115)" (⇨209)
- „Subsystem (E-58)" (⇨227)
- „Katalog externer Schnittstellen (E-9)" (⇨210)
- „Systemanwendungsfallübersicht (E-2)" (⇨217)

Ergebnisse:
- „Design-Klassenmodell (E-50)" (⇨221)
- „Paketmodell (E-53)" (⇨222)
- „Subsystem (E-58)" (⇨227)

Verantwortlich:
- „DesignerIn (R–84)" (⇨268)

Beteiligte:
- „AnwendungsentwicklerIn (R–11)" (⇨262) – aktiv mitwirkend
- „SystemanalytikerIn (R–12)" (⇨260) – aktiv mitwirkend
- „FachlicheR ArchitektIn (R–70)" (⇨267) – aktiv mitwirkend

Nachfolgeaktivitäten [ggf. Bedingung]:
- „Designklassenmodell restrukturieren (A-285)" (⇨119) [Konsolidierung der Design-Klassenmodelle aller Subsysteme]

3.6.11 Datenbankabfragen entwickeln und testen (A-76)

Die Query-Objekte, die Datenbankabfragen und ihre Ergebnisse repräsentieren, werden implementiert und getestet.

- Aktivität kann durchgeführt werden in der „Startphase (Entwurf und Architektur)" (⇨25) (Iterative Aktivität, je Abfrage).
- Aktivität muss durchgeführt werden in der „Hauptphase (Konstruktion)" (⇨29) (Iterative Aktivität, je Abfrage).

Beschreibung:

Für die Implementierung von Datenbankabfragen ist ein allgemeiner Mechanismus notwendig, der über eine Schnittstelle zur Verfügung gestellt wird.

Die Query-Objekte führen die Datenbankabfragen durch und stellen die Ergebnisse in hierzu speziell entwickelten Ergebnisobjekten zur Verfügung.

Unterlagen:
- „Datenbankabfragespezifikation (E-43)“ (⇨222)
- „Datenbankschema (E-42)“ (⇨221)
- „Testdaten (E-60)“ (⇨236)

Ergebnisse:
- „Datenbankabfrage (E-44)“ (⇨229)
- „Testbericht (E-61)“ (⇨236)

Verantwortlich:
- „DatenbankentwicklerIn (R–30)“ (⇨265)

Beteiligte:
- „DatenmodelliererIn (R–22)“ (⇨264) [1] - beratend

Nachfolgeaktivitäten [ggf. Bedingung]:
- „Testkonzept überarbeiten und anpassen (A-257)“ (⇨159)

3.6.12 Berichte und Auswertungen entwickeln und testen (A-70)

Die in der Anforderungsanalyse identifizierten Berichte und Auswertungen werden realisiert und gemäß den Anforderungen getestet.
- Aktivität kann durchgeführt werden in der „Startphase (Entwurf und Architektur)“ (⇨25) (Iterative Aktivität).
- Aktivität muss durchgeführt werden in der „Hauptphase (Konstruktion)“ (⇨29) (Iterative Aktivität).

Unterlagen:
- „Katalog der Druck- und Ausgabeerzeugnisse (E-75)“ (⇨211)
- „Testdaten (E-60)“ (⇨236)

Ergebnisse:
- „Testbericht (E-61)“ (⇨236)

Verantwortlich:
- „BerichtsentwicklerIn (R–21)“ (⇨264)

Nachfolgeaktivitäten [ggf. Bedingung]:
- „Testkonzept überarbeiten und anpassen (A-257)“ (⇨159)

3.6.13 Datenbankabfragen identifizieren und spezifizieren (A-74)

Die notwendigen Datenbankabfragen werden identifiziert, die benötigten Klassen und Datenzugriffsmodule auf dem Host werden spezifiziert.
- Aktivität sollte durchgeführt werden in der „Startphase (Entwurf und Architektur)“ (⇨25) (Iterative Aktivität).
- Aktivität muss durchgeführt werden in der „Hauptphase (Konstruktion)“ (⇨29) (Iterative Aktivität).

Beschreibung:

Datenbankabfragen werden beispielsweise für Bestandsübersichten benötigt. Umfangreiche Datenbankabfragen werden in der Regel nicht über die Datenbankabbildung realisiert (siehe Datenbankabbildung (Persistierung) realisieren und testen (A-151)“ (⇨127)).

Das Zusammenspiel mit dem Datenzugriffsmodul ist zu spezifizieren, u.a.:
- Zweck

- Ein- und Ausgabe-Parameter
- Vor- und Nachbedingungen
- Regeln
- Datenbank-Trigger
- mögliche Fehlermeldungen

Unterlagen:
- „Datenbankschema (E-42)" (⇨221)

Ergebnisse:
- „Datenbankabfragespezifikation (E-43)" (⇨222)

Verantwortlich:
- „SystemanalytikerIn (R–12)" (⇨260)

Beteiligte:
- „DatenmodelliererIn (R–22)" (⇨264) [1] - autorisierend

Nachfolgeaktivitäten [ggf. Bedingung]:
- „Datenbankabfragen entwickeln und testen (A-76)" (⇨131)

3.6.14 Fachklasse realisieren und testen (A-134)

Die für eine Komponente o.a. notwendigen Klassen werden entsprechend ihrer Anforderungsspezifikation und Testfälle implementiert und getestet. Die Tests prüfen die vollständige und korrekte Abdeckung der Anforderungen in Bezug auf die zu implementierenden oder implementierten Klassen.

- Aktivität kann durchgeführt werden in der „Startphase (Entwurf und Architektur)" (⇨25) (Begleitende Aktivität).
- Aktivität muss durchgeführt werden in der „Hauptphase (Konstruktion)" (⇨29) (Begleitende Aktivität).
- Aktivität muss durchgeführt werden in der „Einführungsphase" (⇨30) (Exzeptionelle Aktivität, zur Fehlerbehebung).

Beschreibung:

Implementierung

Zur Implementierung der Klassen werden die spezifischen Methoden in der Programmiersprache implementiert. Eine Klasse besteht aus einem im UML-Modellierungswerkzeug definierten Teil, aus dem heraus der Standard-Code (Operationssignaturen, Attribute, Get-/Set-Operationen, Attribute und Operationen zur Implementierung von Assoziationen, Zusicherungen u.Ä.) generiert wird.

Der generierte Code wird in der Programmierumgebung weiter detailliert, so dass die Anforderungen erfüllt werden. Der Entwickler verwendet die vorhandenen Testfälle, die sich hauptsächlich auf übergeordnete Funktionalität beziehen (Komponente, Anwendungsfälle) und ergänzt diese um eigene klassenspezifische Tests.

Test

Der Entwickler weist mit Hilfe der Tests nach, dass die Klasse die definierten Anforderungen erfüllt.
- Bestimme, welche Operationen in der Komponentenschnittstelle von welcher Klasse zu verantworten sind.
- Definiere Vor- und Nachbedingungen der Operationen sowie notwendige Invarianten der Klassen.
- Entwickle automatisierbare Tests für alle Operationen.

Aus den programmierten Ablauftests haben sich bereits einige Operationen ergeben. Bei der weiteren Detaillierung und Implementierung dieser Operationen ergeben sich wiederum neue Operationen und der Bedarf, die vorhandenen gegebenenfalls umzustrukturieren.

Hilfreiche Fragen beim Identifizieren der Operationen:

- Welche Serviceleistungen werden vom Objekt erwartet (z.B. Setzen einer Standardanschrift)?
- Welche Zustandsübergänge kommen für das Objekt in Frage?
- Wann beginnt der Lebenszyklus eines Objektes, wann endet er?
- Für welche Beziehungen zu anderen Objekten sind Hinzufügungs- und Entfernungsoperationen notwendig (z.B. Vertrag anfügen)?
- Welche Auskünfte muss das Objekt erteilen können?
- Welche Dateninhalte sind änderbar? Datenänderungen geschehen über Operationen, welche dann u.a. auch die formale und inhaltliche Prüfung der Datenänderung übernehmen können.

Beim Ermitteln der Operationen kommt es immer wieder zu neuen Einsichten und zu einem neuen Verständnis der Beziehungen zwischen den Klassen. Assoziationen, Aggregationen und Vererbungshierarchie werden als Folge davon gegebenenfalls angepasst.

Zu der Spezifikation einer Operation gehören:
- Signatur
  Beschreibt den Namen, die Argumente und den Rückgabetyp der Operation.
- Vorbedingung
  Beschreibt den Objektzustand, der vor der Ausführung der Operation gegeben sein muss.
- Nachbedingung
  Beschreibt den Objektzustand, der nach der Ausführung der Operation gegeben ist.
- Invariante
  Beschreibt den Objektzustand, der während der Ausführung der Operation sowie ganz allgemein gegeben sein muss. Hierzu gehören unter anderem auch Typprüfungen und spezielle Werteprüfungen für die Operationsparameter.
- Semantik
  Beschreibt kommentierend die Aufgabe und Bedeutung der Operation.

Unterlagen:
- „Design-Klassenmodell (E-50)" (⇨221)
- „Komponentenschnittstelle (E-143)" (⇨223)
- „Anforderungsspezifikation (E-20)" (⇨207)
- „Testdokumentation (E-138)" (⇨236)

Ergebnisse:
- „Testbericht (E-61)" (⇨236)

Verantwortlich:
- „AnwendungsentwicklerIn (R–11)" (⇨262)

Beteiligte:
- „TestdurchführerIn (R–87)" (⇨269) – aktiv mitwirkend

Nachfolgeaktivitäten [ggf. Bedingung]:
- „Testkonzept überarbeiten und anpassen (A-257)" (⇨159)

3.6.15 Subsystemabhängigkeiten identifizieren und ggf. restrukturieren (A-213)

Untersuche, optimiere und dokumentiere die strukturellen Zusammenhänge und Abhängigkeiten zwischen den Subsystemen.

- Aktivität muss durchgeführt werden in der „Startphase (Entwurf und Architektur)" (⇨25) (Iterative Aktivität).
- Aktivität muss durchgeführt werden in der „Hauptphase (Konstruktion)" (⇨29) (Iterative Aktivität).

Beschreibung:
- Untersuche und dokumentiere die strukturellen Zusammenhänge und Abhängigkeiten zwischen den Subsystemen.
- Untersuche und dokumentiere die dynamischen Zusammenhänge und Abhängigkeiten zwischen den Subsystemen.

Untersuche und dokumentiere die strukturellen Zusammenhänge und Abhängigkeiten zwischen den Subsystemen.

In den vorigen Schritten wurden bereits erste Subsystemgrenzen gezogen. Aus den statischen und dynamischen Beziehungen (Assoziationen, Vererbungs- und Abhängigkeitsbeziehungen) lassen sich auch strukturelle Abhängigkeiten zwischen den Subsystemen ableiten.

Untersuche und dokumentiere die dynamischen Zusammenhänge und Abhängigkeiten zwischen den Komponenten.

Ein wichtiges Kriterium für die Subsystembildung ist die Minimierung der Kopplung und Abhängigkeiten zwischen Subsystemen. Hierbei sind auch die durch den Ablauf entstehenden Zusammenhänge von Bedeutung. Jede Aktivität wird nun eindeutig einem Subsystem zugeordnet. In vielen Fällen kann die Zuordnung fachlich sehr einfach entschieden werden. Im Zweifelsfall hat die Minimierung der Schnittstellen Vorrang.

Unterlagen:
- „Subsystem (E-58)" (⇨227)

Ergebnisse:
- „Architekturkonzept (E-140)" (⇨218)

Verantwortlich:
- „TechnischeR ArchitektIn (R–6)" (⇨260)

3.6.16 Sequenzdiagramm entwickeln (A-215)

Entwickle für Systemanwendungsfälle mit besonderen Realisierungsrisiken (technisch oder fachlich) ein Sequenzdiagramm, das den Standardablauf (Gutfall) darstellt, um die notwendige Zusammenarbeit der daran beteiligten Klassen und Komponenten zu erkennen.
- Aktivität sollte durchgeführt werden in der „Startphase (Entwurf und Architektur)" (⇨25) (Iterative Aktivität, bedarfsweise).
- Aktivität sollte durchgeführt werden in der „Hauptphase (Konstruktion)" (⇨29) (Iterative Aktivität, bedarfsweise).

Beschreibung:
- Entwickle für jeden Systemanwendungsfall, der besondere Realisierungsrisiken besitzt, ein Sequenzdiagramm, das den Standardablauf (Gutfall) darstellt.
- Erkenne die Stärken und Schwächen des gewählten Designs in diesen Situationen.
- Entwickle weitere (max. drei) Sequenzdiagramme, die die wichtigsten Ablaufvarianten bzw. Ausnahmen darstellen.
- Identifiziere noch fehlende Eigenschaften in den betroffenen Klassen, d.h., erfinde, soweit notwendig, neue Klassen, Assoziationen, Attribute und Operationen.

Sequenzdiagramme illustrieren und detaillieren ausgewählte, d.h. zeitlich und klassenmäßig begrenzte Situationen. Sie ergeben sich unter anderem aus den Stimuli an der Systemgrenze (z.B. Dialogschicht). Jede Schaltfläche löst ein Ereignis aus, zu dem in einem Sequenzdiagramm die Verarbeitung beschrieben werden kann. Ähnliches gilt für das Erzeugen, Löschen und Ändern von Objekten oder Assoziationen.

Eine weitere Möglichkeit, die Kommunikation der bisher bekannten Objekte und Komponenten im Zusammenhang mit einem Anwendungsfall zu untersuchen, ist es also, Sequenzdiagramme zu entwickeln.

Dabei nimmt man zunächst die beteiligten Objekte und notiert die vorhandenen Assoziationen bzw. Kommunikationswege. Anschließend werden die Nachrichten, die sich die Objekte zur Erledigung ihrer Aufgabe gegenseitig zusenden, auf den Assoziationslinien aufgetragen. Inhaltlich folgt die Kommunikation einem konkreten Szenario, also beispielsweise dem Standardablauf des Anwendungsfalles. Gegebenenfalls werden für weitere wichtige Ablaufvarianten weitere Diagramme erstellt. Die Nachrichten werden entsprechend ihrer zeitlichen Abfolge durchnumeriert.

Da der zu untersuchende Ablauf nur ein zeitlicher und inhaltlicher Ausschnitt ist, ist es hilfreich, einen externen Akteur zu definieren, der die Kommunikation anstößt.

Der im Sequenzdiagramm in dieser Art entwickelte Ablauf zeigt nur eine von vielen Ablaufmöglichkeiten, denn Sequenzdiagramme sind nicht geeignet, um vollständig alle Abläufe zu repräsentieren – es sei denn, man würde für jede Variante ein eigenes Diagramm erstellen. Da dabei jedoch häufig eine kombinatorische Explosion von Möglichkeiten auftritt, ist dies unrealistisch. Deshalb beschränkt man sich auf max. drei typische Varianten (den Erfolgsfall und die wichtigsten Ausnahmen/Varianten).

Auch wenn mit dieser Technik nicht alle Details durchdrungen werden können, so ist diese 80-Prozent-Lösung dennoch ausreichend. Mit der Untersuchung des Standardfalles und einiger wichtiger Ausnahmen entsteht ein ganz wesentlicher Erkenntnisgewinn. Viele bisher noch unbekannte Operationen und auch einige neue Objekte werden entdeckt bzw. im Zuge der Diagrammerstellung erfunden.

Statt Sequenzdiagrammen können ggf. auch andere Arten von Interaktionsdiagrammen, bspw. Kommunikationsdigramme, verwendet werden.

Unterlagen:

- „Systemanwendungsfallbeschreibung [essenziell] (E-6)" (⇨218)

Ergebnisse:

- „Sequenzdiagramm (E-169)" (⇨220)

Verantwortlich:

- „SystemanalytikerIn (R–12)" (⇨260)

Beteiligte:

- „AnwendungsentwicklerIn (R–11)" (⇨262) – beratend

3.7 Systemerstellung: Umfeld und Batch

Diese Disziplin umfasst alle Aktivitäten, die sich mit der Erstellung von Schnittstellen zu vorhandenen umliegenden Systemen befassen, sowie mit der Entwicklung von Batch-Programmen.

Die Aktivitäten dieser Disziplin beinhalten vor allem die Analyse und Konzeption von Schnittstellen, die Erstellung von Schnittstellenprogrammen, die gekapselte Anbindung externer Systeme und die Entwicklung von Batch-Programmen (d.h. Verarbeitungsprogrammen ohne Benutzungsoberfläche und ohne Benutzerinteraktion).

Sofern dies keine projektspezifischen, sondern eher allgemeine Schnittstellen sind (beispielsweise Ansteuerung eines zentralen Textsystems, Postkorbs u.Ä.), finden sich die entsprechenden Aktivitäten ggf. in der Disziplin „Systemerstellung: Einsatz, Verteilung und Projektexternes" (⇨114).

Die Konzeption und Erstellung von Batch-Programmen werden explizit dieser Disziplin zugeordnet, da sie häufig prozedural (z.B. mit Cobol oder PL/1) entwickelt werden und somit andere Entwicklungsaktivitäten benötigen als die objektorientierten Subsysteme im Rahmen der Disziplin „Systemerstellung: Subsysteme" (⇨114).

3.7.1 Systemschnittstellen identifizieren und klassifizieren (A-7)

Systeme und Schnittstellen, zu denen das zu entwickelnde System Kontakt hat, werden identifiziert und bezüglich ihrer Komplexität bewertet.

- Aktivität muss durchgeführt werden in der „Vorbereitungsphase" (⇨21) (Iterative Aktivität, für die wichtigsten Schnittstellen).
- Aktivität muss durchgeführt werden in der „Startphase (Entwurf und Architektur)" (⇨25) (Iterative Aktivität).

Beschreibung:

Systeme und Schnittstellen, zu denen das zu entwickelnde System Kontakt hat, werden identifiziert und bezüglich ihrer Komplexität kurz bewertet, soweit dies nicht bereits in einer vorherigen Aktivität „Anforderungsworkshop durchführen (Vorbereitungsphase) (A-226)" (⇨96) oder „Systemschnittstelle beschreiben (A-206)" (⇨122) geschehen ist.

Alle Schnittstellen und Systeme, die vom zu entwickelnden System möglicherweise zu berücksichtigen sind, werden genannt und dokumentiert.

Zu jeder Schnittstelle soll beschrieben werden:
- Name der Schnittstelle
- Kurzbeschreibung zwei bis zehn Zeilen
- Komplexitätsklasse der Schnittstelle (komplex | standard | einfach), ggf. Ausschlusshinweis

Sofern sich herausstellt, dass eine Schnittstelle im Rahmen des Projektes nicht berücksichtigt werden muss, wird sie dennoch in obiger Form beschrieben, jedoch mit einem Ausschlusshinweis versehen, der darüber informiert, warum die Schnittstelle nicht berücksichtigt werden muss.

Weiter werden dokumentiert:
- Benennung der betroffenen externen Systeme (Programmnamen, Transaktionsbezeichnungen o.Ä.)
- Art der Schnittstelle: synchron (funktionale Schnittstelle), asynchron (Datenaustausch z.B. über Dateien oder DB-Tabellen)
- Richtung der Schnittstelle: lesend, schreibend
- Häufigkeit der Aktivierung, z.B. einmal täglich, ca. 100 Mal täglich etc.
- Ungefähres Datenvolumen pro Aktivierung (in Byte), Wichtigkeit der Schnittstelle (wichtig | standard | nachrangig)
- mögliche Ansprechpartner, Referenzen, Dokumente etc.
- Besonderheiten

Die vorhandenen Systemanwendungsfallbeschreibungen werden systematisch ausgewertet, um Hinweise auf Schnittstellen und externe Systeme zu erhalten.

Der Domänenexperte ist ergebnisverantwortlich, wird aber Untersuchungen u.Ä. an den Schnittstellenexperten delegieren. Systemanalytiker und Chefarchitekt wirken insoweit mit, als dass sie die Zusammenhänge und Abhängigkeiten mit der fachlichen und technischen Architektur betrachten und somit zur Bewertung der Schnittstellen beitragen. Gegebenenfalls werden im Rahmen der Schnittstellenanalyse noch weitere Systemanwendungsfälle und sinnvolle Glossareinträge entdeckt.

Begründung:

Die Schnittstellenuntersuchung dient zum einen zur Abgrenzung von anderen Systemen und zum anderen, um im Folgenden Aufwände und Aktivitäten planen zu können. Schnittstellen zu vorhandenen Systemen können hierbei von großer Bedeutung sein.

Unterlagen:
- „Systemanwendungsfallbeschreibung [essenziell] (E-6)" (⇨218)
- „Fachliches Glossar (E-7)" (⇨215)
- „Katalog externer Schnittstellen (E-9)" (⇨210)

Gegenbedingungen: Schnittstellenexperte(n) nicht verfügbar

Ergebnisse:
- „Katalog externer Schnittstellen (E-9)" (⇨210)
- „Fachliches Glossar (E-7)" (⇨215)

Verantwortlich:
- „Schnittstellenexperte (R–5)" (⇨259)

Beteiligte:
- „Fachexperte (R–2)" (⇨258) [1..*] – aktiv mitwirkend
- „TechnischeR ArchitektIn (R–6)" (⇨260) [ggf.] – beratend
- „StapelverarbeitungsprogrammentwicklerIn (R–20)" (⇨263) [ggf.] – beratend
- „FachlicheR ArchitektIn (R–70)" (⇨267) – aktiv mitwirkend

Aufwands- und Terminhinweise: Aufwand: ca. 1 – 4 Stunden/Schnittstelle, Dauer: 2 Tage je max. 16 Schnittstellen, ca. 2 Mitarbeiter

Nachfolgeaktivitäten [ggf. Bedingung]:

- „Technisches Architekturmodell definieren (A-187)" (⇨141)
- „Projektexterne Anforderungen identifizieren und spezifizieren (A-95)" (⇨161)

3.7.2 Adapter für externe Schnittstellen konzipieren, entwickeln und testen (A-48)

Adapterprogramme zur Anbindung von externen Systemen werden entwickelt.

- Aktivität muss durchgeführt werden in der „Startphase (Entwurf und Architektur)" (⇨25) (Singuläre Aktivität, je externe Schnittstelle).
- Aktivität sollte durchgeführt werden in der „Hauptphase (Konstruktion)" (⇨29) (Singuläre Aktivität).

Beschreibung:

Adapterprogramme werden benötigt, um existierende oder neu zu entwickelnde Fremdsysteme (z.B. Host-Anwendungen) ansprechen zu können.

Konzeption

Für jede benötigte Schnittstelle ist ein Adapterprogramm zu konzipieren. Dabei sollten u.a. folgende Fragen beantwortet werden:

- Wie heißt die Schnittstelle?
- Welchen Zweck/welche Aufgabe hat die Schnittstelle?
- Wer ruft die Schnittstelle auf?
- Wie häufig wird die Schnittstelle aufgerufen? Welche Datenvolumen fallen an?
- Art der Schnittstelle: synchron (funktionale Schnittstelle), asynchron (Datenaustausch z.B. über Dateien oder DB-Tabellen)
- Welche Daten werden passieren die Schnittstelle in welche Richtung?
- Welche Formate haben diese Daten?
- Welche Konvertierungen sind notwendig?
- Welche Vor- und Nachbedingungen sind zu beachten?
- Welche weiteren Programme oder Unterprogramme werden benötigt/sind betroffen? Welche externen Systeme sind betroffen (Programmnamen, Transaktionsbezeichnungen o.Ä.)?
- Welche Ausnahmen- und Fehlersituationen können auftreten? Wie werden sie signalisiert? Was ist bei der Behandlung dieser Fehler zu beachten?
- Wie soll der Adapter grundsätzlich aufgebaut sein?
- Liste möglicher Ansprechpartner, Referenzen, Dokumente etc.
- Welche Besonderheiten sind zu beachten?

Realisierung: Code und Schnittstellen erzeugen

Gemäß der Spezifikation des Adapterprogramms wird das Programm auf dem Host implementiert. Dabei sind die Programmierrichtlinien für die Host-Entwicklung zu berücksichtigen.

Adapterprogramme auf dem Host setzen die Daten innerhalb der generischen Transaktion in Aufrufe von Unterprogrammen um und konvertieren die Ergebnisse dieser Unterprogramme umgekehrt in die Form der Rückgabewerte der generischen Transaktion.

Sie werden meist in Nicht-OO-Sprachen wie z.B. COBOL implementiert und umfassen im Allgemeinen die folgenden Aufgaben:

- Parsen der Eingabeparameter der generischen Transaktion
- Bereitstellen der Eingabedaten für das aufzurufende Unterprogramm
- Einrichten einer Aufrufumgebung für das Unterprogramm
- Unterprogrammaufruf
- Transformieren der Ausgabedaten des Unterprogramms in Aufrufergebnisse der generischen Transaktion

Wird das Adapterprogramm zur Implementierung von Queries benötigt, ist oft auch das entsprechende Unterprogramm zusätzlich zu entwickeln.

Test

Die Adapter mit ihren dahinter liegenden Host-Anwendungen sind bzgl.

- ihrer Funktionalität,
- ggf. der implemetierten Zusicherungen und Regeln
- sowie ihrer Performance bzw. ihres Lastverhaltens

zu testen. Dies kann und sollte unabhängig von der zu realisierenden Anwendung über Dummy- bzw. Mock-Objekte erfolgen, die die Adapter direkt ansprechen. Diese Objekte simulieren dann die noch zu erstellende Realisierung und lassen alle Tests automatisiert ablaufen.

Begründung:

Die Adapterprogramme dienen dazu, ein Unterprogramm auf dem Host über eine einheitliche, universelle, also nicht Host-spezifische Schnittstelle anzusprechen. So werden die i.d.R. Nicht-OO-Programme auf dem Host gekapselt und in die OO-Umgebung integriert. Des Weiteren können sie zur Implementierung von Queries verwendet werden.

Zusätzlich ergibt sich die Möglichkeit, die darunter liegenden Host-Programme sauber zu kapseln, um sie ggf. ohne weitere Auswirkungen austauschen zu können.

Unterlagen:

- „Katalog externer Schnittstellen (E-9)“ (⇨210)

Ergebnisse:

- „Schnittstellenspezifikation (E-63)“ (⇨223)
- „Testbericht (E-61)“ (⇨236)

Verantwortlich:

- „AnwendungsentwicklerIn (R–11)“ (⇨262)

Beteiligte:

- „Schnittstellenexperte (R–5)“ (⇨259) [1] – beratend
- „StapelverarbeitungsprogrammentwicklerIn (R–20)“ (⇨263) [ggf.] – aktiv mitwirkend
- „FachlicheR ArchitektIn (R–70)“ (⇨267) [1] – beratend
- „DesignerIn (R–84)“ (⇨268) [1] – aktiv mitwirkend

Nachfolgeaktivitäten [ggf. Bedingung]:

- „Testkonzept überarbeiten und anpassen (A-257)“ (⇨159)

3.7.3 Stapelverarbeitungsprogramme identifizieren und spezifizieren (A-58)

Identifizierung von Funktionalitäten und Systemanwendungsfällen, die keinen menschlichen Akteur haben, sondern automatisch ausgelöst werden, sowie von Funktionalitäten, die außerhalb der objektorientierten Anwendungsarchitektur liegen.

- Aktivität muss durchgeführt werden in der „Startphase (Entwurf und Architektur)“ (⇨25) (Iterative Aktivität, je Batch-Programm).
- Aktivität muss durchgeführt werden in der „Hauptphase (Konstruktion)“ (⇨29) (Iterative Aktivität, je Batch-Programm).

Beschreibung:

Stapelverarbeitungsprogramme (auch Batch-Programme genannt) sind Programme, die regelmäßig laufen und während ihrer Laufzeit keine Benutzerinteraktion erfordern. Meldungen, Fehler etc. werden stattdessen typischerweise in Protokolldateien geschrieben, die im Anschluss ausgewertet werden können. Batch-Programme sind häufig Abrechnungs- und Verarbeitungsläufe, die eine sehr große Zahl von

Daten (z.B. Verträge, Buchungen etc., häufig mehrere Millionen Datensätze pro Lauf) konkurrierend oder parallel zum Online-Betrieb (Clients mit Benutzerinteraktion) verarbeiten.

Batch-Programme und nicht objektorientierte Programme sollten unter Umständen nicht in Form von Systemanwendungsfällen beschrieben werden (auch wenn dies prinzipiell möglich wäre). Stattdessen werden die Spezifikations- und Dokumentationsformen verwendet, die hierfür bislang in der Entwicklungsorganisation verwendet wurden.

Im Rahmen dieser Aktivität geht es darum, diese Programm- bzw. Systemteile zu identifizieren und solche Funktionalitäten zu betrachten (so dies noch nicht geschehen ist), die

- ausschließlich maschinelle Auslöser und Akteure besitzen (z.B. zeitliche Auslöser) und außerhalb des Online-Betriebes arbeiten,
- außerhalb der normalen (objektorientierten) Anwendungsarchitektur eingesetzt werden/laufen sollen (Großrechner, spezielle Geräte/Rechner u.Ä.),
- die mit nicht objektorientierten Mittel umgesetzt werden sollen,
- die von Personen umgesetzt werden sollen, die keine objektorientierten Ausdrucksmöglichkeiten anwenden (sollen/können).

Neben den beteiligten Experten, die befragt werden müssen, sind die vorhandenen Systemanwendungsfallbeschreibungen systematisch nach möglichen Kandidaten hierfür zu durchsuchen.

Die identifizierten Batch-Programme werden wie folgt beschrieben:

- Name (Programmname)
- Kurze Beschreibung des Zwecks (max. fünf Sätze)
- Auslöser, Motivation
- eventuelle Vor- bzw. Nachbedingungen
- Startzeit, Zeitrahmen
- Dauer
- Häufigkeit
- Datenmenge
- Restriktionen bzgl. Online-Betrieb
- Ansprechpartner, Dokumente

Unterlagen:

- „Stapelverarbeitungsprogrammspezifikation (E-39)" (⇨226)

Ergebnisse:

- „Stapelverarbeitungsprogrammspezifikation (E-39)" (⇨226)

Verantwortlich:

- „StapelverarbeitungsprogrammentwicklerIn (R–20)" (⇨263)

Beteiligte:

- „Fachexperte (R–2)" (⇨258) – beratend
- „TechnischeR ArchitektIn (R–6)" (⇨260) – autorisierend

3.7.4 Stapelverarbeitungsprogramme realisieren und testen (A-59)

Die identifizierten Batch-Programme werden gemäß der Spezifikation realisiert und gemäß dem Testplan getestet.

- Aktivität muss durchgeführt werden in der „Hauptphase (Konstruktion)" (⇨29) (Singuläre Aktivität, je Batch-Programm).

Beschreibung:

Für diverse Hilfsprozesse wie z.B. Datenmigration werden die spezifizierten Batch-Programme realisiert und getestet. Als Basis für die Testfallerstellung dient die Batch-Programmspezifikation.

Unterlagen:

- „Stapelverarbeitungsprogrammspezifikation (E-39)" (⇨226)

Ergebnisse:
- „Stapelverarbeitungsprogramm (Batch-Programm) (E-80)" (⇨228)
- „Testbericht (E-61)" (⇨236)

Verantwortlich:
- „StapelverarbeitungsprogrammentwicklerIn (R-20)" (⇨263)

Beteiligte:
- „Fachexperte (R-2)" (⇨258) [1] - beratend
- „TechnischeR ArchitektIn (R-6)" (⇨260) [ggf.] – beratend

Nachfolgeaktivitäten [ggf. Bedingung]:
- „Testkonzept überarbeiten und anpassen (A-257)" (⇨159)

3.8 Systemerstellung: Technische Architektur

Konzeption und Entwicklung des Schichtenmodells, vorhandener Frameworks und der Verteilung

Hierzu gehören beispielsweise die Bereitstellung und Integration von technischen Frameworks, von Basisdiensten und querschnittlichen, anwendungsübergreifenden Funktionalitäten. Beispielsweise Persistenzdienste, Login, Benutzer- und Rechtedienste, Anbindung an Druckstraßen, E-Mail, Client-Server-Kommunikation etc. Ebenso die Festlegung der Verteilung (Deployment), d.h. welche Dienste, Funktionen und Software auf welchen Computern läuft, wie die einzelnen Computer/Knoten verbunden sind usw.

3.8.1 Datenbanken und Datenbankschema einrichten (A-150)

Datenbank und Datenbankschemata werden eingerichtet und für den Persistenzdienst bereitgestellt.
- Aktivität muss durchgeführt werden in der „Hauptphase (Konstruktion)" (⇨29) (Singuläre Aktivität).

Beschreibung:

Datenbank und Datenbankschemata müssen spätestens am Phasenende eingerichtet werden und können bis dahin übergangsweise durch Eigenlösungen der Entwicklung ersetzt werden.

Unterlagen:
- „Datenbankschema (E-42)" (⇨221)

Ergebnisse:
- „Datenbank (E-98)" (⇨230)

Verantwortlich:
- „Datenbank-AdministratorIn (R-49)" (⇨265)

Beteiligte:
- „DatenmodelliererIn (R-22)" (⇨264) [1] – beratend

3.8.2 Technisches Architekturmodell definieren (A-187)

Die Basisarchitektur, auf der das System entwickelt werden soll, ist zu definieren und zu beschreiben.
- Aktivität kann durchgeführt werden in der „Vorbereitungsphase" (⇨21) (Singuläre Aktivität, falls dies zur Projektdefinition entscheidend ist).
- Aktivität muss durchgeführt werden in der „Startphase (Entwurf und Architektur)" (⇨25) (Begleitende Aktivität).

- Aktivität muss durchgeführt werden in der „Hauptphase (Konstruktion)" (⇨29) (Exzeptionelle Aktivität, nur zur Aktualisierung).

Beschreibung:

Das Architekturmodell beschreibt die grundlegende Struktur des zu entwickelnden Systems, d.h. aus welchen prinzipiellen Bestandteilen es sich zusammensetzt und wie diese einzelnen Bestandteile zusammenwirken. Dabei wird zwischen einem fachlichen und einem technischen Architekturmodell (Schichtenmodell und physisches Modell) unterschieden.

Ein technisches Architekturmodell ist fachlich neutral und wird üblicherweise durch zwei Einzelmodelle beschrieben: einem Schichtenmodell und einem physischen Modell.

Das Schichtenmodell beschreibt, welche Architekturschichten es gibt, welche technischen Frameworks eingesetzt werden, welche Entwurfsmuster für die Anwendungsentwicklung impliziert werden usw.

Typische Schichten sind:
- Datenbank
- Datenzugriffsklassen/Mapping
- Entity-Klassen
- Anwendungsfall-Controller
- Workflow-Controller
- Präsentation
- Präsentationssteuerung
- Entity-Zugriff

Hinzu kommen weitere bestimmte Arten von Objekten, wie:
- Datenaustauschobjekte
- Adapter
- Proxies

sowie Querschnittsdienste wie Berechtigung, Druckservices etc.

Das **Schichtenmodell** lässt sich als UML-Komponentenmodell darstellen, häufig werden aber auch Präsentations- und Zeichenprogramme verwendet. Es sollte mindestens ein Übersichtsbild geben, das auf einer A4-Seite alle wichtigen Bestandteile zeigt. Details einzelner Teilbereiche werden dann auf Extraseiten dargestellt.

Das **physische Modell** zeigt, welche Hardware (Knoten, Rechner, Netzwerkverbindungen) es gibt, welche Eigenschaften bzw. Leistungsmerkmale sie haben, wie sie miteinander verbunden sind und auf welchen Knoten welche Software läuft und welche Schichten und ggf. fachliche Komponenten laufen. Hierfür wird typischerweise ein UML-Einsatz- und Verteilungsdiagramm (Deployment Diagram) verwendet.

Unterlagen:
- „Anforderungsspezifikation (E-20)" (⇨207)
- „Schnittstellenspezifikation (E-63)" (⇨223)
- „Subsystem (E-58)" (⇨227)

Ergebnisse:
- „Architekturkonzept (E-140)" (⇨218)

Verantwortlich:
- „TechnischeR ArchitektIn (R–6)" (⇨260)

Beteiligte:
- „FachlicheR ArchitektIn (R–70)" (⇨267) – aktiv mitwirkend

3.8.3 Interaktionsmodell erstellen (A-287)

Diese Aktivität ist ähnlich wie „Interaktionsmodelle erstellen (A-68)" (⇨115). Bitte lesen Sie dort alle weiteren Details nach. Während bei der fachlichen Architektur vor allem Subsystem übergreifende

Abläufe näher untersucht werden, geht es hier um die exemplarische Beschreibung des Zusammenspiels aller funktionalen Elemente der technischen Architektur, d.h. des Schichtenmodells.

- Aktivität muss durchgeführt werden in der „Startphase (Entwurf und Architektur)“ (⇨25) (Iterative Aktivität, bedarfsfweise).
- Aktivität muss durchgeführt werden in der „Hauptphase (Konstruktion)“ (⇨29) (Iterative Aktivität, bedarfsweise).

Verantwortlich:

- „AnwendungsentwicklerIn (R–11)“ (⇨262)

3.9 Qualitätssicherung, Test, Abnahmen

Zusammenfassung aller Aktivitäten zur Qualitätssicherung der Ergebnisse der anderen Diziplinen

Mit jeder Iteration wird die Fertigstellung einer Teilfunktionalität des Gesamtsystems verfolgt. Dazu werden vor einer Iteration die zu erwartenden Ergebnisse explizit festgelegt und am Ende der Iteration die Zielerreichung gemessen bzw. bewertet.

Diese Disziplin umfasst Aktivitäten, die Beurteilungs-, Entscheidungs- und Testkriterien zur Überprüfung der Iterationsergebnisse festlegen, ggf. Testdaten und -fälle hierzu vorbereiten, die Durchführung von Tests, (Teil-)Abnahmen und Reviews begleiten, sicherstellen und ggf. vorbereiten.

Ebenso gehören hierzu Aktivitäten, mit denen Entwickler-, Team- oder Subsystem-spezifische Tests und QS-Maßnahmen systematisch unterstützt, überwacht und zusammengefasst werden, die Anwendung und Aktualisierung von Entwicklungsrichtlinien u.Ä., Gewährleistung der Revisionsfähigkeit von Projektergebnissen usw.

Neben der Sicherstellung und Unterstützung, dass Anforderungen und Erwartungen durch das Projekt erfüllt werden, gehört aber auch die systematische Steuerung (d.h. ggf. Ab- und Begrenzung) von Anforderungen und Erwartungen/Erwartungshaltungen seitens des Auftraggebers, Anwenders etc. auf ein für das Projekt realistisches Maß dazu.

3.9.1 Arbeitsauftragsreview durchführen (A-39)

Die Projektmitarbeiter begutachten gegenseitig die Arbeitsaufträge einer Iteration. Das Review wird dokumentiert und fließt in die Planung der nächsten Iteration mit ein.

- Aktivität sollte durchgeführt werden in der „Vorbereitungsphase“ (⇨21) (Iterative Aktivität).
- Aktivität muss durchgeführt werden in der „Startphase (Entwurf und Architektur)“ (⇨25) (Iterative Aktivität).
- Aktivität muss durchgeführt werden in der „Hauptphase (Konstruktion)“ (⇨29) (Periodische Aktivität).
- Aktivität muss durchgeführt werden in der „Einführungsphase“ (⇨30) (Iterative Aktivität).

Beschreibung:

Für jeden Arbeitsauftrag wird nach der Ergebnisablieferung ein kurzes Review durchgeführt. Die Reviewbeteiligten wurden bereits mit der Formulierung des Arbeitsauftrages festgelegt. Gewöhnlich wird das Review von einer am Arbeitsauftrag unbeteiligten Person durchgeführt, die jedoch das Ergebnis zu beurteilen vermag. Beim Review zeigt sich auch, ob im Arbeitsauftrag präzise genug beschrieben wurde, welche Form, welchen Inhalt und welche Qualität das Ergebnis haben und anhand welcher Kriterien das Ergebnis beurteilt werden soll.

Das Arbeitsauftragsreview wird am Ende eines abgeschlossenen Arbeitsauftrages spätestens am Ende einer Iteration durchgeführt.

Standardagenda:

- Was waren die vereinbarten Inhalte und Ziele des Arbeitsauftrages (Erfolgskriterien)?

- Was sind die tatsächlich erreichten Ergebnisse? (Zusammenfassung)
- Welche Ergebnisse sind offen geblieben und warum?
- Protokollierung der Diskussionsergebnisse, Zielerreichung, offenen Punkte und Konsequenzen

Das Reviewprotokoll geht dem Projektleiter zu und fließt in die Planung der nächsten Iteration ein.

Arbeitsaufträge und Ergebnisse von besonderer Wichtigkeit oder mit ungewöhnlichen Abweichungen können bedarfsweise später genauer untersucht werden. Hierzu wird jeweils ein separater Arbeitsauftrag vorgesehen, der dann in der folgenden Iteration (als ganz normaler Arbeitsauftrag) bearbeitet wird. Auf diese Weise werden auch alle über diese Bestandsaufnahme hinausgehenden Qualitätssicherungsmaßnahmen eingeplant und bearbeitet. Die Reviews zum Iterationsende dienen primär nicht der Qualitätssicherung, sondern wirklich nur dem Zweck einer Bestandsaufnahme.

Unterlagen:
- „Arbeitsauftrag (E-5)" (⇨250)

Ergebnisse:
- „Arbeitsauftrag (E-5)" (⇨250)
- „Bericht (E-77)" (⇨252)

Verantwortlich:
- „ArbeitsauftragsgutachterIn (R–93)" (⇨271)

Beteiligte:
- „Alle Projektmitglieder (R–67)" (⇨272) [0..*] – aktiv mitwirkend
- „ArbeitsauftragsverantwortlicheR (R–92)" (⇨271) [1] – aktiv mitwirkend

Nachfolgeaktivitäten [ggf. Bedingung]:
- „Meilensteinerreichung überprüfen (A-18)" (⇨147)

3.9.2 Produktreview vorbereiten (A-262)

Das Produktreview wird für ausgewählte Produkte, die einen hohen Stellenwert für das Projekt haben, vorbereitet.

- Aktivität sollte durchgeführt werden in der „Vorbereitungsphase" (⇨21) (Iterative Aktivität, für wichtige Produkte).
- Aktivität muss durchgeführt werden in der „Startphase (Entwurf und Architektur)" (⇨25) (Iterative Aktivität, für wichtige Produkte).
- Aktivität muss durchgeführt werden in der „Hauptphase (Konstruktion)" (⇨29) (Iterative Aktivität, für wichtige Produkte).
- Aktivität muss durchgeführt werden in der „Einführungsphase" (⇨30) (Iterative Aktivität, für wichtige Produkte).

Beschreibung:

Das Produktreview wird innerhalb einer Iteration für die erstellten Produkte (dies können Konzepte, Designentwürfe, Prototypen, Programmteile etc. sein) eines Projektes durchgeführt, wenn diese einen hohen Stellenwert für das Projekt haben bzw. den Projektfortgang maßgeblich beeinflussen. Das Produktreview sollte während einer Iteration und nicht erst am Ende einer Iteration durchgeführt werden, damit ggf. Nachbesserungen innerhalb der Iteration durchgeführt werden können.

Das Produktreview teilt sich in folgende Phasen auf:
- Vorbereitung
- Durchführung
- Nachbereitung

Das Produktreview sollte wie folgt vorbereitet werden:
- Auswahl der Beteiligten (ReviewleiterIn, ReviewerIn, Ergebnisverantwortliche)
- Sammeln und Verteilen der maßgeblichen Dokumente
- Termin vereinbarten

- Agenda definieren

Unterlagen:
- „Produkt-Übergabeprotokoll (E-113)" (⇨249)

Ergebnisse:
- „Sonstiges (E-146)" (⇨252)

Verantwortlich:
- „Verschiedene (R–72)" (⇨276)

Beteiligte:
- „Verschiedene (R–72)" (⇨276) – aktiv mitwirkend

Nachfolgeaktivitäten [ggf. Bedingung]:
- „Produktreview durchführen (A-263)" (⇨145)

3.9.3 Produktreview durchführen (A-263)

Für Produkte, die einen hohen Stellenwert für das Projekt haben bzw. den Projektfortgang maßgeblich beeinflussen, wird ein Produktreview durchgeführt.
- Aktivität muss durchgeführt werden in der „Vorbereitungsphase" (⇨21) (Iterative Aktivität).
- Aktivität muss durchgeführt werden in der „Startphase (Entwurf und Architektur)" (⇨25) (Iterative Aktivität).
- Aktivität muss durchgeführt werden in der „Hauptphase (Konstruktion)" (⇨29) (Iterative Aktivität).
- Aktivität muss durchgeführt werden in der „Einführungsphase" (⇨30) (Iterative Aktivität).

Beschreibung:

Das Produktreview wird innerhalb einer Iteration für die erstellten Produkte (dies können Konzepte, Designentwürfe, Prototypen, Programmteile etc. sein) eines Projektes durchgeführt, wenn diese einen hohen Stellenwert für das Projekt haben bzw. den Projektfortgang maßgeblich beeinflussen. Das Produktreview sollte während einer Iteration, d.h. nicht erst am Ende einer Iteration durchgeführt werden, damit ggf. Maßnahmen innerhalb der Iteration ergriffen werden können.

Folgende Standardagenda eignet sich:
- Begrüßung, ggf. Vorstellung der Teilnehmer, Ziel der Veranstaltung und Agenda mitteilen
- Was waren die vereinbarten Inhalte und Ziele für das Produkt und wie sollte die Zielerreichung gemessen bzw. überprüft werden (Erfolgskriterien)?
- Bericht über die erzielten Ergebnisse, ggf. Demonstration (Ergebnisverantwortliche)
- Feedback und Bewertung der Ergebnisse (Reviewer, ReviewleiterIn moderierend)
- Entscheidung über Zielerreichung und ggf. über weitere Maßnahmen (Reviewer, ReviewleiterIn)
- Protokollierung der Diskussionsergebnisse, Zielerreichung (ja/nein), offene Punkte und Maßnahmen (ProtokollantIn)

Bericht über die erzielten Ergebnisse, ggf. Demonstration durch den Ergebnisverantwortlichen

Der Ergebnisverantwortliche stellt sein Produkt (das erreichte Ergebnis) dar bzw. demonstriert dieses. Anschließend melden sich die Reviewer zu Wort.

Feedback und Bewertung der Ergebnisse durch die Reviewer

Die Reviewer melden sich nacheinander zu Wort. Jede Person nennt jeweils einen Feedbackpunkt, anschließend erhält die nächste Person das Sprachrecht. Das Review beginnt mit der Nennung von positivem Feedback. Dies wird so lange wiederholt, bis jede Person alle relevanten Feedbackpunkte mitgeteilt hat.

Die ReviewleiterIn moderiert diesen Vorgang und ist für die erfolgreiche Durchführung des Reviews verantwortlich. Langatmige Diskussionen sind zu vermeiden. Das Review dient lediglich dazu, Probleme zu nennen. Es dient nicht dazu, Lösungsvorschläge zu diskutieren.

Der Protokollant notiert die wichtigen Punkte für alle sichtbar. Sie müssen kurz und präzise formuliert werden.

Die Ergebnisverantwortlichen nehmen das Feedback kommentarlos entgegen, d. h., sie äußern sich nicht zu den genannten Punkten. Dies vermeidet langatmige Diskussionen um Lösungsmöglichkeiten.

Alle von den Reviewern genannten Punkte werden bewertet. Als Bewertungsskala kann folgendes Schema verwendet werden:

- Ziel vollständig erreicht (OK)
- Ziel teilweise erreicht, Ergebnis verwendbar (TOK)
- Ziel nicht erreicht, Maßnahmen erforderlich (NOK)
- Ziel verfehlt, Produkt kann nicht weiter- bzw. verwendet werden (STOP)
- Es bestehen offene Fragen (OF)

Der Protokollant fasst die genannten Punkte zu einem Review-Ergebnisbericht zusammen und leitet dieses sowohl an die Beteiligten als auch den Lenkungsausschuss weiter.

Für Feedbackpunkte mit den Bewertungen NOK, STOP und OF ist ein Folgemeeting zu vereinbaren. Darin sollen offene Fragen geklärt und Maßnahmen vereinbart werden. Bei der Bewertung STOP ist zu klären, ob eine Weiterarbeit auf der Grundlage des Ergebnisses überhaupt noch Sinn macht. Teilnehmende Personen sind Reviewleiter, Protokollant, Reviewer und Ergebnisverantwortliche. Der Reviewleiter ist für die Moderation zuständig.

Unterlagen:

- „Produkt-Übergabeprotokoll (E-113)" (⇨249)

Ergebnisse:

- „Lenkungsausschussprotokoll (E-134)" (⇨248)
- „Bericht (E-77)" (⇨252)

Verantwortlich:

- „Verschiedene (R–72)" (⇨276)

Nachfolgeaktivitäten [ggf. Bedingung]:

- „Lenkungsausschuss vorbereiten (A-298)" (⇨183)
- „Lenkungsausschusssitzung (A-183)" (⇨184)

3.9.4 Meilensteinreview vorbereiten (A-261)

Die zum Meilenstein zu erreichenden Ergebnisse werden präsentations- und abstimmungsfähig für das am Ende eines Meilensteins durchzuführende Review aufbereitet, zusammengefasst und rechtzeitig an die Beteiligten geleitet.

- Aktivität muss durchgeführt werden in der „Vorbereitungsphase" (⇨21) (Singuläre Aktivität, rechtzeitig vor Phasenende).
- Aktivität muss durchgeführt werden in der „Startphase (Entwurf und Architektur)" (⇨25) (Singuläre Aktivität, rechtzeitig vor Phasenende).
- Aktivität muss durchgeführt werden in der „Hauptphase (Konstruktion)" (⇨29) (Singuläre Aktivität, rechtzeitig vor Phasenende).
- Aktivität muss durchgeführt werden in der „Einführungsphase" (⇨30) (Singuläre Aktivität, rechtzeitig vor Phasenende).

Beschreibung:

Das **Meilensteinreview** wird zum geplanten Meilensteintermin durchgeführt, um das Erreichen des Meilensteins zu überprüfen und festzustellen. Zur Vorbereitung des Meilensteinreviews sind

- Zeitpunkt und Ort festzulegen,
- die Beteiligten einzuladen (Reviewer, Reviewleitung, Ergebnisverantwortliche),
- die Agenda festzulegen,
- das oder die Ergebnisdokumente zusammenzustellen und ggf. aufzubereiten.

Das Ergebnisdokument und die Agenda sollten folgende Themen beinhalten:

- Vereinbarte Inhalte, messbare und überprüfbare Ziele und Erfolgskriterien des Meilensteins
- Darstellung, ggf. Demonstration der erzielten Ergebnisse durch die Ergebnisverantwortlichen

Vor dem Reviewbeginn werden die zu beurteilenden Ergebnisdokumente den Beteiligten rechtzeitig zugeleitet, damit sich diese auf das Review vorbereiten können.

Ergebnisse:

- „Sonstiges (E-146)" (⇨252)

Verantwortlich:

- „Gesamtprojektleitung (R–3)" (⇨255)

Nachfolgeaktivitäten [ggf. Bedingung]:

- „Meilensteinerreichung überprüfen (A-18)" (⇨147)

3.9.5 Meilensteinerreichung überprüfen (A-18)

Die Ergebnisse des aktuellen Meilensteins werden begutachtet und beurteilt.

- Aktivität muss durchgeführt werden in der „Vorbereitungsphase" (⇨21) (Iterative Aktivität, mind. am Phasenende).
- Aktivität muss durchgeführt werden in der „Startphase (Entwurf und Architektur)" (⇨25) (Iterative Aktivität, mind. am Phasenende).
- Aktivität muss durchgeführt werden in der „Hauptphase (Konstruktion)" (⇨29) (Iterative Aktivität, mind. am Phasenende).
- Aktivität muss durchgeführt werden in der „Einführungsphase" (⇨30) (Iterative Aktivität, mind. am Phasenende).

Beschreibung:

Das Meilensteinreview wird zum geplanten Meilensteintermin durchgeführt. Vor dem Reviewbeginn werden die zu beurteilenden Ergebnisdokumente den Beteiligten rechtzeitig zugeleitet, damit diese sich auf das Review vorbereiten können.

Standardagenda:

- Begrüßung, ggf. Vorstellung der Teilnehmer, Ziel der Veranstaltung und Agenda mitteilen
- Was waren die vereinbarten Inhalte und Ziele für die aktuelle Meilensteinplanung und wie sollte die Zielerreichung gemessen bzw. überprüft werden (Erfolgskriterien)?
- Übersicht über vereinbarte Ziele und tatsächlich erreichte Ergebnisse (Zusammenfassung)
- Bewerten der erreichten Ergebnisse (Wurden die vereinbarten Ziele vollständig erreicht? ja/nein), ggf. Detaildiskussion
- Gibt es offene Punkte? (Nennung und kurze Beschreibung)

Während des Reviews werden wahrscheinlich zahlreiche Änderungs- und Ergänzungswünsche bzw. Anforderungen formuliert. Hier gilt: Nur die in der vorliegenden Meilensteinspezifikation enthaltenen Anforderungen werden Gegenstand der Überprüfung.

Es werden die notwendigen Mitwirkungsleistungen des Auftraggebers oder anderer Parteien und die Konsequenzen aus dem Fehlen oder aus möglichen Mängeln dieser Mitwirkungsleistungen dargestellt und protokollarisch dokumentiert.

Im Anschluss an das Review wird ein Ergebnisprotokoll erstellt. Darin wird festgehalten, ob der Meilenstein erreicht wurde oder nicht (Aufführung der Gründe und weitere Maßnahmen). Außerdem werden die Anforderungsspezifikation und Planungsdokumente, soweit notwendig, ergänzt, angepasst und korrigiert und dann noch einmal allen Beteiligten abschließend zugesandt. Das Protokoll ist innerhalb von drei Tagen zu verteilen, weitere Unterlagen werden ggf. nachgereicht.

Begründung:

Die Veranstaltung dient dazu, das bisherige Projektverständnis gegenüber dem Auftraggeber abzusichern und Akzeptanz und Konsens für das weitere Vorgehen zu erzielen.

Der Auftraggeber erhält Gelegenheit, die Planung, inhaltliche Ausrichtung und Ergebnisse des Projektes zu bestätigen oder zu korrigieren.

Unterlagen:
- „Meilensteindokument (E-70)" (⇨248)
- „Arbeitsauftrag (E-5)" (⇨250)

Ergebnisse:
- „Meilensteindokument (E-70)" (⇨248)

Verantwortlich:
- „Gesamtprojektleitung (R–3)" (⇨255)

Beteiligte:
- „AuftraggeberIn (R–1)" (⇨272) – aktiv mitwirkend
- „Fachexperte (R–2)" (⇨258) – aktiv mitwirkend
- „Fachliche Projektleitung (R–27)" (⇨256) – aktiv mitwirkend
- „Technische Projektleitung (R–37)" (⇨257) – aktiv mitwirkend
- „TesterIn (AnwenderIn) (R–54)" (⇨267) – aktiv mitwirkend

Aufwands- und Terminhinweise: Aufwand: ca. 2 – 3 PT Vor- und Nachbereitung, 0,5 PT je Teilnehmer, Dauer: ca. 1 – 3 Tage

Nachfolgeaktivitäten [ggf. Bedingung]:
- „Lenkungsausschuss vorbereiten (A-298)" (⇨183)
- „Lenkungsausschusssitzung (A-183)" (⇨184)

3.9.6 Entwicklungsrichtlinien überprüfen (A-72)

Ggf. Ergänzungen und Änderungen identifizieren
- Aktivität kann durchgeführt werden in der „Startphase (Entwurf und Architektur)" (⇨25) (Periodische Aktivität, ca. alle ein bis zwei Monate).
- Aktivität kann durchgeführt werden in der „Hauptphase (Konstruktion)" (⇨29) (Periodische Aktivität, ca. alle ein bis zwei Monate).

Beschreibung:

Die Richtlinien für die Entwicklung werden regelmäßig bzgl. ihrer technischen Aktualität und in Bezug auf die aktuellen Erfahrungen hinterfragt. Dies erfolgt im Rahmen einen kurzen Workshops. Über die Richtlinien erfolgen damit die Feinkorrekturen und Optimierungen im Entwicklungsprozess.

Begründung:

In dynamischen Umfeldern oder bei sehr lange laufenden Projekten sollten von Zeit zu Zeit Anpassungen an Veränderungen erfolgen, um einerseits die Leistungsfähigkeit zu erhalten bzw. zu verbessern und andererseits aktuelle Erfahrungen in die Projektumgebung einfließen zu lassen. Die Richtlinien für die Entwicklung sind dann ggf. anzupassen bzw. zu optimieren.

Unterlagen:
- „Entwicklungsrichtlinien (E-47)" (⇨229)

Ergebnisse:
- „Entwicklungsrichtlinien (E-47)" (⇨229)
- „Bericht (E-77)" (⇨252)

Verantwortlich:
- „Technische Projektleitung (R–37)" (⇨257)

Beteiligte:
- „TechnischeR ArchitektIn (R–6)" (⇨260) – aktiv mitwirkend
- „DialogentwicklerIn (R–15)" (⇨263) – aktiv mitwirkend
- „Konfigurations- und Build-ManagerIn (R–17)" (⇨264) – aktiv mitwirkend

- „DatenbankentwicklerIn (R–30)" (⇨265) – aktiv mitwirkend
- „Alle Projektmitglieder (R–67)" (⇨272) – ergebnisempfangend

3.9.7 Teststrategie (A-300)

Die zu verfolgende Strategie für die Test- und Qualitätssicherungsaktivitäten wird festgelegt.

- Aktivität muss durchgeführt werden in der „Startphase (Entwurf und Architektur)" (⇨25) (Singuläre Aktivität).

Beschreibung:

Strategie

In der iterativen Vorgehensweise werden Test- und Qualitätssicherungsaktivitäten projektbegleitend durchgeführt. Um zu gewährleisten, dass diese Aktivitäten zielgerichtet und effizient durchgeführt werden, wird eine Teststrategie benötigt, die Qualitätsziele und den generellen Weg zu ihrer Überprüfung definiert. Zunächst werden die Testbereiche und die dazugehörigen Risikofaktoren für die zu entwickelnde Anwendung ermittelt und kategorisiert.

Die Risikofaktoren für die einzelnen Testbereiche werden durch Bewertung und Gewichtung der folgenden Aspekte ermittelt:

- Auswirkung, falls eine Anforderung an das Testobjekt (Use Case, Funktionalität, Klasse) nicht erfüllt wird.
- Wahrscheinlichkeit, dass ein solcher Problemfall auftritt
- Aufrufhäufigkeit des entsprechenden Testobjektes
- Priorität der zu testenden Funktionalität aus Benutzersicht
- Bedeutung des Testobjektes für die technische Realisierung des Systems
- Anzahl der vom Funktionieren des Testobjektes abhängigen weiteren Systemkomponenten

Für die verschiedenen Testgebiete werden Kategorien gemäß der Bewertung durch die Risikofaktoren gebildet. Diese Kategorien bilden die Grundlage für die Festlegung von Testzielen und -kriterien. Diese werden später in der Entwicklung des jeweiligen Testplans („Testplan (E-95)" ⇨234) auf die konkreten Testobjekte spezialisiert. Bei der Definition dieser Testziele kann nun eine Abwägung zwischen Testaufwand und durch die Risikofaktoren beschriebener Priorität getroffen werden.

Aufgrund dieser Untersuchung erhält man eine Aufstellung, die für jede Testkategorie beschreibt,

- welche Testobjekte unter diese Kategorie fallen,
- wann die Testaktivitäten für diese Kategorie beendet sind,
- welche Kriterien erfüllt sein müssen, damit das Testobjekt als erfolgreich getestet gelten kann.

Ein Beispiel für eine solche Definition von Kriterien könnte sein:

Für jeden Use Case mit der Priorität "hoch" sollen im Systemtest

- alle geplanten Testfälle und Prozeduren durchlaufen worden sein (Abschluss der Testaktivitäten),
- alle dabei aufgetretenen Fehler behoben sein,
- alle geplanten Testfälle und Prozeduren erneut durchlaufen sein, ohne dass Fehler aufgetreten sind (Erfolgskriterium für das Testobjekt).

Andere Kriterien könnten funktionale oder technische Überdeckungsgrade des Systems festlegen.

Zum anderen werden die anzuwendenden Testverfahren für die einzelnen Kategorien festgelegt. Hierbei wird festgelegt, ob und wie Testwerkzeuge verwendet werden sollen, ob spezielle Testklassen und -skripte erstellt werden, ob spezielle Komponenten zur Simulation fehlender Komponenten entwickelt werden sollen u.Ä.

Schließlich können weitere Aspekte des Testens festgelegt werden, etwa ob zur Erstellung der Testdaten existierende Datenbestände, weitere Anwendungen oder separate Generierungswerkzeuge und -skripte genutzt werden sollen.

Unterlagen:

- „Katalog aller offenen Probleme (E-24)" (⇨243)

- „Katalog offener Aufgaben (E-15)" (⇨243)
- „Projektauftrag (E-1)" (⇨238)
- „Projekterfolgskriterien (E-22)" (⇨242)
- „Projektplan (E-4)" (⇨239)

Ergebnisse:

- „Teststrategie (E-122)" (⇨234)
- „Projektrisiken (E-23)" (⇨242)

Verantwortlich:

- „Projekt-QualitätsmanagerIn (R–38)" (⇨266)

Beteiligte:

- „AuftraggeberIn (R–1)" (⇨272) – aktiv mitwirkend
- „Fachliche Projektleitung (R–27)" (⇨256) – aktiv mitwirkend
- „Technische Projektleitung (R–37)" (⇨257) – aktiv mitwirkend

Nachfolgeaktivitäten [ggf. Bedingung]:

- „Testkonzept erstellen (A-256)" (⇨150)
- „Lenkungsausschusssitzung (A-183)" (⇨184)

3.9.8 Testkonzept entwerfen (A-254)

Erstellung eines ersten groben Testkonzeptes für das anstehende Projekt.

- Aktivität sollte durchgeführt werden in der „Vorbereitungsphase" (⇨21) (Singuläre Aktivität).

Beschreibung:

Der für das Projekt verantwortliche Qualitätsmanager entwirft eine erste grobe Version eines Testkonzeptes für das anstehende Projekt. Es bildet die Basis zur ersten Abschätzung von Aufwänden durch QS-Aktivitäten. Nähere Informationen zum Thema Testkonzept erfahren Sie in „Testkonzept erstellen (A-256)" (⇨150).

Begründung:

Ein Testkonzept bildet einerseits die Basis für die effiziente und gezielte Arbeit der QS und liefert andererseits die Voraussetzung für die reibungslose Einbindung von QS-Aktivitäten in den Entwicklungsprozess.

Unterlagen:

- „Teststrategie (E-122)" (⇨234)

Ergebnisse:

- „Testkonzept (E-161)" (⇨234)

Verantwortlich:

- „Projekt-QualitätsmanagerIn (R–38)" (⇨266)

Nachfolgeaktivitäten [ggf. Bedingung]:

- „Testkonzept erstellen (A-256)" (⇨150)

3.9.9 Testkonzept erstellen (A-256)

Das Testkonzept wird initial erstellt. Es bildet den Rahmen für alle weiteren Testaktivitäten.

- Aktivität muss durchgeführt werden in der „Startphase (Entwurf und Architektur)" (⇨25) (Iterative Aktivität).

Beschreibung:

Der für das Projekt verantwortliche Qualitätsmanager erstellt ein Testkonzept für das anstehende Projekt. Es bildet die Basis zur Abschätzung von Aufwänden durch QS-Aktivitäten und definiert die notwendigen Prozesse in der Entwicklung und der QS.

Im Testkonzept werden die Fragen beantwortet,

- wer
- was
- wann
- mit welchem Ziel
- wie und
- wo

zu testen hat.

Konzept

Das konkrete Testkonzept zerfällt in zwei Teile:

- Systemtest und
- Entwicklertest.

Mögliche Tests sind:

- White- und Grey-Box-Tests durch die Entwicklung
- Unit-Test einer einzelnen Klasse
- Kettentest einer Klasse und ihrer direkten Umgebung
- Modultest einer kohärenten Gruppe von Klassen
- Black-Box-Tests durch die QS und den Anwender
- Integrationstest eines (Teil-)Systems und seiner Module
- Systemtest

Wenn möglich, sollte testgetrieben vorgegangen werden, da so die nachfolgende Wartung optimal unterstützt werden kann.

Systemtest bzw. Subsystemtest oder Freigabetest (Black-Box-Tests)

Wurde in der Vorbereitungsphase bereits ein grobes Testkonzept entworfen, kann dies weiter detailliert bzw. weiterentwickelt werden (s. dazu auch „Testkonzept entwerfen (A-254)“ (⇨150)).

Es ist zu bestimmen, wer mit welchen Grundlagen Testfälle schreibt. Basis für die Testfall-Erzeugung sind die Anwendungsfälle aus der Analyse – und davon sind insbesondere ihre formalen Ablaufbeschreibungen zu verwenden. Dort sollten alle fachlichen Ausnahmen beschrieben sein.

Daneben sind auch

- das Testumfeld bzw. Testlabor sowie die Vorbereitung der (Sub-)Systemtests,
- die Testziele bzgl. der zu erreichenden Testabdeckungen,
- die Testende-Kriterien,
- die einzusetzenden Testmethoden wie z.B.
- Extrem- und Grenzwertbestimmung,
- Äquivalenzklassenbestimmung oder
- Ursache-Wirkungs-Graphen und
- die Testmannschaft festzulegen.

Neben den fachlichen Anforderungen, also der Funktionalität, sind auch noch die Abläufe aus der Installation, Konfigration und Administration zu testen sowie technische Aspekte wie z.B.:

- Benutzer-Zugriffsrechte oder
- Performance und Lastverhalten.

Entwicklertest bzw. Unit-Test oder Modultest (White-Box-Tests)

Die Testumgebung ist mehr als nur ein Automatisierungstool. Es gilt, eine große Anzahl von Testfällen zu verwalten und ggf. eigene Konzepte zur Testdatenverwaltung umzusetzen.

Die EnwicklerInnen testen ihre Klassen bzw. deren Methoden selber. Dazu ist ein Testautomatisierungstool wie z.B. JUnit zu verwenden und in die Entwicklungsumgebung einzubinden. Sinnvollerweise gehen die EnwicklerInnen testgetrieben vor, d.h., sie programmieren erst die Methodentests, bevor die Methode erstellt bzw. weiterentwickelt wird.

Im Testkonzept ist zu spezifizieren,
- wie und mit welchen Mitteln die Entwicklung ihre Klassen getestet (Testumgebung) und
- wie die Entwicklungsresultate zum Systemtest weitergegeben werden.

Wie beim Systemtest sind auch für die Entwicklung die Testmethoden festzulegen, die für die Anwendung sinnvoll erscheinen und die kombinatorische Problematik vieler Tests auf ein handhabbares Maß reduzieren, wie z.B.
- Extrem- und Grenzwertbestimmung,
- vereinfachte Pfadüberdeckung bei Schleifen oder
- Termüberdeckung für den Test von Bedingungen.

Daneben sind die Überdeckungskriterien und der Grad ihrer Erfüllung festzulegen. Mögliche Überdeckungen wären:
- Zweigüberdeckung des zu testenden Codes der Testfälle
- Klassenüberdeckung der Testfälle
- Methodenüberdeckung der Testfälle
- Ausnahmenüberdeckung (Eceptions) der Testfälle

Die Entwicklertest-Erstellung erfolgt folgendermaßen:
- Bestimme, welche Operationen in der Komponentenschnittstelle von welcher Klasse zu verantworten sind.
- Definiere Vor- und Nachbedingungen der Operationen sowie notwendige Invarianten der Klassen.
- Entwickle automatisierbare Tests für alle Operationen.

Aus den programmierten Ablauftests haben sich bereits einige Operationen ergeben. Bei der weiteren Detaillierung und Implementierung dieser Operationen ergeben sich wiederum neue Operationen und der Bedarf, die vorhandenen gegebenenfalls umzustrukturieren.

Hilfreiche Fragen beim Identifizieren der Operationen:
- Welche Serviceleistungen werden vom Objekt erwartet (z.B. Setzen einer Standardanschrift)?
- Welche Zustandsübergänge kommen für das Objekt in Frage?
- Wann beginnt der Lebenszyklus eines Objektes, wann endet er?
- Für welche Beziehungen zu anderen Objekten sind Hinzufügungs- und Entfernungsoperationen notwendig (z.B. Vertrag anfügen)?
- Welche Auskünfte muss das Objekt erteilen können?
- Welche Dateninhalte sind änderbar? Datenänderungen geschehen über Operationen, die dann u.a. auch die formale und inhaltliche Prüfung der Datenänderung übernehmen können.

Beim Ermitteln der Operationen kommt es immer wieder zu neuen Einsichten und zu einem neuen Verständnis der Beziehungen zwischen den Klassen. Assoziationen, Aggregationen und Vererbungshierarchie werden als Folge davon gegebenenfalls angepasst.

Zu der Spezifikation einer Operation gehören:
- Signatur
  beschreibt den Namen, die Argumente und den Rückgabetyp der Operation.
- Vorbedingung
  beschreibt den Objektzustand, der vor der Ausführung der Operation gegeben sein muss.
- Nachbedingung
  beschreibt den Objektzustand, der nach der Ausführung der Operation gegeben ist.
- Invariante
  beschreibt den Objektzustand, der während der Ausführung der Operation sowie ganz allgemein gegeben sein muss. Hierzu gehören unter anderem auch Typprüfungen und spezielle Werteprüfungen für die Operationsparameter.
- Semantik
  beschreibt kommentierend die Aufgabe und Bedeutung der Operation.

Begründung:

Ein Testkonzept bildet einerseits die Basis für die effiziente und gezielte Arbeit der QS und liefert andererseits die Voraussetzung für die reibungslose Einbindung von QS-Aktivitäten in den Entwicklungsprozess.

Unterlagen:
- „Projektrisiken (E-23)" (⇨242)
- „Teststrategie (E-122)" (⇨234)
- „Testkonzept (E-161)" (⇨234)

Ergebnisse:
- „Testkonzept (E-161)" (⇨234)

Verantwortlich:
- „Projekt-QualitätsmanagerIn (R–38)" (⇨266)

Beteiligte:
- „SystemanalytikerIn (R–12)" (⇨260) – aktiv mitwirkend
- „Technische Projektleitung (R–37)" (⇨257) – aktiv mitwirkend
- „TesterstellerIn (R–86)" (⇨269) – beratend
- „TestautomatisiererIn (R–88)" (⇨270) – beratend

Nachfolgeaktivitäten [ggf. Bedingung]:
- „Testplan erstellen (A-152)" (⇨153)
- „Testkonzept überarbeiten und anpassen (A-257)" (⇨159)

3.9.10 Testplan erstellen (A-152)

Der Testplan wird auf Basis des alten Testplans für die nächste Iteration erstellt.
- Aktivität sollte durchgeführt werden in der „Startphase (Entwurf und Architektur)" (⇨25) (Iterative Aktivität).
- Aktivität muss durchgeführt werden in der „Hauptphase (Konstruktion)" (⇨29) (Singuläre Aktivität).

Beschreibung:

Die zu berücksichtigenden Testobjekte und die darauf anzuwendenden Teststufen (lokaler Test, Individualtest, Projekttest, Integrationstest, Akzeptanztest) werden festgelegt.

Diese werden unter Berücksichtigung der im „Testkonzept (E-161)" (⇨234) festgelegten Kategorien und der Ziele der konkreten Iteration zugeordnet. Daraus ergeben sich für jedes zu testende Objekt Kriterien für den Umfang und die Bewertung der Tests.

Aus dieser Information können die benötigten Ressourcen, seien es Sachmittel oder Personal, für die Durchführung der Testaktivitäten für diese Iteration ermittelt werden. Hierbei ist die Entwicklung von Testfällen, Testdaten und Testskripten wie auch die Durchführung und Auswertung von Tests zu berücksichtigen.

Basierend auf dem so ermittelten Aufwand wird ein Zeitplan für die einzelnen Testaktivitäten und die zu erreichenden Ziele festgelegt.

Der Testplan wird in einem einheitlichen Dokument zusammengefasst, das mit Projektleitung und Auftraggeber abgestimmt und an TesterIn und Entwickler weitergeleitet wird.

Unterlagen:
- „Testkonzept (E-161)" (⇨234)

Ergebnisse:
- „Testplan (E-95)" (⇨234)

Verantwortlich:
- „Projekt-QualitätsmanagerIn (R–38)" (⇨266)

Beteiligte:
- „TesterstellerIn (R–86)" (⇨269) – aktiv mitwirkend
- „TestautomatisiererIn (R–88)" (⇨270) – beratend

Nachfolgeaktivitäten [ggf. Bedingung]:
- „Testfälle erstellen (A-61)" (⇨154)

3.9.11 Testfälle erstellen (A-61)

Auf Basis des Testplans werden die konkreten Testfälle erstellt bzw. bestehende Testfälle bei Bedarf angepasst.

- Aktivität muss durchgeführt werden in der „Hauptphase (Konstruktion)" (⇨29) (Begleitende Aktivität).
- Aktivität muss durchgeführt werden in der „Einführungsphase" (⇨30) (Begleitende Aktivität).

Beschreibung:

Ein „Testfall (E-59)" (⇨235) ist so zu beschreiben, dass er von jedem TesterIn durchgeführt werden kann. Es ist sinnvoll, hierzu ein konkretes Testfalldokument zu erstellen und dieses so zu gestalten, dass es gleich zur Protokollierung des Tests dient. Dazu werden die Beschreibungen der einzelnen Schritte mit Checkboxen zum Abhaken und Freitextzeilen für Bemerkungen versehen.

Auf Basis des aktuellen Testplans („Testplan (E-95)" (⇨234)) werden die bestehenden Testfälle geprüft und ggf. überarbeitet und neue Testfälle entwickelt. Dazu müssen die konkreten Testabläufe mit den notwendigen Testdaten (Eingaben) und den erwarteten Resultaten (Ausgaben) explizit beschrieben werden. In einem Testfall ist ein Ablauf zu beschreiben, der jedoch mehrere unabhängige Einzeltests zusammenfassen kann.

Allgemeine Anforderungen an Testfälle

Aus den Anwendungsfällen und anderen Anforderungsdefinitionen sind entsprechende Testfälle abzuleiten, d.h. auch Tests für nichtfunktionale Anforderungen.

Soweit möglich, sollen die Tests automatisiert und jederzeit durchführbar sein. Sie sollten so beschaffen sein, dass auf Basis der durchgeführten Tests objektive Aussagen über die Erfüllung als auch Nichterfüllung der Anforderungen möglich sind.

Testfälle sollten gewissen Anforderungen genügen:
- Effektivität: Hohe Wahrscheinlichkeit, einen Fehler zu finden.
- Aussagekraft: Verschiedene, unabhängige Tests werden zusammengefasst.
- Ökonomisch bzgl. Durchführung und Auswertung.
- Langlebig und weiter entwickelbar.

Testfälle für Subsystemtests

Ausgangsbasis für die Testvorbereitung ist die Spezifikation der Subsystemschnittstelle (inkl. Typmodell und Zusicherungen), das Subsystemmodell, die Anforderungsspezifikation (vor allem die relevanten Anwendungsfälle) sowie ggf. bereits vorhandene Tests.

Es sind Tests zu entwickeln, mit denen die Einhaltung der Subsystemschnittstelle überprüft und nachgewiesen werden kann. Alle definierten Vor- und Nachbedingungen und Invarianten sowie weitere Zusicherungen aus dem Typmodell sind zu berücksichtigen. Ferner sind alle in der Subsystemschnittstelle angegebenen Ausnahmen/Fehler zu testen (d.h. gezielt herbeizuführen).

Es ist lediglich das äußere Subsystemverhalten zu testen, das innere Verhalten eines Subsystems soll hier nicht getestet werden.

Werden bei der Testfallerstellung Fehler, Mängel, Widersprüche o.Ä. in der (Subsystem-)Spezifikation und den Anforderungen festgestellt, sind diese zu dokumentieren und zu korrigieren.

Unterlagen:
- „Testplan (E-95)" (⇨234)

- „Testkonzept (E-161)" (⇨234)
- „Schnittstellenspezifikation (E-63)" (⇨223)
- „Ablauf-/Aktivitätsdiagramm (E-38)" (⇨219)
- „Systemanwendungsfallbeschreibung [essenziell] (E-6)" (⇨218)

Ergebnisse:
- „Testdaten (E-60)" (⇨236)
- „Testfall (E-59)" (⇨235)

Verantwortlich:
- „Projekt-QualitätsmanagerIn (R–38)" (⇨266)

Beteiligte:
- „TesterstellerIn (R–86)" (⇨269) – aktiv mitwirkend
- „TestdurchführerIn (R–87)" (⇨269) – ergebnisempfangend

Nachfolgeaktivitäten [ggf. Bedingung]:
- „Datenbankabbildung (Persistierung) realisieren und testen (A-151)" (⇨127)
- „Subsystem testen (A-51)" (⇨155)
- „Berichte und Auswertungen entwickeln und testen (A-70)" (⇨132)
- „Fachklasse realisieren und testen (A-134)" (⇨133)
- „Adapter für externe Schnittstellen konzipieren, entwickeln und testen (A-48)" (⇨138)
- „Stapelverarbeitungsprogramme realisieren und testen (A-59)" (⇨140)
- „Anwendertest durchführen (A-153)" (⇨156)
- „Enumerationen testen (A-175)" (⇨156)
- „Automatischer Systemtest (Regressionstest) (A-293)" (⇨157)

3.9.12 Subsystem testen (A-51)

Die aktuelle Version eines Subsystems wird getestet und das Ergebnis dokumentiert.
- Aktivität muss durchgeführt werden in der „Startphase (Entwurf und Architektur)" (⇨25) (Iterative Aktivität).
- Aktivität muss durchgeführt werden in der „Hauptphase (Konstruktion)" (⇨29) (Iterative Aktivität).
- Aktivität muss durchgeführt werden in der „Einführungsphase" (⇨30) (Exzeptionelle Aktivität, im Fehlerfall).

Beschreibung:

Die für das Subsystem vorbereiteten Testfälle werden durchgeführt und die Ergebnisse dokumentiert.

Es wird überprüft, ob alle notwendigen Komponententests durchgeführt wurden.

Unterlagen:
- „Testdokumentation (E-138)" (⇨236)
- „Testdaten (E-60)" (⇨236)
- „Testfall (E-59)" (⇨235)

Ergebnisse:
- „Testdokumentation (E-138)" (⇨236)
- „Testbericht (E-61)" (⇨236)

Verantwortlich:
- „Projekt-QualitätsmanagerIn (R–38)" (⇨266)

Beteiligte:
- „TesterstellerIn (R–86)" (⇨269) – aktiv mitwirkend
- „TestdurchführerIn (R–87)" (⇨269) – aktiv mitwirkend
- „TestautomatisiererIn (R–88)" (⇨270) – aktiv mitwirkend
- „TestbetreuerIn (R–89)" (⇨270) – aktiv mitwirkend

Nachfolgeaktivitäten [ggf. Bedingung]:

- „Testkonzept überarbeiten und anpassen (A-257)“ (⇨159)

3.9.13 Anwendertest durchführen (A-153)

Auf Basis des Testplans und des Testkonzeptes werden die anwenderrelevanten Testfälle durchgeführt.

- Aktivität muss durchgeführt werden in der „Einführungsphase“ (⇨30) (Iterative Aktivität).

Beschreibung:

Grundlage ist zum einen der Testplan, der die zeitliche Abfolge der Testfälle beschreibt, und zum anderen die Anwendungsdokumentationen bzw. die Arbeitsanweisungen der relevanten fachlichen Systembereiche. Die genannten Testfälle werden gemäß ihrem Zeitplan ausgeführt. Die Testergebnisse werden in den Testberichten dokumentiert.

Unterlagen:

- „Testdaten (E-60)“ (⇨236)
- „Testfall (E-59)“ (⇨235)
- „Arbeitsanweisung (E-91)“ (⇨233)
- „Anwenderdokumentation (E-85)“ (⇨231)
- „Testplan (E-95)“ (⇨234)

Ergebnisse:

- „Testbericht (E-61)“ (⇨236)

Verantwortlich:

- „Projekt-QualitätsmanagerIn (R–38)“ (⇨266)

Beteiligte:

- „Fachexperte (R–2)“ (⇨258) – aktiv mitwirkend
- „TesterIn (AnwenderIn) (R–54)“ (⇨267) [*]– aktiv mitwirkend
- „TesterstellerIn (R–86)“ (⇨269) – aktiv mitwirkend
- „TestdurchführerIn (R–87)“ (⇨269) – aktiv mitwirkend
- „TestautomatisiererIn (R–88)“ (⇨270) – aktiv mitwirkend
- „TestbetreuerIn (R–89)“ (⇨270) – aktiv mitwirkend

Nachfolgeaktivitäten [ggf. Bedingung]:

- „Testkonzept überarbeiten und anpassen (A-257)“ (⇨159)

3.9.14 Enumerationen testen (A-175)

Die verwendeten Enumerationen sind hinsichtlich ihrer Verfügbarkeit, Vollständigkeit und Korrektheit zu untersuchen.

- Aktivität muss durchgeführt werden in der „Hauptphase (Konstruktion)“ (⇨29) (Iterative Aktivität, für alle neuen/geänderten Enumerationen).
- Aktivität muss durchgeführt werden in der „Einführungsphase“ (⇨30) (Singuläre Aktivität, soweit nicht in Konstruktionsphase erledigt).

Beschreibung:

Für unverändert vorhandene Enumerationen (Schlüsselwerte) ist zu überprüfen, ob sie an den verwendeten Stellen funktionieren und fachlich sinnvoll und korrekt definiert sind. Da die Enumerationen bereits anderweitig verwendet werden, kann unterstellt werden, dass ihre Inhalte allgemein korrekt und qualitätsgesichert sind. Zu überprüfen ist lediglich, ob sie auch im Kontext der neuen Anwendung korrekt sind.

Für neue oder geänderte Enumerationen ist darüber hinaus zu überprüfen, ob die Inhalte fachlich allgemein sinnvoll und korrekt sind. Es handelt sich hierbei um eine fachliche Abnahme. Sofern die Inhalte der Enumeration bereits fachlich abgenommen sind (siehe Enumerations-Anforderung), muss dies nicht wiederholt werden.

Begründung:

Da Enumerationen ggf. außerhalb des Projektes definiert und gepflegt werden, ist zu klären, ob sie die projektspezifischen Anforderungen erfüllen. Diese Klärung ist für den Projektstatus und -fortschritt erforderlich. Evtl. sind weitere Maßnahmen notwendig.

Unterlagen:
- „Enumerationsanforderung (E-96)" (⇨215)
- „Testplan (E-95)" (⇨234)

Ergebnisse:
- „Testbericht (E-61)" (⇨236)

Verantwortlich:
- „TesterIn (AnwenderIn) (R–54)" (⇨267)

Nachfolgeaktivitäten [ggf. Bedingung]:
- „Testkonzept überarbeiten und anpassen (A-257)" (⇨159)

3.9.15 Automatischer Systemtest (Regressionstest) (A-293)

Das Gesamtsystem in seinem bisherigen Ausbaustand wird mit den vorhandenen automatisierten Tests getestet (Regressionstest).
- Aktivität muss durchgeführt werden in der „Startphase (Entwurf und Architektur)" (⇨25) (Periodische Aktivität, täglich).
- Aktivität muss durchgeführt werden in der „Hauptphase (Konstruktion)" (⇨29) (Periodische Aktivität, täglich).
- Aktivität muss durchgeführt werden in der „Einführungsphase" (⇨30) (Periodische Aktivität, täglich).

Beschreibung:

Das Gesamtsystem in seinem bisherigen Ausbaustand wird mit den vorhandenen automatisierten Tests getestet. Dies wird auch Regressionstest genannt.

Ein Regressionstest (lat. Regression = Rückschritt) ist die Wiederholung aller oder einer Teilmenge aller Testfälle, um Nebenwirkungen von Modifikationen und Erweiterungen der Software aufzuspüren. Dies umfasst gewöhnlich alle vorhandenen automatisierbaren Tests, vor allem auch alle Unit-Tests.

Die Testfälle selbst müssen spezifiziert und mit einem Soll-Ergebnis versehen sein, welches mit dem Ist-Ergebnis eines Testfalles verglichen wird.

Unterlagen:
- „Build (E-180)" (⇨227)
- „Testplan (E-95)" (⇨234)

Ergebnisse:
- „Testbericht (E-61)" (⇨236)

Verantwortlich:
- „TestdurchführerIn (R–87)" (⇨269)

Beteiligte:
- „TechnischeR ArchitektIn (R–6)" (⇨260) – beratend
- „TesterstellerIn (R–86)" (⇨269) – beratend
- „TestbetreuerIn (R–89)" (⇨270) – aktiv mitwirkend

Nachfolgeaktivitäten [ggf. Bedingung]:

- „Testkonzept überarbeiten und anpassen (A-257)" (⇨159)

3.9.16 Release testen (A-302)

Release testen

- Aktivität muss durchgeführt werden in der „Hauptphase (Konstruktion)" (⇨29) (Singuläre Aktivität, je Release).
- Aktivität muss durchgeführt werden in der „Einführungsphase" (⇨30) (Singuläre Aktivität, je Release).

Beschreibung:

Alle für das Release vorbereiteten Testfälle werden durchgeführt und die Ergebnisse dokumentiert. Alle für das Release vorgesehenen Anforderungen werden überprüft. Die Anforderungen ergeben sich im Wesentlichen aus der Anforderungsspezifikation, dem Projektauftrag und (weil ein Release gewöhnlich auch ein Meilenstein darstellt) der entsprechenden Meilensteinspezifikation.

Unterlagen:

- „Release (E-182)" (⇨227)
- „Anforderungsspezifikation (E-20)" (⇨207)
- „Anwenderdokumentation (E-85)" (⇨231)
- „Meilensteindokument (E-70)" (⇨248)
- „Projektauftrag (E-1)" (⇨238)
- „Teststrategie (E-122)" (⇨234)
- „Migrationskonzept (E-84)" (⇨232)
- „Roll-Out-Plan (E-164)" (⇨241)

Ergebnisse:

- „Testdokumentation (E-138)" (⇨236)
- „Testbericht (E-61)" (⇨236)
- „Meilensteindokument (E-70)" (⇨248)

Verantwortlich:

- „Projekt-QualitätsmanagerIn (R–38)" (⇨266)

Beteiligte:

- „TesterIn (AnwenderIn) (R–54)" (⇨267) – aktiv mitwirkend
- „TestdurchführerIn (R–87)" (⇨269) – aktiv mitwirkend
- „TestbetreuerIn (R–89)" (⇨270) – aktiv mitwirkend

Nachfolgeaktivitäten [ggf. Bedingung]:

- „Release abnehmen (A-303)" (⇨158)

3.9.17 Release abnehmen (A-303)

Der Auftragnehmer nimmt ein bereitgestelltes Release ab.

- Aktivität muss durchgeführt werden in der „Hauptphase (Konstruktion)" (⇨29) (Singuläre Aktivität, je Release).
- Aktivität muss durchgeführt werden in der „Einführungsphase" (⇨30) (Singuläre Aktivität, je Release).

Beschreibung:

Der Auftraggeber überprüft, ob alle vertraglich zugesicherten Anforderungen für das Release erfüllt sind, und nimmt das Release ab.

Nicht erfüllte Anforderungen werden dokumentiert und klassifiziert (abnahmeverhindernd, einführungsverhindernd, nachzubessernder Mangel, preismindernder Mangel, kleiner Mangel o.Ä.). Sofern mindestens ein abnahmeverhindernder Mangel dabei ist, verweigert der Auftraggeber die Abnahme. Alle anderen Mängel müssen nachgearbeitet werden oder mindern den Preis.

Unterlagen:
- „Release (E-182)" (⇨227)
- „Testbericht (E-61)" (⇨236)
- „Testdokumentation (E-138)" (⇨236)
- „Roll-Out-Plan (E-164)" (⇨241)
- „Migrationskonzept (E-84)" (⇨232)

Ergebnisse:
- „Produkt-Übergabeprotokoll (E-113)" (⇨249)

Verantwortlich:
- „Projekt-QualitätsmanagerIn (R–38)" (⇨266)

Beteiligte:
- „AuftraggeberIn (R–1)" (⇨272) – aktiv mitwirkend

3.9.18 Testkonzept überarbeiten und anpassen (A-257)

Mit jeder Iteration wird das bestehende Testkonzept an die neu gewonnenen Erkenntnisse angepasst.
- Aktivität sollte durchgeführt werden in der „Hauptphase (Konstruktion)" (⇨29) (Iterative Aktivität).

Beschreibung:

Der für das Projekt verantwortliche Qualitätsmanager überarbeitet und aktualisiert das Testkonzept. Es bildet so stets die aktuelle Basis zur Abschätzung von Aufwänden durch QS-Aktivitäten und definiert die notwendigen Prozesse in der Entwicklung und der QS.

Begründung:

Ein Testkonzept bildet einerseits die Basis für die effiziente und gezielte Arbeit der QS und liefert andererseits die Voraussetzung für die reibungslose Einbindung von QS-Aktivitäten in den Entwicklungsprozess. Es muss daher an die aktuellen Bedingungen angepasst sein.

Unterlagen:
- „Testkonzept (E-161)" (⇨234)
- „Testbericht (E-61)" (⇨236)
- „Testdokumentation (E-138)" (⇨236)

Ergebnisse:
- „Testkonzept (E-161)" (⇨234)

Verantwortlich:
- „Projekt-QualitätsmanagerIn (R–38)" (⇨266)

Beteiligte:
- „SystemanalytikerIn (R–12)" (⇨260) – aktiv mitwirkend
- „Technische Projektleitung (R–37)" (⇨257) – aktiv mitwirkend
- „TesterstellerIn (R–86)" (⇨269) – aktiv mitwirkend
- „TestdurchführerIn (R–87)" (⇨269) – aktiv mitwirkend
- „TestautomatisiererIn (R–88)" (⇨270) – aktiv mitwirkend
- „TestbetreuerIn (R–89)" (⇨270) – aktiv mitwirkend

3.10 Einsatz, Verteilung und Projektexternes

Vorbereitung der Auslieferung bzw. Produktivsetzung der Software, Verteilung und Installation der Software, Vorbereitung und Durchführung von Schulungen, Unterweisung der Hotline u.Ä., Koordination aller projektexternen Aktivitäten

Die Einführung einer neuen Software ist in der Regel mit zahlreichen Hindernissen und Widrigkeiten verbunden. Gerade die Ablösung bestehender Software durch eine neue zu einem Stichtag oder innerhalb eines sehr kurzen Zeitraumes bedarf sorgfältiger Vorbereitung. Daten aus den Altsystemen sind maschinell und bereinigt zu konvertieren. Abgesehen von sehr uniformen Netzumgebungen schlägt ein gewisser Prozentsatz der Installationen fehl und erfordert spezielle Unterstützung. Und trotz noch so guter Tests gelingt es den Anwendern leicht, Probleme und Fehler zu produzieren, die im einfachsten Fall nur Missverständnisse oder Bedienfehler darstellen.

Die Aktivitäten in dieser Disziplin zielen deswegen auf ganz unterschiedliche Bereiche und reichen von Tätigkeiten an Hardware und Netzwerk über die Datenmigration am Wochenende vor der Einführung bis zur Erstellung von Schulungsunterlagen.

Ebenso umfasst diese Disziplin alle Aktivitäten, die nicht direkt zum Verantwortlichkeitsbereich des Projektes gehören, sondern von anderen Projekten, Abteilungen oder externen Lieferanten zugeliefert werden müssen. Hierzu gehören beispielsweise Erweiterungen und Modifikationen in Standardanwendungen und -funktionen der Systemarchitektur (z.B. Postkorb-Anwendung, Persistenzdienst etc.), notwendige Anpassungen in existierenden Nachbarsystemen, Bereinigung existierender Datenbestände, ggf. grundsätzliche Änderungen der Softwareentwicklungsumgebung (siehe jedoch auch Disziplin „Konfigurations- und Umgebungsmanagement" (⇨171)) etc.

3.10.1 Entwicklung globaler Dienste und Klassen (A-55)

Primitive Klassen u.Ä., die fachlich allgemein gültig sind und nicht nur ein spezielles Projekt betreffen, werden von einer zentralen Architekturgruppe entwickelt und bereitgestellt.

- Aktivität sollte durchgeführt werden in der „Startphase (Entwurf und Architektur)" (⇨25) (Iterative Aktivität).
- Aktivität sollte durchgeführt werden in der „Hauptphase (Konstruktion)" (⇨29) (Iterative Aktivität).

Beschreibung:

Neben den z.B. durch die Programmiersprache vorgegebenen primitiven Datentypen wie Integer, Boolean etc. werden weitere unternehmens- und projektspezifische primitive Datentypen benötigt. Die Projekt übergreifend relevanten primitiven Datentypen werden von einer zentralen Architekturgruppe entwickelt und bereitgestellt.

Primitive Datentypen unterscheiden sich von sonstigen Objekten dadurch, dass sie per Wert und nicht per Referenz verwendet werden. Sie fassen Basisfunktionalität zusammen, die in verschiedenen Kontexten wiederverwendet werden kann, beispielsweise Datumsmenge, Adresse oder Gemeindeschlüssel. Verantwortlichkeiten, Attribute und Methoden dieser Datentypen werden wie bei anderen üblichen Klassen festgelegt. Es ist zu beachten, dass primitive Datentypen wiederum nur andere primitive Datentypen und Enumerationen nutzen dürfen.

Die Datentypspezifikation enthält alle zur Entwicklung notwendigen Informationen.

Die fertig entwickelte und getestete Lösung wird entweder im Rahmen eines neuen Framework-Release bereitgestellt oder durch eine vorab gelieferte Version des Datentyps,mit der Maßgabe, mit dem nächsten Framework-Release auf die dort vorhandene Lösung umzustellen.

Unterlagen:
- „Datentypspezifikation (E-118)" (⇨221)

Ergebnisse:
- „Katalog globaler Dienste und Klassen (E-171)" (⇨226)

Verantwortlich:
- „System-Framework-EntwicklerIn (R-23)" (⇨265)

Beteiligte:
- „Technische Projektleitung (R-37)" (⇨257) [1] - beratend

3.10.2 Projektexterne Anforderungen identifizieren und spezifizieren (A-95)

Anforderungen, die zeitlich oder inhaltlich außerhalb des Projektes zu erfüllen sind und nicht anderweitig beschrieben werden können, werden hier identifiziert und spezifiziert.
- Aktivität muss durchgeführt werden in der „Vorbereitungsphase" (⇨21) (Singuläre Aktivität).
- Aktivität muss durchgeführt werden in der „Startphase (Entwurf und Architektur)" (⇨25) (Iterative Aktivität).
- Aktivität muss durchgeführt werden in der „Hauptphase (Konstruktion)" (⇨29) (Iterative Aktivität, bedarfsweise).

Beschreibung:

Hierzu gehören insbesondere auch Aktivitäten und Ergebnisse, die im Zusammenhang mit dem Projekt stehen, jedoch außerhalb des Projektes erbracht werden müssen, beispielsweise Beschaffung von Hardware, notwendige Zulieferleistungen von anderen Projekten, Maßnahmen zur Bereinigung existierender Datenbestände usw.

Die notwendigen Zulieferleistungen werden zum einen in einem Katalog verzeichnet. Zum anderen wird für jede Zulieferleistung eine Zulieferleistungsspezifikation erstellt.

Ergebnisse:
- „Katalog projektexterner Anforderungen und Zulieferleistungen (E-72)" (⇨230)
- „Zulieferleistungsspezifikation (E-105)" (⇨244)

Verantwortlich:
- „Fachliche Projektleitung (R-27)" (⇨256)

Beteiligte:
- „Fachexperte (R-2)" (⇨258) [*] - beratend
- „Schnittstellenexperte (R-5)" (⇨259) [*] - beratend
- „Technische Projektleitung (R-37)" (⇨257) - aktiv mitwirkend
- „Projekt-QualitätsmanagerIn (R-38)" (⇨266) [1] - aktiv mitwirkend

Nachfolgeaktivitäten [ggf. Bedingung]:
- „Anforderungsspezifikation zusammenstellen (A-15)" (⇨113)

3.10.3 Migrationskonzept erstellen (A-137)

Erstellung eines Konzeptes zur Einbindung des neuen Systems in die bestehende Systemumgebung und ggf. auch eines Konzeptes zur Übernahme bestehender Daten aus einem abzulösenden Altsystem
- Aktivität muss durchgeführt werden in der „Hauptphase (Konstruktion)" (⇨29) (Iterative Aktivität, in der Phasenmitte).

Beschreibung:

Um einen reibungslosen Übergang aus einem abzulösenden Altsystem in das neu zu entwickelnde System zu gewährleisten, bedarf es bei einer detaillierten Planung mindestens der folgenden Punkte:
- Altdatenübernahme
- zeitlicher Ablauf der Ablösung des Altsystems
- technische Einbindung des Neusystems in die bestehende Systemlandschaft
- zeitlicher Ablauf der Einbindung in die bestehende Systemlandschaft

Das Migrationskonzept kann rückkoppelnde Auswirkungen auf die Projektplanung und den Roll-Out-Plan haben. Es sollte daher zum frühestmöglichen Zeitpunkt erstellt werden. Der ist jedoch erst erreicht, wenn die Projektentwicklung eine hohe Stabilität in ihren Konzepten und deren Umsetzung hat.

Aus der Migration ergeben sich neue Erkenntnisse für das Risikomanagement, so dass ein entsprechender Risikoworkshop nach der Erstellung des Migrationskonzeptes durchzuführen ist.

Ergebnisse:
- „Migrationskonzept (E-84)" (⇨232)

Verantwortlich:
- „SystemanalytikerIn (R–12)" (⇨260)

Beteiligte:
- „Fachliche Projektleitung (R–27)" (⇨256) – aktiv mitwirkend
- „DatenbankentwicklerIn (R–30)" (⇨265) – aktiv mitwirkend
- „Projekt-QualitätsmanagerIn (R–38)" (⇨266) – aktiv mitwirkend
- „Roll-Out-ManagerIn (R–90)" (⇨271) – ergebnisempfangend

Nachfolgeaktivitäten [ggf. Bedingung]:
- „Risikomanagementworkshop durchführen (Risiken, Erfolgskriterien) (A-250)" (⇨180)

3.10.4 Daten- und Systemmigration vorbereiten (A-138)

Die Daten- und Systemmigration wird anhand des Migrationskonzeptes am Ende der Konstruktionsphase kurz vor der Einführung konkret vorbereitet.
- Aktivität muss durchgeführt werden in der „Hauptphase (Konstruktion)" (⇨29) (Iterative Aktivität, am Phasenende).

Beschreibung:

Zur Umsetzung des Migrationskonzeptes werden häufig spezielle Skripte und Konvertierungsprogramme benötigt. Diese müssen
- erstellt und
- getestet

werden, bevor die eigentliche Migration erfolgen soll. Dazu wird eine entsprechende Testumgebung benötigt. Des Weiteren müssen die fachlich geeigneten Personen zur Verfügung stehen, die die testweise migrierten Daten und Systeme prüfen können.

Unterlagen:
- „Migrationskonzept (E-84)" (⇨232)
- „Datenbankschema (E-42)" (⇨221)

Ergebnisse:
- „Skript, Makro oder Programm (E-172)" (⇨227)

Verantwortlich:
- „SystemanalytikerIn (R–12)" (⇨260)

Beteiligte:
- „Gesamtprojektleitung (R–3)" (⇨255) – aktiv mitwirkend
- „DatenbankentwicklerIn (R–30)" (⇨265) – aktiv mitwirkend

- „Projekt-QualitätsmanagerIn (R–38)" (⇨266) – aktiv mitwirkend
- „Datenbank-AdministratorIn (R–49)" (⇨265) – ergebnisempfangend

Nachfolgeaktivitäten [ggf. Bedingung]:

- „Anwendung und Daten migrieren (A-144)" (⇨165)

3.10.5 Anwenderdokumentation entwickeln (A-139)

Handbücher, Arbeitsanweisungen u.Ä. sind zu erstellen.

- Aktivität muss durchgeführt werden in der „Hauptphase (Konstruktion)" (⇨29) (Iterative Aktivität, am Phasenende).
- Aktivität muss durchgeführt werden in der „Einführungsphase" (⇨30) (Iterative Aktivität, für die kurzfristigen Read.me-Dateien usw.).

Beschreibung:

Alle Arten von Anwenderdokumentation sind zu erstellen. Dies können u.a. sein:

- Handbücher
- Arbeitsanweisungen
- Hilfetexte des Programms
- sonstige Dokumentation für den Anwender

Diese Dokumente sind in der entsprechenden Form auszuliefern, also z.B. als Buch, PDF-Dokument oder HTML-Datei. In der Einführungsphase sind die kurzfristigen Dokumente (Read.me o.Ä.) mit den aktuellen Änderungen zu erstellen.

Ergebnisse:

- „Anwenderdokumentation (E-85)" (⇨231)
- „Online-Hilfe (E-94)" (⇨230)

Verantwortlich:

- „Technische(r) RedakteurIn (R–48)" (⇨267)

Beteiligte:

- „Fachliche Projektleitung (R–27)" (⇨256) – autorisierend
- „Alle Projektmitglieder (R–67)" (⇨272) – beratend

3.10.6 Anwenderschulung vorbereiten (A-140)

Konzept, Ordner/Kopiervorlagen und Folienvorträge für Anwenderschulung erstellen

- Aktivität muss durchgeführt werden in der „Hauptphase (Konstruktion)" (⇨29) (Iterative Aktivität, am Phasenende).

Beschreibung:

Das Schulungskonzept ist für die verschiedenen Zielgruppen angepasst zu erstellen. Dabei ist zumindest zu berücksichtigen,

- welche Gruppe
- welche Aufgaben
- in welcher Tiefe

beherrschen muss. Dazu sind die angemessenen Schulungsformen zu wählen, wie z.B. praktische Trainings am Rechner oder theoretische Überblicksvorträge. Auch die entsprechende Form, z.B. durch einen Trainer oder aber interaktiv über ein Lernprogramm, ist zu bestimmen.

Die Schulungsunterlagen sind in ausreichender Anzahl zu erstellen bzw. drucken zu lassen. Gegebenenfalls sind Druckvorlagen zu erstellen und eine Druckerei ist zu beauftragen.

Die ausführenden Trainer sind in der notwendigen Tiefe in die zu schulenden Programme einzuweisen und mit den Schulungskonzepten und -materialien vertraut zu machen.

Ergebnisse:
- „Schulungskonzept (E-86)“ (⇨231)
- „Schulungsunterlagen (E-87)“ (⇨231)

Verantwortlich:
- „TrainingskoordinatorIn (R–47)“ (⇨274)

Beteiligte:
- „TrainerIn (R–35)“ (⇨274) – aktiv mitwirkend

3.10.7 Anwender schulen (A-141)

Schulungen durchführen
- Aktivität sollte durchgeführt werden in der „Einführungsphase“ (⇨30) (Iterative Aktivität).
- Aktivität muss durchgeführt werden in der „Betriebsphase“ (⇨31) (Begleitende Aktivität).

Beschreibung:

Die Anwender werden in einer Schulung in die Anwendung eingewiesen. Die Schulung erfolgt in der Einweisungsumgebung mit Beispiel- und Schulungsdaten.

Die Schulungsunterlagen enthalten Übungsbeispiele.

Am Ende der Schulung findet eine Befragung der Schulungsteilnehmer statt (Fragebogen), um eine Bewertung der Schulung, Schulungsunterlagen und vor allem der neuen Anwendung zu erhalten.

Unterlagen:
- „Schulungskonzept (E-86)“ (⇨231)

Ergebnisse:
- „Anwenderfragebogen (E-130)“ (⇨231)

Verantwortlich:
- „TrainerIn (R–35)“ (⇨274)

Beteiligte:
- „AnwenderIn (R–18)“ (⇨273) [*] – aktiv mitwirkend

3.10.8 Hotline, Support und Multiplikatoren schulen (A-142)

Die Servicemitarbeiter und die zentralen fachlichen Anwender werden vorab in der Nutzung, Bedienung und Fehlerbehebung geschult.
- Aktivität muss durchgeführt werden in der „Hauptphase (Konstruktion)“ (⇨29) (Iterative Aktivität, zum Phasenende).
- Aktivität sollte durchgeführt werden in der „Einführungsphase“ (⇨30) (Iterative Aktivität).

Beschreibung:

Die Servicemitarbeiter („Helpdesk-MitarbeiterIn (R–34)“ (⇨273) und „Second-Level-Support (R–46)“ (⇨273)) und die zentralen fachlichen Anwender, die später in der Praxis als Multiplikatoren dienen, werden in einer Schulung in die Anwendung eingewiesen. Die Schulung erfolgt in der Einweisungsumgebung mit Beispiel- und Schulungsdaten.

Die Schulungsunterlagen enthalten Übungsbeispiele.

Am Ende der Schulung findet eine Befragung der Schulungsteilnehmer statt (Fragebogen), um eine Bewertung der Schulung, Schulungsunterlagen und vor allem der neuen Anwendung zu erhalten.

Unterlagen:
- „Schulungskonzept (E-86)" (⇨231)
- „Anwenderdokumentation (E-85)" (⇨231)

Ergebnisse:
- „Anwenderfragebogen (E-130)" (⇨231)

Verantwortlich:
- „Fachexperte (R–2)" (⇨258)

Beteiligte:
- „BerechtigungsadministratorIn (R–31)" (⇨266) – aktiv mitwirkend
- „Helpdesk-MitarbeiterIn (R–34)" (⇨273) [1..*] – aktiv mitwirkend
- „TrainerIn (R–35)" (⇨274) [1..*] - aktiv mitwirkend
- „Second-Level-Support (R–46)" (⇨273) [1..*] – aktiv mitwirkend
- „Technische(r) RedakteurIn (R–48)" (⇨267) [1] – aktiv mitwirkend

3.10.9 Anwendung und Daten migrieren (A-144)

Bestehende Anwendungen und Daten werden in das Umfeld des neuen Systems integriert.
- Aktivität muss durchgeführt werden in der „Einführungsphase" (⇨30) (Singuläre Aktivität).

Beschreibung:

Das Vorgehen ist im „Migrationskonzept (E-84)" (⇨232) beschrieben.

Unterlagen:
- „Migrationskonzept (E-84)" (⇨232)

Verantwortlich:
- „InstallationsvorbereiterIn (R–65)" (⇨276)

Beteiligte:
- „DatenmodelliererIn (R–22)" (⇨264) – aktiv mitwirkend

3.10.10 Übergabe der Projektergebnisse an das Wartungsteam (A-265)

Der Code, die SEU und alle relevanten Artefakte werden vom Projektteam an das Wartungsteam übergeben.
- Aktivität muss durchgeführt werden in der „Einführungsphase" (⇨30) (Singuläre Aktivität).

Beschreibung:

Es erfolgt eine direkte Übergabe aller Informationen von den verantwortlichen Mitgliedern des Projektteams an die Mitglieder des Wartungsteams. Übergeben werden
- alle Dokumente und Freigaben,
- alle Programme inkl. Code und sonstiger Dateien,
- die komplette Entwicklungsumgebung,
- das gesamte Testumfeld,
- der Projektabschlussbericht und
- sonstige relevante Information.

Wenn möglich, wechseln einige der Projektteammitarbeiter in das Wartungsteam, um den Informationsverlust so gering wie möglich zu halten.

Begründung:

Um eine effiziente Wartung der Projektergebnisse zu ermöglichen, erfolgt eine systematische und geplante Übergabe der relevanten Informationen vom Projektteam an das Wartungsteam.

Unterlagen:
- „Projektübergabeplan (E-163)" (⇨241)

Ergebnisse:
- „Produkt-Übergabeprotokoll (E-113)" (⇨249)

Verantwortlich:
- „Gesamtprojektleitung (R–3)" (⇨255)

Beteiligte:
- „Alle Projektmitglieder (R–67)" (⇨272) – aktiv mitwirkend
- „FachlicheR ArchitektIn (R–70) " (⇨267) – aktiv mitwirkend
- „TechnischeR ArchitektIn (R–6)" (⇨260) – aktiv mitwirkend
- „DesignerIn (R–84)" (⇨268) – aktiv mitwirkend
- „DatenbankentwicklerIn (R–30)" (⇨265) – aktiv mitwirkend

3.10.11 Projektübergabe an Wartungsteam planen (A-266)

Planung der Projektübergabe durch Projektteammitglieder an das Wartungsteam
- Aktivität muss durchgeführt werden in der „Einführungsphase" (⇨30) (Iterative Aktivität).

Beschreibung:

Die Planung der Projektübergabe berücksichtigt
- die Bereitstellung eines ausreichenden Zeitraums,
- die geeignetsten Personen aus dem Projektteam und dem Wartungsteam,
- die Definition des Übergabeablaufes.

Idealerweise wechseln einige Projektteammitglieder in das Wartungsteam, um den zwangsläufigen Informationsverlust bei Übergaben zu minimieren.

Unterlagen:
- „Projektübergabeplan (E-163)" (⇨241)

Ergebnisse:
- „Produkt-Übergabeprotokoll (E-113)" (⇨249)

Verantwortlich:
- „Gesamtprojektleitung (R–3)" (⇨255)

Beteiligte:
- „Alle Projektmitglieder (R–67)" (⇨272) – beratend
- „FachlicheR ArchitektIn (R–70) " (⇨267) – aktiv mitwirkend
- „TechnischeR ArchitektIn (R–6)" (⇨260) – aktiv mitwirkend
- „DesignerIn (R–84)" (⇨268) – beratend
- „DatenbankentwicklerIn (R–30)" (⇨265) – beratend

3.10.12 Roll-Out planen (A-267)

Planung der Auslieferung des Softwaresystems auf die Anwendersysteme
- Aktivität muss durchgeführt werden in der „Hauptphase (Konstruktion)" (⇨29) (Begleitende Aktivität).

Beschreibung:

Es ist ein Plan aufzustellen, der die folgenden Fragen beantwortet:
- Wann ist welche Hardware wohin und durch wen auszuliefern?
- Wann ist welche Software wohin und durch wen auszuliefern?
- Wann ist wer durch wen zu schulen?
- Wann sind welche Dokumente auszuliefern?

Neben einem allgemeinen Zeitplan müssen dazu z.B. Zulieferer evaluiert, Ausschreibungen durchgeführt oder Trainer und technische Autoren beauftragt werden. Auch ist dafür zu sorgen, dass die notwendigen Projektergebnisse rechtzeitig vorliegen. Dazu müssen die Projektmitglieder rechtzeitig über den Roll-Out-Plan informiert werden.

Das Roll-Out ist eine eigenständige organisatorische Aufgabe, die meist durch einen eigenen Manager geplant, koordiniert und geleitet wird.

Ergebnisse:
- „Roll-Out-Plan (E-164)" (⇨241)

Verantwortlich:
- „Roll-Out-ManagerIn (R–90)" (⇨271)

Beteiligte:
- „Second-Level-Support (R–46)" (⇨273) – beratend
- „TrainingskoordinatorIn (R–47)" (⇨274) – beratend
- „InstallationsvorbereiterIn (R–65)" (⇨276) – beratend
- „Alle Projektmitglieder (R–67)" (⇨272) – ergebnisempfangend

3.10.13 Roll-Out durchführen (A-268)

Auslieferung des Softwaresystems auf die Anwendersysteme
- Aktivität muss durchgeführt werden in der „Einführungsphase" (⇨30) (Iterative Aktivität).

Beschreibung:

Durch das Roll-Out wird der Anwender in die Lage versetzt, das neue Soft- und ggf. Hardwaresystem zu nutzen. Dafür müssen mindestens die folgenden Aufgaben erledigt werden.

Die notwendige Software muss verteilt werden, d.h.
- ausgeliefert und
- installiert sowie getestet werden.
- Handbücher und weitere Dokumentationen müssen ausgeliefert werden.
- Anwenderschulungen müssen durchgeführt werden.
- Ggf. ist neue Hardware zu verteilen, also
- auszuliefern und
- zu installieren bzw. anzuschließen sowie
- zu testen.
- Ggf. ist bestehende Hardware nachzurüsten. Dazu muss
- die nachzurüstende Hardware ausgeliefert und
- installiert
- sowie getestet werden.

Unterlagen:
- „Roll-Out-Plan (E-164)" (⇨241)
- „Release (E-182)" (⇨227)

Ergebnisse:
- „Release (E-182)" (⇨227)
- „Bericht (E-77)" (⇨252)

Verantwortlich:
- „Roll-Out-ManagerIn (R–90)“ (⇨271)

Beteiligte:
- „BerechtigungsadministratorIn (R–31)“ (⇨266) – aktiv mitwirkend
- „Helpdesk-MitarbeiterIn (R–34)“ (⇨273) – ergebnisempfangend
- „TrainerIn (R–35)“ (⇨274) – aktiv mitwirkend
- „Second-Level-Support (R–46)“ (⇨273) – aktiv mitwirkend
- „TrainingskoordinatorIn (R–47)“ (⇨274) – aktiv mitwirkend
- „Datenbank-AdministratorIn (R–49)“ (⇨265) – aktiv mitwirkend
- „Operator (R–50)“ (⇨275) – aktiv mitwirkend
- „InstallationsvorbereiterIn (R–65)“ (⇨276) – aktiv mitwirkend

3.10.14 Anwenderfragebögen auswerten (A-279)

Die Anwenderfragebögen aus den Schulungen werden ausgewertet und die Ergebnisse verdichtet, um sie für die weitere Entwicklung als Entscheidungsgrundlage berücksichtigen zu können.
- Aktivität sollte durchgeführt werden in der „Einführungsphase“ (⇨30) (Iterative Aktivität).

Beschreibung:

Die Anwenderfragebögen werden statistisch ausgewertet. Dazu werden die Befragten Anwendergruppen zugeordnet, um später eine Zuordnung der Problemfälle zu diesen Gruppen machen zu können. Zusätzlich werden die Problemfälle kategorisiert und die Nennungen addiert. So lassen sich in der Auswertung schnell die zentralen Probleme identifizieren, deren Lösung entweder vielen oder besonders wichtigen Anwendern weiterhilft.

Begründung:

Die Schulungen sind besonders gut geeignet, um vom Anwender Rückmeldungen über das neue System zu erhalten. Die Lösung dieser Probleme erhöht in kürzester Zeit die Akzeptanz eines Neusystems bei den Anwendern.

Unterlagen:
- „Anwenderfragebogen (E-130)“ (⇨231)

Ergebnisse:
- „Anwenderfragebogen-Auswertung (E-131)“ (⇨232)

Verantwortlich:
- „TrainingskoordinatorIn (R–47)“ (⇨274)

Beteiligte:
- „Gesamtprojektleitung (R–3)“ (⇨255) – ergebnisempfangend
- „TrainerIn (R–35)“ (⇨274) – aktiv mitwirkend

3.10.15 Zulieferleistungen überwachen (A-301)

Zulieferleistungen überwachen
- Aktivität muss durchgeführt werden in der „Startphase (Entwurf und Architektur)“ (⇨25) (Periodische Aktivität, wöchentlich).
- Aktivität muss durchgeführt werden in der „Hauptphase (Konstruktion)“ (⇨29) (Periodische Aktivität, wöchentlich).
- Aktivität muss durchgeführt werden in der „Einführungsphase“ (⇨30) (Periodische Aktivität, wöchentlich).

Beschreibung:

Alle Leistungen, die durch Projektmitarbeiter erbracht werden, können durch entsprechende Arbeitsaufträge geplant, gesteuert und überwacht werden. Alle Leistungen, die für das Projekt notwendig sind, jedoch nicht von Projektmitarbeitern erbracht werden, müssen in anderer Weise überwacht werden.

In regelmäßigen Abständen, beispielsweise wöchentlich, mindestens aber einmal pro Iteration, sind alle angeforderten Zulieferleistungen dahingehend zu prüfen, ob das Projekt hierzu noch einen Beitrag zu leisten hat und ob seitens des Lieferanten alles wie geplant läuft. Gegebenenfalls ist zu intervenieren, die Planung zu aktualisieren oder ein neues Risiko aufzunehmen.

Unterlagen:
- „Zulieferleistungsspezifikation (E-105)" (⇨244)
- „Katalog projektexterner Anforderungen und Zulieferleistungen (E-72)" (⇨230)

Verantwortlich:
- „Gesamtprojektleitung (R–3)" (⇨255)

Beteiligte:
- „Verschiedene (R–72)" (⇨276) – aktiv mitwirkend

3.10.16 Betriebskonzept und -handbuch erstellen (A-304)

Erstellung eines Handbuches zum Betrieb der Anwendung
- Aktivität muss durchgeführt werden in der „Hauptphase (Konstruktion)" (⇨29) (Singuläre Aktivität, Entwurf/Vorbereitung).
- Aktivität muss durchgeführt werden in der „Einführungsphase" (⇨30) (Singuläre Aktivität, Abstimmung und Freigabe).
- Aktivität muss durchgeführt werden in der „Betriebsphase" (⇨31) (Begleitende Aktivität, Pflege).

Beschreibung:

Das Betriebskonzept beschreibt, wie die Software betrieben werden soll. Wichtige Fragen hierfür sind beispielsweise:
- Wie läuft die Datensicherung und Datenwiederherstellung?
- Wie läuft die Datenarchivierung?
- Wie kann der Betrieb unterbrochen oder beendet werden?
- Was ist im Fehlerfall oder beim Wiederanlauf zu beachten?
- Wie können Patches eingespielt werden?
- Was ist beim Releasewechsel zu beachten?
- usw.

Das Handbuch ist mit dem Betrieb/Rechenzentrum abzustimmen.

Unterlagen:
- „Systemdokumentation (E-136)" (⇨230)

Ergebnisse:
- „Betriebskonzept und -handbuch (E-185)" (⇨232)

Verantwortlich:
- „TechnischeR ArchitektIn (R–6)" (⇨260)

Beteiligte:
- „Operator (R–50)" (⇨275) – aktiv mitwirkend
- „DV-Leitung (R–77)" (⇨277) – ergebnisempfangend
- „DesignerIn (R–84)" (⇨268) – aktiv mitwirkend
- „Roll-Out-ManagerIn (R–90)" (⇨271) – aktiv mitwirkend

3.10.17 Datenschutzkonzept erstellen (A-305)

Bdearfsanalyse, Risikoanalyse, Erstellung und Abstimmung des Datenschutzkonzeptes

- Aktivität muss durchgeführt werden in der „Hauptphase (Konstruktion)" (⇨29) (Singuläre Aktivität, Entwurf).
- Aktivität muss durchgeführt werden in der „Einführungsphase" (⇨30) (Singuläre Aktivität, Abstimmung).

Beschreibung:

Folgende Fragen bezüglich der Datensicherheit und des Datenschutzes sind zu klären:

- Welche Risiken sind vorhanden?
- Welche Risiken werden abgedeckt?
- Welche Restrisiken existieren?
- Wer ist für was verantwortlich?
- Welche Datenschutzbestimmungen, Gesetze etc. sind zu beachten?

Unterlagen:

- „Systemdokumentation (E-136)" (⇨230)
- „Anforderungsspezifikation (E-20)" (⇨207)

Ergebnisse:

- „Datenschutzkonzept (E-186)" (⇨233)

Verantwortlich:

- „Fachliche Projektleitung (R–27)" (⇨256)

Beteiligte:

- „Fachexperte (R–2)" (⇨258) – beratend
- „SystemanalytikerIn (R–12)" (⇨260) – aktiv mitwirkend
- „Technische Projektleitung (R–37)" (⇨257) – beratend
- „Operator (R–50)" (⇨275) – beratend

3.10.18 Change-Management-Konzept umsetzen (A-307)

Die vorgesehenen Maßnahmen zum Umgang mit sozialen und systemischen Auswirkungen der Systemeinführung umsetzen

- Aktivität kann durchgeführt werden in der „Hauptphase (Konstruktion)" (⇨29) (Singuläre Aktivität, für frühzeitige/präventive Maßnahmen).
- Aktivität sollte durchgeführt werden in der „Einführungsphase" (⇨30) (Singuläre Aktivität).
- Aktivität muss durchgeführt werden in der „Betriebsphase" (⇨31) (Singuläre Aktivität).

Beschreibung:

Die vorgesehenen Maßnahmen zum Umgang mit sozialen und systemischen Auswirkungen der Systemeinführung umsetzen

Unterlagen:

- „Change-Management-Konzept (E-187)" (⇨233)

Ergebnisse:

- „Sonstiges (E-146)" (⇨252)

Verantwortlich:

- „Gesamtprojektleitung (R–3)" (⇨255)

Beteiligte:

- „Lenkungsausschuss (R–58)" (⇨275) – aktiv mitwirkend
- „Verschiedene (R–72)" (⇨276) – aktiv mitwirkend
- „DV-Leitung (R–77)" (⇨277) – aktiv mitwirkend

3.10.19 Soziale und systemische Auswirkungen der Systemeinführung berücksichtigen (A-306)

Erarbeitung eines Konzeptes, das die durch die Systemeinführung entstehenden sozialen Veränderungen behandelt

Beschreibung:

Die Einführung neuer Software verursacht Veränderungen in der Arbeit der Benutzer und der Systembetroffenen. Die persönlichen Anforderungen ändern sich, die Aufgabenverteilung, Verantwortung, Kompetenzen, die Zusammenarbeit mit Kollegen etc.

Solche Veränderungen können Ängste, Widerstand oder gar Sabotage auslösen. Beispielsweise existieren bei drohendem Arbeitsplatzverlust möglicherweise berechtigte existenzielle Ängste.

Für den Erfolg des Projektes und die erfolgreiche Nutzung des zu erstellenden Systems ist es daher wichtig, diese sozialen und systemischen Aspekte explizit zu berücksichtigen, d.h. die möglichen Risiken und den geplanten Umgang mit ihnen zu bestimmen.

Unterlagen:
- „Anforderungsspezifikation (E-20)" (⇨207)
- „Projektrisiken (E-23)" (⇨242)

Ergebnisse:
- „Change-Management-Konzept (E-187)" (⇨233)

Verantwortlich:
- „SystemanalytikerIn (R–12)" (⇨260)

Beteiligte:
- „Fachexperte (R–2)" (⇨258) – aktiv mitwirkend
- „Gesamtprojektleitung (R–3)" (⇨255) – beratend
- „Fachliche Projektleitung (R–27)" (⇨256) – beratend

Nachfolgeaktivitäten [ggf. Bedingung]:
- „Change-Management-Konzept umsetzen (A-307)" (⇨170)

3.11 Konfigurations- und Umgebungsmanagement

Bereitstellung der Entwicklungsumgebung für alle Projektmitarbeiter und regelmäßige technische Integration des Systems.

Diese Disziplin umfasst Aktivitäten zur Durchführung der technischen Systemintegration (Build-Prozess), der Versionierung und Konfigurierung von Entwicklungsergebnissen und die Bereitstellung der dafür notwendigen Infrastruktur und Entwicklungsumgebung. Kleinere, vorwiegend projektspezifische Unterstützungsleistungen zur Rationalisierung des Entwicklungsprozesses gehören ebenfalls dazu (z.B. Anpassungen von Generierungsskripten, Werkzeugen etc.).

3.11.1 Mitarbeiterarbeitsplatz einrichten (A-155)

Für jeden Projektmitarbeiter werden die relevanten Teile der Entwicklungsumgebung eingerichtet, die er benötigt, um seine Projektaufgaben erledigen zu können.

- Aktivität sollte durchgeführt werden in der „Vorbereitungsphase" (⇨21) (Exzeptionelle Aktivität, bedarfsweise).
- Aktivität muss durchgeführt werden in der „Startphase (Entwurf und Architektur)" (⇨25) (Singuläre Aktivität).

- Aktivität muss durchgeführt werden in der „Hauptphase (Konstruktion)“ (⇨29) (Singuläre Aktivität, für neue Mitarbeiter).

Beschreibung:

Die Einrichtung eines Mitarbeiterarbeitsplatzes ist aufgrund der Vielfalt und Komplexität als eigene Aufgabe zu sehen. Diese Aufgabe erfordert zunächst die Installation der Entwicklungswerkzeuge auf dem Rechner des Mitarbeiters. Je nach Aufgabengebiet benötigt er Zugriff auf einige oder alle der folgenden Werkzeuge:

- Anforderungsverwaltung, Anwendungsfall-Datenbank o.Ä.
- GUI-Builder-Werkzeug
- Softwareentwicklungsumgebung mit Versionsverwaltung
- Datenbankwerkzeuge
- Test-, Debug- und Monitorwerkzeuge
- UML-Modellierungswerkzeug
- Textverarbeitung
- E-Mail
- Internetzugang
- Wiki-Zugang
- Virenschutz und andere Sicherheitsmechanismen

Insbesondere in der Entwicklungsumgebung muss der Mitarbeiter zudem entsprechend eingerichtet werden. Hierzu gehören u.a. die Einrichtung eines privaten Arbeitsbereiches für den Mitarbeiter, die Vergabe der notwendigen Berechtigungen für den Benutzer etc.

Ergebnisse:

- „Sonstiges (E-146)“ (⇨252)

Verantwortlich:

- „Konfigurations- und Build-ManagerIn (R–17)“ (⇨264)

3.11.2 Projektumgebung einrichten bzw. anpassen (A-168)

Für jedes neue Projekt wird auf einem Projektrechner eine Umgebung eingerichtet, in der die Ergebnisse der Projektarbeit hinterlegt werden.

- Aktivität sollte durchgeführt werden in der „Vorbereitungsphase“ (⇨21) (Singuläre Aktivität).
- Aktivität muss durchgeführt werden in der „Startphase (Entwurf und Architektur)“ (⇨25) (Singuläre Aktivität, falls noch nicht in Vorbereitungsphase eingerichtet).
- Aktivität muss durchgeführt werden in der „Hauptphase (Konstruktion)“ (⇨29) (Exzeptionelle Aktivität, wenn neue Tools, Framework-Versionen etc. eingeführt werden sollen).

Beschreibung:

Jedes Projekt benötigt einen zentralen Bereich, in dem Ergebnisse und verwendete Informationen gesammelt und verwaltet werden können. Diese Umgebung muss zu Beginn des Projektes erstellt und im Laufe des Projektes veränderten Umständen angepasst werden.

Der Aufbau der Umgebung wird im „Konfigurationsplan (E-177)“ (⇨241) definiert.

Unterlagen:

- „Konfigurationsplan (E-177)“ (⇨241)

Ergebnisse:

- „Sonstiges (E-146)“ (⇨252)

Verantwortlich:

- „Konfigurations- und Build-ManagerIn (R–17)“ (⇨264)

Beteiligte:

- „Operator (R–50)“ (⇨275) – beratend

3.11.3 Architektur und Softwareentwicklungsumgebung evaluieren (A-23)

Untersuchung der Anwendungsarchitektur und Softwareentwicklungsumgebung (SEU) zur Klärung der Eignung für das aktuelle Vorhaben und zur besseren Einschätzung technologischer Risiken

- Aktivität kann durchgeführt werden in der „Vorbereitungsphase" (⇨21) (Singuläre Aktivität).
- Aktivität sollte durchgeführt werden in der „Startphase (Entwurf und Architektur)" (⇨25) (Singuläre Aktivität, falls noch nicht in Vorbereitungsphase durchgeführt).

Beschreibung:

Projekte beinhalten per Definition ein besonderes Risiko. Viele Risiken sind technischer Natur und ergeben sich ganz allgemein aus der rasanten technischen Entwicklung. Vielleicht kommt eine neue Datenbank zum Einsatz, eine neue Programmiersprache, neue Entwicklungswerkzeuge, eine neue Kommunikations-Middleware, eine andere Anwendungsarchitektur, besondere qualitative und andere nicht funktionale Anforderungen, vielleicht sind spezielle bestehende Legacy-Systeme zu integrieren – wie auch immer, mit allen Randbedingungen, die dem Projektteam nicht vertraut sind, manifestieren sich Risiken für das Projekt.

Eine Strategie, diese Risiken zu minimieren, besteht darin, sie möglichst frühzeitig zu untersuchen. Das heißt beispielsweise, auf diese Risiken fokussiert mit Hilfe eines Prototyps Erfahrungen zu sammeln. Je nach Risiken wird dann ein "Datenbank-Prototyp", ein "Legacy-Integrationsprototyp" oder ganz allgemein ein technischer Prototyp entwickelt.

Mit diesem Prototyping werden dann nicht nur die Risiken untersucht. Soweit möglich, werden auch identifizierte Schwachstellen behoben oder zumindest Maßnahmen beschrieben, die zu ihrer Behebung notwendig sind.

Aus dem Prototyping ergeben sich Musterlösungen, Entwicklungsrichtlinien, Work-Arounds sowie ein Architekturmodell. Das Architekturmodell beschreibt die grundsätzliche Struktur der zu entwickelnden Software, beispielsweise, in welche Schichten und Einheiten sich die Anwendung gliedert und wie diese zusammenhängen.

Das Architekturmodell hat Auswirkungen auf die Projektplanung, Projektorganisation und das Vorgehen. Durch die bessere Beurteilbarkeit und Verringerung der Entwicklungsrisiken, kann auch die Aufwandsschätzung präziser und sicherer werden.

Die System- und Anwendungsarchitektur muss durch die Softwareentwicklungsumgebung unterstützt werden und ist daher in die Untersuchung einzubeziehen.

Unterlagen:
- „Katalog aller offenen Probleme (E-24)" (⇨243)
- „Projektrisiken (E-23)" (⇨242)

Ergebnisse:
- „Bericht (E-77)" (⇨252)

Verantwortlich:
- „Technische Projektleitung (R–37)" (⇨257)

Beteiligte:
- „TechnischeR ArchitektIn (R–6)" (⇨260) – beratend
- „Konfigurations- und Build-ManagerIn (R–17)" (⇨264) – beratend

3.11.4 Konfigurationsmanagement definieren (A-63)

Die Anforderungen an das Konfigurationsmanagement werden identifiziert und beschrieben.

- Aktivität sollte durchgeführt werden in der „Startphase (Entwurf und Architektur)" (⇨25) (Singuläre Aktivität).

Beschreibung:

Die projektspezifischen Anforderungen an das Konfigurationsmanagement werden identifiziert. Dazu zählen u.a.

- die Dokumenttypen, die versioniert werden müssen,
- das Vorgehen zum Erstellen gekennzeichneter Versionen,
- die Richtlinien zum Erstellen und Zusammenführen neuer Versionszweige.

Ziel dieser Aktivität ist die vollständige Definition des Konfigurationsplans („Konfigurationsplan (E-177)" (⇨241)).

Ergebnisse:

- „Konfigurationsplan (E-177)" (⇨241)

Verantwortlich:

- „Konfigurations- und Build-ManagerIn (R–17)" (⇨264)

3.11.5 Daily-Build und Smoketest (A-292)

Nach jeder größeren Änderung am Code, mindestens aber einmal täglich, wird ein neues Gesamtsystem kompiliert, zusammengebaut und bezüglich seiner Testbarkeit geprüft.

- Aktivität muss durchgeführt werden in der „Startphase (Entwurf und Architektur)" (⇨25) (Periodische Aktivität, täglich).
- Aktivität muss durchgeführt werden in der „Hauptphase (Konstruktion)" (⇨29) (Periodische Aktivität, täglich).
- Aktivität muss durchgeführt werden in der „Einführungsphase" (⇨30) (Periodische Aktivität, täglich).

Beschreibung:

Im Idealfall läuft der Build-Prozess nach jeder größeren Änderung oder einmal täglich, beispielsweise als so genannte Daily-Builds oder Nightly-Builds. Voraussetzung hierfür ist eine Automatisierung der Tests.

Alle Änderungen und Entwicklungen eines Tages werden beim Daily-Build und Smoketest einmal täglich zu einem neuen Build zusammengeführt und anschließend dahingehend getestet, dass es überhaupt stabil läuft. Ein Smoketest gibt keine Antworten darauf, ob Tests erfolgreich laufen, sondern darauf, ob das System überhaupt testbar ist und beispielsweise nicht gleich beim Starten wieder abstürzt.

Mit diesem Verfahren wird sichergestellt, dass es jeden Tag eine neue lauffähige Version des Systems gibt. Selbstverständlich enthält dieses noch Fehler und viele fachliche Tests werden mit negativem Ergebnis beendet. Wesentlich ist jedoch, dass es überhaupt einen objektiv messbaren Stand gibt, d.h. der Projektfortschritt täglich objektiv überprüfbar wird.

Mit den Daily-Builds und Smoketests wird sichergestellt, dass das, was erstellt wurde, auch nachweisbar und messbar wird. Das Projekt erhält in sehr kurzen Zeitabständen Rückmeldungen zum inhaltichen Erfolg und Fortschritt. Damit können grundsätzlich auch Meilensteine und die Einhaltung des aktuellen Projektplans überprüft werden. Bezogen auf die Arbeitsaufträge sind damit jedoch keine Aussagen möglich.

Unterlagen:

- „Code (E-81)" (⇨226)
- „Konfigurationsplan (E-177)" (⇨241)

Ergebnisse:

- „Build (E-180)" (⇨227)

Verantwortlich:

- „Konfigurations- und Build-ManagerIn (R–17)" (⇨264)

Beteiligte:

- „TechnischeR ArchitektIn (R–6)" (⇨260) – beratend
- „TestdurchführerIn (R–87)" (⇨269) – beratend

Nachfolgeaktivitäten [ggf. Bedingung]:

- „Automatischer Systemtest (Regressionstest) (A-293)" (⇨157)
- „Release entwickeln (A-299)" (⇨175) [aus bestimmten Builds]

3.11.6 Release entwickeln (A-299)

Release entwickeln, aus einem Build ein Release machen

- Aktivität kann durchgeführt werden in der „Startphase (Entwurf und Architektur)" (⇨25) (Singuläre Aktivität, bei Bedarf, prototypisch).
- Aktivität sollte durchgeführt werden in der „Hauptphase (Konstruktion)" (⇨29) (Singuläre Aktivität).
- Aktivität sollte durchgeführt werden in der „Einführungsphase" (⇨30) (Singuläre Aktivität).

Beschreibung:

Täglich und spätestens am Ende der Iteration entsteht ein aktuelles Build von dem in Entwicklung befindlichen System. Zusätzlich hierzu stellt sich die Frage, wie Releases entstehen.

Ein Release ist die Weiterentwicklung eines Build. Im Gegensatz zum Build muss ein Release definierte fachliche Anforderungen erfüllen, d.h. entsprechend getestet werden, in die Zielumgebung überführt werden oder zumindest dafür bereitstehen, zuvor möglicherweise in einer Testumgebung betrieben werden, Abnahme- und Freigabeprozeduren durchlaufen und einiges mehr. Manchmal sind Testläufe notwendig, die nur nachts oder am Wochenende möglich sind.

Die dafür notwendigen Tätigkeiten können wiederum mit Arbeitsaufträgen geplant und umgesetzt werden, müssen dabei jedoch nicht mehr dem Iterationszyklus folgen. Welche Vorgehensweise hier konkret sinnvoll ist, hängt von dem für die Releaseentwicklung notwendigen Aufwand ab.

Sofern Releases ohne größere besondere Aufwände erstellt werden können, ist es denkbar, dass das letzte Build innerhalb einer Iteration auch gleichzeitig ein Release wird. In den meisten Fällen sind für die Releaseentwicklung aber einige Tage oder Wochen Arbeit notwendig. In diesem Fall wird ein Build aus der iterativen Entwicklung herausgegriffen und Basis für die Releaseentwicklung. Die Entwicklung verzweigt dann in zwei Richtungen. Mit dem einen Entwicklungspfad geht die iterative Entwicklung ganz normal weiter, d.h., es werden schrittweise, Build für Build, weitere Funktionalitäten und Features hinzugefügt. Auf dem anderen Entwicklungspfad werden keine weiteren Funktionalitäten hinzugefügt, außer sie sind zur Stabilisierung oder Freigabe notwendig. Stattdessen werden alle notwendigen Voraussetzungen geschaffen, um die Software einführen bzw. ausliefern zu können.

Die damit verbundenen Arbeitsaufträge und Schritte nach dem gleichen iterativen Schema abzuwickeln, sie also auch Reviews zu unterziehen etc., ist in den meisten Fällen nicht sinnvoll, da der Prozess der Relaseentwicklung bereits eine Bewertung und eine Rückmeldung darüber beinhaltet, wie brauchbar das Build war. Nach der Releasefreigabe gibt es dann weitere Rückmeldungen. Ausnahmen sind möglicherweise Projekte, die mehrere Monate Zeit benötigen, um aus einem Build ein Release zu machen. Dann sind dies schon eigene kleine Projekte, die wiederum iterativ abgewickelt werden können.

Erstellen Sie zusammen mit allen Betroffenen eine Checkliste, was für die Produktionsfreigabe eines Releases notwendig ist, und verwenden Sie diese dann für jede Releaseentwicklung.

Unterlagen:

- „Build (E-180)" (⇨227)
- „Konfigurationsplan (E-177)" (⇨241)
- „Migrationskonzept (E-84)" (⇨232)
- „Releaseplan (E-179)" (⇨239)
- „Roll-Out-Plan (E-164)" (⇨241)

Ergebnisse:

- „Release (E-182)" (⇨227)

Verantwortlich:

- „Technische Projektleitung (R–37)" (⇨257)

Beteiligte:
- „AnwendungsentwicklerIn (R–11)“ (⇨262) – aktiv mitwirkend
- „Konfigurations- und Build-ManagerIn (R–17)“ (⇨264) – aktiv mitwirkend
- „Fachliche Projektleitung (R–27)“ (⇨256) – beratend
- „Projekt-QualitätsmanagerIn (R–38)“ (⇨266) – aktiv mitwirkend
- „Second-Level-Support (R–46)“ (⇨273) – aktiv mitwirkend
- „DV-Leitung (R–77)“ (⇨277) – autorisierend

Nachfolgeaktivitäten [ggf. Bedingung]:
- „Release testen (A-302)“ (⇨158)

3.12 Projektmanagement

Planung und Verwaltung der Ressourcen, Termine, Besetzung und Durchführung aller Aktivitäten des Projektes

Die Aktivitäten des Projektmanagements sind aufgeteilt in formale, organisatorische und politische Aktivitäten (hier enthalten und beschrieben) sowie in Aktivitäten zur fachlichen und inhaltlichen Steuerung des Projektes (enthalten in der Disziplin „Iterations-, Prozess- und Änderungsmanagement“ (⇨189)).

Die Motivation zur Trennung diese beiden Teilaspekte resultiert aus der Erfahrung, dass sie zumindest in mittleren und größeren Projekten nicht mehr von einer Person wahrgenommen werden können.

Zu dieser Disziplin gehören alle Aktivitäten zur Planung, Verwaltung und Organisation der Ressourcen (interne/externe Mitarbeiter, Werkzeuge, Räume etc.), Termine, Besetzung und Durchführung aller Aktivitäten des Projektes, Repräsentation des Projektes nach außen (gegenüber Auftraggeber, Lenkungsausschuss etc.), Wahrnehmung und Durchsetzung von Projektinteressen gegenüber dem Projektumfeld und die Gesamtverantwortung für das Projekt.

3.12.1 Phasenauftaktveranstaltung (A-158)

Der Beginn der Projektphase wird offiziell verkündet. Allen aktuell Projektbeteiligten werden die Aufgaben und Ziele des Projektes in dieser Phase vermittelt.
- Aktivität sollte durchgeführt werden in der „Vorbereitungsphase“ (⇨21) (Singuläre Aktivität).
- Aktivität muss durchgeführt werden in der „Startphase (Entwurf und Architektur)“ (⇨25) (Singuläre Aktivität).
- Aktivität muss durchgeführt werden in der „Hauptphase (Konstruktion)“ (⇨29) (Singuläre Aktivität).
- Aktivität muss durchgeführt werden in der „Einführungsphase“ (⇨30) (Singuläre Aktivität).
- Aktivität kann durchgeführt werden in der „Betriebsphase“ (⇨31) (Singuläre Aktivität).

Beschreibung:

Der Projektleiter lädt alle aktuellen Projektmitglieder sowie alle wichtigen projektexternen Beteiligten wie beispielsweise Anwender-, Fachabteilungs-, Auftraggebervertreter, Zulieferer u.Ä. zu einer gemeinsamen Veranstaltung ein.

Allen Projektbeteiligten sind Auftrag, Ziele, Aufgaben, besondere Herausforderungen, Risiken und Risikostrategien, Erfolgsfaktoren und Prioritäten des Projektes in dieser Phase zu vermitteln. Der Projektplan für die folgende Phase wird mit allen wichtigen Terminen, Ergebnissen und Aktivitäten vorgestellt, evtl. grundsätzliche Fragen diskutiert.

Begründung:

Die äußere Signalwirkung dieser Veranstaltung ist wichtig, um Motivation und Verantwortungsbewusstsein zu schärfen und die Ziele und Rahmenbedingungen zu vermitteln. Des Weiteren lernen sich alle Projektbeteiligten zumindest kurz kennen.

Unterlagen:
- „Projektpräsentation (E-135)" (⇨247)
- „Produktkarton (E-183)" (⇨236)

Ergebnisse:
- „Sonstiges (E-146)" (⇨252)

Verantwortlich:
- „Gesamtprojektleitung (R–3)" (⇨255)

Beteiligte:
- „Alle Projektmitglieder (R–67)" (⇨272) – ergebnisempfangend

Aufwands- und Terminhinweise: Dauer: ca. 2 – 6 h, Aufwand: ca. Anzahl Teilnehmer * Dauer + ca. 10 h Vorbereitung

3.12.2 Systemidee und Zielsetzung entwickeln (A-194)

Formuliere mit etwa 5 – 20 Sätzen schriftlich die Systemidee.
- Aktivität muss durchgeführt werden in der „Vorbereitungsphase" (⇨21) (Iterative Aktivität).

Beschreibung:

Die Entwicklung eines Systems beginnt damit, dass die grundsätzliche Zielsetzung und Systemidee gefunden werden muss. Was soll mit dem zu entwickelnden System erreicht werden? Gewöhnlich beginnt alles mit vagen Ideen und Visionen, Absichtsbekundungen und naiven Wünschen.
- Entwickle die Systemidee zusammen mit Auftraggeber, Produktempfänger, Benutzer und Entwickler unter aktiver Klärung von Interessenskonflikten und Widersprüchen.
- Formuliere die Systemidee kurz und knapp, aber unbedingt schriftlich mit etwa 5 – 20 Sätzen. Berücksichtige die wichtigsten Eigenschaften, Leistungsmerkmale, Rahmenbedingungen, Voraussetzungen und expliziten Leistungsausschlüsse.
- Sorge dafür, dass Auftraggeber, Produktempfänger, Benutzer und Entwickler die Systemidee kennen und vorbehaltlos unterstützen.

Entwickle die Systemidee. Formuliere die Systemidee schriftlich auf etwa einer halben Seite. Mit dem Vorgang des Aufschreibens setzt dann bereits der Zielfindungs- und Konkretisierungsprozess ein.

Wenn Auftraggeber, Produktempfänger und Entwickler keine explizite und einheitliche Idee haben, was das zukünftige System leisten soll, sind Komplikationen oder gar Misserfolg des Projektes vorprogrammiert. Eine einheitliche, schriftlich fixierte Vision ist wichtig, damit alle Beteiligten am gleichen Strang ziehen. Bei der Zielformulierung werden oftmals Interessenkonflikte und Widersprüche deutlich, die gewöhnlich geklärt werden sollten, bevor mit der Entwicklung begonnen wird.

Formuliere die Systemidee schriftlich. Die Systemidee muss nicht sehr ausführlich sein, wenige, aber aussagekräftige Sätze reichen aus. Als Metapher kann man sich hier an der Systembeschreibung eines gewöhnlichen Produktkartons orientieren. Wenn Sie eine Software kaufen, ist sie oftmals in einem großen Karton verpackt, in dem außer Luft und einer CD meistens nicht viel drin ist. Auf der Außenseite des Produktkartons finden Sie jedoch gewöhnlich zwei wichtige Informationen:
- Systemvoraussetzungen: Welche Hard- und Software muss bereits vorhanden sein, damit die neue Software einwandfrei funktioniert (Betriebssystem, Speicherkapazität etc.)?
- Wichtige Features und Eigenschaften: Was leistet die Software für den Benutzer?

Erstellen Sie für Ihr Projekt auch einen Produktkarton! Damit wird für alle Beteiligten plastisch sichtbar, was Sie mit Ihrem Projekt schaffen wollen. Folgende Informationen benötigen Sie für Ihren Produktkarton:
- Name: Wie heißt Ihr Produkt?
- Feature-Liste: die 5 – 15 wichtigsten Eigenschaften und Leistungsmerkmale Ihres Produktes
- Voraussetzungen, welcher Art auch immer: Hardware, Softwarearchitektur, Systemumgebung/Nachbarsysteme, Entwicklungswerkzeuge, organisatorische und personelle Voraussetzungen etc.

- Preis: Was kostet ihr System?

Sie können diese Informationen natürlich auch als einfaches Textdokument ablegen – ein realer Produktkarton hat jedoch verschiedene Vorteile:

- Angesichts der begrenzten Fläche sind Sie gezwungen, sich wirklich kurz zu fassen.
- Sie nehmen gedanklich die Fertigstellung des Produktes vorweg und preisen es bereits vorab an. Damit formulieren Sie ein Ziel, und klare Ziele sind eine wesentliche Voraussetzung, um die Handlungen der Projektbeteiligten auszurichten und ergebnisorientiert zu bündeln.
- Der Karton als materialisiertes Ziel schafft eine Identifikationsmöglichkeit und hat einen hohen symbolischen Wert. Wenn jemand von außen in das Projekt kommt und fragt: "Was macht ihr eigentlich?", dann geht man zum Produktkarton und zeigt ihn: "Das machen wir: ein XY-System. Es kann [...] leisten." Der Produktkarton sollte möglichst dort stehen, wo das Projektteam sich regelmäßig trifft.
- Auch spätere mögliche Änderungen an den grundlegende Leistungsmerkmalen und Voraussetzungen werden auf dieser Ebene konkret wahrnehmbar, weil der Karton ggf. geändert werden muss. Anstatt dem Produkt immer weitere Eigenschaften hinzuzufügen und damit allein durch die Größe den Projekterfolg zu gefährden, was auch eine entsprechende störende Überarbeitung des Produktkartons notwendig macht, kann es vorteilhafter sein, die zusätzlichen Features in entsprechende Zusatzprodukte auszugliedern, d.h. in separate Projekte mit eigenem Produktkarton. So wie die Freisprecheinrichtung für ein Mobiltelefon ein Zusatzprodukt ist, ist dann vielleicht auch die SAP-Schnittstelle einer Software separiert.

Wenn Sie die Systemidee kennen, kennen Sie auch die Ziele Ihres Softwarentwicklungsprojektes. Geben Sie Ihrem Produkt oder Ihrem Projekt einen Namen – auch der Name ist ein Identifikationspunkt. In größeren Projekten wird oftmals auch ein eigenes Logo für das Projekt und/oder das Produkt entworfen. In ganz großen Projekten werden manchmal richtig professionelle Broschüren bis hin zu eigenen Projektvisitenkarten entworfen und produziert.

Ergebnisse:

- „Systemvision (E-148)" (⇨236)
- „Projektname (E-184)" (⇨236)
- „Produktkarton (E-183)" (⇨236)

Verantwortlich:

- „Gesamtprojektleitung (R–3)" (⇨255)

Beteiligte:

- „AuftraggeberIn (R–1)" (⇨272) – autorisierend
- „Alle Projektmitglieder (R–67)" (⇨272) – ergebnisempfangend
- „DV-Leitung (R–77)" (⇨277) – aktiv mitwirkend

Nachfolgeaktivitäten [ggf. Bedingung]:

- „Projektziele und Projektauftrag formulieren und iterativ abstimmen (A-2)" (⇨178)

3.12.3 Projektziele und Projektauftrag formulieren und iterativ abstimmen (A-2)

Die Rahmenbedingungen des Projektes werden festgelegt.

- Aktivität muss durchgeführt werden in der „Vorbereitungsphase" (⇨21) (Singuläre Aktivität).

Beschreibung:

Folgende Rahmenbedingungen des Projektes werden festgelegt:

- Name des Projektes
- Auftraggeber
- Projektleiter
- ggf. Projektteammitglieder
- Inhaltlicher Umfang des Projektes
- Inhaltlicher Ausschluss vom Projekt (Was gehört nicht zum Projektumfang?)

- Motivation (Warum gibt es das Projekt?)
- Aufwands- und Terminvorstellungen des Auftraggebers (geplantes Budget, Start-, Endtermin, vorgegebene Meilensteine)
- Projektziele (Was soll mit dem Projekt erreicht werden? Worin wird der Projekterfolg bestehen?)
- Vorgesehene Projektgremien und ihre Teilnehmer (z.B. Lenkungsausschuss)
- Beteiligte und zu beachtende Personenkreise, Kräfte im Spannungsfeld u.Ä.
- Besonderheiten, Anmerkungen etc.

Ein einmal formulierter und abgestimmter Projektauftrag wird nicht mehr geändert. Er kann nur durch einen neuen ersetzt werden. Spätere Detaillierungen können auch in Anhängen zum Projektauftrag festgehalten werden. Das Projekt muss dann prinzipiell jedoch alle nachfolgenden Phasen und Aktivitäten erneut durchlaufen.

Am besten wird eine Besprechung bzw. ein gemeinsamer Workshop durchgeführt (Dauer ca. zwei Stunden). Vorgehen bei der Ermittlung von Zielen:

- Moderierte Sammlung aller denkbaren Ziele (Metaplan-Technik)
- Bewertung aller Ziele nach "muss", "soll", "kann", "darf nicht", "gehört nicht dazu"
- Widersprüche und Konflikte zwischen den Zielen identifizieren
- Widersprüche und Konflikte zwischen den Zielen klären
- Prioritäten und Abhängigkeiten festlegen
- Ziel so umformulieren, dass die Zielerreichung eindeutig messbar wird
- Für jedes Ziel überprüfen, ob es von allen Beteiligten verstanden und bejaht wird
- Für jedes Ziel prüfen, ob es realistisch ist
- Eine Vereinbarung treffen, wie evtl. zukünftige Zieländerungen vereinbart werden sollen

Die Projektleitung bereitet die Ergebnisse anschließend auf, erstellt einen Projektauftrag und legt ihn den Beteiligten mit Einspruchsfrist zur Verabschiedung vor.

Begründung:

Rahmenbedingungen sollen schriftlich fixiert werden, damit es eine verbindliche und stabile Information hierüber gibt. Wenn Projektleiter und Auftraggeber die Rahmenbedingungen noch nicht verbindlich definieren können, ist es zu früh, mit dem Projekt zu starten.

Unterlagen:

- „Systemvision (E-148)“ (⇨236)
- „Produktkarton (E-183)“ (⇨236)
- „Projektname (E-184)“ (⇨236)

Gegenbedingungen: Starttermin ist noch unklar, Projektumfang ist noch nicht festgelegt

Ergebnisse:

- „Projektauftrag (E-1)“ (⇨238)

Verantwortlich:

- „Gesamtprojektleitung (R–3)“ (⇨255)

Beteiligte:

- „AuftraggeberIn (R–1)“ (⇨272) [1] – aktiv mitwirkend
- „Fachliche Projektleitung (R–27)“ (⇨256) [1] – aktiv mitwirkend
- „Technische Projektleitung (R–37)“ (⇨257) [1] – aktiv mitwirkend
- „Projekt-QualitätsmanagerIn (R–38)“ (⇨266) [1] – aktiv mitwirkend

Aufwands- und Terminhinweise: Aufwand: Sitzung 5 * 3 h + 8 h, Vor- und Nachbereitung = 3 PT, Dauer: 2 Tage (ohne Einladungs- und Einspruchsfrist)

Nachfolgeaktivitäten [ggf. Bedingung]:

- „Gesamtplanung (Makroplan) erstellen bzw. aktualisieren (A-12)“ (⇨193)
- „Personalrat über geplante Anwendung informieren (A-182)“ (⇨185)

3.12.4 Projektpräsentation vorbereiten und halten (A-184)

Projektpräsentation vorbereiten und halten

- Aktivität kann durchgeführt werden in der „Vorbereitungsphase" (⇨21) (Singuläre Aktivität, bedarfsweise).
- Aktivität kann durchgeführt werden in der „Startphase (Entwurf und Architektur)" (⇨25) (Singuläre Aktivität, bedarfsweise).
- Aktivität kann durchgeführt werden in der „Hauptphase (Konstruktion)" (⇨29) (Singuläre Aktivität, bedarfsweise).
- Aktivität kann durchgeführt werden in der „Einführungsphase" (⇨30) (Singuläre Aktivität, bedarfsweise).

Beschreibung:

Zu den Phasenauftaktveranstaltungen und bei anderen Gelegenheiten innerhalb und außerhalb des Projektes werden die Randbedingungen, Ziele oder der aktuelle Stand des Projektes vorgestellt.

Typischerweise werden zu folgenden Themen Informationen gegeben:

- Ausgangssituation
- Projektziele
- ggf. Projektorganisation
- Zeitliche Gliederung des Projektes (Phasen, Iterationen, Meilensteine)
- Ausgewählte Themen/Details aus dem Projekt von besonderem Interesse
- Aktueller Projektstand (Ergebnisse, wichtige Entscheidungen etc.)

Unterlagen:

- „Softwareentwicklungsplan (E-83)" (⇨240)
- „Produktkarton (E-183)" (⇨236)
- „Projektname (E-184)" (⇨236)

Ergebnisse:

- „Projektpräsentation (E-135)" (⇨247)

Verantwortlich:

- „Gesamtprojektleitung (R–3)" (⇨255)

Nachfolgeaktivitäten [ggf. Bedingung]:

- „Phasenauftaktveranstaltung (A-158)" (⇨176)
- „Lenkungsausschusssitzung (A-183)" (⇨184)
- „Personalrat über geplante Anwendung informieren (A-182)" (⇨185)

3.12.5 Risikomanagementworkshop durchführen (Risiken, Erfolgskriterien) (A-250)

Ein max. eintägiger Workshop wird mit den wichtigsten Projektbeteiligten abgehalten. Darin werden mögliche Risiken und Erfolgsfaktoren untersucht und dokumentiert. Dies beginnt bereits in der Vorbereitungsphase, in den Folgephasen werden die Ergebnisse aktualisiert und ggf. erweitert.

- Aktivität sollte durchgeführt werden in der „Vorbereitungsphase" (⇨21) (Singuläre Aktivität).
- Aktivität sollte durchgeführt werden in der „Startphase (Entwurf und Architektur)" (⇨25) (Iterative Aktivität).
- Aktivität sollte durchgeführt werden in der „Hauptphase (Konstruktion)" (⇨29) (Iterative Aktivität).
- Aktivität sollte durchgeführt werden in der „Einführungsphase" (⇨30) (Iterative Aktivität).

Beschreibung:

Der Workshop zu den Risiken und Erfolgsfaktoren wird innerhalb eines Tages durchgeführt. Zuerst werden Erfolgsfaktoren gesammelt, diskutiert und bewertet. Zu jedem Erfolgsfaktor werden messbare Kriterien ermittelt, die sein Eintreten nachweisen können. Anschließend werden die möglichen Risiken gesammelt, diskutiert und bewertet. Zu jedem Risiko müssen Eintrittskriterien, Maßnahmen zur Minimierung des Eintretens und reaktive Maßnahmen bei seinem Eintritt definiert werden. Aus der Risikoliste wird eine Top-10-Liste der größten Risiken abgeleitet. Ein weiteres abgeleitetes Ergebnis ist ein Katalog offener Probleme.

Erfolgskriterien

Die Erfolgskriterien werden in einer Liste nach ihrer Wichtigkeit geordnet und mit einer kurzen Erläuterung aufgeführt. Soweit diskutiert bzw. bekannt, werden auch mögliche unterstützende Maßnahmen sowie deren Status kurz beschrieben.

Projektrisiken

Ein Risiko ist ein mögliches Problem, das eine Eintrittswahrscheinlichkeit hat und bei dessen Eintreten ein Schaden entsteht. Ein Risiko wird beschrieben durch eine

- Beschreibung, so konkret wie möglich, bis zu 50 Zeilen
- aktuell geschätzte Eintrittswahrscheinlichkeit
- Schadenshöhe bei Eintritt

Maßnahmen zur

- Reduktion der Eintrittswahrscheinlichkeit
- Schadensbegrenzung beim Eintritt

Die Projektrisiken werden nach der Größe des Risikos sortiert. Dieses ergibt sich aus der Multiplikation von Eintrittswahrscheinlichkeit und Schadenshöhe. Bei nicht in Geld oder Zeit quantifizierbaren Risiken werden Risiken anhand einer einheitlichen Skala klassifiziert.

Projektrisiko-Top-10-Liste

Die ersten zehn Risiken aus den gewichteten Projektrisiken bilden die Projektrisiko-Top-10-Liste. In dieser Liste stehen also die Risiken, deren Eintrittswahrscheinlichkeit und/oder Schadenshöhe zuerst minimiert werden sollte.

Da sich die Schadenswahrscheinlichkeit durch eingeleitete Maßnahmen und den weiteren Projektverlauf schnell ändern wird, sollte die Top-10-Liste zyklisch aktualisiert werden. Je höher die Risiken und die Wichtigkeit des Projektes ist, desto öfter finden solche Bewertungen und Aktualisierungen der Top-10-Liste statt. Ein monatlicher Zyklus sollte dabei nicht überschritten werden, für kritischere Projekte bietet sich ein wöchentlicher Rhythmus an. In Krisensituationen kann die Risikobetrachtung im Rahmen des Krisenmanagements sogar täglich erfolgen.

Katalog offener Probleme

Alle offenen Probleme werden in einer Liste gesammelt. Jedem Problem ist ein Verantwortlicher für die Klärung zuzuteilen. Der Status der offenen Probleme ist zu pflegen. Es bietet sich an, dies im Rahmen der Aktualisierung der Top-10-Liste mit abzuarbeiten.

Durchführung

Die Durchführung des Workshops gliedert sich entsprechend der Ergebnisse in vier Teile:

- Erfolgskriterien bestimmen
- Erfolgskriterien finden
- Messbare Nachweiskriterien für deren Eintritt ermitteln
- Projektrisiken ermitteln und bewerten
- Projektrisiko benennen
- Eintrittswahrscheinlichkeit und Schadenshöhe schätzen
- Maßnahmen zur Reduzierung der Eintrittswahrscheinlichkeit und zur Schadensminimierung festlegen
- Risiko bewerten nach Eintrittswahrscheinlichkeit und Schadenshöhe
- Projektrisiken in Liste sammeln
- Top-10-Liste der größten Projektrisiken ableiten bzw. aktualisieren
- Katalog der offenen Probleme aufstellen bzw. aktualisieren

Der Workshop wird vom Gesamtprojektleiter moderiert. Die einzelnen Aktivitäten in der Durchführung werden in vorher festgelegten Timeboxen geleistet. Der Moderator ist für die Vorgehensweise und die zielführende Moderation verantwortlich.

Begründung:

Fehlendes Risikomanagement ist das Hauptrisiko in den meisten Projekten. Durch das Fokussieren auf die Erfolgsfaktoren und das direkte Angehen der Risiken wird die Erfolgswahrscheinlichkeit eines Projektes deutlich erhöht.

Unterlagen:
- „Produktkarton (E-183)“ (⇨236)
- „Systemvision (E-148)“ (⇨236)

Ergebnisse:
- „Projektrisiken (E-23)“ (⇨242)
- „Projekterfolgskriterien (E-22)“ (⇨242)
- „Katalog aller offenen Probleme (E-24)“ (⇨243)

Verantwortlich:
- „Gesamtprojektleitung (R–3)“ (⇨255)

Beteiligte:
- „AuftraggeberIn (R–1)“ (⇨272) [mögl.] – aktiv mitwirkend
- „AuftraggeberIn (R–1)“ (⇨272) – ergebnisempfangend
- „SystemanalytikerIn (R–12)“ (⇨260) – aktiv mitwirkend
- „Konfigurations- und Build-ManagerIn (R–17)“ (⇨264) – aktiv mitwirkend
- „Fachliche Projektleitung (R–27)“ (⇨256) – aktiv mitwirkend
- „Technische Projektleitung (R–37)“ (⇨257) – aktiv mitwirkend
- „Projekt-QualitätsmanagerIn (R–38)“ (⇨266) – aktiv mitwirkend
- „FachlicheR ArchitektIn (R–70)“ (⇨267) – aktiv mitwirkend
- „Verschiedene (R–72)“ (⇨276) – aktiv mitwirkend

Nachfolgeaktivitäten [ggf. Bedingung]:
- „Lenkungsausschuss vorbereiten (A-298)“ (⇨183)
- „Gesamtplanung (Makroplan) erstellen bzw. aktualisieren (A-12)“ (⇨193)

3.12.6 Iterationsauftaktveranstaltung (A-159)

Der Beginn der Iteration wird offiziell verkündet. Allen Projektbeteiligten werden die Aufgaben und Ziele des Projektes in dieser Iteration vermittelt.
- Aktivität muss durchgeführt werden in der „Startphase (Entwurf und Architektur)“ (⇨25) (Iterative Aktivität, außer bei Phasenstart).
- Aktivität muss durchgeführt werden in der „Hauptphase (Konstruktion)“ (⇨29) (Singuläre Aktivität, außer bei Phasenstart).

Beschreibung:

Der Projektleiter lädt alle Projektmitglieder sowie evtl. wichtigen projektexternen Beteiligten zu einer gemeinsamen Veranstaltung ein.

Allen Projektbeteiligten sind Auftrag, Ziele, Aufgaben, besondere Herausforderungen, Risiken und Risikostrategien, Erfolgsfaktoren und Prioritäten des Projektes in dieser Iteration zu vermitteln. Der Projektplan für die folgende Iteration wird mit allen wichtigen Terminen, Ergebnissen und Aktivitäten vorgestellt, evtl. grundsätzliche Fragen diskutiert.

Begründung:

Die äußere Signalwirkung dieser Veranstaltung ist wichtig, um Motivation und Verantwortungsbewusstsein zu schärfen und die Ziele und Rahmenbedingungen zu vermitteln.

Ergebnisse:
- „Sonstiges (E-146)“ (⇨252)

Verantwortlich:
- „Gesamtprojektleitung (R–3)“ (⇨255)

Beteiligte:
- „Alle Projektmitglieder (R–67)" (⇨272) – aktiv mitwirkend

3.12.7 Monats- bzw. Quartalsbericht erstellen (A-172)

Es ist der monatliche Bericht über den aktuellen Projektstand zu erstellen (Ergebnisse, Fortschritt, Kosten, Entscheidungen).
- Aktivität muss durchgeführt werden in der „Startphase (Entwurf und Architektur)" (⇨25) (Periodische Aktivität, monatlich).
- Aktivität muss durchgeführt werden in der „Hauptphase (Konstruktion)" (⇨29) (Periodische Aktivität, monatlich).
- Aktivität muss durchgeführt werden in der „Einführungsphase" (⇨30) (Periodische Aktivität, monatlich).

Beschreibung:

Am Ende eines Quartals sind zusätzlich quartalsweise Aufstellungen zu erstellen. Ansonsten sind zusammenzustellen:
- Kernziele
- Projektorganigramm
- Ergebnisse, Fortschritt, Phasen und Hauptaktivitäten
- Kostenaufstellung
- Dokumentation wichtiger Entscheidungen

Unterlagen:
- „Softwareentwicklungsplan (E-83)" (⇨240)

Ergebnisse:
- „Monats- bzw. Quartalsbericht (E-124)" (⇨248)

Verantwortlich:
- „Gesamtprojektleitung (R–3)" (⇨255)

Beteiligte:
- „Lenkungsausschuss (R–58)" (⇨275) – ergebnisempfangend
- „Controlling (R–75)" (⇨276) – ergebnisempfangend

3.12.8 Lenkungsausschuss vorbereiten (A-298)

Lenkungsausschuss vorbereiten
- Aktivität sollte durchgeführt werden in der „Vorbereitungsphase" (⇨21) (Iterative Aktivität).
- Aktivität muss durchgeführt werden in der „Startphase (Entwurf und Architektur)" (⇨25) (Iterative Aktivität).
- Aktivität muss durchgeführt werden in der „Hauptphase (Konstruktion)" (⇨29) (Iterative Aktivität).
- Aktivität muss durchgeführt werden in der „Einführungsphase" (⇨30) (Exzeptionelle Aktivität).

Beschreibung:

Am Ende einer jeden Iteration werden die abgearbeiteten Arbeitsaufträge bezüglich ihrer Zielerreichung begutachtet und eine Retrospektive durchgeführt. Die Projektmitarbeiter haben ihre Arbeitsstunden spezifisch auf die Arbeitsaufträge gebucht, so dass nach Ablauf einer Iteration auch ein entsprechendes Controlling möglich ist.

Zum Ende einer Iteration werden also sehr viele Informationen über den aktuellen Stand des Projektes verfügbar und bilden somit eine ideale Grundlage für einen entsprechenden Statusbericht an den Lenkungsausschuss.

Die Vorbereitung des Lenkungsausschusses umfasst aber nicht nur den Bericht über den aktuellen Stand und der sich daraus ergebenden aktualisierten Projektplanung.

Vielmehr ist auch zu klären, welche Entscheidungen und welche Unterstützungsleistungen vom Lenkungsausschuss und seinen Mitgliedern notwendig sind, erwartet und angefordert werden sollen. Da es hier oftmals um Themen geht, die Kritik, Widerstände oder aus Projektsicht unliebsame Entscheidungen oder aus Projektsicht kontraproduktive, nicht enden wollende Diskussionen auslösen, ist eine sorgfältige Vorbereitung wichtig.

Was sind die konkreten Entscheidungen, die das Projekt vom Lenkungsausschuss erwartet? Welche Reaktionen und Entscheidungen sind wahrscheinlich? Was kann das Projekt tun bzw. was ist notwendig, um die Entscheidungen im Sinne des Projektes herbeizuführen? Diese und viele weitere Fragen sind zu klären und in entsprechende Vorbereitungen zu überführen.

Unterlagen:
- „Arbeitsauftrags-Statusbericht (E-181)" (⇨251)
- „Produktkarton (E-183)" (⇨236)
- „Systemvision (E-148)" (⇨236)
- „Projektpräsentation (E-135)" (⇨247)

Ergebnisse:
- „Projektpräsentation (E-135)" (⇨247)
- „Bericht (E-77)" (⇨252)

Verantwortlich:
- „Gesamtprojektleitung (R–3)" (⇨255)

Beteiligte:
- „TechnischeR ArchitektIn (R–6)" (⇨260) – aktiv mitwirkend
- „Fachliche Projektleitung (R–27)" (⇨256) – aktiv mitwirkend
- „Technische Projektleitung (R–37)" (⇨257) – aktiv mitwirkend
- „FachlicheR ArchitektIn (R–70)" (⇨267) – aktiv mitwirkend

Nachfolgeaktivitäten [ggf. Bedingung]:
- „Lenkungsausschusssitzung (A-183)" (⇨184)
- „Projektpräsentation vorbereiten und halten (A-184)" (⇨180)

3.12.9 Lenkungsausschusssitzung (A-183)

Durchführung einer Lenkungsausschusssitzung
- Aktivität muss durchgeführt werden in der „Vorbereitungsphase" (⇨21) (Singuläre Aktivität).
- Aktivität muss durchgeführt werden in der „Startphase (Entwurf und Architektur)" (⇨25) (Iterative Aktivität, ggf. auch periodisch, z.B. monatlich).
- Aktivität muss durchgeführt werden in der „Hauptphase (Konstruktion)" (⇨29) (Iterative Aktivität, ggf. auch periodisch, z.B. monatlich).
- Aktivität muss durchgeführt werden in der „Einführungsphase" (⇨30) (Iterative Aktivität, ggf. auch periodisch, z.B. monatlich).
- Aktivität muss durchgeführt werden in der „Betriebsphase" (⇨31) (Iterative Aktivität).

Beschreibung:

Der Lenkungsauschuss ist ein regelmäßig zusammenkommendes Gremium, dem Vertreter des Auftraggebers und die Projektleitung angehören, das die Aufgabe hat, den Projektverlauf zu kontrollieren und zu steuern und Entscheidungen zu treffen, die den Kompetenzbereich der Projektleitung übersteigen.

Der Lenkungsausschuss wird über Status und Fortschritt des Projektes informiert sowie über mögliche und vorhandene Probleme.

Der Lenkungsausschuss kann die Rahmenbedingungen, Projektziele u.Ä. korrigieren.

Nach Möglichkeit sollten die Termine für die Lenkungsauschusssitzungen zu den Iterationsterminen passen und mit diesen abgestimmt werden. Am besten finden die Sitzungen kurz nach Beginn einer neuen Iteration statt, weil dann die Ergebnisse und frisch gewonnenen Erkenntnisse der vorigen und gerade abgeschlossenen Iteration präsentiert werden können.

Wenn es für die Lenkungsauschusssitzungen vorgegebene Termine oder Intervalle gibt und die geplante Iterationsdauer in einer ähnlichen Größenordnung liegt, wäre zu prüfen, ob die Iterationsdauer nicht an den Lenkungsausschusszyklus angepasst werden kann. Häufig finden Lenkungsausschüsse monatlich statt, so dass eine Iteration dann beispielsweise ebenfalls einen Monat (oder bei Großprojekten zwei Monate) dauert. Besser wäre es aber, wenn sich die Lenkungsausschusstermine an den Iterationen orientieren und nicht umgekehrt.

Unterlagen:
- „Softwareentwicklungsplan (E-83)" (⇨240)
- „Produktkarton (E-183)" (⇨236)
- „Systemvision (E-148)" (⇨236)

Gegenbedingungen: In sehr kleinen Projekten ist ein regelmäßiges Treffen (Jour fixe) mit dem Auftraggeber normalerweise ausreichend.

Ergebnisse:
- „Lenkungsausschussprotokoll (E-134)" (⇨248)

Verantwortlich:
- „Lenkungsausschuss (R–58)" (⇨275)

Beteiligte:
- „AuftraggeberIn (R–1)" (⇨272) – aktiv mitwirkend
- „Gesamtprojektleitung (R–3)" (⇨255) – aktiv mitwirkend
- „Hauptpersonalrat (R–71)" (⇨276) – aktiv mitwirkend
- „Verschiedene (R–72)" (⇨276) – ergebnisempfangend
- „Verschiedene (R–72)" (⇨276) – aktiv mitwirkend
- „Controlling (R–75)" (⇨276) – aktiv mitwirkend
- „DV-Leitung (R–77)" (⇨277) – aktiv mitwirkend

3.12.10 Personalrat über geplante Anwendung informieren (A-182)

Der Personalrat wird informiert, dass die Einführung eines neuen Informationssystems geplant ist.

- Aktivität kann durchgeführt werden in der „Vorbereitungsphase" (⇨21) (Singuläre Aktivität, sofern Zustimmung unsicher ist).
- Aktivität sollte durchgeführt werden in der „Startphase (Entwurf und Architektur)" (⇨25) (Singuläre Aktivität).
- Aktivität muss durchgeführt werden in der „Einführungsphase" (⇨30) (Singuläre Aktivität, sofern nicht bereits durchgeführt).

Beschreibung:

Für die Neuentwicklung von Informationssystemen ist in Großunternehmen meistens ein Mitbestimmungsverfahren einzuleiten.

Bei der Anpassung und Erweiterung bestehender Systeme ist von der Personal- und Rechtsabteilung die Entscheidung einzuholen, ob die Einleitung eines Mitbestimmungsverfahrens notwendig ist.

Sofern die Mitbestimmung notwendig ist, wird der Personalrat in einem kurzen Schreiben darüber informiert, dass die Einführung eines neuen Informationssystems geplant ist, welches die Gründe und Ziele der Einführung sind und welchen Gegenstand und Zweck die neue Anwendung hat.

Außerdem wird die Einleitung des Mitbestimmungsverfahrens angekündigt.

Begründung:

Einbeziehung weiterer Interessenvertreter und Erfüllung gesetzlicher und tarifrechtlicher Anforderungen

Unterlagen:
- „Systemvision (E-148)" (⇨236)
- „Produktkarton (E-183)" (⇨236)

Ergebnisse:
- „Information des Personalrates über geplante Einführung einer Anwendung (E-132)" (⇨247)

Verantwortlich:
- „Gesamtprojektleitung (R–3)" (⇨255)

Beteiligte:
- „Hauptpersonalrat (R–71)" (⇨276) – ergebnisempfangend
- „Personalabteilung (R–73)" (⇨276) [ggf.] – aktiv mitwirkend

Nachfolgeaktivitäten [ggf. Bedingung]:
- „Mitbestimmungsverfahren einleiten (A-181)" (⇨186)

3.12.11 Mitbestimmungsverfahren einleiten (A-181)

Das Mitbestimmungsverfahren des Personalrates ist einzuleiten.
- Aktivität kann durchgeführt werden in der „Vorbereitungsphase" (⇨21) (Singuläre Aktivität, sofern Zustimmung unsicher ist).
- Aktivität sollte durchgeführt werden in der „Startphase (Entwurf und Architektur)" (⇨25) (Singuläre Aktivität).
- Aktivität muss durchgeführt werden in der „Einführungsphase" (⇨30) (Singuläre Aktivität, sofern nicht bereits vorher eingeleitet).

Beschreibung:

Sofern die Einführung oder Änderung eines Informationssystems mitbestimmungspflichtig ist, ist ein entsprechendes Verfahren einzuleiten. Hierzu wird der Personalrat über die geplante Einführung informiert und um Zustimmung gebeten.

Dem Personalrat ist mitzuteilen,
- um welche Anwendung es sich handelt,
- wie die bisherige Bearbeitung in dem Anwendungsbereich aussieht,
- was Zweck und Gegenstand der neuen Anwendung ist,
- welche Einweisungs- und Schulungsmaßnahmen vorgesehen sind,
- welche Möglichkeiten zur Leistungs- und Verhaltenskontrolle bestehen,
- welche Einweisungs- und Hilfefunktionen und -unterlagen existieren oder vorgesehen sind,
- welche Auswirkungen auf die Personalkapazitäten entstehen.
- welche datenschutzrechtliche Beurteilung vorliegt.

Unterlagen:
- „Information des Personalrates über geplante Einführung einer Anwendung (E-132)" (⇨247)

Gegenbedingungen: Bei Anpassungen und Erweiterungen bestehender Anwendungen wird in Abstimmung mit der Personal- und Rechtsabteilung entschieden, dass kein Mitbestimmungsverfahren notwendig ist.

Ergebnisse:
- „Einleitung des Mitbestimmungsverfahrens (E-133)" (⇨247)

Verantwortlich:
- „Gesamtprojektleitung (R–3)" (⇨255)

Beteiligte:

- „Hauptpersonalrat (R–71)" (⇨276) – ergebnisempfangend

3.12.12 Neuausrichtungsworkshop durchführen (A-252)

Die Projektziele werden regelmäßig einmal pro Quartal im Rahmen eines Workshops überprüft. Die Konsequenzen geänderter Ziele auf die Planung, das Entwicklungsumfeld und das Produkt sind abzuschätzen und ggf. entsprechende Maßnahmen einzuleiten.

- Aktivität sollte durchgeführt werden in der „Startphase (Entwurf und Architektur)" (⇨25) (Periodische Aktivität, quartalsweise).
- Aktivität sollte durchgeführt werden in der „Hauptphase (Konstruktion)" (⇨29) (Periodische Aktivität, quartalsweise).

Beschreibung:

Der Workshop zu den Risiken und Erfolgsfaktoren wird max. innerhalb eines Tages durchgeführt.

Die Liste der Ziele aus dem Projektauftrag wird durchgegangen und jedes auf seine Aktualität hin geprüft. Nicht mehr relevante Ziele werden als solche gekennzeichnet, neue Ziele hinzugenommen.

Die Konsequenzen der Änderung von Zielen für die aktuelle Planung sind abzuschätzen und entsprechende Maßnahmen einzuleiten.

Der bestehende Projektauftrag wird i.d.R. nicht verändert, da er so abgenommen und unterzeichnet worden ist. Stattdessen wird er um entsprechende Anhänge erweitert. Diese Anhänge sind mit dem Auftraggeber abzustimmen und werden danach als Ergänzung zum Projektauftrag betrachtet.

Durchführung

Der Workshop wird vom Gesamtprojektleiter moderiert. Die einzelnen Aktivitäten innerhalb des Workshops sind:

- Liste der bisherigen Projektziele durchgehen und bewerten
- Sammeln möglicher neuer Ziele
- Bewertung der neuen Ziele
- Neue Liste der Projektziele erstellen
- Konsequenzen aus der neuen Projektzielliste für die Planung, Entwicklung und das Produkt abschätzen
- Anhang zum Projektauftrag erstellen und mit Auftraggeber abstimmen

Für jede dieser Aktivitäten wird eine Timebox festgelegt. Danach werden alle Punkte abgearbeitet. Der Moderator ist für die Vorgehensweise und die zielführende Moderation verantwortlich.

Begründung:

In dynamischen Umgebungen können sich Produktausrichtung und -ziele ändern, bevor ein Projekt beendet ist. Im Entwicklungsprozess muss darauf möglichst schnell reagiert werden, um den Projekterfolg sicherzustellen.

Unterlagen:

- „Projektauftrag (E-1)" (⇨238)

Ergebnisse:

- „Projektauftrag (E-1)" (⇨238)

Verantwortlich:

- „Gesamtprojektleitung (R–3)" (⇨255)

Beteiligte:

- „AuftraggeberIn (R–1)" (⇨272) – aktiv mitwirkend
- „SystemanalytikerIn (R–12)" (⇨260) – aktiv mitwirkend
- „Projekt-QualitätsmanagerIn (R–38)" (⇨266) – aktiv mitwirkend
- „FachlicheR ArchitektIn (R–70)" (⇨267) – aktiv mitwirkend

3.12.13 Projektabschlussbericht erstellen (A-147)

Erstellung eines rückblickenden Erfahrungsberichts zur Verbesserung der Abläufe zukünftiger Projekte

- Aktivität sollte durchgeführt werden in der „Einführungsphase" (⇨30) (Singuläre Aktivität).
- Aktivität sollte durchgeführt werden in der „Betriebsphase" (⇨31) (Singuläre Aktivität).

Beschreibung:

Mit dem Ende des Projektes ist ein Abschlussbericht zu erstellen, der die Zielerreichung, Termineinhaltung und Kosten des Projektes beschreibt. Es sollte auch eine Nachkalkulation der tatsächlichen Projektkosten und ein Vergleich mit der ursprünglichen Planung erfolgen. Differenzen können in Bezug zu bestimmten Ereignissen oder Umständen gesetzt werden. Daneben sind die gemachten positiven wie negativen Erfahrungen zusammenzufassen, so kein Projekterfahrungsbericht erstellt wurde („Projekterfahrungsbericht erstellen (A-253)" (⇨188)).

Unterlagen:

- „Projektplan (E-4)" (⇨239)
- „Projekterfolgskriterien (E-22)" (⇨242)
- „Projektauftrag (E-1)" (⇨238)
- „Projektübergabeplan (E-163)" (⇨241)
- „Projektrisiken (E-23)" (⇨242)

Ergebnisse:

- „Wirtschaftlichkeitsbetrachtung (E-129)" (⇨244)
- „Projektabschlussbericht (E-92)" (⇨249)

Verantwortlich:

- „Gesamtprojektleitung (R–3)" (⇨255)

Beteiligte:

- „Fachliche Projektleitung (R–27)" (⇨256) – aktiv mitwirkend
- „Technische Projektleitung (R–37)" (⇨257) – aktiv mitwirkend
- „Projekt-QualitätsmanagerIn (R–38)" (⇨266) – aktiv mitwirkend
- „Controlling (R–75)" (⇨276) – aktiv mitwirkend

3.12.14 Projekterfahrungsbericht erstellen (A-253)

Zusätzlich zum Projektabschlussbericht wird ein Erfahrungsbericht geschrieben, um die Erfahrungen in Nachfolgeprojekte einfließen zu lassen.

- Aktivität sollte durchgeführt werden in der „Einführungsphase" (⇨30) (Singuläre Aktivität).
- Aktivität sollte durchgeführt werden in der „Betriebsphase" (⇨31) (Singuläre Aktivität).

Beschreibung:

Im Projekterfahrungsbericht werden alle relevanten Fakten, Probleme und Lösungen, die während des Projektes auftraten und von Bedeutung sind, kurz und prägnant beschrieben. Zu jeder Lösung wird mindestens ein Ansprechpartner genannt, der an einer Problemlösung maßgeblich mitgewirkt hat. Über den Projekterfahrungsbericht wird das Wissen innerhalb einer Organisation gleichmäßiger gestreut.

Begründung:

Die Erfahrungen eines Projektteams sollen nachfolgenden anderen Projekten zugänglich gemacht werden.

Fehlerwiederholungen werden so vermieden, Wissen wird langfristig gesichert.

Unterlagen:

- „Katalog aller offenen Probleme (E-24)" (⇨243)
- „Meilensteindokument (E-70)" (⇨248)
- „Projektabschlussbericht (E-92)" (⇨249)

- „Produkt-Übergabeprotokoll (E-113)" (⇨249)
- „Projekterfolgskriterien (E-22)" (⇨242)

Ergebnisse:

- „Bericht (E-77)" (⇨252)

Verantwortlich:

- „Gesamtprojektleitung (R-3)" (⇨255)

Beteiligte:

- „SystemanalytikerIn (R-12)" (⇨260) - aktiv mitwirkend
- „Technische Projektleitung (R-37)" (⇨257) - aktiv mitwirkend
- „Projekt-QualitätsmanagerIn (R-38)" (⇨266) - aktiv mitwirkend
- „FachlicheR ArchitektIn (R-70)" (⇨267) - aktiv mitwirkend

3.13 Iterations-, Prozess- und Änderungsmanagement

Fachliche Planung der Aktivitäten des Projektes hinsichtlich ihrer Zielsetzung und Abhängigkeiten, Reaktion auf Änderungen der Anforderungen und sonstiger Projektbedingungen

Diese Disziplin umfasst alle Aktivitäten zur inhaltlichen Steuerung und Koordination aller übrigen Projektaktivitäten. Insbesondere die sinnvolle, geordnete und realistische Verteilung der Gesamtanforderungen auf die einzelnen Iterationen, d.h. die inhaltliche Gliederung des Entwicklungsprozesses, die Bewertung tatsächlich erreichter Zwischenergebnisse und die entsprechende Nachsteuerung des Projektes bzw. regelmäßige Neuplanung.

Im Projektverlauf von außen (Wünsche/Forderungen des Auftraggebers, Anwenders oder Gesetzgebers) oder innen (neue Erkenntnisse über fachliche und technische Zusammenhänge, Möglichkeiten, Begrenzungen etc.) hinzukommende oder entfallende Anforderungen, Risiken oder Chancen sind regelmäßig zu bewerten und ggf. in der Projektplanung zu berücksichtigen.

3.13.1 Aufwandsschätzworkshop durchführen (A-249)

Ein Workshop wird mit den wichtigsten Projektbeteiligten abgehalten. Darin werden die Aufwände für die Umsetzung des Projektes auf Basis der notwendigen Aktivitäten geschätzt. In den Folgephasen werden die Schätzungen analog verfeinert.

- Aktivität muss durchgeführt werden in der „Vorbereitungsphase" (⇨21) (Iterative Aktivität).
- Aktivität muss durchgeführt werden in der „Startphase (Entwurf und Architektur)" (⇨25) (Iterative Aktivität).
- Aktivität sollte durchgeführt werden in der „Hauptphase (Konstruktion)" (⇨29) (Iterative Aktivität).
- Aktivität kann durchgeführt werden in der „Einführungsphase" (⇨30) (Iterative Aktivität).

Beschreibung:

Der Workshop zum Schätzen der erwarteten Aufwände wird je nach Projektgröße mit einer Dauer von ein bis fünf Tagen durchgeführt. Während des Workshops werden die notwendigen Aufgaben bzw. Features gesammelt, so fein wie möglich gegliedert und von allen Teilnehmern einzeln bzgl. des Aufwands geschätzt.

Als Hilfsmittel für die Schätzungen dienen die bisherige Anforderungsspezifikation, die Liste der Projektrisiken sowie eine Liste der Erfolgskriterien. Das Ergebnis des Workshops ist eine Aktivitätenliste, in der für jede Aktivität ein Aufwandsschätzwert festgelegt wird.

Schätzgegenstände und -ergebnisse

Es sind alle Sachverhalte und Aufwände zu berücksichtigen, die notwendig sind, um den Projektauftrag zu erfüllen. Dies sind sowohl alle Systemanwendungsfälle und jede Schnittstelle als auch Aktivitäten, die sich aus Querschnittsfunktionen ergeben, wie z.B. QS, Test, Konfigurationsmanagement oder das Projektmanagement selber.

Aufwände werden in Personentagen (PT) geschätzt. Gegebenenfalls werden auch Angaben zur möglichen Dauer gemacht. Die Schätzgenauigkeit wird angegeben. Des Weiteren sind die Schätzprämissen u.Ä. festzuhalten sowie die schätzenden Personen. Es sind bewusst bestimmte Schätzverfahren und -techniken auszuwählen und anzuwenden (bspw. Drei-Punkt-Schätzung, Delphi-Methode etc.).

Durchführung

Die Durchführung des Workshops gliedert sich in drei Teile:

- Feinstruktur (Teilaktivitäten) der für die Umsetzung des Projektes notwendigen Aktivitäten erstellen
- Nacheinander jeden einzelnen Punkt der Feingliederung (Teil-Aktivität) jeweils für sich bzgl. seines Aufwands und Risikos schätzen
- Schätzergebnisse zusammenfassen, auf Konsistenz prüfen und ggf. Korrekturen vornehmen

Der Workshop wird von einem speziellen Moderator, ggf. dem Gesamtprojektleiter moderiert. Die einzelnen Schritte in der Durchführung werden in vorher festgelegten Timeboxen geleistet. Wichtig ist dabei, für jede einzelne Schätzung die gleiche Zeit einzuräumen. Der Moderator ist für die Vorgehensweise und zielführende Moderation verantwortlich.

Feinstruktur (Teilaktivitäten) der für die Umsetzung des Projektes notwendigen Aktivitäten erstellen

Weitgehend alle im Projekt nach aktuellem Kenntnisstand notwendigen Aktivitäten sollen gefunden und möglichst fein strukturiert werden.

Zum Einstieg stellt die Projektleitung ihre bisherigen Ergebnisse bzgl. der notwendigen Aktivitäten vor und erstellt eine erste Aktivitätenliste. Danach wird in einem kurzen Brainstorming aller Teilnehmer diese Liste um weitere Aktivitäten ergänzt. Als Letztes werden zu jeder Aktivität in der Liste in einem kurzen Brainstorming die Teilaktivitäten ermittelt. Das Brainstorming erfolgt in festen, gleich großen Timeboxen.

Das Prinzip dieses Vorgehens ist es also, zuerst auf grobem Niveau in die Breite zu gehen, um möglichst alle Aktivitäten grob zu erfassen, und erst danach zu jeder Aktivität die Details zu bestimmen.

Wie bekommen wir die Unsicherheiten unserer Schätzungen in den Griff? Aufgrund unterschiedlicher Erfahrungen mit den einzelnen Aktivitäten wird die Detaillierung in den Teilaktivitäten und damit verbunden auch die Schätzsicherheit unterschiedlich ausfallen. Der Grad der Sicherheit ist für jede geschätzte Teilaktivität als Prozentwert aufzunehmen (z.B.: 90 % = hohe Sicherheit/viel Erfahrung; 50 % = mittlere Sicherheit/einzelne Bereiche sind technologisch, fachlich oder methodisch neu; 10 % = geringe Sicherheit/zu weiten Teilen bzw. für die ganze Teilaktivität liegen keine Erfahrungen vor). Die daraus ableitbaren Unsicherheiten sind zu bestimmen und für die betroffenen Teilaktivitäten werden Sicherheitsaufschläge als Reserven für die Umsetzung gemacht.

Aufwandsschätzung einer einzelnen Teilaktivität

Aufwandsschätzwerte und Risikoschätzungen werden für alle Teilaktivitäten ermittelt.

Es wird zu Beginn ein geeignetes Schätzverfahren (s.u.) bestimmt. Allen Teilnehmern wird das ausgewählte Verfahren detailliert erläutert.

Für jede Teilaktivität wird nacheinander ein gemeinsamer Aufwandsschätzwert sowie dessen Eintrittswahrscheinlichkeit als Maß für das Risiko ermittelt. Es sind stets alle Teilnehmer an einer Schätzung beteiligt; es wird nicht an die jeweiligen Experten deligiert. Gegebenenfalls können im Rahmen einer Diskussion die Experten nur versuchen, die anderen Teilnehmer von ihrer Meinung zu überzeugen.

Für jede Schätzung wird die gleiche Dauer angesetzt. Prinzipiell gilt, sich für jede Schätzung ausreichend Zeit zu lassen (mehr als eine Minute).

Das Ergebnis der Gruppenschätzung wird in der Teilaktivitätenliste hinter der jeweiligen Teilaktivität vermerkt.

Ergebnis zusammenfassen und Konsistenz herstellen

Die einzelnen Teilschätzungen werden für die groben Aktivitätsblöcke zusammengefasst und auf Konsistenz und Plausibilität geprüft. Auf Basis der groben Aktivitäten können Konsistenzkorrekturen vorgenommen werden, die jedoch i.d.R. nur durch die Vergrößerung von Aufwänden erfolgen sollten.

Für jede Aktivität wird ihr Schätzwert durch die Summe der Aufwandsschätzungen der Teilaktivitäten ermittelt. Zusätzlich müssen Abhängigkeiten zwischen den Teilaktivitäten berücksichtigt werden. Die Eintrittswahrscheinlichkeit für eine Aktivität ergibt sich aus dem über die Teilaufwände gewichteten Mittel der Teil-Eintrittswahrscheinlichkeiten. Das folgende Beispiel in Abb. 3.13-1 erläutert das Verfahren.

Auf Basis der Aktivitäten werden die Aufwände miteinander verglichen. Bei Inkonsistenzen sollte i.d.R. eine Korrektur durch die **Vergrößerung des Aufwands** eines oder mehrerer Aktivitäten erfolgen. Inkonsistenzen bei der Eintrittswahrscheinlichkeit werden dagegen durch die **Absenkung der Eintrittswahrscheinlichkeit** einer oder mehrerer Teilaktivitäten eliminiert.

Einfache Schätzmethoden im Überblick

Spätestens zu Beginn des Workshops wird das zu nutzende Schätzverfahren festgelegt. Der OEP schlägt vier Schätzmethoden mit unterschiedlichen Vor- und Nachteilen vor, aus denen das dem Problem angemessenste Verfahren ausgewählt wird. Die Gesamtprojektleitung ist für diese Auswahl verantwortlich.

Aktivität A

Teilaktivität	geschätzter Aufwand	unabhängige Eintrittswahrscheinlichkeit		abhängige Eintrittswahrscheinlichkeit		Gewichtung	
A1	10	1,0	100 %	1,0	100 %	10	
A2	12	0,5	50 %	0,5	50 %	6	
A3	20	0,8	80 %	0,4	40 %	8	
Summe Akt. A	42					24	57 %

A3 sei abhängig von A2, d.h. deren Eintrittswahrscheinlichkeiten multiplizieren sich. Wären alle Teilaktivitäten voneinander unabhängig, läge die Eintrittswahrscheinlichkeit von A bei 76 %.

Abb. 3.13-1: Gewichtete Eintrittswahrscheinlichkeiten

- **Einfache Mittelwertbildung:** Jeder Teilnehmer schätzt für mindestens eine Minute einen eigenen Aufwandswert. Der Mittelwert der Schätzwerte aller Teilnehmer ist der gemeinsame Schätzwert. Dieses Verfahren ist das schnellste, aber meist auch das schwächste. Es sollte daher nur für Schätzungen unter hohem Zeitdruck eingesetzt werden.
- **Doppelte Mittelwertbildung:** Nach der einfachen Mittelwertbildung (s.o.) wird unter Kenntnis des ersten Mittelwerts erneut von jedem Teilnehmer der Aufwand geschätzt. Der Mittelwert der zweiten Schätzwerte ist der gemeinsame Schätzwert. Dieses Verfahren stellt gegenüber der einfachen Mittelwertbildung eine deutliche Verbesserung dar, da häufig die zweite Schätzung unter Kenntnis des ersten Mittelwerts deutlich näher an der Realität liegt als der erste.

PERT-Drei-Punkt-Schätzung: Jeder Teilnehmer schätzt drei Werte (⇨Abb. 3.13-2):

- optimaler, minimaler Wert (optimistisch)
- wahrscheinlichster Wert (modal)
- schlimmster, maximaler Wert (pessimistisch)

Der Mittelwert ergibt sich näherungsweise nach der Formel:

Mittel = (Optimistisch + (4*Modal) + Pessimistisch) / 6

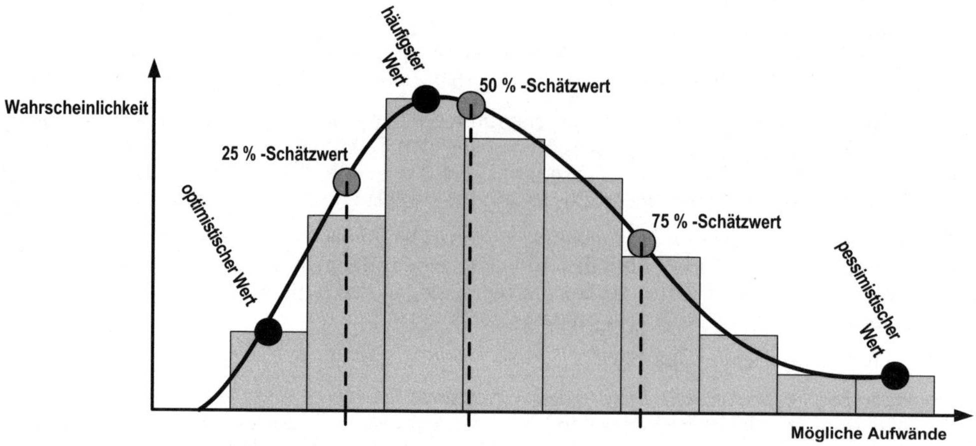

Abb. 3.13-2: Drei-Punkt-Schätzung mit optimistischem, häufigstem und pessimistischem Wert

Entweder bestimmt jeder Teilnehmer sein Mittel über die drei Punkte und diese werden zum gemeinsamen Schätzwert gemittelt, oder die drei Punkte werden von allen Teilnehmern gemittelt und daraus der gemeinsame Mittelwert berechnet.

Dieses Verfahren ist besonders geeignet, wenn die drei Punkte nicht auf einer Normalverteilung liegen, sondern die Kurve zu einer Seite verschoben ist, wie in der Abb. 3.13-3 angedeutet.

- **Schätzkurve:** Jeder Teilnehmer schätzt für sich für eine Reihe von möglichen Aufwänden die Eintrittswahrscheinlichkeiten. Dafür wird vorher ein angemessenes Intervall für die Aufwandswerte definiert. Die so entstandenen Schätzkurven werden übereinander gelegt. Die gemeinsame Schätzkurve ergibt sich aus den Mittelwerten für jeweils eine mögliche Dauer über alle Kurven (⇨Abb. 3.13-3).

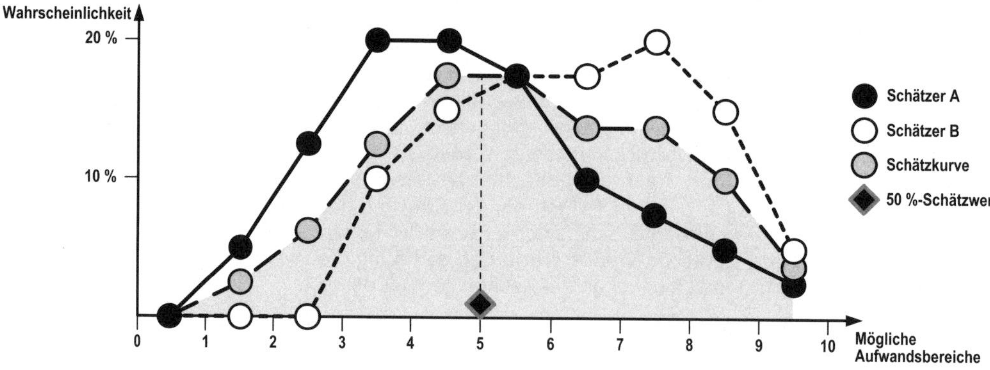

Abb. 3.13-3: Schätzkurve

Der gemeinsame Schätzwert liegt bei dem Aufwandswert, der die gemeinsame Schätzkurve so in zwei Teile zerlegt, dass die Flächen unter beiden Kurvenabschnitten gleich groß sind. Dieses Verfahren sollte zum Einsatz kommen, wenn die Schätzwerte der Teilnehmer stark differieren.

Begründung:

Für den Projektauftrag mit einer ersten groben Projektplanung wie auch in den folgenden iterativen Planungen sollten möglichst gute Aufwandsschätzwerte vorliegen. Aufwandsschätzungen erfolgen am besten im Rahmen von Workshops mit einer heterogen zusammengesetzten Gruppe, wobei immer nur möglichst kleine und damit überschaubare Teile geschätzt werden.

Unterlagen:
- „Projekterfolgskriterien (E-22)" (⇨242)
- „Projektrisiken (E-23)" (⇨242)
- „Anforderungsspezifikation (E-20)" (⇨207)
- „Ausschlussliste (E-155)" (⇨214)

Gegenbedingungen: Große Unklarheiten über den Aufgabenumfang zentraler Projektteile oder fehlende Abgrenzungen des Projektes in zentralen Teilen

Keine einheitliche Auffassung der Zielsetzung und Systemidee

Ergebnisse:
- „Aufwandsschätzung (E-10)" (⇨240)

Verantwortlich:
- „Gesamtprojektleitung (R–3)" (⇨255)

Beteiligte:
- „TechnischeR ArchitektIn (R–6)" (⇨260) – aktiv mitwirkend
- „SystemanalytikerIn (R–12)" (⇨260) – aktiv mitwirkend
- „StapelverarbeitungsprogrammentwicklerIn (R–20)" (⇨263) – aktiv mitwirkend
- „DatenmodelliererIn (R–22)" (⇨264) – aktiv mitwirkend
- „Fachliche Projektleitung (R–27)" (⇨256) – aktiv mitwirkend
- „Technische Projektleitung (R–37)" (⇨257) – aktiv mitwirkend
- „Projekt-QualitätsmanagerIn (R–38)" (⇨266) – aktiv mitwirkend
- „FachlicheR ArchitektIn (R–70)" (⇨267) – aktiv mitwirkend

Nachfolgeaktivitäten [ggf. Bedingung]:
- „Projektziele und Projektauftrag formulieren und iterativ abstimmen (A-2)" (⇨178)
- „Gesamtplanung (Makroplan) erstellen bzw. aktualisieren (A-12)" (⇨193)

3.13.2 Gesamtplanung (Makroplan) erstellen bzw. aktualisieren (A-12)

Festlegung bzw. Aktualisierung aller Meilensteine, wichtigen Aktivitäten, Termine, Ressourcen und Aufwände für das Gesamtprojekt (Makroplan).
- Aktivität muss durchgeführt werden in der „Vorbereitungsphase" (⇨21) (Begleitende Aktivität, Detaillierung ist abhängig vom Sicherheitsbedürfnis).
- Aktivität muss durchgeführt werden in der „Startphase (Entwurf und Architektur)" (⇨25) (Iterative Aktivität).
- Aktivität muss durchgeführt werden in der „Hauptphase (Konstruktion)" (⇨29) (Iterative Aktivität).
- Aktivität muss durchgeführt werden in der „Einführungsphase" (⇨30) (Iterative Aktivität).

Beschreibung:

Die Projektplanung soll Auskunft darüber geben, wie lange die Projektlaufzeit voraussichtlich sein wird, welche Abhängigkeiten auf der obersten Planungsebene existieren, wo der kritische Pfad liegt, wie viele und welche Projektmitarbeiter benötigt werden, welche Releases geplant sind und wie sich das Projekt zeitlich in Iterationen gliedert.

Dieser Plan wird auch als Makroplan bezeichnet, denn er bezieht sich grundsätzlich inhaltlich und zeitlich auf das gesamte Projekt. Basis für den Projektplan sind der Projektauftrag und die Projektziele.

Um allerdings einen iterativen und agilen Entwicklungsprozess zu unterstützen, ist der Projektplan lediglich ein grober Plan, d.h., er ist vollständig, aber auf einer sehr abstrakten Ebene. Er beschreibt noch keine Details, keine konkreten Arbeitsaufträge oder -pakete. Die Detailplanung (auch Mikroplanung genannt) erfolgt später auf Basis dieses Makroplans für die jeweils unmittelbar bevorstehenden ein bis zwei Iterationen.

Die Planung besteht vor allem aus folgenden Punkten:

- Identifizierung grundsätzlicher Aufgabenbereiche (grober Projektstrukturplan)
- Beschreibung der Abhängigkeiten auf der obersten Planungsebene
- Ggf. Ermittlung des kritischen Pfades
- Ermittlung des Ressourcenbedarfes, d.h. wann wie viele und welche Projektmitarbeiter benötigt werden
- Festlegung der Projektorganisationsstruktur und deren im zeitlichen Verlauf zu erwartenden Entwicklung/Veränderung
- Festlegung aller Meilensteine des Projektes
- Festlegung aller geplanten Releases

Der Projektplan wird nach seiner initialen Erstellung in kurzen Intervallen, im Normalfall einmal pro Iteration, aktualisiert, so dass er stets realistische Aussagen über die Projektsituation und das weitere Vorgehen macht.

Begründung:

Zu diesem Zeitpunkt liegen genügend Informationen für eine erste grobe, aber fundierte Gesamtplanung des Projektes vor.

Unterlagen:
- „Projektplan (E-4)" (⇨239)
- „Katalog offener Aufgaben (E-15)" (⇨243)
- „Projektorganisationsplan (E-17)" (⇨244)
- „Ressourcenplan (E-18)" (⇨245)
- „Aufwandsschätzung (E-10)" (⇨240)
- „Releaseplan (E-179)" (⇨239)
- „Softwareentwicklungsplan (E-83)" (⇨240)
- „Produktkarton (E-183)" (⇨236)
- „Systemvision (E-148)" (⇨236)

Ergebnisse:
- „Projektplan (E-4)" (⇨239)
- „Releaseplan (E-179)" (⇨239)
- „Softwareentwicklungsplan (E-83)" (⇨240)
- „Katalog offener Aufgaben (E-15)" (⇨243)
- „Projektorganisationsplan (E-17)" (⇨244)
- „Ressourcenplan (E-18)" (⇨245)

Verantwortlich:
- „Gesamtprojektleitung (R–3)" (⇨255)

Beteiligte:
- „Fachliche Projektleitung (R–27)" (⇨256) [1] – aktiv mitwirkend
- „Technische Projektleitung (R–37)" (⇨257) [1] – aktiv mitwirkend
- „Projekt-QualitätsmanagerIn (R–38)" (⇨266) [1] – aktiv mitwirkend

Aufwands- und Terminhinweise: kleinere / mittlere / größere Projekte: Aufwand: 5 – 15 PT / 10 – 25 PT / 20 – 50 PT, Dauer: 1 – 3 Tage / 3 – 5 Tage / 5 – 10 Tage

Nachfolgeaktivitäten [ggf. Bedingung]:
- „Iterationen und Builds planen (A-16)" (⇨194)

3.13.3 Iterationen und Builds planen (A-16)

Verfeinerung des Projektplans hinsichtlich der einzelnen Iterationen sowie Konkretisierung des Releaseplans.
- Aktivität muss durchgeführt werden in der „Vorbereitungsphase" (⇨21) (Iterative Aktivität).
- Aktivität muss durchgeführt werden in der „Startphase (Entwurf und Architektur)" (⇨25) (Iterative Aktivität).

- Aktivität muss durchgeführt werden in der „Hauptphase (Konstruktion)" (⇨29) (Iterative Aktivität).
- Aktivität kann durchgeführt werden in der „Einführungsphase" (⇨30) (Iterative Aktivität).

Beschreibung:

Die Gesamtheit der Anforderungen, wie sie sich aus der Anforderungsspezifikation, den Systemanwendungsfällen und der grundsätzlichen Projektplanung (Makroplanung) ergibt, wird in eine Reihe von Iterationen sowie Releases heruntergebrochen und eingeordnet.

Anzahl und durchschnittliche Dauer der einzelnen Iterationen sind festzulegen. Eine Iteration sollte je nach Personenstärke des Projektes ca. drei bis acht Wochen dauern, wobei jeweils nur ca. 3/4 der Zeit zur eigentlichen Systementwicklung bereitstehen.

Es sind die Planungsgegenstände für einen detaillierten Projektplan festzulegen. Planungsgegenstände sind mindestens die einzelnen Subsysteme sowie mindestens eine Planungseinheit pro Disziplin.

Für jeden Planungsgegenstand wird dann festgelegt, in welcher Iteration welche Teilziele und -ergebnisse entstehen sollen, d.h. welche Anforderungen das jeweils letzte Build einer Iteration nachweislich umgesetzt haben soll.

Für den Grad bzw. die Art der Umsetzung kann beispielsweise folgende Einteilung verwendet werden:

- Grobkonzeption (bei großen/komplexen Anforderungseinheiten bzw. Features)
- Feinkonzeption (bei Anforderungen, die nicht direkt in Dialoge, Schnittstellenklassen, Geschäftsklassen u.Ä. münden)
- GUI-/Dialogentwurf liegt vor
- Schnittstelle ist spezifiziert
- Schnittstelle/Dialog wird simuliert (Stub, keine echte Funktionalität)
- Funktionalität ist teilweise implementiert
- Funktionalität ist vollständig implementiert
- Funktionalität ist systematisch getestet

Das Ergebnis ist ein Plan, aus dem hervorgeht, welches Team in welcher Iteration welche Teilergebnisse zu produzieren hat.

Es liegt in der Natur der Sache, dass für die ersten Iterationen eine genauere und konkretere Planung möglich ist. Von Iteration zu Iteration sollten daher, sofern keine besseren Erfahrungswerte vorliegen, z.B. pauschal ca. 10 – 20 Prozent unbekannte Anforderungen berücksichtigt werden. Somit wird gezielt Kapazität für die Berücksichtigung noch unbekannter Anforderungsdetails eingeplant.

Für die nächstfolgende Iteration werden seitens der Projektleitung Ziele definiert. Diese werden als Iterations-Zielvereinbarung festgehalten. Folgende Informationen sind dabei festzuhalten:

- Kurze Zielbeschreibung
- Erfolgskriterien
- Für die Erreichung des Ziels verantwortliche Person
- Faktoren, die die Zielerreichung begünstigen oder behindern können

Zu beachten ist, dass die Zielvereinbarungen vor allem eine Außenwirkung (Fachabteilung, Auftraggeber) haben und die grundsätzliche, strategische Richtung definieren sollen. Arbeitsaufträge (nicht Gegenstand dieser Aktivität) dienen hingegen der konkreten Ressourcen-, Termin- und Aufwandszuordnung und dem anschließenden Controlling.

Unterlagen:

- „Meilensteindokument (E-70)" (⇨248)
- „Iterationsplan (E-21)" (⇨239)
- „Projektorganisationsplan (E-17)" (⇨244)
- „Ressourcenplan (E-18)" (⇨245)
- „Projektplan (E-4)" (⇨239)
- „Anforderungsspezifikation (E-20)" (⇨207)
- „Releaseplan (E-179)" (⇨239)

Ergebnisse:

- „Projektplan (E-4)" (⇨239)
- „Releaseplan (E-179)" (⇨239)
- „Iterationsplan (E-21)" (⇨239)

- „Katalog der Mitwirkungsleistungen (E-37)" (⇨243)
- „Meilensteindokument (E-70)" (⇨248)

Verantwortlich:
- „Fachliche Projektleitung (R–27)" (⇨256)

Beteiligte:
- „Fachexperte (R–2)" (⇨258) [1..*] – beratend
- „Gesamtprojektleitung (R–3)" (⇨255) – beratend
- „Gesamtprojektleitung (R–3)" (⇨255) – ergebnisempfangend
- „Technische Projektleitung (R–37)" (⇨257) [1] – aktiv mitwirkend
- „Alle Projektmitglieder (R–67)" (⇨272) [0..*] – beratend

Aufwands- und Terminhinweise: Aufwand: ca. 2 – 5 h/Anwendungsfall, Dauer: ca. 1 – 3 Tage + ca. 0,5 – 1,5 Tage/(Anwendungsfälle*Beteiligte)

Nachfolgeaktivitäten [ggf. Bedingung]:
- „Arbeitsaufträge für Iteration i+1 erstellen (A-46)" (⇨197)

3.13.4 Arbeitsaufträge für Iteration i+2 erstellen (A-294)

Arbeitsaufträge für die übernächste Iteration (i+2) erstellen
- Aktivität muss durchgeführt werden in der „Vorbereitungsphase" (⇨21) (Iterative Aktivität).
- Aktivität muss durchgeführt werden in der „Startphase (Entwurf und Architektur)" (⇨25) (Iterative Aktivität).
- Aktivität muss durchgeführt werden in der „Hauptphase (Konstruktion)" (⇨29) (Iterative Aktivität).
- Aktivität muss durchgeführt werden in der „Einführungsphase" (⇨30) (Iterative Aktivität).

Beschreibung:

Aus der Iterationsplanung werden die geplanten Ziele und Ergebnisse der übernächsten Iteration entnommen und zu Arbeitsaufträgen weiterentwickelt.

Die für die Erreichung der Iterationsziele notwendigen Arbeitsaufträge werden identifiziert, d.h., sie bekommen mindestens einen Titel und eine grobe Angabe des zu erwartenden Umsetzungsaufwandes.

Soweit möglich, sollten folgende Inhalte festgelegt werden:
- Titel des Arbeitsauftrages
- optional: Kurzbeschreibung des Arbeitsauftrages (bis fünf Zeilen)
- optional: Ergebnisverantwortliche Person
- Erste grobe Schätzung des Aufwandes

Später werden diese Arbeitsaufträge weiter detailliert.

Unterlagen:
- „Anforderungsspezifikation (E-20)" (⇨207)
- „Arbeitsauftrags-Statusbericht (E-181)" (⇨251)
- „Katalog aller offenen Probleme (E-24)" (⇨243)
- „Katalog offener Aufgaben (E-15)" (⇨243)
- „Planungsordner (E-35)" (⇨240)
- „Projektauftrag (E-1)" (⇨238)
- „Releaseplan (E-179)" (⇨239)
- „Softwareentwicklungsplan (E-83)" (⇨240)
- „Arbeitsauftrag (E-5)" (⇨250)
- „Projektplan (E-4)" (⇨239)

Ergebnisse:
- „Projektplan (E-4)" (⇨239)
- „Arbeitsauftrag (E-5)" (⇨250)

Verantwortlich:
- „Gesamtprojektleitung (R–3)“ (⇨255)

Beteiligte:
- „Fachexperte (R–2)“ (⇨258) – beratend
- „Fachliche Projektleitung (R–27)“ (⇨256) – aktiv mitwirkend
- „Technische Projektleitung (R–37)“ (⇨257) – aktiv mitwirkend

Nachfolgeaktivitäten [ggf. Bedingung]:
- „Arbeitsaufträge für Iteration i+1 erstellen (A-46)“ (⇨197)

3.13.5 Arbeitsaufträge für Iteration i+1 erstellen (A-46)

Auf Basis der Iterationsplanung werden für die nachfolgende Iteration konkrete Arbeitsaufträge identifiziert, beschrieben und abgestimmt.
- Aktivität muss durchgeführt werden in der „Vorbereitungsphase“ (⇨21) (Iterative Aktivität).
- Aktivität muss durchgeführt werden in der „Startphase (Entwurf und Architektur)“ (⇨25) (Iterative Aktivität).
- Aktivität muss durchgeführt werden in der „Hauptphase (Konstruktion)“ (⇨29) (Iterative Aktivität).
- Aktivität muss durchgeführt werden in der „Einführungsphase“ (⇨30) (Iterative Aktivität).

Beschreibung:

Bereits eine Iteration zuvor wurden die kommenden Arbeitsaufträge grob identifiziert. Aus der Iterationsplanung werden die geplanten Ergebnisse der nachfolgenden Iteration entnommen und konkreten Arbeitsaufträgen zugeordnet.

Soweit noch nicht geschehen, sind zunächst die (weiteren) notwendigen Arbeitsaufträge zu identifizieren. Das Ergebnis ist eine Sammlung von Arbeitsaufträgen, die zunächst nur aus
- Titel des Arbeitsauftrages
- Kurzbeschreibung des Arbeitsauftrages (bis zu fünf Zeilen)
- Verantwortliche Person

bestehen.

Diese werden dann an die jeweiligen Teamleitungen weitergereicht, um von diesen weiter verfeinert zu werden. Die Teamleitungen ergänzen die Arbeitsaufträge um folgende Informationen:
- Langbeschreibung bzw. Konkretisierung des Auftrages
- Einzuplanende Projektmitarbeiter
- Einzuplanender Start- und Endtermin des Auftrages, ggf. auch mitarbeiterspezifisch
- Beschreibung des geplanten Ergebnisses (Form und Inhalt) und wie die Ergebniserreichung nach Abschluss der Iteration geprüft oder gemessen werden kann
- Einzuplanender Reviewer

Die detaillierten Arbeitsaufträge werden dann von der Projektleitung qualitätsgesichert und überprüft. Unter anderem sind die Arbeitsaufträge mit den verfügbaren Ressourcen abzugleichen und ggf. Prioritäten zu setzen. Sofern von der Teamleitung geschätzte Aufwände, Termine oder Mitarbeiterzuordnungen geändert werden, ist dies mit diesen abzustimmen.

Anschließend werden die Arbeitsaufträge projektweit publiziert, d.h. den einzelnen Projektmitarbeitern zugestellt.

Unterlagen:
- „Meilensteindokument (E-70)“ (⇨248)
- „Iterationsplan (E-21)“ (⇨239)
- „Projektplan (E-4)“ (⇨239)
- „Arbeitsauftrag (E-5)“ (⇨250)
- „Releaseplan (E-179)“ (⇨239)

Ergebnisse:
- „Arbeitsauftrag (E-5)" (⇨250)

Verantwortlich:
- „Gesamtprojektleitung (R–3)" (⇨255)

Beteiligte:
- „Fachliche Projektleitung (R–27)" (⇨256) – aktiv mitwirkend
- „Technische Projektleitung (R–37)" (⇨257) – aktiv mitwirkend
- „Alle Projektmitglieder (R–67)" (⇨272) – ergebnisempfangend
- „ArbeitsauftragsverantwortlicheR (R–92)" (⇨271) – aktiv mitwirkend

3.13.6 Anforderungsänderung beurteilen (A-179)

Ausgelöst durch einen Änderungsantrag sind die mit der beantragten Änderung verbundenen Auswirkungen auf Kosten, Termine, Qualität u.a. zu untersuchen und zu schätzen.

- Aktivität sollte durchgeführt werden in der „Startphase (Entwurf und Architektur)" (⇨25) (Exzeptionelle Aktivität).
- Aktivität muss durchgeführt werden in der „Hauptphase (Konstruktion)" (⇨29) (Exzeptionelle Aktivität).

Beschreibung:

Die beantragte Anforderungsänderung ist hinsichtlich ihrer Auswirkungen und Machbarkeit zu untersuchen.

Zur Durchführung dieser Aktivität ist individuell festzulegen, welche Projektbeteiligten die Auswirkungen und die Machbarkeit kompetent beurteilen können. Je nach Bedeutung der Anforderungsänderung sind ggf. mehrere konkurrierende Stellungnahmen und Schätzungen einzuholen. Gegebenenfalls sind weitere externe Gutachter oder Spezialisten hinzuzuziehen.

Folgende Fragen sind zu beantworten:
- Welche Subsysteme sind betroffen?
- Was passiert bei Nichtberücksichtigung der Anforderung?
- Wie werden Aufwand, Dauer und Kosten der Änderung eingeschätzt?
- Wie nehmen ausgewählte Projektmitglieder, Gutachter, Schätzer o.Ä. dazu Stellung?

Unterlagen:
- „Anforderungsänderung [beantragt] (E-126)" (⇨245)

Ergebnisse:
- „Anforderungsänderung [beurteilt] (E-127)" (⇨246)

Verantwortlich:
- „Fachliche Projektleitung (R–27)" (⇨256)

Beteiligte:
- „Verschiedene (R–72)" (⇨276) [1..*] – aktiv mitwirkend

Nachfolgeaktivitäten [ggf. Bedingung]:
- „Anforderungsänderung genehmigen (A-283)" (⇨198)

3.13.7 Anforderungsänderung genehmigen (A-283)

Es wird entschieden, ob eine beantragte Anforderungsänderung akzeptiert wird.

- Aktivität sollte durchgeführt werden in der „Startphase (Entwurf und Architektur)" (⇨25) (Exzeptionelle Aktivität).

- Aktivität muss durchgeführt werden in der „Hauptphase (Konstruktion)" (⇨29) (Exzeptionelle Aktivität).

Beschreibung:

Die Auswirkungen und Stellungnahmen zur beantragten Anforderungsänderung werden diskutiert. Anschließend wird über die Annahme entschieden. Wird der Antrag akzeptiert, ist die Projektplanung anzupassen. Wird der Antrag nicht akzeptiert, werden kurz die Gründe festgehalten und dem Antragsteller mitgeteilt. In besonderen Fällen, beispielsweise wenn die Entscheidung über die Kompetenz der Projektleitung hinausgeht oder erhebliche Termin- und Aufwandsverschiebungen mit der Akzeptanz verbunden sind, wird der Antrag zur Bestätigung oder zur Entscheidung an den Lenkungsausschuss weitergeleitet.

Unterlagen:
- „Anforderungsänderung [beurteilt] (E-127)" (⇨246)

Ergebnisse:
- „Anforderungsänderung [entschieden] (E-128)" (⇨246)

Verantwortlich:
- „Gesamtprojektleitung (R–3)" (⇨255)

Beteiligte:
- „Fachliche Projektleitung (R–27)" (⇨256) – beratend
- „Technische Projektleitung (R–37)" (⇨257) – beratend
- „Projekt-QualitätsmanagerIn (R–38)" (⇨266) – beratend
- „Lenkungsausschuss (R–58)" (⇨275) – ergebnisempfangend

3.13.8 Anforderungen ändern oder ergänzen (A-282)

Die vom Projekt zu erfüllenden Anforderungen werden geändert oder erweitert. Hierzu wird ein schriftlicher Änderungsantrag formuliert und in das Projekt eingegeben.

- Aktivität sollte durchgeführt werden in der „Startphase (Entwurf und Architektur)" (⇨25) (Exzeptionelle Aktivität).
- Aktivität muss durchgeführt werden in der „Hauptphase (Konstruktion)" (⇨29) (Exzeptionelle Aktivität).

Beschreibung:

Am Ende der Vorbereitungsphase liegen eine abgestimmte Anforderungsspezifikation und ein abgestimmter Projektauftrag vor, die den Umfang und Inhalt des Projektes definieren. Im Rahmen der Entwurfs- und Konstruktionsphase werden diese Anforderungen dann konkretisiert und verfeinert. Dennoch können sich während der Entwurfs- und Konstruktionsphase Anforderungen auch ändern oder neue hinzukommen. Zum einen durch äußere Einflüsse, beispielsweise
- durch Änderungen in der Gesetzgebung, in Verordnungen etc.
- durch veränderte Markt- und Wettbewerbssituationen,
- durch technische Weiterentwicklungen,

zum anderen aus dem Projekt heraus, beispielsweise
- durch Anforderungen, die in der Vorbereitungsphase übersehen wurden,
- durch nachträglich entstandene Wünsche des Auftraggebers oder der Anwender.

Gerade im Rahmen einer partizipativen Softwareentwicklung, bei der Anwender und Auftraggeber frühzeitig eingebunden werden, etwa durch regelmäßige Entwicklung von Prototypen, lernen Anwender und Auftraggeber erst, was sie überhaupt wollen könnten, welche Möglichkeiten existieren oder wie die fachlichen Zusammenhänge und damit Anforderungen im Detail aussehen, welche Konsequenzen sie haben usw.

Da Änderungen oder neue Anforderungen die vorhandene Projektplanung in Frage stellen, sind solche Änderungen in geordneter und definierter Form zu behandeln. Ausgangspunkt ist hierbei die schriftliche Formulierung eines Änderungswunsches in Form eines Änderungsantrages. Hierbei wird zunächst einmal formuliert, worin die Änderung besteht, und begründet, warum die Änderung notwendig oder sinnvoll ist.

Ergebnisse:

- „Anforderungsänderung [beantragt] (E-126)" (⇨245)

Verantwortlich:

- „SystemanalytikerIn (R–12)" (⇨260)

Beteiligte:

- „Verschiedene (R–72)" (⇨276) [1..*] – aktiv mitwirkend

Nachfolgeaktivitäten [ggf. Bedingung]:

- „Anforderungsänderung beurteilen (A-179)" (⇨198)

3.13.9 Tätigkeitsberichte analysieren (A-193)

Die von den Projektmitarbeitern regelmäßig gelieferten Tätigkeitsberichte werden ausgewertet.

- Aktivität muss durchgeführt werden in der „Vorbereitungsphase" (⇨21) (Periodische Aktivität, wöchentlich).
- Aktivität muss durchgeführt werden in der „Startphase (Entwurf und Architektur)" (⇨25) (Periodische Aktivität, wöchentlich).
- Aktivität muss durchgeführt werden in der „Hauptphase (Konstruktion)" (⇨29) (Periodische Aktivität, wöchentlich).
- Aktivität muss durchgeführt werden in der „Einführungsphase" (⇨30) (Periodische Aktivität, wöchentlich).

Beschreibung:

Alle projektleitenden Mitarbeiter überprüfen in festen Intervallen, am besten wöchentlich, die Tätigkeitsberichte der Projektmitarbeiter. Dabei gilt es vorrangig, die beiden Fragen zu beantworten,

- ob die eingeplanten Mitarbeiter auch wirklich in ausreichendem Maß zur Verfügung stehen und
- ob sie auch die geplanten Aktivitäten durchführen.

Wenn relevante Abweichungen festgestellt werden, kann gezielt vorgegangen werden, wie z.B. Ausrichtung und Motivation des Mitarbeiters, Korrekturen der Planung oder das Einfordern veränderter Prioritäten bei der DV-Leitung z.B. über den Lenkungsausschuss.

Begründung:

Häufig stehen Mitarbeiter nicht im eingeplanten Umfang zur Verfügung, da sie z.B. noch mit Aktivitäten aus vorherigen Projekten belastet sind. Wenn sie wie geplant zur Verfügung stehen, kann es aus verschiedensten Gründen dazu kommen, dass sie nicht oder nur teilweise die geplanten Aktivitäten durchführen. Beide Punkte lassen die Gesamtplanung schnell aus dem Ruder laufen und müssen daher schnellstmöglich identifiziert werden.

Unterlagen:

- „Tätigkeitsbericht (E-147)" (⇨251)

Ergebnisse:

- „Katalog aller offenen Probleme (E-24)" (⇨243)
- „Katalog offener Aufgaben (E-15)" (⇨243)

Verantwortlich:

- „Projekt-QualitätsmanagerIn (R–38)" (⇨266)

Beteiligte:

- „Alle Projektmitglieder (R–67)" (⇨272) – aktiv mitwirkend

3.13.10 Wöchentliches Mikrocontrolling (A-295)

Wöchentliche Abfrage der Status der aktuellen Arbeitsaufträge (Wahrscheinlichkeitsabfrage)

- Aktivität muss durchgeführt werden in der „Vorbereitungsphase" (⇨21) (Periodische Aktivität, wöchentlich).
- Aktivität muss durchgeführt werden in der „Startphase (Entwurf und Architektur)" (⇨25) (Periodische Aktivität, wöchentlich).
- Aktivität muss durchgeführt werden in der „Hauptphase (Konstruktion)" (⇨29) (Periodische Aktivität, wöchentlich).
- Aktivität muss durchgeführt werden in der „Einführungsphase" (⇨30) (Periodische Aktivität, wöchentlich).

Beschreibung:

Während der Entwicklungszeit melden die Projektmitarbeiter auftragsbezogen ihre Aufwände, d.h. den Stundenverbrauch. Zusätzlich dazu Restaufwandsschätzungen einzuholen, hat sich in der Praxis als mehr oder weniger sinnlos herausgestellt. Meistens wird der rechnerisch verbleibende Restaufwand als "Schätzwert" genannt, und zwar so lange, bis ca. 80 % des geplanten Aufwandes verbraucht sind. Danach werden die verbleibenden 20 % immer wieder als "Rest" gemeldet.

Deutlich vorteilhafter ist es stattdessen, wöchentlich bei den Ergebnisverantwortlichen nachzufragen, wie hoch sie die Wahrscheinlichkeit einschätzen, das Ergebnis wie geplant zum vereinbarten Termin zu erreichen. Solange dieser Wert zwischen 75 % und 95 % liegt, ist gewöhnlich alles in Ordnung. Wenn der Wert von Woche zu Woche stark schwankt oder plötzlich absackt, kann die Projektleitung dies als Indikator sehen und gezielt nachhaken. Gegebenenfalls muss dann ein neues (Teil-)Ergebnis vereinbart werden.

Mit dieser Vorgehensweise erreichen Sie, dass ausreichend viele (mehr als 90 %) Arbeitsaufträge zum vereinbarten Stichtag mit einem definierten Ergebnis abschließen. Das Ergebnis ist vielleicht geringer als ursprünglich geplant, aber es hat (immerhin bzw. stattdessen) einen definierten und überprüfbaren Zwischenstand.

Ein Statusbericht beschreibt den aktuellen Zustand einer in Entwicklung befindlichen Sache, beispielsweise was erreicht wurde, was offen ist, welche Probleme vorliegen und wie es weitergeht. Eine effiziente und vereinfachte Form der Wahrscheinlichkeitsabfrage besteht darin, die Abfrage auf drei verschiedene Status zu reduzieren und diesen die Ampelfarben Rot, Gelb und Grün zuzuordnen. Ein Ampelstatus reduziert die Statusaussage auf die drei möglichen Aussagen:

- Rot (unter 50 % Wahrscheinlichkeit)
  Die Entwicklung ist ungenügend, wesentliche Teile wurden nicht erreicht. Der Plan kann nicht mehr eingehalten werden.
- Gelb (50 – 75 % Wahrscheinlichkeit)
  Einige Punkte laufen nicht so wie geplant. Der aktuelle Zustand ist unbefriedigend.
- Grün (über 75 % Wahrscheinlichkeit)
  Alles läuft im Wesentlichen wie geplant. Der aktuelle Zustand ist befriedigend oder besser.

Der Vorteil bei der Ampelstatusabfrage besteht darin, dass die Projektleitung in sehr einfacher Form Interventionssignale erhält: Alle Arbeitsaufträge, die im grünen Bereich sind, können einfach weiterlaufen. Es besteht für die Projektleitung kein Handlungsbedarf. Bei den beiden anderen Farben ist dies jeweils ein Signal an die Projektleitung, dass hier interveniert werden sollte.

Die Projektleitung erhält also einmal wöchentlich Hinweise darauf, um welche Arbeitsaufträge sie sich kümmern muss und um welche nicht.

Unterlagen:

- „Arbeitsauftrag (E-5)" (⇨250)

Ergebnisse:

- „Arbeitsauftrags-Statusbericht (E-181)" (⇨251)

Verantwortlich:

- „Gesamtprojektleitung (R–3)" (⇨255)

Beteiligte:

- „Alle Projektmitglieder (R–67)" (⇨272) – aktiv mitwirkend

Nachfolgeaktivitäten [ggf. Bedingung]:

- „Wöchentliche Mikrosteuerung (A-296)" (⇨202)

3.13.11 Wöchentliche Mikrosteuerung (A-296)

Bei allen aus dem wöchentlichen Mikrocontrolling resultierenden kritischen (roten) Arbeitsaufträgen interveniert die Projektleitung zur Stabilisierung und Verbesserung des Arbeitsauftragsergebnisses.

- Aktivität muss durchgeführt werden in der „Vorbereitungsphase" (⇨21) (Periodische Aktivität, wöchentlich).
- Aktivität muss durchgeführt werden in der „Startphase (Entwurf und Architektur)" (⇨25) (Periodische Aktivität, wöchentlich).
- Aktivität muss durchgeführt werden in der „Hauptphase (Konstruktion)" (⇨29) (Periodische Aktivität, wöchentlich).
- Aktivität muss durchgeführt werden in der „Einführungsphase" (⇨30) (Periodische Aktivität, wöchentlich).

Beschreibung:

Aus dem wöchentlichen Mikrocontrolling hat sich ergeben, welchen Status (grün, gelb, rot) die einzelnen aktuellen Arbeitsaufträge haben. Um die grünen Arbeitsaufträge muss sich die Projektleitung nicht kümmern, diese laufen ja gut. Bei allen anderen sollte die Projektleitung versuchen, diese wieder in den grünen Bereich zu führen.

Bei den gelben Aufträgen geht es, abstrakt formuliert, darum, herauszufinden, was die Projektleitung tun kann, um den Auftrag wieder in den grünen Bereich zu bringen. In vielen Fällen gibt es unmittelbare Handlungsmöglichkeiten für die Projektleitung. Wenn beispielsweise eine Zulieferleistung eines Dritten nicht eintrifft, kann die Projektleitung hier den Druck erhöhen oder eskalieren. Wenn ein Projektmitarbeiter bspw. wegen Krankheit ausgefallen ist, kann die Projektleitung ggf. andere Mitarbeiter diesem Auftrag zuordnen.

Diese Maßnahmen können wiederum negative Folge für andere Arbeitsaufträge haben: Wenn also zur Stabilisierung und Unterstützung eines Arbeitsauftrages Mitarbeiter von anderen Arbeitsaufträgen abgezogen werden, ist es sehr wahrscheinlich, dass in der nächsten Woche die anderen Arbeitsaufträge auf Gelb oder Rot springen. Die Projektleitung wird dies weitgehend berücksichtigen und entsprechend ihrer Risikobewertung und Prioritäten handeln.

Wenn ein Auftrag länger als eine Woche auf Rot steht oder wenn keine unterstützenden Maßnahmen möglich oder sinnvoll erscheinen, es also keine realistische Möglichkeit gibt, einen roten Auftrag wieder in den grünen Bereich zu bringen, dann gibt es eine letzte Möglichkeit: den Zustand zu akzeptieren und mit ihm zu rechnen, d.h. die Realität zumindest angemessen zu berücksichtigen. Die Planung ist anzupassen. Konkret bedeutet dies, dass der betroffene Arbeitsauftrag korrigiert wird. Er wird so weit vereinfacht, dass er ein unter den gegebenen Umständen wieder realistisches Iterationsziel beschreibt. Oder anders ausgedrückt: Der Arbeitsauftrag wird inhaltlich so weit reduziert, dass er in den nächsten Woche wieder im grünen Bereich sein wird.

Wie auch immer sorgt die Projektleitung also dafür, dass alle Arbeitsaufträge innerhalb von ein bis zwei Iterationen wieder in den grünen Bereich kommen.

Obwohl in dem hier beschriebenen Iterationsmodell unsere Iterationen also drei bis acht Wochen dauern, sind in jedem Fall wöchentliche Rückmeldungszyklen möglich! Durch die Dauer von drei bis acht Wochen pro Iteration reduzieren wir den Planungsaufwand auf ein handhabbares Maß. Durch die wöchentlichen Wahrscheinlichkeitsabfragen erhalten wir uns jedoch einen Rückmeldungs- und Regelkreis, wie er beim Extreme Programming auch nicht viel kürzer sein könnte. Die wöchentlichen Rückmeldungen führen zu einer Planungsanpassung und Realitätsberücksichtigung auf der Mikroebene, macht dort zwar auch viel Arbeit, ist aber letztendlich noch gut handhabbar. Die Iterationsplanung insgesamt belassen wir im drei bis acht Wochenrhythmus, weil hier ein deutlich höherer Planungsaufwand herrscht!

Unterlagen:
- „Arbeitsauftrags-Statusbericht (E-181)" (⇨251)
- „Arbeitsauftrag (E-5)" (⇨250)

Ergebnisse:
- „Arbeitsauftrag (E-5)" (⇨250)

Verantwortlich:
- „Gesamtprojektleitung (R–3)" (⇨255)

Beteiligte:
- „Fachliche Projektleitung (R–27)" (⇨256) – aktiv mitwirkend
- „Technische Projektleitung (R–37)" (⇨257) – aktiv mitwirkend
- „Alle Projektmitglieder (R–67)" (⇨272) [0..*] – beratend

3.13.12 Arbeitsauftrags-Planungskorrektur (A-297)

Die Ergebnisse aus den Arbeitsauftragsreviews werden systematisch ausgewertet und die Planung, d.h. die Arbeitsaufträge für die folgenden Iterationen, wird entsprechend korrigiert bzw. überarbeitet.

- Aktivität muss durchgeführt werden in der „Vorbereitungsphase" (⇨21) (Iterative Aktivität).
- Aktivität muss durchgeführt werden in der „Startphase (Entwurf und Architektur)" (⇨25) (Iterative Aktivität).
- Aktivität muss durchgeführt werden in der „Hauptphase (Konstruktion)" (⇨29) (Iterative Aktivität).
- Aktivität muss durchgeführt werden in der „Einführungsphase" (⇨30) (Iterative Aktivität).

Beschreibung:

Innerhalb der laufenden Iteration hat die Projektleitung bereits die Arbeitsaufträge der nächsten Iteration geplant und vorbereitet. Die am Ende der Iteration abgeschlossenen Reviews führen jedoch zu zahlreichen Erkenntnissen, die eine Anpassung der Planung notwendig oder sinnvoll werden lassen. Die geplanten Arbeitsaufträge sind daher nochmal zu korrigieren.

Um den Korrekturaufwand zu minimieren, ist es zweckmäßig, wenn bei der Vorbereitung und Planung der Arbeitsaufträge nicht die geplanten Ergebnisse der laufenden Iteration als Basis genommen werden, sondern die zu erwartenden Ergebnisse. Die erwartete Realität ist also Planungsbasis.

Bei der Vorbereitung der Arbeitsaufträge für die Folgeiteration sollten also, soweit möglich und vorhersehbar, die tatsächlichen Ergebnisse vorweggenommen, also erwartet werden, dass nicht alle Arbeitsaufträge vollständig erreicht werden. Dazu ist es hilfreich, wenn die Projektleitung die betroffenen (auftragsausführenden) Mitarbeiter angemessen in die Planung einbezieht bzw. die Planung gemeinsam stattfindet.

Trotz aller Voraussicht wird jedoch ein gewisser Anpassungsbedarf nach Abschluss der Reviews übrig bleiben. Dieser ist nun zu leisten. Die aus den Reviews resultierenden Erkenntnisse müssen nun in kürzester Zeit (ca. zwei bis drei Tage) in die Planung einfließen, d.h., die Arbeitsaufträge und Iterationsziele sind anzupassen. Anschließend kann die nächste Iteration beginnen.

Die Projektleitung steht hier unter besonderem Druck. Wenn sie diese Planungskorrektur nicht in der vorgesehenen Zeit leisten kann und dann dem Projektteam mitteilen muss: "Sorry, wir haben die Arbeitsaufträge nicht fertig bekommen, die Iteration fängt deswegen zwei Tage später an", wird das Timeboxing nicht funktionieren. Die Glaubwürdigkeit der Projektleitung ist hier von besonderer Bedeutung. Wenn die Projektleitung signalisiert, dass sie sich nicht an die Termine einer Timebox gebunden fühlt, warum sollte sich dann irgendein anderes Projektmitglied daran halten?

Planen Sie als Projektleitung also ausreichend Zeit ein, besonders wenn Sie mit dem iterativen Vorgehen noch nicht so geübt sind.

Unterlagen:
- „Arbeitsauftrags-Statusbericht (E-181)" (⇨251)

- „Arbeitsauftrag (E-5)“ (⇨250)
- „Softwareentwicklungsplan (E-83)“ (⇨240)

Ergebnisse:

- „Arbeitsauftrag (E-5)“ (⇨250)

Verantwortlich:

- „Gesamtprojektleitung (R–3)“ (⇨255)

Beteiligte:

- „Fachliche Projektleitung (R–27)“ (⇨256) – aktiv mitwirkend
- „Technische Projektleitung (R–37)“ (⇨257) – aktiv mitwirkend
- „Alle Projektmitglieder (R–67)“ (⇨272) – beratend
- „Alle Projektmitglieder (R–67)“ (⇨272) – ergebnisempfangend

Nachfolgeaktivitäten [ggf. Bedingung]:

- „Gesamtplanung (Makroplan) erstellen bzw. aktualisieren (A-12)“ (⇨193) [nur soweit sich direkte Auswirkungen auf den Makroplan ergeben]
- „Iterationen und Builds planen (A-16)“ (⇨194) [nur soweit sich direkte Auswirkungen auf den Makroplan ergeben]
- „Arbeitsaufträge für Iteration i+1 erstellen (A-46)“ (⇨197) [nur soweit sich direkte Auswirkungen ergeben]
- „Arbeitsaufträge für Iteration i+2 erstellen (A-294)“ (⇨196) [nur soweit sich direkte Auswirkungen ergeben]

4

Ergebnisse

4.1 Ergebnisübersicht

- **Managementergebnisse**
  Unter Managementergebnisse werden alle Ergebnisse zusammengefasst, die der Planung, Steuerung und Überwachung des Projektes dienen.
- **Anforderungsanalyseergebnisse**
  Unter Anforderungsanalyseergebnisse werden alle Ergebnisse zusammengefasst, die der Identifizierung und Beschreibung von Anforderungen dienen, d.h. direkt oder indirekt zur Definition der zu erfüllenden Eigenschaften der zu erstellenden Software beitragen.
- **Designergebnisse**
  Unter Designergebnisse werden alle Ergebnisse zusammengefasst, die zur Konzeption der zu erstellenden Softwarelösung beitragen, d.h. beschreiben, wie die Anforderungen erfüllt werden sollen.
- **Realisierungsergebnisse**
  Unter Realisierungsergebnisse werden alle Ergebnisse zusammengefasst, die Teil der Softwarelösung sind bzw. unmittelbar zur Realisierung beitragen.
- **Einsatz- und Verteilungsergebnisse**
  Unter Einsatz- und Verteilungsergebnisse werden alle Ergebnisse zusammengefasst, die für die Auslieferung, Installation, Schulung, Inbetriebnahme und den Betrieb der Software relevant sind.
- **Testergebnisse**
  Unter Testergebnisse werden alle Ergebnisse zusammengefasst, die zur Vorbereitung, Durchführung und Auswertung von Tests dienen.

Legende und Erläuterungen zu den Ergebnisbeschreibungen

Die Ergebnisse tragen jeweils einen Namen und eine ausführliche Beschreibung zu ihrer Struktur, Gliederung und wichtigen Inhalten. Soweit vorhanden, werden Beispiele oder Muster referenziert.

Ergebnisse können Spezialisierungen (Weiterentwicklungen) anderer Ergebnisse sein oder Zusammenfassungen (Aggregationen) einer Menge anderer Ergebnisse darstellen. Soweit vorhanden, werden die zulässigen bzw. möglichen Zustände der Ergebnisse aufgeführt.

Ergebnisse werden hinsichtlich ihrer Zustandspflege klassifiziert, d.h. ob es sich um projektinterne oder projektüberdauernde Ergebnisse handelt und ob sie einmalig oder mehrfach zu erstellen sind, stets aktuell zu halten oder periodisch zu aktualisieren sind.

Die zur Erstellung der Ergebnisse wichtigen Werkzeuge werden genannt, ebenso Hinweise zur QS der Ergebnisse.

4.2 Geschäftsprozess- und Anforderungsanalyseergebnisse

Unter Anforderungsanalyseergebnisse werden alle Ergebnisse zusammengefasst, die der Identifizierung und Beschreibung von Anforderungen dienen, d.h. direkt oder indirekt zur Definition der zu erfüllenden Eigenschaften der zu erstellenden Software beitragen.

4.2.1 Anforderungsspezifikation (E-20)

Die Anforderungsspezifikation ist eine Zusammenfassung von Einzeldokumenten. Sie enthält und dokumentiert alle Anforderungen an das zu erstellende System.

Die Zusammenfassung hat ein Deckblatt und ein Inhaltsverzeichnis über die Einzelbestandteile. Sie trägt ein Erstellungsdatum.

Das Dokument liegt mindestens einmal in einer unveränderbaren Form vor (Papier, geschütztes PDF o.Ä.).

Je nach Art und Umfang des Projektes enthält die Anforderungsspezifikation zusätzlich zu den aggregierten Einzelergebnissen (siehe unten) auch folgende Informationen:

- Einführung in das Thema und die Aufgabenstellung
- Grundzüge des Systemkonzeptes sowie der Entwicklungs- und der späteren Zielumgebung
- Grenzen, Beschränkungen, Prioritäten, gegebenenfalls Stufenplan
- Mengengerüst
- Prinzipielle Reaktion auf unerwünschte Ereignisse und fehlerhafte Bedienung

Am Ende der Vorbereitungsphase und am Ende der Entwurfsphase soll die Anforderungsspezifikation in aktueller und mit dem Auftraggeber abgestimmter Form vorliegen.

Anhand der Anforderungsbeschreibung kann später auch festgestellt werden, ob und wie das fertige Produkt den Anforderungen genügt, dies allerdings nur grob, denn die Detailanforderungen ergeben sich erst im Laufe des Entwicklungsprozesses. Bestandteil der Anforderungen sollten in jedem Fall die Kriterien sein, nach denen die Abnahme des Systems durch den Auftraggeber erfolgen soll.

Alle Änderungen während der Entwurfs- und Konstruktionsphase müssen über ein Änderungsverfahren eingebracht werden und werden als Anhang zu der letzten abgestimmten Fassung der Anforderungsspezifikation geführt. Da die über das Änderungsverfahren eingebrachten neuen Anforderungen oder Änderungen an bestehenden Anforderungen mit dem Auftraggeber abgestimmt sind, bleibt auch die Anforderungsspezifikation im Status abgestimmt.

Mögliche Status:

- in Bearbeitung
- abgeschlossen
- abgestimmt

QS-Hinweise:

- Vollständigkeit und Status der Einzeldokumente prüfen

Motivation:

- Kontrolle und Absicherung der Anforderungen und nachträgliche Änderungen und Ergänzungen.

Ergebnis umfasst:

- „Systemanwendungsfallübersicht (E-2)" (⇨217)
- „Anwendungsfallmodell (E-178)" (⇨217)
- „Fachliches Glossar (E-7)" (⇨215)
- „Geschäftsklassenmodell (E-115)" (⇨209)
- „Katalog projektexterner Anforderungen und Zulieferleistungen (E-72)" (⇨230)
- „Katalog projektexterner Anforderungen und Zulieferleistungen (E-72)" (⇨230)
- „Katalog der Druck- und Ausgabeerzeugnisse (E-75)" (⇨211)
- „Katalog nichtfunktionaler Anforderungen (E-71)" (⇨212)
- „Katalog externer Schnittstellen (E-9)" (⇨210)
- „Katalog der Mitwirkungsleistungen (E-37)" (⇨243)
- „Katalog der Stapelverarbeitungsprogramme (E-76)" (⇨212)
- „Dialogprototyp (E-66)" (⇨228)
- „Geschäftsprozessbeschreibung (E-167)" (⇨216)
- „Geschäftsanwendungsfallbeschreibung (E-165)" (⇨216)
- „Geschäftsanwendungsfallbeschreibung [essenziell] (E-173)" (⇨216)
- „Systemanwendungsfallbeschreibung [essenziell] (E-6)" (⇨218)
- „Liste der Anforderungsbeitragenden (E-150)" (⇨209)
- „Akteurmodell (E-176)" (⇨210)
- „Liste mit Features und übergreifenden Anforderungen (E-158)" (⇨210)
- „Liste mit aktiven Geschäftspartnern (E-156)" (⇨209)
- „Berechtigungskonzept (E-40)" (⇨213)
- „Ausschlussliste (E-155)" (⇨214)

- „Anforderungsänderung [entschieden] (E-128)" (⇨246)

Ist Teil von:
- „Systemdokumentation (E-136)" (⇨230)

4.2.2 Liste der Anforderungsbeitragenden (E-150)

Liste aller möglichen Anforderungsbeitragenden, z.B. als einfache Liste mit einem Textverarbeitungsprogramm oder als Akteur-Liste mit einem UML-Werkzeug (für Formalisten)

Jeder Anforderungsbeitragende wird nach folgendem Schema beschrieben:
- Name (z.B. Auftraggeber)
- Kategorie (Anwender, Fachabteilung, Auftraggeber/Management, Standards/Gesetze, Kunden, Service/Adminstration, Entwickler, Käufer, Marketing/Vertrieb, Projektgegner/-befürworter)
- Art (Fachexperte, Anforderungsverantwortlicher, Systembetroffener)
- Konkrete Ansprechpartner bzw. Personen (z.B. Frau Richter)
- Interessen und Ziele des Anforderungsbeitragenden

Synonyme:
- Stakeholder-Liste, Liste der Anforderungsbeitragenden

QS-Hinweise:
- Wie wurden die Anforderungsbeitragenden ermittelt? Was wurde unternommen, um eine möglichst vollständige Liste zu erhalten? Wir wurden die Interessen der Anforderungsbeitragenden ermittelt? Welche Informationen sind bewusst nicht dokumentiert worden?

Motivation:
- Minimierung des Risikos, wichtige Anforderungen zu übersehen

Ist Teil von:
- „Anforderungsspezifikation (E-20)" (⇨207)

4.2.3 Geschäftsklassenmodell (E-115)

Ein Geschäftsklassenmodell, das das Problemverständnis repräsentiert, d.h. Anforderungen beschreibt, jedoch keine Lösungen

Das Geschäftsklassenmodell enthält nur UML-Basiskonstrukte und sollte möglichst auch mit Anwendern und Fachabteilungsmitarbeitern diskutierbar sein. Es enthält also hauptsächlich die Namen fachlicher Geschäftsklassen bzw. Begriffe und ihre Beziehungen (Assoziationen u.Ä.) untereinander. Wichtige fachliche Attribute und Operationen können ebenfalls enthalten sein.

Es ist nicht notwendig, dass das Geschäftsklassenmodell auf ein Design-Klassenmodell abgebildet werden kann. Das Geschäftsklassenmodell sollte jedoch stets das aktuelle Problemverständnis repräsentieren, d.h., es sollte keine Informationen enthalten, die bekanntlich nicht mehr richtig sind oder keine Anforderungen mehr darstellen.

Ist Teil von:
- „Anforderungsspezifikation (E-20)" (⇨207)

4.2.4 Liste mit aktiven Geschäftspartnern (E-156)

Die identifizierten aktiven Geschäftspartner werden namentlich aufgelistet. Zusätzlich wird notiert, welche Prozesse sie anstoßen. In einem Ideenspeicher können Anmerkungen notiert werden.

Ist Teil von:

- „Anforderungsspezifikation (E-20)“ (⇨207)

4.2.5 Akteurmodell (E-176)

Ein Akteurmodell beschreibt, welche anderen Geschäftsanwendungsfallbeteiligten es gibt und in welcher Beziehung diese zueinander stehen.

Formal ist es ein UML-Klassenmodell mit entsprechend als Akteure stereotypisierten Klassen.

Ist Teil von:

- „Anforderungsspezifikation (E-20)“ (⇨207)

4.2.6 Organisationsmodell (E-175)

Ein Organisationsmodell ist ein UML-Klassendiagramm, wobei dort Orgaeinheiten als Klassen mit dem Stereotyp «organizational unit» und folgende Beziehungen verwendet werden:

- Disziplinarische Weisungsbefugnis (als gerichtete Assoziation)
- Berichtswege und funktionale Weisungsabhängigkeit (als Abhängigkeitsbeziehung)
- Spezialisierung (als Vererbungsbeziehung)

4.2.7 Liste mit Features und übergreifenden Anforderungen (E-158)

Die Liste mit Features beinhaltet die Namen der jeweiligen Features sowie eine Kurzbeschreibung zu jedem Punkt (Zweck, Beschreibung der Anforderung). Gegebenenfalls können Priorität und Ansprechpartner genannt werden.

Ein Feature ist eine Sammlung von Anforderungen.

Ist Teil von:

- „Anforderungsspezifikation (E-20)“ (⇨207)

4.2.8 Katalog externer Schnittstellen (E-9)

Es werden alle externen Schnittstellen des zu entwickelnden Systems genannt und kurz beschrieben. Zu jeder Schnittstelle wird genannt:

- Name der Schnittstelle
- Kurzbeschreibung zwei bis zehn Zeilen
- Komplexitätsklasse der Schnittstelle (komplex | standard | einfach)

Soweit bereits bekannt, können zusätzlich genannt werden:

- Ggf. Ausschlusshinweis (Hinweis, warum Schnittstelle nicht betrachtet werden muss)
- Benennung der betroffenen externen Systeme (Programmnamen, Transaktionsbezeichnungen o.Ä.)
- Art der Schnittstelle: synchron (funktionale Schnittstelle), asynchron (Datenaustausch z.B. über Dateien oder DB-Tabellen)
- Richtung der Schnittstelle: lesend, schreibend
- Häufigkeit der Aktivierung, z.B. einmal täglich, ca. 100 Mal täglich etc.
- Ungefähres Datenvolumen pro Aktivierung (in Byte)
- Wichtigkeit der Schnittstelle (wichtig | standard | nachrangig)

- mögliche Ansprechpartner, Referenzen, Dokumente etc.
- Besonderheiten

Mögliche Status der einzelnen Schnittstellen:
- In Bearbeitung
- Okay

QS-Hinweise:
- Werden wichtige Begriffe und Abkürzungen im fachlichen Glossar erläutert?

Ist Teil von:
- „Anforderungsspezifikation (E-20)“ (⇨207)
- „Vorstudie (E-78)“ (⇨237)
- „Softwareentwicklungsplan (E-83)“ (⇨240)
- „Architektur- und Programmbeschreibung (E-69)“ (⇨224)

4.2.9 Katalog der Referenzdokumente (E-73)

Das Verzeichnis listet mögliche Referenzmodelle und -dokumente auf, beispielsweise Datenmodelle aus abzulösenden Altsystemen.

Zu jeder Referenz ist zu notieren,
- wo das Dokument zu finden ist bzw. von wo es beschafft wurde,
- was der Inhalt des Dokumentes ist (bis zu zehn Zeilen Beschreibung),
- welche Ansprechpartner nähere Informationen dazu liefern können,
- wann das Dokument erstellt und zuletzt aktualisiert wurde,
- eine Einschätzung der Qualität und Brauchbarkeit des Dokumentes für das aktuelle Projekt, sofern dies möglich ist (bis zu fünf Zeilen Text) sowie
- ggf. weitere Bemerkungen und Besonderheiten.

Ist Teil von:
- „Vorstudie (E-78)“ (⇨237)
- „Softwareentwicklungsplan (E-83)“ (⇨240)

4.2.10 Katalog der Druck- und Ausgabeerzeugnisse (E-75)

Der Katalog besitzt folgende Struktur. Zu jedem identifizierten Systemerzeugnis (Briefe, Auswertungen etc.) werden, soweit relevant, Informationen erfasst:
- Name des Erzeugnisses (z.B. "Jährliche Beitragsrechnung")
- Kurzbeschreibung (1 – 20 Zeilen)
- Empfänger/Ziel des Erzeugnisses (z.B. "Beitragszahler")
- Häufigkeit/Zeitpunkt und Mengen der Erstellung (z.B. "unmittelbar nach Vertragsbeginn, anschließend jeweils am Jahresanfang")
- Hinweise zum Zweck des Erzeugnisses
- Verweis auf Beispiele/Muster
- Änderungshäufigkeit
- Hinweise zu Historisierung, Versionierung, Gültigkeitszeiträumen
- Liste mit Ansprechpartnern
- Derzeit verantwortliche/produzierende Stelle
- Ausgabemedium (Papier, Postversand, Fax, E-Mail, Datenträger, Chipkarten etc.)

Der Katalog kann einmalig im Rahmen der Anforderungsanalyse erstellt werden. Er kann aber auch später, beispielsweise zum Projektende, nochmals aktualisiert werden, um ihn als Verzeichnis aller Systemerzeugnisse für die Systemdokumentation zu verwenden.

Mögliche Status:
- In Bearbeitung
- Okay

Motivation:
- Hilfsmittel und Abstimmungsunterlage zur Anforderungsanalyse

Ist Teil von:
- „Anforderungsspezifikation (E-20)" (⇨207)
- „Vorstudie (E-78)" (⇨237)
- „Softwareentwicklungsplan (E-83)" (⇨240)
- „Architektur- und Programmbeschreibung (E-69)" (⇨224)

4.2.11 Katalog der Stapelverarbeitungsprogramme (E-76)

Das Verzeichnis ist wie folgt gegliedert:
- Name des Programms
- Entwicklungsplattform
- Ausführungsplattform
- Auslöser
- Häufigkeit, Zeitpunkt und Dauer der Ausführung
- Hinweise zu Performance-Randbedingungen
- Ansprechpartner
- Abhängigkeiten

Synonyme:
- Batch-Verarbeitung

Ist Teil von:
- „Vorstudie (E-78)" (⇨237)
- „Anforderungsspezifikation (E-20)" (⇨207)
- „Architektur- und Programmbeschreibung (E-69)" (⇨224)
- „Softwareentwicklungsplan (E-83)" (⇨240)

4.2.12 Katalog nichtfunktionaler Anforderungen (E-71)

Aufstellung aller Anforderungen, die nicht mit Hilfe von Systemanwendungsfällen beschrieben werden können und keine externen Schnittstellen betreffen

Dabei kann es sich um folgende Arten von Anforderungen handeln:
- Grundsätzliche Qualitätsanforderungen
- Bedienbarkeit, Ergonomie
- Robustheit
- Systemsicherheit, Datenschutzanforderungen
- Systemverfügbarkeit
- Antwortzeitverhalten
- Hardware-Voraussetzungen
- Betriebssystem- und Systemsoftware-Voraussetzungen

Nichtfunktionale Anforderungen, deren Relevanz zwar nahe liegt, die aber im Rahmen dieses Projektes nicht erfüllt werden müssen bzw. sollen, werden explizit erwähnt und kurz in einer Ausschlussliste beschrieben.

Sofern dies nicht an anderen Orten beschrieben wird, ist unter Umständen auch eine Abbildung der nichtfunktionalen und der funktionalen Anforderungen (Matrix) sinnvoll.

Mögliche Status:
- In Bearbeitung
- Okay

QS-Hinweise:
- Werden wichtige Begriffe und Abkürzungen im fachlichen Glossar erläutert?

Ist Teil von:
- „Anforderungsspezifikation (E-20)" (⇨207)
- „Vorstudie (E-78)" (⇨237)
- „Softwareentwicklungsplan (E-83)" (⇨240)
- „Architektur- und Programmbeschreibung (E-69)" (⇨224)

4.2.13 Katalog projektexterner Anforderungen und Zulieferleistungen (E-72)

Aufstellung aller Anforderungen und Leistungen, die räumlich oder inhaltlich außerhalb des Projektes liegen und von Einheiten außerhalb des Projektes zu erfüllen sind bzw. geliefert werden müssen.

Dazu gehören ggf. Anforderungen zur:
- Hardware
- terminlichen Abhängigkeit mit anderen Projekten
- Bereinigung existierender Datenbestände
- Anpassung oder Erweiterung existierender Systeme
- Beschaffung von Ressourcen
- usw.

Jede dieser Anforderungen wird mit einem Namen und einer Kurzbeschreibung versehen. Soweit möglich, werden Ansprechpartner, Verantwortliche, Gründe, Termine, Aufwände und mögliche Konsequenzen bei Nichterfüllung skizziert.

Wichtige Zulieferleistungen werden zusätzlich ausführlich in einem separaten Dokument beschrieben (siehe „Katalog der Mitwirkungsleistungen (E-37)" (⇨243)).

Mögliche Status:
- In Arbeit
- Fertig

Ergebnis umfasst:
- „Katalog der Mitwirkungsleistungen (E-37)" (⇨243)

Ist Teil von:
- „Anforderungsspezifikation (E-20)" (⇨207)
- „Vorstudie (E-78)" (⇨237)
- „Softwareentwicklungsplan (E-83)" (⇨240)

4.2.14 Berechtigungskonzept (E-40)

Das Berechtigungskonzept beschreibt, welche Ressourcen bzw. Daten ein Benutzer sehen und verändern darf bzw. welche Einschränkungen hierzu existieren.

Ein Berechtigungskonzept dient dem Schutz von Ressourcen vor Veränderung oder Zerstörung (z.B. Datensicherheit), verhindert aber auch ihren unrechtmäßigen Gebrauch (z.B. Datenschutz).

Ein einfaches Berechtigungskonzept weist jedem potenziellen Benutzer von Ressourcen eine Anzahl Ressourcen zu, die er tatsächlich nutzen darf, oder umgekehrt, jeder Ressource eine Liste der jeweils zugelassenen Benutzer. Dabei kann noch die Art der Autorisierung spezifiziert werden, beispielsweise *le-*

sen, verändern, löschen, verwenden. Auch die Beschränkung auf Obergrenzen kann definiert sein, so für Speicherplatz oder transferierte Datenmengen.

Zur Vereinfachung umfassender Berechtigungsbeschreibungen wird jeder Benutzer einer oder mehreren Benutzergruppen zugewiesen und dann nur jeweils für diese Gruppen die Berechtigungen definiert.

Ist Teil von:
- „Systemdokumentation (E-136)“ (⇨230)
- „Architektur- und Programmbeschreibung (E-69)“ (⇨224)
- „Anforderungsspezifikation (E-20)“ (⇨207)

4.2.15 Benutzungskonzept (E-188)

Das Benutzungskonzept beschreibt, nach welchen Prinzipien die Software benutzt werden kann. Dies betrifft zum einen die äußere Gestaltung (GUI-Styleguide), vor allem aber, über welche grundsätzlichen Funktionalitäten die Benutzungsoberfläche verfügen soll. Beispielsweise wie zwischen verschiedenen Eingabedialogen navigiert werden kann: Kann der Benutzer frei aus einem Menü auswählen? Oder wird er durch einen Assistenten streng geführt? Gibt es grafische und textliche Ein- und Ausgaben? Welche Metaphern werden eingesetzt (z.B. "Postkorb")? Existiert eine explizite Workflow-Steuerung? Kann die Oberfläche personalisiert werden?

Synonyme
- GUI-Styleguide

Ist Teil von:
- „Systemdokumentation (E-136)“ (⇨230)
- „Anforderungsspezifikation (E-20)“ (⇨207)

4.2.16 Entwicklungsrichtlinien (E-47)

Entwicklungsrichtlinien geben an, welche Konventionen beim Programmieren eingehalten werden sollen. Hierzu gehören Hinweise zur Code-Formatierung, Kommentierung von Code, Angabe formaler oder informeller Annotationen im Code, Namenskonventionen etc.

Synonyme:
- Programmierrichtlinie, Programmier-Styleguide

4.2.17 Ausschlussliste (E-155)

Auszuschließende Anforderungen

Jede dieser Anforderungen wird mit einem Namen und einer Kurzbeschreibung versehen. Soweit möglich, werden
- Ansprechpartner,
- Verantwortliche,
- Gründe,
- Termine,
- Aufwände,
- mögliche Konsequenzen

bei Nichterfüllung skizziert.

Motivation:
- Späteres Nachvollziehen und ggf. Beweisen, dass, wann und warum bestimmte Anforderungen ausgeschlossen wurden.

Ist Teil von:
- „Anforderungsspezifikation (E-20)" (⇨207)

4.2.18 Fachliches Glossar (E-7)

Ein fachliches Glossar erläutert alle wichtigen Fachbegriffe aus dem Anwendungsgebiet.

Die Begriffe sind alphabetisch sortiert und entweder durch einen zwei- bis zehnzeiligen Text erläutert oder verweisen auf einen anderen Begriff.

Sofern für einen Begriff verschiedene Bedeutungen existieren (für verschiedene Personen, Abteilungen o.Ä.), werden Begriffe durch Angabe des entsprechenden Kontextes qualifiziert. Beispiel: "Kunde [Antragsbearbeitung] ..., Kunde [Leistungsbearbeitung]"

Sofern Synonyme kontextspezifisch verwendet werden, wird auch bei ihnen der entsprechende Kontext angegeben. Beispiel: "Kunde (Antragsbearbeitung) siehe Mitglied"

Das Glossar ist projektspezifisch und sollte alle wichtigen fachlichen Begriffe enthalten.

Abkürzungen werden ebenfalls im Glossar erläutert.

Ist Teil von:
- „Anforderungsspezifikation (E-20)" (⇨207)
- „Systemdokumentation (E-136)" (⇨230)
- „Architektur- und Programmbeschreibung (E-69)" (⇨224)

4.2.19 Enumerationsanforderung (E-96)

Spezifikation einer bereitzustellenden Enumeration, die außerhalb des Projektes entwickelt werden soll

Die Anforderung besteht aus folgenden Informationen:
- Fachlicher Name der Enumeration
- Name des Enumerationstyps (Klassenname)
- Beschreibung der Enumeration
- Zeitpunkt, wann die Enumeration für das Projekt testweise (das heißt ggf. nur mit exemplarischen Daten) benötigt wird
- Zeitpunkt, wann die Enumeration für das Projekt inhaltlich vollständig und korrekt benötigt wird
- Auflistung der Wertemenge. Jeder Eintrag ist zu definieren durch
- Bezeichnung,
- Beschreibung,
- Kürzel,
- Rang (für Sortierreihenfolge),
- Gültigkeitszeiträume.

Diese Auflistung kann vollständig sein oder nur exemplarische Einträge beinhalten, wobei dies zu vermerken ist.
- Schnittstellenvereinbarung (Schnittstellenklasse)
- Angabe der Quelle, Instanz, Referenz o.Ä., die die Inhalte der Wertemenge definieren (z.B. Arbeitsanweisung, Gesetzestext)

Sofern die Enumerationen bereits in Altsystemen verfügbar sind oder waren, wird eine entsprechende Referenz angegeben.

4.2.20 Geschäftsprozessbeschreibung (E-167)

Die Beschreibung eines Geschäftsprozesses besteht aus folgenden Elementen:
- Name (möglichst ein Substantiv)
- Prozesstyp (entweder Kerngeschäftsprozess oder unterstützender Geschäftsprozess)
- Kurzbeschreibung (bis zu zehn Sätze Kurzbeschreibung: Worum geht es in diesem Geschäftsprozess?)
- Auflistung der enthaltenen Geschäftsanwendungsfälle
- Geschäftsprozess-Verantwortlicher (immer nur eine Person: Welcher Geschäftsmitarbeiter ist für den erfolgreichen, effizienten und effektiven Betrieb des Geschäftsprozesses verantwortlich?)
- Prozessbeteiligte (Welche Geschäftsmitarbeiter und Geschäftspartner sind insgesamt an dem Geschäftsprozess beteiligt?)

QS-Hinweise:
- Die Kurzbeschreibung sollte so abstrakt und kurz wie möglich und so detailliert und konkret wie nötig sein, dass eine Unterscheidung von allen anderen Geschäftsprozessen möglich ist. Alle Sachverhalte in einer Kurzbeschreibung sollten möglichst auf dem gleichen Abstraktionsniveau sein.

Ist Teil von:
- „Anforderungsspezifikation (E-20)" (⇨207)

4.2.21 Geschäftsanwendungsfallbeschreibung (E-165)

Jeder Geschäftsanwendungsfall wird mit
- Name,
- Art (Kerngeschäftsanwendungsfall | unterstützend),
- Auslöser,
- Ergebnis,
- Akteur,
- Kurzbeschreibung

dokumentiert. Zusätzlich können Bemerkungen notiert werden.

QS-Hinweise:
- Wurde der Geschäftsanwendungsfall wie folgt beschrieben:
  Anwendungsfallname = Substantiv + aktives Verb
- Enthält er die Angabe eines Typs (Kerngeschäftsanwendungsfall , unterstützender Geschäftsanwendungsfall)?

Ist Teil von:
- „Anforderungsspezifikation (E-20)" (⇨207)

4.2.22 Geschäftsanwendungsfallbeschreibung [essenziell] (E-173)

Jeder Geschäftsanwendungsfall wird wie folgt beschrieben:
- Name (mind. ein Substantiv und ein aktives Verb)
- Kurzbeschreibung (bis zu fünf Sätze)
- Aktive Geschäftspartner (aussagekräftiger Name)
- Passive Geschäftspartner
- Introvertierte Geschäftsmitarbeiter
- Extrovertierte Geschäftsmitarbeiter
- Auslöser
- Ergebnis/Motivation (ggf. Ergebnisse)
- Eingehende/Ausgehende Daten
- Vorbedingungen

- Nachbedingungen
- Essenzieller Ablauf
- Unterstützte Ziele
- Priorität
- Offene Punkte

Ist Teil von:
- „Anforderungsspezifikation (E-20)" (⇨207)

4.2.23 Anwendungsfallmodell (E-178)

Ein Anwendungsfallmodell zeigt Beziehungen zwischen Akteuren und Anwendungsfällen. Ein Anwendungsfalldiagramm besteht aus verschiedenen Arten von Akteuren und Anwendungsfällen sowie ihren Beziehungen untereinander.

Ist Teil von:
- „Anforderungsspezifikation (E-20)" (⇨207)

4.2.24 Systemanwendungsfallübersicht (E-2)

Liste mit den Namen von Systemanwendungsfällen. Jeder Systemanwendungsfall wird beschrieben durch:
- Name, der sich mindestens aus einem Substantiv und einem Verb zusammensetzt, z.B. "Vertrag erfassen"
- Kurzbeschreibung (bis zu drei Sätze)
- Akteur(e)
- Auslöser
- Ergebnis(se)

Derart beschriebene Systemanwendungsfälle führen den Status "identifiziert".

Sofern ein identifizierter Systemanwendungsfall explizit vom Projekt ausgeschlossen werden soll, erhält er den Status "ausgeschlossen" und wird in der Ausschlussliste dokumentiert.

Die Anwendungsfallübersicht sollte als Tabelle (Textverarbeitung, Tabellenkalkulation) oder alternativ als UML-Diagramm oder mit einer speziellen Anwendungsfalldatenbank erstellt und verwaltet werden.

Mögliche Status:
- identifiziert
- ausgeschlossen

Synonyme:
- Use-Case-Übersicht

QS-Hinweise:
- Systemanwendungsfall-Namen prüfen (Substantiv, Verb, Problembezogenheit)
- Beschreibt der Systemanwendungsfall, was das Problem ist, aber nicht wie die Lösung aussieht?
- Beschreibt jeder Systemanwendungsfall einen zeitlich ununterbrochenen und funktional nicht zerlegten Ablauf?
- Ist vermieden worden, in einem evtl. Systemanwendungsfalldiagramm eine Ablaufreihenfolge zu definieren?

Ist Teil von:
- „Vorstudie (E-78)" (⇨237)
- „Anforderungsspezifikation (E-20)" (⇨207)
- „Softwareentwicklungsplan (E-83)" (⇨240)

4.2.25 Systemanwendungsfallbeschreibung [essenziell] (E-6)

Zu jedem Systemanwendungsfall wird eine kurze essenzielle Beschreibung angelegt.

Jeder Systemanwendungsfall wird jetzt beschrieben durch:
- Name (Substantiv und aktives Verb, z. B.: Vertrag erfassen)
- Kurzbeschreibung (bis max. drei Sätze)
- Benennung des Auslösers (Ein Systemanwendungsfall hat genau einen fachlichen Auslöser.)
- Benennung wichtiger Ergebnisse
- Auflistung der einzelnen essenziellen Schritte (Intentionen)

Derart beschriebene Systemanwendungsfälle führen den Status "essenziell beschrieben".

Essenzielle Systemanwendungsfälle sind eine spezielle Form der Anwendungsfallbeschreibung, die keine Annahmen über bestimmte Technologien, Implementierungsbedingungen, Entwicklungsumgebungen etc. treffen, sondern in abstrakter Weise nur die eigentliche Intention beschreiben. Beispielsweise wird im Systemanwendungsfall "Geld aus Geldautomat holen" statt "1. Karte einschieben, 2. PIN eingeben" ganz abstrakt die Formulierung "Kunde identifizieren" verwendet.

Mögliche Status:
- in Bearbeitung
- essenziell beschrieben

Synonyme:
- Use-Case-Beschreibung

QS-Hinweise:
- Vollständigkeit der Anwendungsfallbeschreibungen prüfen (Beschreibungstext, Akteure, Auslöser, Ergebnisse)
- Verständlichkeit der Beschreibungen prüfen
- Sind wichtige Begriffe im Glossar erläutert?
- Werden wirklich nur Intentionen, d.h. die Essenz beschrieben?

Ist Teil von:
- „Vorstudie (E-78)" (⇨237)
- „Anforderungsspezifikation (E-20)" (⇨207)

4.3 Designergebnisse

Unter Designergebnisse werden alle Ergebnisse zusammengefasst, die zur Konzeption der zu erstellenden Softwarelösung beitragen, d.h. beschreiben, wie die Anforderungen erfüllt werden sollen.

4.3.1 Architekturkonzept (E-140)

Das Architekturmodell beschreibt die grundlegende Struktur des zu entwickelnden Systems, d.h. aus welchen prinzipiellen Bestandteilen es sich zusammensetzt und wie diese einzelnen Bestandteile zusammenwirken.

Hierzu gehört die Definition der Aufgaben und des Zusammenwirkens beispielsweise von Subsystemen, fachlichen und technischen Komponenten und Schnittstellen, die Aufteilung in Schichten, die einzusetzenden Technologien (Corba, EJB etc.), die Abrenzung der Anwendungsentwicklung gegenüber vorhandenen Rahmenwerken und Standardkomponenten usw.

Oftmals wird die Architektur durch Architekturprototypen validiert.

Das fachliche Architekturmodell wird aus den identifizierten Subsystemen und Schnittstellen als UML-Modell abgeleitet und entwickelt (fachliches Komponentenmodell).

Das technische Schichtenmodell kann als UML-Modell oder grafische Präsentation, das physische Modell als UML-Deployment-Diagramm oder grafische Präsentation dargestellt werden.

Ein Einsatz- und Verteilungsmodell (Deployment-Modell) beschreibt, auf welchen Rechnern bzw. Hardwaresystemen welche Softwarebestandteile laufen und wie die einzelnen Hardwaresysteme vernetzt sind.

Synonyme:
- Architekturbeschreibung, Architekturmodell

Ist Teil von:
- „Softwareentwicklungsplan (E-83)" (⇨240)
- „Systemdokumentation (E-136)" (⇨230)

4.3.2 Systemanwendungsfallmodell (E-153)

Das Systemanwendungsfallmodell enthält alle identifizierten Systemanwendungsfälle und die an ihnen beteiligten Akteure. Ein Systemanwendungsfalldiagramm enthält eine Menge von Systemanwendungsfällen und deren Beziehungen untereinander sowie zu ihren Akteuren. Es enthält jeweils eine überschaubare Menge von Systemanwendungsfällen (eine Seite), d.h. in Abhängigkeit von der Anzahl der Systemanwendungsfälle werden ggf. mehrere Einzeldiagramme angelegt.

Ergebnis umfasst:
- „Ablauf-/Aktivitätsdiagramm (E-38)" (⇨219)

4.3.3 Ablauf-/Aktivitätsdiagramm (E-38)

Ablauf- bzw. Aktivitätsdiagramme sind eine grafische Darstellung der möglichen Abläufe einer Anwendung bzw. ein zeitlich und fachlich begrenzter Ausschnitt davon.

Die in Systemanwendungsfällen, Szenarien u.Ä. im Freitext beschriebenen Abläufe, die unvollständig und unscharf sein können, werden mit Hilfe von Ablauf- oder Aktivitätsdiagrammen formal und vollständig beschrieben. Als Elemente der Ablaufdiagramme sind mindestens
- Aktivitäten,
- Transitionen, also Übergänge zwischen Aktivitäten,
- Start- und Endpunkte sowie das
- Aufspalten und Synchronisieren von Ablaufwegen

notwendig. Ein Ablaufdiagramm berücksichtigt drei verschiedene Flüsse:
- gültiger Hauptfluss (Gutfall),
- gültige Variationen (Alternativen),
- Ausnahmen und Fehlerflüsse.

Als Ausgangspunkt für die Erstellung von Ablaufdiagrammen können sehr gut die Essenzschritte aus der entsprechenden „Systemanwendungsfallbeschreibung [essenziell] (E-6)" (⇨218) genutzt werden.

Prinzipiell geeignet sind UML-Aktivitätsdiagramme oder vergleichbare Notationen.

Sofern das UML-Modellierungswerkzeug keine Aktivitätsdiagramme unterstützt, können diese mit einem anderen Werkzeug, bspw. ARIS Toolset oder einem einfachen Grafikprogramm, erstellt werden.

Mögliche Status:
- nur Hauptfluss beschrieben
- Hauptfluss und Varianten beschrieben
- Hauptfluss, Varianten und Ausnahmen beschrieben

Synonyme:
- Aktivitätsmodell

Ist Teil von:
- „Systemanwendungsfallmodell (E-153)" (⇨219)
- „Kandidatenliste sekundärer Systemanwendungsfälle (E-154)" (⇨220)
- „Architektur- und Programmbeschreibung (E-69)" (⇨224)

4.3.4 Kandidatenliste sekundärer Systemanwendungsfälle (E-154)

Eine Liste mit möglichen Kandidaten für sekundäre Systemanwendungsfälle, die bei der Ablaufmodellentwicklung als Nebenprodukt abfällt. Darauf sind der Name des Systemanwendungsfalles mit den Namen für mögliche Kandidaten (z.B. Kunde identifizieren, Kunde erfassen etc.) für sekundäre Systemanwendungsfälle zu notieren.

Ergebnis umfasst:
- „Ablauf-/Aktivitätsdiagramm (E-38)" (⇨219)

4.3.5 Interaktionsdiagramm (E-68)

Sammelbegriff für
- Sequenzdiagramme und
- Kollaborationsdiagramme.

„Sequenzdiagramm (E-169)" (⇨220) und „Kollaborationsdiagramm (E-170)" (⇨220) liefern eine Folge von Interaktionen zwischen einer Menge ausgewählter Objekte in einer bestimmten, begrenzten Situation.

Synonyme:
- Sequenzdiagramm, Kollaborationsdiagramm

Ist Teil von:
- „Architektur- und Programmbeschreibung (E-69)" (⇨224)

4.3.6 Sequenzdiagramm (E-169)

Ein Sequenzdiagramm (Interaktionsdiagramm) zeigt eine Folge von Interaktionen zwischen einer Menge ausgewählter Objekte in einer bestimmten, begrenzten Situation unter Betonung der zeitlichen Abfolge.

Ein Sequenzdiagramm zeigt also einen konkreten Ablauf für einen Anwendungsfall.

Da Anwendungsfälle gewöhnlich eine kombinatorische Vielzahl konkreter Ausprägungen beinhalten, lassen sich Sequenzdiagramme gewöhnlich nur zur Darstellung ausgewählter typischer oder besonders interessanter Varianten verwenden.

4.3.7 Kollaborationsdiagramm (E-170)

Ein Kollaborationsdiagramm zeigt eine Folge von Interaktionen zwischen einer Menge ausgewählter Objekte in einer bestimmten, begrenzten Situation unter Betonung der Topologie und Beziehungen der beteiligten Objekte.

Ein Kollaborationsdiagramm zeigt also einen konkreten Ablauf für einen Anwendungsfall.

Da Anwendungsfälle gewöhnlich eine kombinatorische Vielzahl konkreter Ausprägungen beinhalten, lassen sich Kollaborationsdiagramme gewöhnlich nur zur Darstellung ausgewählter typischer oder besonders interessanter Varianten verwenden.

Siehe auch „Sequenzdiagramm (E-169)“ (⇨220) und „Interaktionsdiagramm (E-68)“ (⇨220).

4.3.8 Design-Klassenmodell (E-50)

Ein UML-Klassenmodell, das das Lösungskonzept repräsentiert, d.h. beschreibt, wie die Anforderungen umgesetzt werden sollen. Im Gegensatz hierzu beschreibt das Analyse-Klassenmodell das Problemverständnis.

Das Klassenmodell enthält UML-Konstrukte, die nach den entsprechenden Modellierungsrichtlinien vorgesehen sind. Es ist nicht erforderlich, dass dieses Modell mit Anwendern und Fachabteilungsmitarbeitern diskutierbar ist.

Es enthält verschiedene Arten von Klassen und Schnittstellen und alle weiteren Informationen, soweit sie im Rahmen des Werkzeuges und der Code-Generierung unterstützt werden und hilfreich sind. Dabei werden hauptsächlich die fachlich relevanten Klassen und Schnittstellen berücksichtigt, nicht jedoch rein technische.

Es wird zur Code-Generierung (Forward-Egineering), nicht aber im Rahmen eines Reverse- oder Roundtrip-Engineering genutzt.

Ist Teil von:
- „Architektur- und Programmbeschreibung (E-69)“ (⇨224)

4.3.9 Datentypspezifikation (E-118)

Primitive Datentypen unterscheiden sich von sonstigen Objekten dadurch, dass sie per Wert und nicht per Referenz verwendet werden.

Sie sind in eigenen Paketen untergebracht.

Sie werden entweder ganz normal innerhalb eines Projektes und nur für dieses entwickelt oder, sofern eine Wiederverwendung in anderen Projekten und fachlichen Zusammenhängen wahrscheinlich ist, zentral von der Architekturgruppe bereitgestellt. In diesem Fall dient die Datentypspezifikation als Anforderungsauftrag an die zentrale Architekturgruppe.

Mögliche Status:
- Projektinterne Entwicklung vorgesehen
- Projekt übergreifende Entwicklung beauftragt
- Projektintern getestet und bereitgestellt
- Projekt übergreifend getestet und bereitgestellt

Ist Teil von:
- „Architektur- und Programmbeschreibung (E-69)“ (⇨224)

4.3.10 Datenbankschema (E-42)

- Formulierung in DDL
- Erwartetes Datenvolumen
- Änderungsfrequenz
- Lesefrequenz
- Hinzufügungsfrequenz

Ist Teil von:
- „Architektur- und Programmbeschreibung (E-69)" (⇨224)

4.3.11 Datenbankabfragespezifikation (E-43)

- Formulierung in DB-Abfragesprache, z.B. SQL
- Häufigkeit
- Typische Datenmengen
- Verweise auf Tests und Tesfälle

Synonyme:
- Query, DB-Query

Ist Teil von:
- „Architektur- und Programmbeschreibung (E-69)" (⇨224)

4.3.12 Zustandsmodell (E-62)

Ein Zustandsgraf, der den zulässigen Zustandsraum für eine Klasse beschreibt, d.h. die Zustände und ihre zulässigen Zustandsübergänge.

Synonyme:
- Zustandsdiagramm, State Diagram (UML)

Ist Teil von:
- „Architektur- und Programmbeschreibung (E-69)" (⇨224)

4.3.13 Paketmodell (E-53)

Ein Paketmodell beschreibt die hierarchische Struktur der definierten Pakete und welche Elemente (Klassen, Komponenten etc.) sie jeweils beinhalten.

Aufgrund der Abhängigkeiten zwischen den in den Paketen enthaltenen Elementen lassen sich auch die Abhängigkeiten zwischen den einzelnen Paketen bestimmen.

Das Paketmodell stellt gewöhnlich auch die Basis für die vom Konfigurationsmanagement zu verwaltenden Einheiten dar.

Synonyme:
- Package Diagram (UML)

QS-Hinweise:
- Die Struktur des Paketmodells und die Inhalte der einzelnen Pakete sollen zu möglichst minimalen Abhängigkeiten führen.

Ist Teil von:
- „Architektur- und Programmbeschreibung (E-69)" (⇨224)

4.3.14 Subsystemmodell (E-54)

Ein Subsystemmodell beschreibt, aus welchen einzelnen Subsystemen es sich zusammensetzt, welche Schnittstellen von den Subsystemen angeboten werden und wie die Subsysteme diese nutzen. Die Abhängigkeiten und das grundsätzliche Zusammenwirken der Subsysteme wird dargestellt.

Jedes einzelne Subsystem wird durch eine entsprechende Subsystemspezifikation näher beschrieben.

Synonyme:
- Component Model (UML)

4.3.15 Komponentenschnittstelle (E-143)

Eine Komponentenschnittstelle ist eine Schnittstellenspezifikation für eine Komponente. Sie enthält zusätzlich die Definition eines Typmodells.

4.3.16 Schnittstellenspezifikation (E-63)

Eine Schnittstellenspezifikation besteht aus einer oder mehreren Schnittstellenklassen, die mit dem UML-Modellierungswerkzeug angelegt werden.

Eine Schnittstelle besteht aus der Definition einer Menge abstrakter Operationen.

Für jede Operation wird festgelegt:
- Name der Operation
- Parameter (Name, In/Out, Typ)
- Rückgabetyp
- Vorbedingungen
- Nachbedingungen
- Invarianten
- Mögliche Ausnahmen (Exceptions)

Verwendung von UML-Schnittstellenklassen

Definition der Zusicherungen in der Spezifikation der Schnittstellenklasse (in OCL, Java, Deutsch o.Ä.)

QS-Hinweise:
- Ist ein sinnvoller, sprechender Name gewählt?
- Entspricht der Name den Standards?
- Sind die Parameter vollständig beschrieben?
- Sind Namen und Reihenfolge der Parameter vereinheitlicht?
- Sind Vor-/Nachbedingungen, Invarianten (in OCL oder Java?) und Exceptions angegeben?

Ist Teil von:
- „Architektur- und Programmbeschreibung (E-69)“ (⇨224)

4.3.17 Dialogspezifikation (E-109)

Jeder Dialog wird durch einen Namen und enthaltene Elemente beschrieben.

Die enthaltenen Elemente sind zusammengefasst zu Dialogkomponenten, die in der „Dialogkomponentenspezifikation (E-45)“ (⇨225) beschrieben werden.

Sofern die einzelnen Details nicht bekannt sind, sind Annahmen zu treffen oder Standardwerte einzusetzen! Dies bzw. die Unsicherheit zu bestimmten Details ist als Bemerkung zu notieren.

Ist Teil von:
- „Architektur- und Programmbeschreibung (E-69)“ (⇨224)

4.3.18 Dialogablaufdiagramm (E-139)

Ein Dialogablaufdiagramm ist ein spezielles Aktivitätsdiagramm, das mögliche Dialogabläufe und Dialogverzweigungsmöglichkeiten beschreibt. Die Aktivitäten stellen Dialoge bzw. Dialogkomponenten dar, die auf Eingaben bzw. Aktivität des Benutzers warten.

Sofern in Dialogen vom Benutzer Ereignisse ausgelöst werden, die nicht zu einem Wechsel des aktiven Dialoges führen, dort jedoch beispielsweise eine wesentliche Aktualisierung oder Veränderung der Inhalte bewirken, wird auch dies in dem Aktivitätsdiagramm notiert. Für jeden signifikanten Dialogzustand wird dann eine eigene Aktivität verwendet.

4.3.19 Architektur- und Programmbeschreibung (E-69)

Die Entwurfsspezifikation ist eine Zusammenfassung von Einzeldokumenten. Sie umfasst alle Dokumente, die den Entwurf des zu erstellenden Anwendungssystems dokumentieren. Unter Entwurf wird hier ein Lösungskonzept verstanden, das beschreibt, wie die Anforderungen der Anforderungsspezifikation realisiert werden sollen oder realisiert wurden.

Der realisierte Programm-Code enthält gewöhnlich auch entsprechende dokumentierende Beschreibungen in Form von Kommentaren oder mit Hilfe von JavaDoc u.Ä. Die grundsätzliche Architektur des Systems wird aber eher mit Hilfe von UML-Modellen beschrieben. Es stellt sich also die Frage nach den konkreten Inhalten und dem gewünschten Umfang bzw. Detaillierungsgrad der Beschreibung.

Aus diesem Grunde sollte dieses Dokument zu Anfang den Zweck und das Ziel des Dokumentes benennen. Daraus ergibt sich dann, was notwendigerweise dokumentiert werden sollte. In vielen Fällen wird dieses Dokument auf wenige architekturbeschreibende UML-Modelle (Schichtenmodell, Verteilungsmodell, Komponentenmodell) beschränkt.

Ein wichtiger Zweck ist gewöhnlich, wichtige Entwurfsentscheidungen zu dokumentieren, also auch gerade die Konzepte und Ansätze, die nicht umgesetzt wurden und welche Gründe dafür entscheidend waren.

Die Entwurfsspezifikation hat ein Deckblatt und ein Inhaltsverzeichnis über die Einzelbestandteile. Sie trägt ein Erstellungsdatum.

Ähnlich wie die Anforderungsspezifikation enthält die Entwurfsspezifikation auch eine kurze Einführung, bestehend aus:

- Einführung in das Thema und die Aufgabenstellung
- Grundzüge des Systemkonzeptes sowie der Entwicklungs- und der späteren Zielumgebung
- Grenzen, Beschränkungen, Prioritäten, gegebenenfalls Stufenplan

Mögliche Status:

- unvollständig (während der Entwicklung)
- vollständig (am Ende der Konstruktionsphase)
- abgeschlossen (qualitätsgesichert, am Projektende)

Synonyme:

- Architekturspezifikation, Entwurfsspezifikation, Programmdokumentation

Ergebnis umfasst:

- „Design-Klassenmodell (E-50)" (⇨221)
- „Interaktionsdiagramm (E-68)" (⇨220)
- „Ablauf-/Aktivitätsdiagramm (E-38)" (⇨219)
- „Paketmodell (E-53)" (⇨222)
- „Zustandsmodell (E-62)" (⇨222)
- „Schnittstellenspezifikation (E-63)" (⇨223)
- „Fachliches Glossar (E-7)" (⇨215)
- „Datenbankschema (E-42)" (⇨221)
- „Datenbankabbildungsspezifikation (E-65)" (⇨225)
- „Datenbankabfragespezifikation (E-43)" (⇨222)

- „Dialogprototyp (E-66)“ (⇨228)
- „Dialogspezifikation (E-109)“ (⇨223)
- „Stapelverarbeitungsprogrammspezifikation (E-39)“ (⇨226)
- „Katalog der Stapelverarbeitungsprogramme (E-76)“ (⇨212)
- „Berechtigungskonzept (E-40)“ (⇨213)
- „Katalog der Druck- und Ausgabeerzeugnisse (E-75)“ (⇨211)
- „Katalog externer Schnittstellen (E-9)“ (⇨210)
- „Datentypspezifikation (E-118)“ (⇨221)
- „Katalog aller offenen Probleme (E-24)“ (⇨243)

4.3.20 Datenbankabbildungsspezifikation (E-65)

Die genaue Zuordnung von persistenten Objekten zu Datenbankinhalten ist allgemein komplex und erfordert detaillierte Information über die Datenbank und ggf. die Altsysteme.

Die Spezifikation der Abbildung kann in einem UML-Modell, einem Textdokument oder in proprietären Formaten und Editoren der verwendeten Abbildungswerkzeuge oder -Frameworks erstellt werden.

Synonyme:
- DB-Mapping, Abbildungsvorschrift

Ist Teil von:
- „Architektur- und Programmbeschreibung (E-69)“ (⇨224)

4.3.21 Dialogkomponentenspezifikation (E-45)

Eine Dialogkomponente ist die Zusammenfassung einer Menge von Dialogelementen (Eingabefelder, Schaltflächen etc.) zu einer Gruppe. Die zusammengefassten Elemente stehen dabei fachlich meistens in einem engen Zusammenhang und werden vorwiegend gemeinsam betrachtet.

Beispielsweise stehen die Felder Straße, Hausnummer, Ort und PLZ in einem fachlich engen Zusammenhang und können daher sinnvoll zu einer Dialogkomponente „Anschrift“ zusammengefasst werden.

Die Spezifikation besteht aus der Beschreibung der einzelnen Dialogelemente. Folgende Informationen sollen beschrieben werden:
- Feld- bzw. Elementname
- Typ des Dialogelementes (z.B. Textfeld, Combo-Box, Schaltfläche etc.)
- Pflichtfeld, ggf. mit Bedingungen
- Bereich einzugebender Stellen (Mindestlänge, Maximallänge)
- Vorbelegung bzw. Standardwert
- ggf. Bedingungen für Feldsperrung
- ggf. Bedingungen für Feldausblendung
- Feldprüfungen und Fehlermeldungen
- Kurzer Infotext (Bubble Help)
- Langer Infotext
- ggf. Wertevorrat, Selektionsvorschrift u.Ä.
- Ausgelöstes Ereignis (z.B. bei Drücken einer Schaltfläche, Verlassen des Feldes etc.), ggf. mit Bedingungen
- Bemerkungen

Mögliche Status:
- Unvollständig oder unfertig
- Fertig
- Obsolet

Synonyme:
- Dialog, Dialogmuster, GUI-Entwurf, Maskenlayout, Dialogteil, Dialogfragment, Panel, Step-Panel, Dialogseite

QS-Hinweise:
- Im Status "Fertig", müssen alle Angaben vollständig und endgültig definiert sein.

Ist Teil von:
- „Dialog- und Dialogkomponentenrealisierung (E-46)“ (⇨228)

4.3.22 Stapelverarbeitungsprogrammspezifikation (E-39)

Die identifizierten Stapelverarbeitungsprogramme (auch Batch-Programme genannt) werden wie folgt beschrieben:
- Name (Programmname)
- Kurze Beschreibung des Zwecks (max. fünf Sätze)
- Auslöser, Motivation
- eventuelle Vor- bzw. Nachbedingungen
- Startzeit, Zeitrahmen
- Dauer
- Häufigkeit
- Datenmenge
- Restriktionen bzgl. Online-Betrieb
- Ansprechpartner, Dokumente

Synonyme:
- Batch-Programm, Batch-Verarbeitung

Ist Teil von:
- „Architektur- und Programmbeschreibung (E-69)“ (⇨224)

4.3.23 Katalog globaler Dienste, Services und Klassen (E-171)

Sammlung aller einzubindenden globalen Dienste und benötigter globaler Klassen. Daraus lassen sich sowohl die Anforderungen für die externe Erstellung der Dienste und Klassen ableiten als auch für die Schnittstellen zum neuen System.

4.4 Realisierungsergebnisse

Unter Realisierungsergebnisse werden alle Ergebnisse zusammengefasst, die Teil der Softwarelösung sind bzw. unmittelbar zur Realisierung beitragen.

4.4.1 Code (E-81)

Quelltext eines Softwareprogramms in einer bestimmten Programmiersprache, z.B. Java.

Synonyme:
- Source-Code, Quellcode, Programmiersprachen-Code

4.4.2 Build (E-180)

Ein Build ist die technische Zusammensetzung aller Systemeinzelteile zu einem Gesamtsystem. Das Ergebnis ist ein ausführbares System.

Normalerweise entsteht ein Build in mehreren aufeinander folgenden Versuchen, bei denen jeweils Probleme identifiziert und behoben werden müssen, bevor alles gut zusammenpasst.

Ein Build ist eine unvollständige und vorübergehende Version, die sich in der Entwicklungsumgebung befindet oder ggf. in einer entwicklungsnahen Testumgebung.

Ein Release hingegen ist ein Build, das in der Produktionsumgebung laufen könnte, d.h., hierfür sind viel weiter gehende Maßnahmen notwendig.

Synonyme:
- Lauffähiges System, Anwendung

QS-Hinweise:
- Ein Build ist lediglich die technische Zusammensetzung der Systemeinzelteile, dies sagt nichts über die korrekte Funktionsfähigkeit aus.

Motivation:
- Ein Build wird möglichst oft, am besten täglich, erstellt, um sicherzustellen, dass alle Änderungen und neuen Systemteile grundsätzlich zusammenpassen.

4.4.3 Release (E-182)

Ein Build ist eine unvollständige und vorübergehende Version, die sich in der Entwicklungsumgebung befindet oder ggf. in einer entwicklungsnahen Testumgebung.

Ein Release hingegen ist ein Build, das in der Produktionsumgebung laufen könnte, d.h., hierfür sind viel weiter gehende Maßnahmen notwendig.

Synonyme:
- Anwendung

4.4.4 Skript, Makro oder Programm (E-172)

Speziell entwickelte Skripte, Makros und Programme zur Unterstützung der Systementwicklung oder des Roll-Out.

4.4.5 Subsystem (E-58)

Ein Subsystem kapselt eine Menge von Klassen und Schnittstellen und enthält ggf. andere Subsysteme.

Ein Subsystem hat Funktionalität und stellt diese über Schnittstellen nach außen zur Verfügung. Dienste, die von außen benötigt werden, werden ebenfalls über Schnittstellen definiert. Sowohl implementierte als auch benutzte Schnittstellen sind Bestandteile des Subsystems.

4.4.6 Stapelverarbeitungsprogramm (Batch-Programm) (E-80)

Stapelverarbeitung bzw. Batch-Verarbeitung ist das Abarbeiten von Aufgaben- bzw. Befehlsketten, die während der Laufzeit keine Benutzerinteraktion erfordern. Man gibt einen Auftrag vor und der wird vom Computer erledigt, ohne dass der Benutzer weiter eingreifen muss.

Stapelverarbeitungsprogramme (auch Batch-Programme genannt) sind Programme, die regelmäßig laufen und während ihrer Laufzeit keine Benutzerinteraktion erfordern. Meldungen, Fehler etc. werden stattdessen typischerweise in Protokolldateien geschrieben, die im Anschluss ausgewertet werden können. Batch-Programme sind häufig Abrechnungs- und Verarbeitungsläufe, die eine sehr große Zahl von Daten (z.B. Verträge, Buchungen etc., häufig mehrere Millionen Datensätze pro Lauf) konkurrierend oder parallel zum Online-Betrieb (Clients mit Benutzerinteraktion) verarbeiten.

Synonyme:
- Stapelverarbeitung, Batch-Verarbeitung

4.4.7 Dialogprototyp (E-66)

Ein Dialogprototyp kann
- im einfachsten Fall eine handgezeichnete Skizze für einen Bildschirmdialog darstellen;
- eine oder mehrere Dialogentwürfe in Papierform oder als Grafikdatei darstellen;
- ein ausführbares Programm sein, das eine einfache Folge von Dialogen ohne jegliche Funktionalität darstellt, evtl. mit fest definierten Beispielwerten in den Feldern;
- ein ausführbares Programm, dessen Dialoge das grundsätzliche Aussehen und Verhalten zeigen und bspw. einfache Formalprüfungen auf eingegebene Beispieldaten durchführt, in Abhängigkeit bestimmter Daten oder Ereignisse Felder aktiviert/deaktiviert, ein- oder ausblendet, mit Werten oder Ergebnissen vorbesetzt etc., wobei diese Funktionalität simuliert, unflexibel und beschränkt sein kann.

Dialogprototypen beziehen sich auf einen aus Anwendungsbereichssicht sinnvollen fachlichen Ausschnitt oder Zusammenhang und bestehen ggf. aus mehreren einzelnen (eher technischen) Dialogkomponenten.

Mögliche Status:
- in Arbeit
- abstimmfähig
- abgestimmt

Synonyme:
- GUI-Prototyp, Dialogmuster

Ergebnis umfasst:
- „Dialog- und Dialogkomponentenrealisierung (E-46)" (⇨228)

Ist Teil von:
- „Architektur- und Programmbeschreibung (E-69)" (⇨224)
- „Anforderungsspezifikation (E-20)" (⇨207)

4.4.8 Dialog- und Dialogkomponentenrealisierung (E-46)

Eine Dialogrealisierung ist die programmtechnische Umsetzung einer oder mehrerer „Dialogkomponentenspezifikationen (E-45)" (⇨225). Die zusammengefassten Elemente stehen dabei fachlich meistens in einem engen Zusammenhang, werden vorwiegend gemeinsam betrachtet und gemeinsam realisiert.

Beispielsweise stehen die Felder Straße, Hausnummer, Ort und Plz in einem fachlich engen Zusammenhang und können daher sinnvoll zu einer Dialogrealisierung *Anschrift* zusammengefasst werden.

Während „Dialogkomponentenspezifikation (E-45)" (⇨225) die Spezifikation darstellt, handelt es sich hier um die fertige oder teilfertige bzw. prototypische Umsetzung dieser Spezifikation.

Mögliche Status:
- in Arbeit
- Prototyp
- fertig

Synonyme:
- Dialog, Dialogmuster, GUI-Entwurf, Maskenlayout, Dialogteil, Dialogfragment, Panel, Step-Panel, Dialogseite

QS-Hinweise:
- Wurden die Dialog-Gestaltungsrichtlinien beachtet?
- Stimmt das Ergebnis mit der Spezifikation (Dialogkomponente [Entwurf]) überein?

Ergebnis umfasst:
- „Dialogkomponentenspezifikation (E-45)" (⇨225)

Ist Teil von:
- „Dialogprototyp (E-66)" (⇨228)

4.4.9 Datenbankabfrage (E-44)

- Formulierung in DB-Abfragesprache, z.B. SQL
- Häufigkeit
- Typische Datenmengen

Synonyme:
- Query, DB-Query

4.4.10 Enumeration (Schlüsseltabelle) (E-51)

Enumerationen sind Aufzählungstypen und werden oftmals auch Schlüsseltabellen genannt. Diese Aufzählungstypen können fest programmiert sein oder durch (ggf. datenbankgestützte) konfigurierbare Wertemengen realisiert sein. Die Wertemengen ändern sich typischerweise nur selten. Beispiel: Familienstand = {ledig, verheiratet, geschieden, verwitwet}.

Enumerationen sind bspw. wie folgt strukturiert:
- Fachlicher Name der Enumeration
- Name des Enumerationstyps (Klassenname)
- Beschreibung der Enumeration
- Auflistung der Wertemenge. Jeder Eintrag ist definiert durch
- Bezeichnung,
- Beschreibung,
- Kürzel,
- Rang (für Sortierreihenfolge),
- Gültigkeitszeiträume.

Synonyme:
- Konfigurierbare Wertemenge, Schlüsseltabelle

QS-Hinweise:
- Enumerationen werden häufig von vielen verschiedenen Systemen benutzt. Änderungen und Ergänzungen an den Inhalten von Enumerationen haben daher üblicherweise viele Seiteneffekte und sollten von einer zentralen Stelle aus vorgenommen und freigegeben werden.

4.4.11 Online-Hilfe (E-94)

Eine Online-Hilfe ist eine während der Programmbenutzung zugängliche Dokumentation.

Bei Programmen, die unter dem Betriebssystem Microsoft Windows betrieben werden, liegt diese häufig als Windows-Hilfedatei (Dateiendung HLP oder CHM, siehe Microsoft Help) vor und lässt sich über das "Hilfe-Menü" einer Software oder den dafür meist verwendeten Hotkey "F1" aufrufen.

Die Hilfedatei bietet dem Benutzer ein interaktives Inhaltsverzeichnis. In den Texten kommen Hyperlinks zum Einsatz, die auf andere Bereiche in der Hilfe verweisen.

Manche Programme bieten darüber hinaus eine Direkthilfe an. Diese Funktion blendet eine Hilfe-Schaltfläche in nahezu jede Dialogbox ein. Wird sie gedrückt, schlägt das Programm die Hilfe gleich auf der passenden Seite auf oder es wird bereits eine Erklärung eingeblendet, wenn man den Mauszeiger über das entsprechende Element bewegt.

Teilweise wird die Hilfe einer Software auch in Form von HTML-Dateien angeboten, die in einem Webbrowser betrachtet werden können. Auch hier ist häufig ein direktes kontextsensitives Springen zur jeweiligen Hilfeseite direkt aus dem Programm mittels eines Hotkey oder einer anderen Funktion möglich. Dieses Verfahren ist besonders bei Programmen üblich, die nicht für Windows oder den plattformunabhängigen Betrieb ausgelegt sind.

Darüber hinaus werden Handbücher inzwischen häufig in elektronischer Form, z.B. als PDF-Datei, mitgeliefert.

(Dieser Text wurde entlehnt aus: Wikipedia, Stichwort Hilfedatei)

Ist Teil von:

- „Anwenderdokumentation (E-85)“ (⇨231)
- „Systemdokumentation (E-136)“ (⇨230)

4.4.12 Datenbank (E-98)

Software, die Daten persistent speichert, gängige Produkte: MySQL, DB2, Oracle

4.5 Einsatz- und Verteilungsergebnisse

Unter Einsatz- und Verteilungsergebnisse werden alle Ergebnisse zusammengefasst, die für die Auslieferung, Installation, Schulung, Inbetriebnahme und den Betrieb der Software relevant sind.

4.5.1 Systemdokumentation (E-136)

Ergebnis umfasst:

- „Anforderungsspezifikation (E-20)“ (⇨207)
- „Architekturkonzept (E-140)“ (⇨218)
- „Berechtigungskonzept (E-40)“ (⇨213)
- „Fachliches Glossar (E-7)“ (⇨215)
- „Installationsskript (E-100)“ (⇨233)
- „Online-Hilfe (E-94)“ (⇨230)

4.5.2 Anwenderhandbuch (E-90)

Synonyme:
- Benutzerhandbuch

4.5.3 Anwenderdokumentation (E-85)

Handbücher, Einführungsunterlagen, Arbeitsanweisungen, Read.Me-Dateien etc. zu einer Anwendung

Ergebnis umfasst:
- „Arbeitsanweisung (E-91)" (⇨233)
- „Online-Hilfe (E-94)" (⇨230)

4.5.4 Schulungskonzept (E-86)

Das Schulungskonzept berücksichtigt mindestens die folgenden Punkte:
- Zielgruppen (Gemeinsamkeiten und Unterschiede)
- daraus resultierende unterschiedliche Inhalte
- Art der Durchführung der Schulungen
- technischer Rahmen der Schulungen
- Ausbildung und Einarbeitung der Trainer
- Art und Umfang der Schulungsunterlagen

Daraus wird dieses Konzept für die Gestaltung und Durchführung der Schulungen entwickelt. Es liefert einen Zeitplan und die Inhalte für:
- Ausbildung der Trainer
- Erstellung der Schulungsunterlagen
- Aufbau der Schulungsumgebungen
- Durchführung der Schulungen
- Nachbereitung der Schulungen

Mögliche Status:
- in Arbeit
- fertig

Ist Teil von:
- „Schulungsunterlagen (E-87)" (⇨231)

4.5.5 Schulungsunterlagen (E-87)

Ergebnis umfasst:
- „Schulungskonzept (E-86)" (⇨231)
- „Foliensatz für Anwenderschulung (E-89)" (⇨232)

4.5.6 Anwenderfragebogen (E-130)

Ein Fragebogen zur Beurteilung der Funktionalität, Bedienbarkeit, Brauchbarkeit und Qualität einer neuen Anwendung. Wird nach Anwenderschulungen und nach der Produktionseinführung verwendet.

Er besteht aus folgenden Punkten:
- Allgemeine Angaben zur Person des Anwendenden
- Beurteilung der grafischen Oberfläche (Übersichtlichkeit, Darstellung am Bildschirm, intuitive Bedienbarkeit)
- Funktionalität der Anwendung
- Unterstützung beim Kennenlernen und Arbeiten mit der Anwendung (Hilfe-System)
- Qualität und Brauchbarkeit der Schulung und Schulungsunterlagen
- Qualität und Brauchbarkeit der Einführungsunterlagen, Handbücher etc.

Siehe auch „Anwenderfragebogen-Auswertung (E-131)“ (⇨232)

4.5.7 Foliensatz für Anwenderschulung (E-89)

Ist Teil von:
- „Schulungsunterlagen (E-87)“ (⇨231)

4.5.8 Anwenderfragebogen-Auswertung (E-131)

Auswertung der Ergebnisse einer Anwenderbefragung (siehe „Anwenderfragebogen (E-130)“ (⇨231))

Zu jeder Fragestellung (mit Ausnahme der frei formulierten Antworten) werden die Antworten statistisch zusammengefasst (Anzahl der Antworten, prozentualer Anteil).

4.5.9 Migrationskonzept (E-84)

Das Konzept zur Daten- und Systemmigration beschreibt im Wesentlichen den Ablauf der Datenmigration für Altdaten in die neuen Strukturen sowie die Einbindung des neuen Systems in die bestehende Systemlandschaft. Außerdem werden die Anforderungen an notwendige Transfer- und Konvertierungsprogramme erstellt.

Mögliche Status:
- in Arbeit
- fertig

4.5.10 Betriebskonzept und -handbuch (E-185)

Das Betriebskonzept beschreibt, wie die Software betrieben werden soll. Hierzu gehören folgende Informationen:
- Wer installiert wie die Anwendung?
- Welche Systemvoraussetzungen müssen erfüllt sein?
- Wer ist für den Normalbetrieb verantwortlich?
- Was hat die Arbeitsvorbereitung zu tun?
- Wie muss die Systemtechnik beschaffen sein?
- Was ist für die Betriebssicherheit notwendig?
- Wie läuft die Datensicherung?
- Wie läuft die Datenwiederherstellung?
- Was ist allgemein bei der Administration zu beachten?
- Wie läuft die Datenarchivierung?
- Wie kann das System heruntergefahren, d.h. der Betrieb unterbrochen oder beendet werden?
- Was ist im Fehlerfall oder beim Wiederanlauf zu beachten?

- Wie können Fehler lokalisiert, umgangen oder behoben werden?
- Liste aller Fehlermeldungen inkl. Ursachen und Lösungsansätzen
- Welche SLA (Service Level Agreements) sind zu beachten?
- Welche manuellen Eingriffe sind möglich und was ist zu beachten?
- Welche Wartungsarbeiten, regelmäßigen Bereinigungsarbeiten etc. sind im Normalbetrieb notwendig?
- Wie können Patches eingespielt werden?
- Was ist beim Releasewechsel zu beachten?
- Wer definiert die Zugriffsrechte für die Benutzer?

4.5.11 Datenschutzkonzept (E-186)

Dieses Konzept beschreibt die vorgesehenen Maßnahmen zum Schutz des Systems und seiner Daten.

Hierzu gehört eine Beschreibung der vorhandenen und abgedeckten Risiken, der Restrisiken, der verantwortlichen Personen bzw. Organisationseinheiten, der Klassifizierung der Daten und der zu beachtenden Datenschutzbestimmungen, Gesetze etc.

Synonyme:
- Informationssicherheitskonzept

4.5.12 Installationsskript (E-100)

Ist Teil von:
- „Systemdokumentation (E-136)" (⇨230)

4.5.13 Change-Management-Konzept (E-187)

Dieses Dokument beschreibt, welche sozialen und systemischen Auswirkungen bzw. Veränderungen durch die Einführung der zu erstellenden Software zu erwarten sind und wie damit umgegangen werden soll.

4.5.14 Arbeitsanweisung (E-91)

Eine Arbeitsanweisung beschreibt den Anwendern des Systems, wie ihre bisherigen oder neuen Abläufe mit Hilfe des neuen Systems abgewickelt werden sollen. Zusätzlich werden typische Fehler und ihre Korrekturen beschrieben und was bei nicht aufgeführten Problemen standardmäßig zu tun ist.

Ist Teil von:
- „Anwenderdokumentation (E-85)" (⇨231)

4.6 Test- und QS-Ergebnisse

Unter Testergebnisse werden alle Ergebnisse zusammengefasst, die zur Vorbereitung, Durchführung und Auswertung von Tests und anderen Qualitätssicherungsmaßnahmen dienen.

4.6.1 Teststrategie (E-122)

Die Teststrategie beschreibt die allgemeine Vorgehensweise des Projektes zum Thema Test. Sie beschreibt die unterschiedlichen Kategorien von Testobjekten und die Kriterien, die für Durchführung und Auswertung von Tests in diesen Kategorien anzuwenden sind.

Typische Testgebiete sind:
- Umsetzung der Use Cases
- Subsysteme
- Benutzeroberfläche
- Komponenten
- Datenbankabbildung
- Benutzerrechte
- Bedienbarkeit und Akzeptanz

Außerdem legt sie die anzuwendenden Testverfahren, Werkzeuge etc. fest.

Die Teststrategie bildet den Rahmen für jeden während der Projektlaufzeit entstehenden konkreten „Testplan (E-95)" (⇨234).

4.6.2 Testkonzept (E-161)

Zu einem Testkonzept gehört die Beantwortung der Fragen:
- Welche Tests sollen durchgeführt werden?
- Wer entwirft die Testfälle?
- Wer führt die Tests durch?
- Wer ist für die Tests verantwortlich?
- Wie greifen Test und Entwicklung ineinander?
- Wo werden die Tests durchgeführt?
- Welche Tools sollen zum Einsatz kommen?
- Nach welchen Vorgehensweisen und Prozessen soll vorgegangen werden?

Mögliche Testarten sind:
- White- und Grey-Box-Tests durch Entwicklung
- Unit-Test einer einzelnen Klasse
- Kettentest einer Klasse mit ihrem direkten Objektumfeld
- Modultest einer zusammenhängenden Gruppe von Klassen
- Black-Box-Tests durch QS bzw. Systembau
- Integrationstest des aus den Modulen zusammengesetzten (Teil-)Systems
- Systemtest
- Freigabetest durch QS
- Abnahmetest durch Kunden

Als Vorgehensweise ist ein testgetriebenes Design der schnelleren Stabilität in der Entwicklung und besseren späteren Wartbarkeit dienlich.

4.6.3 Testplan (E-95)

Der Testplan beschreibt die für die jeweilige Iteration durchzuführenden Testaktivitäten. Er enthält eine Aufstellung der relevanten Teststufen und Testobjekte sowie die Kriterien, die den Umfang und den Erfolg des Tests festlegen.

Außerdem enthält er eine Aufstellung der benötigten Ressourcen und einen Zeitplan für das Testen.

Schließlich enthält er Verweise auf vorhandene oder neu zu erstellende
- Testfälle,

- Testdaten,
- Testskripte,
- Fehlerprotokolle.

Ist Teil von:
- „Testdokumentation (E-138)“ (⇨236)

4.6.4 Testfall (E-59)

Ein Testfall ist die Beschreibung eines konkreten Tests mit allen dafür benötigten Eingaben und seinen erwarteten Werten bzw. Resultaten.

Ein Testfall besteht aus einem Testablauf und den verwendeten Testdaten. Die Grundlage für die Testfall-Findung ist je nach Art des Tests die Spezifikation bzw. die Implementierung. Im Testablauf wird beschrieben, welche Schritte nacheinander durchgeführt werden. Die Beschreibung eines Testfalles sollte zwischen Testablauf und Testdaten unterscheiden und so den Ablauf mit verschiedenen Testdatensätzen zulassen.

Ein Testdatum setzt sich zusammen aus
- Eingabedatum und
- Soll-Datum.

Ein Eingabedatum besteht aus:
- Tupel von Testwerten für alle Eingabevariablen
- ggf. Zustand und Wert aller persistenten Daten
- ggf. nichtpersistente Programm- bzw. Datenzustände

Das Soll-Datum ist das Ergebnis für ein bestimmtes Eingabedatum gemäß der Spezifikation.

Als Ist-Datum bezeichnet man das konkret durch den Testfall erzeugte Ergebnis für ein bestimmtes Eingabedatum. Nach der Durchführung eines Testfalles erfolgt ein Vergleich der Ist-Daten mit den Soll-Daten.

Anforderungen an Testfälle

Testfälle sollten gewissen Anforderungen genügen:
- Effektivität: Hohe Wahrscheinlichkeit, einen Fehler zu finden
- Aussagekraft: Verschiedene, unabhängige Tests werden zusammengefasst
- Ökonomisch bzgl. Durchführung und Auswertung
- Langlebig und weiterentwickelbar

Mögliche Status:
- Wird vorbereitet
- Ist abgestimmt
- Aktiv im Test
- Vorübergehend ausgesetzt
- Automatisiert

Synonyme:
- Test Case

Motivation:
- Tests sollten im Ablauf detailliert reproduzierbar sein. Dazu wird ein Testplan in schriftlicher Form erstellt. Dort werden die relevanten Tests benannt. Die konkrete Beschreibung eines Tests erfolgt im Testfall.

Ist Teil von:
- „Testdokumentation (E-138)“ (⇨236)

4.6.5 Testdaten (E-60)

Hierunter sind sowohl die Eingaben zur Durchführung der Testfälle zu verstehen als auch Inhalte von Datenbanken, die zur testweisen Verarbeitung benötigt werden.

Ist Teil von:
- „Testdokumentation (E-138)“ (⇨236)

4.6.6 Testbericht (E-61)

Ist Teil von:
- „Testdokumentation (E-138)“ (⇨236)

4.6.7 Testdokumentation (E-138)

Zusammenfassung aller Unterlagen zur Vorbereitung, Durchführung und Dokumentation von Tests

Ergebnis umfasst:
- „Testdaten (E-60)“ (⇨236)
- „Testplan (E-95)“ (⇨234)
- „Testfall (E-59)“ (⇨235)
- „Testbericht (E-61)“ (⇨236)

4.7 Managementergebnisse

Unter Managementergebnisse werden alle Ergebnisse zusammengefasst, die der Planung, Steuerung und Überwachung des Projektes dienen.

4.7.1 Systemvision (E-148)

Beschreibt kurz und knapp die Idee und Zielsetzung des zu entwickelnden Systems.

4.7.2 Projektname (E-184)

Jedes Projekt sollte einen Namen haben, damit sich alle Beteiligten damit identifizieren und es personenunabhängig benennen können.

Ggf. verbinden Sie den Namen mit einem Logo.

4.7.3 Produktkarton (E-183)

Ein Produktkarton beschreibt das erwartende Ergebnis eines Entwicklungsprojektes und ist damit eine Kurzform des Projektauftrages bzw. der Systemvision.

Folgende Informationen sollten auf dem Produktkarton stehen:
- Name: Wie heißt Ihr Produkt?
- Feature-Liste: die 5 – 15 wichtigsten Eigenschaften und Leistungsmerkmale Ihres Produktes
- Voraussetzungen welcher Art auch immer: Hardware, Softwarearchitektur, Systemumgebung/Nachbarsysteme, Entwicklungswerkzeuge, organisatorische und personelle Voraussetzungen etc.
- Preis: Was kostet ihr System?

QS-Hinweise:
- Nicht zu detailliert, nur die wichtigsten Informationen kurz und knapp

Motivation:
- Vergegenständlichung und Konkretisierung der Projektziele, der Systemidee und des Projektauftrages

4.7.4 Vorstudie (E-78)

Auf Basis dieses Dokumentes können Entscheidungen über Realisierungsalternativen, die Fortführung des Projektes u.Ä. getroffen werden. Außerdem kann es als Pflichtenheft für die externe Vergabe dienen.

Die Vorstudie ist wie folgt gegliedert:
- Projektziele
- Anlass
- Chancen
- Risiken
- Erfolgskriterien
- Schwachstellen
- Externe Schnittstellen
- Realisierungsalternativen
- Auswirkungskatalog
- Wirtschaftlichkeitsbetrachtungen zu den Alternativen
- Systemanwendungsfallübersicht
- Essenzielle Systemanwendungsfallbeschreibungen
- Aufwands- und Kostenschätzung
- Grober Projektplan (Meilensteine, Ressourcen)
- Empfehlung zum weiteren Vorgehen
- Abstimmung und Beschluss (sofern vorhanden)

Die Vorstudie enthält außerdem noch folgende Anlagen:
- Verzeichnis der vorhandenen Informationsquellen und Ansprechpartner
- Akteurdiagramm
- Ist-Zustand. Durch Fragenkataloge und Interviews wird der Ist-Zustand in groben Zügen erhoben.
- Anforderungen klären. In Gesprächen mit den Fachabteilungen werden die generellen funktionalen und nichtfunktionalen Anforderungen und Zielvorstellungen der Betroffenen und Beteiligten ermittelt. Ergebnisdokumente: Gesprächsprotokolle
- Akteure identifizieren. Wer macht was, d.h., welche Anwender haben welche Aufgaben und Kompetenzen im Kontext des Problembereiches? Ergebnisdokumente: Akteurdiagramm, ggf. Kompetenzschema, Berechtigungskonzept
- Umfeld beschreiben. Wie sieht die Umgebung aus, in der das zu entwickelnde System einmal laufen soll? Ergebnisdokument: Infrastrukturmodell, das die Hardware-, Software-, Netzwerk- und Middlewaretechnologie und -architektur beschreibt
- Systemanwendungsfälle identifizieren. Wie heißen die Systemanwendungsfälle, die das System unterstützen soll? Eine namentliche Auflistung der Fälle liefert bereits eine erste Orientierung über die Anforderungen. Gegebenenfalls wird jeder Systemanwendungsfall bereits mit einem Satz oder einigen Stichworten kurz erläutert. Ergebnis: Systemanwendungsfallübersicht
- Prioritäten. Es werden Schwerpunkte definiert und Prioritäten vergeben. Welche Probleme sind am dringendsten zu lösen, welche haben etwas mehr Zeit? Ergebnisdokument: Rahmenkonzept

- Lösungsalternativen. Mögliche Lösungsansätze werden erarbeitet und gegenübergestellt: Welche Alternativen sind denkbar? Bei ganz dringenden Problemen stellt sich die Frage nach möglichen Sofortmaßnahmen. Ergebnisdokument: Darstellung der Lösungsalternativen
- Empfehlung. Die Lösungsalternativen werden (nach zuvor definierten Kriterien) bewertet, gegebenenfalls Wirtschaftlichkeitsbetrachtungen durchgeführt. Ergebnisdokument: Empfehlung
- Weiteres Vorgehen. Abschließend wird das weitere Vorgehen für die empfohlene bzw. vom Auftraggeber gewünschte Alternative geplant. Ergebnisdokument: Empfehlungen zum weiteren Vorgehen

Alle Punkte zusammen bilden die Vorstudie, die vor dem eigentlichen Projekt erarbeitet wird. Ob und wie detailliert eine Vorstudie durchgeführt wird, hängt vom Umfang und von der Tragweite des Projektes ab und von den Risiken, die für den Auftraggeber und den Auftragnehmer damit verbunden sind. Unter Umständen kann sich die Aufgabe als sehr viel umfangreicher als ursprünglich gedacht erweisen. Dann ist zu überlegen, ob das Projekt nicht in einzelne Teilprojekte zu gliedern ist. Unter Umständen stellt sich auch die Frage, ob anstelle einer individuellen Softwareentwicklung vielleicht vorhandene Standardprodukte das Problem lösen. Lautet die Entscheidung, dass eine individuelle Software zu realisieren ist, beginnt das eigentliche Softwareentwicklungsprojekt.

Sofern die Machbarkeit, Zweckmäßigkeit oder Entscheidung für eine von mehreren Lösungsvarianten noch offen sind, sollte die Vorstudie die zur Klärung hierfür notwendigen Informationen erarbeiten. Ist hingegen das grundsätzliche weitere Vorgehen bereits entschieden, dient die Vorstudie mehr zur Vorbereitung der nachfolgenden Phasen.

Mögliche Status:
- In Bearbeitung
- Okay

Ergebnis umfasst:
- „Systemanwendungsfallübersicht (E-2)" (⇨217)
- „Systemanwendungsfallbeschreibung [essenziell] (E-6)" (⇨218)
- „Aufwandsschätzung (E-10)" (⇨240)
- „Projektrisiken (E-23)" (⇨242)
- „Projekterfolgskriterien (E-22)" (⇨242)
- „Katalog der Stapelverarbeitungsprogramme (E-76)" (⇨212)
- „Katalog der Referenzdokumente (E-73)" (⇨211)
- „Katalog projektexterner Anforderungen und Zulieferleistungen (E-72)" (⇨230)
- „Katalog der Druck- und Ausgabeerzeugnisse (E-75)" (⇨211)
- „Katalog externer Schnittstellen (E-9)" (⇨210)
- „Katalog nichtfunktionaler Anforderungen (E-71)" (⇨212)
- „Wirtschaftlichkeitsbetrachtung (E-129)" (⇨244)

4.7.5 Projektauftrag (E-1)

Folgende Informationen sollten im Projektauftrag enthalten sein:
- Name des Projektes
- Auftraggeber
- ggf. Auftragnehmer
- Projektleiter
- Inhaltlicher Umfang des Projektes
- Inhaltlicher Ausschluss vom Projekt (Was gehört nicht zum Projektumfang?)
- Motivation (Warum gibt es das Projekt?)
- Aufwands- und Terminvorstellungen des Auftraggebers (geplantes Budget, Start-, Endtermin, vorgegebene Meilensteine)
- Projektziele (Was soll mit dem Projekt erreicht werden? Worin besteht der Projekterfolg?)
- Vorgesehene Projektgremien und ihre Teilnehmer (z.B. Lenkungsausschuss)
- Besonderheiten, Anmerkungen etc.

Mögliche Status:

- in Arbeit
- gültig

QS-Hinweise:

- Sind alle Punkte eindeutig festgelegt?
- Bestehen noch unausgesprochene Erwartungen an das Projekt? Ggf. Erfolgskriterien und Projektziele ergänzen.
- Wird der Projektauftrag von Auftraggeber und Auftragnehmer als sinnvoll, richtig und realistisch eingeschätzt?

Ist Teil von:

- „Softwareentwicklungsplan (E-83)“ (⇨240)
- „Planungsordner (E-35)“ (⇨240)

4.7.6 Projektplan (E-4)

Beschreibt

- Meilensteine
- Aktivitäten
- Start- und Endtermine für Aktivitäten
- zugeordnete Ressourcen (Mitarbeiter)
- geplante Aufwände

Der Projektplan wird permanent oder in kurzen Intervallen aktualisiert, so dass er jederzeit realistische Aussagen über die Projektsituation und das weitere Vorgehen macht.

QS-Hinweise:

- Meilensteine sind definiert.
- Ressourcen sind vollständig zugeordnet oder explizit als Defizit gekennzeichnet.
- Das Gesamtprojekt ist grob in Einzelaktivitäten untergliedert.
- Zu jeder Einzelaktivität sind Start- und Endtermine sowie geplante Aufwände definiert.
- Wurde versucht, einen kritischen Pfad zu identifizieren?

Ist Teil von:

- „Planungsordner (E-35)“ (⇨240)
- „Softwareentwicklungsplan (E-83)“ (⇨240)

4.7.7 Releaseplan (E-179)

Ein Releaseplan beschreibt, welche Releases zu welchem Zeitpunkt geplant sind. Ein Release ist ein Build (G-236) (⇨315), das an den Auftraggeber (bzw. Produktempfänger) ausgeliefert werden kann. Ein Release trägt einen Namen oder eine Nummer (z.B. "Release 4.2") und wird beschrieben durch eine Menge von Anforderungen, die in diesem Release realisiert sein sollen.

4.7.8 Iterationsplan (E-21)

Folgende Informationen beinhaltet der Iterationsplan:

- Anzahl und Zeiträume der geplanten Iterationen
- Liste der betroffenen Anforderungseinheiten mit Grad ihrer Umsetzung
- Verantwortliche Teams/Subsysteme o.Ä.
- Veranschlagte Aufwände
- Anmerkungen

Der Iterationsplan wird regelmäßig aktualisiert und verfeinert.

Ist Teil von:
- „Softwareentwicklungsplan (E-83)“ (⇨240)
- „Planungsordner (E-35)“ (⇨240)

4.7.9 Aufwandsschätzung (E-10)

Listet in Einzelpunkte untergliedert auf:
- Name der Schätzeinheit
- Geschätzter Aufwand in Personentagen (PT)
- Schätzunsicherheit (in Prozent)
- Autor der Schätzung
- Bemerkung zu Schätzprämissen u.Ä.

QS-Hinweise:
- Wurde ein bestimmtes Schätzverfahren angewendet? Ist das Verfahren in diesem Fall geeignet?
- Wurden alle Schätzprämissen und ihre Konsequenzen notiert?

Ist Teil von:
- „Planungsordner (E-35)“ (⇨240)
- „Vorstudie (E-78)“ (⇨237)
- „Softwareentwicklungsplan (E-83)“ (⇨240)

4.7.10 Planungsordner (E-35)

Enthält alle planungsrelevanten Unterlagen. Kein öffentlich zugängliches Dokument.

Ergebnis umfasst:
- „Projektauftrag (E-1)“ (⇨238)
- „Projektplan (E-4)“ (⇨239)
- „Arbeitsauftrag (E-5)“ (⇨250)
- „Aufwandsschätzung (E-10)“ (⇨240)
- „Katalog offener Aufgaben (E-15)“ (⇨243)
- „Projektorganisationsplan (E-17)“ (⇨244)
- „Ressourcenplan (E-18)“ (⇨245)
- „Iterationsplan (E-21)“ (⇨239)
- „Projekterfolgskriterien (E-22)“ (⇨242)
- „Projektrisiken (E-23)“ (⇨242)
- „Katalog aller offenen Probleme (E-24)“ (⇨243)
- „Meilensteindokument (E-70)“ (⇨248)
- „Katalog der Mitwirkungsleistungen (E-37)“ (⇨243)

4.7.11 Softwareentwicklungsplan (E-83)

Der Softwareentwicklungsplan ist eine Zusammenfassung aller Informationen, Dokumente und Referenzen, die zur Planung des Softwareentwicklungsprozesses notwendig sind.

Der Softwareentwicklungsplan beschreibt, welche Teilergebnisse im Rahmen des Projektes zu erstellen sind, welche Aufwände, Termine, Kosten, Abhängigkeiten, Risiken etc. dabei zu beachten sind.

Insofern enthält der Softwareentwicklungsplan ähnlich wie „Projektziele und Projektauftrag formulieren und iterativ abstimmen (A-2)“ (⇨178) eine Aufstellung aller Anforderungen, wie beispielsweise Anwendungsfallübersicht, Katalog externer Schnittstellen etc. Während „Projektziele und Projektauftrag formulieren und iterativ abstimmen (A-2)" (⇨178) jedoch auf die fachlichen Inhalte abzielt, betrachtet der Softwareentwicklungsplan nur die planungsrelevanten Merkmale.

Ergebnis umfasst:
- „Architekturkonzept (E-140)" (⇨218)
- „Projektauftrag (E-1)" (⇨238)
- „Projektplan (E-4)" (⇨239)
- „Projekterfolgskriterien (E-22)" (⇨242)
- „Projektrisiken (E-23)" (⇨242)
- „Projektorganisationsplan (E-17)" (⇨244)
- „Aufwandsschätzung (E-10)" (⇨240)
- „Systemanwendungsfallübersicht (E-2)" (⇨217)
- „Iterationsplan (E-21)" (⇨239)
- „Ressourcenplan (E-18)" (⇨245)
- „Katalog der Druck- und Ausgabeerzeugnisse (E-75)" (⇨211)
- „Katalog externer Schnittstellen (E-9)" (⇨210)
- „Katalog nichtfunktionaler Anforderungen (E-71)" (⇨212)
- „Katalog projektexterner Anforderungen und Zulieferleistungen (E-72)" (⇨230)
- „Katalog der Mitwirkungsleistungen (E-37)" (⇨243)
- „Katalog der Referenzdokumente (E-73)" (⇨211)
- „Katalog der Stapelverarbeitungsprogramme (E-76)" (⇨212)
- „Katalog offener Aufgaben (E-15)" (⇨243)
- „Katalog aller offenen Probleme (E-24)" (⇨243)

4.7.12 Projektübergabeplan (E-163)

Planung der Übergabe des Projektes aus der Entwicklung in die Wartung

4.7.13 Roll-Out-Plan (E-164)

Plan des Roll-Out des Softwaresystems auf die Anwendersysteme. Es wird beschrieben,
- wer
- wann
- was
- wie

ausliefert. Insbesondere sind die verschiedenen Tätigkeiten externer Zulieferer zu koordinieren.

4.7.14 Konfigurationsplan (E-177)

Der Konfigurationsplan enthält verbindliche Definitionen zu:

Versionsverwaltung

Welche Objekte des Projektes werden wie versioniert? Das beinhaltet u.a. die konkrete Angabe eines Versionsverwaltungswerkzeuges und die Syntax der Versionsnummern.

Namensrichtlinien

Vorgabe einer Namenskonvention für die unterschiedlichen Objekttypen, z.B. speziell strukturierte Dateinamen.

Verzeichnis- und Paketstruktur

Beschreibung der Ablagestruktur der Projektobjekte und der Paketstruktur der UML-Modellelemente.

Entwicklungs- und Testumgebung

Welche Anwendungen, Klassenbibliotheken usw. werden in welcher Version auf den Arbeitsplatzrechnern eingesetzt? Dies beinhaltet auch eine Beschreibung, wie diese Umgebung zu installieren bzw. zu konfigurieren ist.

Produktivumgebung

Im Gegensatz zur Entwicklungs- und Testumgebung wird hier in gleicher Weise die Produktivumgebung der zu entwickelnden Anwendung beschrieben.

4.7.15 Projektrisiken (E-23)

Liste von Projektrisiken. Jedes Risiko wird beschrieben durch:

- Titel
- Kurze Erläuterung (Worin und warum besteht das Risiko?)
- Wichtigkeit (++ | + | o | - | --), ergibt sich aus Eintrittswahrscheinlichkeit und Schadenshöhe
- Konkrete Beschreibung des Risikos
- Eintrittswahrscheinlichkeit
- Schadenshöhe beim Eintritt
- Maßnahmen zur Minimierung des Eintretens
- Mögliche Gegenmaßnahmen beim Eintritt des Risikos

Abgesehen von besonders vertraulichen Risiken sollten alle Projektrisiken projektintern bekannt sein.

Ist Teil von:

- „Softwareentwicklungsplan (E-83)" (⇨240)
- „Vorstudie (E-78)" (⇨237)
- „Planungsordner (E-35)" (⇨240)

4.7.16 Projekterfolgskriterien (E-22)

Liste von Erfolgskriterien für das Projekt. Welche Faktoren sind für den Erfolg des Projektes entscheidend?

Jedes Erfolgskriterium wird beschrieben durch:

- Titel
- Kurze Erläuterung (Wer entscheidet darüber bzw. bemisst den Erfolg? Aufgrund welcher Information käme es wahrscheinlich zu der Entscheidung bzw. wie wird der Erfolg bemessen? Wann wird entschieden bzw. wann ist dieser Faktor wichtig?)
- Wichtigkeit (+ | o | -)
- Mögliche Maßnahmen, Unterstützungsleistungen etc.
- Status der Maßnahme

Alle Erfolgskriterien sollten projektintern bekannt sein.

Mögliche Status:

- Geplant
- In Umsetzung
- Erfolgreich durchgeführt
- Nicht erfolgreich durchgeführt

Motivation:

- Die Fokussierung auf die Erfolgskriterien ist ein erfolgsfördernder Schritt im Rahmen der Projektabwicklung.

Ist Teil von:
- „Softwareentwicklungsplan (E-83)“ (⇨240)
- „Vorstudie (E-78)“ (⇨237)
- „Planungsordner (E-35)“ (⇨240)

4.7.17 Katalog aller offenen Probleme (E-24)

Sammlung und Verwaltung aller noch unbearbeiteten und offenen Probleme, die im Projekt auftreten und nicht unmittelbar geklärt werden konnten. Wird mit Hilfe einer Problemdatenbank verwaltet.

Die Probleme werden in der Reihenfolge ihrer Priorität aufgelistet und haben folgende Struktur:
- Problem-Nr.
- Problem-Titel
- Priorität (dringend | wichtig | normal | nachrangig)
- Problemart (Klärungsbedarf | Überarbeitungsbedarf | Entscheidungsbedarf | Sonstiges)
- Aktueller Status (unbearbeitet | in Bearbeitung | okay/geklärt)
- Verantwortlich (Wer ist für Lösung/Klärung verantwortlich?)

QS-Hinweise:
- Sind alle Probleme in der Datenbank verzeichnet?
- Sind die Einträge aktuell?
- Werden die Probleme bearbeitet?

Ist Teil von:
- „Planungsordner (E-35)“ (⇨240)
- „Softwareentwicklungsplan (E-83)“ (⇨240)
- „Architektur- und Programmbeschreibung (E-69)“ (⇨224)

4.7.18 Katalog offener Aufgaben (E-15)

Verzeichnis aller laufenden und offenen Projektaktivitäten, sortiert nach geplantem Endtermin.

Jeder Eintrag ist beschrieben durch:
- Geplanter Start- und Endtermin der Aktivität
- Tatsächlicher Start- und Endtermin der Aktivität (sofern vorhanden)
- Geschätzter Aufwand
- Bisher verbrauchter Aufwand
- Verantwortliche Person und ihre Rolle
- Beteiligte Personen und ihre Rollen
- Bemerkungen

Ist Teil von:
- „Planungsordner (E-35)“ (⇨240)
- „Softwareentwicklungsplan (E-83)“ (⇨240)

4.7.19 Katalog der Mitwirkungsleistungen (E-37)

Unter Mitwirkungsleistungen werden alle Aktivitäten bzw. Ergebnisse verstanden, die zur Durchführung des Projektes notwendig sind, jedoch nicht vom Projekt selbst, sondern von anderen beteiligten Parteien zu erbringen sind (Auftraggeber, Fachabteilungen, sonstige Lieferanten).

Beschrieben werden jeweils Form und Inhalt der benötigten Leistung bzw. des Ergebnisses, wann diese Leistung vom Projekt benötigt wird und wer für die Leistungserbringung verantwortlich ist.

Ggf. sind auch weitere Hinweise zur Leistungserbringung, zu Abhängigkeiten und Besonderheiten sowie die voraussichtlichen Aufwände anzugeben.

Ist Teil von:

- „Katalog projektexterner Anforderungen und Zulieferleistungen (E-72)" (⇨230)
- „Anforderungsspezifikation (E-20)" (⇨207)
- „Planungsordner (E-35)" (⇨240)
- „Softwareentwicklungsplan (E-83)" (⇨240)

4.7.20 Zulieferleistungsspezifikation (E-105)

Dies ist ein Dokument, das eine Anforderung spezifiziert, die außerhalb des Projektes zu erfüllen ist, beispielsweise durch eine andere Abteilung oder einen externen Lieferanten.

Sie enthält mindestens folgende Informationen:

- Wer stellt die Anforderung (Auftraggeber)?
- Wer soll die Anforderung erfüllen (Auftragnehmer/Lieferant)?
- Inhaltliche Beschreibung der Anforderung (Was soll realisiert werden?)
- Wann soll das Ergebnis geliefert werden? Bei stufenweiser Auslieferung: Wann wird was geliefert?
- Wie soll die Erfüllung der Anforderung überprüft werden?
- Wer ist anschließend für Weiterentwicklung, Fehlerbehebung etc. zuständig?

4.7.21 Wirtschaftlichkeitsbetrachtung (E-129)

In einer Wirtschaftlichkeitsbetrachtung werden die Kosten aus Ist- und Soll-Situation gegenübergestellt und die Amortisation betrachtet.

Folgende Punkte werden betrachtet:

- Aufstellung der Ist-Kosten (System- und Personalkosten)
- Aufstellung der Soll-Kosten (Personalkosten)
- Gegenüberstellung von Ist- und Soll-Personalkosten
- Investitionskosten für neues System
- Folgekosten
- Amortisationsbetrachtung (Einsparungen, Amortisationszeitraum)

Ist Teil von:

- „Vorstudie (E-78)" (⇨237)

4.7.22 Projektorganisationsplan (E-17)

Die Projektorganisation beschreibt Aufgaben, Rollen, Qualifikationen und Verantwortungsbereiche innerhalb des Projektes. Welche Teams und Funktionen existieren? Wie ist die hierarchische Anordnung der Organisationseinheiten?

Die Aufgaben ändern sich im Laufe eines Projektes. Einige sind nur in bestimmten Zeitabschnitten relevant, andere bekommen im Laufe der Zeit mehr oder weniger Bedeutung. Davon ist auch die Zusammenarbeit zwischen den Beteiligten betroffen. Die Projektorganisation ist also nichts Statisches, sondern ständig im Fluss.

Da sich die Organisationsstruktur im Laufe des Projektes verändert und weiterentwickelt, sind separate Organigramme für die einzelnen Zeitabschnitte vorzusehen (soweit möglich). Es muss ersichtlich werden, zu welchen Projektzeitpunkten Veränderungen in der Organisationsstruktur des Projektes notwendig sind, damit dies entsprechend vorbereitet werden kann.

Synonyme:
- Projektorganigramm

Ist Teil von:
- „Softwareentwicklungsplan (E-83)“ (⇨240)
- „Planungsordner (E-35)“ (⇨240)

4.7.23 Ressourcenplan (E-18)

Übersicht über die Verfügbarkeit und Kapazität aller projektrelevanten Ressourcen. Hierzu gehört eine Aufstellung aller aktuellen und geplanten Projektmitarbeiter, ihrer Urlaubs- und sonstiger Abwesenheitszeiten, ihrer verfügbaren Kapazität in Wochenstunden u.Ä.

Der Ressourcenplan sollte darüber hinaus auch wichtige projektexterne Personen (Ansprechpartner, Fachbereichsmitarbeiter etc.) verzeichnen.

Synonyme:
- Anwesenheitsplan, Kapazitätsplan

Ist Teil von:
- „Softwareentwicklungsplan (E-83)“ (⇨240)
- „Planungsordner (E-35)“ (⇨240)

4.7.24 Anforderungsänderung [beantragt] (E-126)

Ein Änderungsantrag enthält eine Beschreibung für einen Änderungs- oder Erweiterungswunsch, der durch das Projekt zusätzlich berücksichtigt werden soll. Der Änderungsantrag durchläuft folgende Zustände:
- beantragt
- beurteilt
- entschieden (angenommen | abgelehnt | vertagt)

Im Zustand „beantragt“ besteht die Anforderungsänderung aus folgenden Punkten:
- Worin besteht die Änderung?
- Warum ist sie notwendig?
- Wer beantragt sie?
- Wann wurde sie beantragt?
- Wann soll die Änderung umgesetzt worden sein?

Mögliche Status:
- beantragt
- beurteilt
- angenommen
- abgelehnt
- vertagt
- an Lenkungsausschuss verwiesen

Synonyme:
- Change Request, CR

4.7.25 Anforderungsänderung [beurteilt] (E-127)

Ein Änderungsantrag enthält eine Beschreibung für einen Änderungs- oder Erweiterungswunsch, der durch das Projekt zusätzlich berücksichtigt werden soll. Der Änderungsantrag durchläuft folgende Zustände:

- beantragt
- beurteilt
- entschieden (angenommen, abgelehnt, vertagt)

Im Zustand „beurteilt" werden zusätzlich zu den im Zustand „beantragt" beschriebenen Sachverhalten die Ergebnisse der Beurteilung des Änderungswunsches festgehalten:

- Welche Subsysteme sind betroffen?
- Was passiert bei Nichtberücksichtigung der Anforderung?
- Wie werden Aufwand, Dauer und Kosten der Änderung eingeschätzt?
- Stellungnahmen von Projektmitgliedern, Gutachtern, Schätzern etc.

Mögliche Status:

- beantragt
- beurteilt
- angenommen
- abgelehnt
- vertagt
- an Lenkungsausschuss verwiesen

Synonyme:

- Change Request, CR

4.7.26 Anforderungsänderung [entschieden] (E-128)

Ein Änderungsantrag enthält eine Beschreibung für einen Änderungs- oder Erweiterungswunsch, der durch das Projekt zusätzlich berücksichtigt werden soll. Der Änderungsantrag durchläuft folgende Zustände:

- beantragt
- beurteilt
- entschieden (angenommen | abgelehnt | vertagt)

Im Zustand „entschieden" wird zusätzlich zu den in den Zuständen „beantragt" und „beurteilt" beschriebenen Sachverhalten die Entscheidung über den Antrag dokumentiert:

- Wie lautet die Entscheidung? (angenommen, abgelehnt, vertagt, an Lenkungsausschuss verwiesen)
- Wie wird die Entscheidung begründet?
- Datum der Entscheidung
- Wer hat entschieden?

Mögliche Status:

- beantragt
- beurteilt
- angenommen
- abgelehnt
- vertagt
- an Lenkungsausschuss verwiesen

Synonyme:

- Change Request, CR

Ist Teil von:

- „Anforderungsspezifikation (E-20)" (⇨207)

4.7.27 Information des Personalrates über geplante Einführung einer Anwendung (E-132)

Der Personalrat wird mit diesem Schreiben darüber unterrichtet, dass die Einführung eines neuen Informationssystems geplant ist.

Erläutert werden Gründe und Ziele der Einführung sowie Gegenstand und Zweck der neuen Anwendung.

Die Einleitung des Mitbestimmungsverfahrens wird angekündigt.

Synonyme:
- HPR-Info

4.7.28 Einleitung des Mitbestimmungsverfahrens (E-133)

Ein Schreiben an den Personalrat, mit dem ein Mitbestimmungsverfahren für die Einführung eines neuen Informationssystems eingeleitet wird.

Darin wird erläutert,
- um welche Anwendung es sich handelt,
- wie die bisherige Bearbeitung in dem Anwendungsbereich aussieht,
- was Zweck und Gegenstand der neuen Anwendung ist,
- welche Einweisungs- und Schulungsmaßnahmen vorgesehen sind,
- welche Möglichkeiten zur Leistungs- und Verhaltenskontrolle bestehen,
- welche Einweisungs- und Hilfefunktionen und -unterlagen existieren oder vorgesehen sind,
- welche Auswirkungen auf die Personalkapazitäten entstehen,
- welche datenschutzrechtliche Beurteilung vorliegt.

Der Personalrat wird um Zustimmung gebeten.

4.7.29 Projektpräsentation (E-135)

Zu den Phasenauftaktveranstaltungen und bei anderen Gelegenheiten innerhalb und außerhalb des Projektes werden die Randbedingungen, Ziele und der aktuelle Stand des Projektes vorgestellt.

Typischerweise werden zu folgenden Themen Informationen gegeben:
- Agenda der Veranstaltung
- Ausgangssituation und allgemeine Ziele
- Projektorganisation
- Projektziele
- Zeitliche Gliederung des Projektes (Phasen, Iterationen, Meilensteine)
- Lösungsansätze
- Ausgewählte Themen/Details aus dem Projekt von besonderem Interesse
- Aktueller Projektstand (Ergebnisse, wichtige Entscheidungen etc.)
- Weiteres Vorgehen (Ziele, Aufgaben etc.)

Synonyme:
- Kick-Off-Unterlagen

4.7.30 Lenkungsausschussprotokoll (E-134)

Protokoll einer Lenkungsausschusssitzung

Enthält folgende Informationen:
- Teilnehmer der Sitzung
- Empfänger für dieses Protokoll (Verteiler)
- Datum der Sitzung
- Betroffenes Projekt
- Agenda der Sitzung inkl. Beschreibung der besprochenen Sachverhalte
- Entscheidungen
- Datum des Protokolls
- Autor des Protokolls

4.7.31 Monats- bzw. Quartalsbericht (E-124)

Wird monatlich erstellt und enthält:
- Kernziele
- Projektorganigramm
- Ergebnisse, Fortschritt, Phasen und Hauptaktivitäten
- Kostenaufstellung
- Dokumentation wichtiger Entscheidungen

Am Ende eines Quartals sind zusätzlich quartalsweise Aufstellungen enthalten.

4.7.32 Code-Review-Statusbericht (E-162)

Der Code-Review-Statusbericht ist eine einfache Tabelle mit den folgenden Spalten:
- Nr. des Arbeitspakets
- Name des Arbeitspakets
- Name des Entwicklers
- Reviewdatum
- Review durch ...
- Reviewergebnis
- vollständig abgenommen
- abgenommen unter kleineren Änderungsauflagen
- abgelehnt
- bei kleinen Änderungsauflagen: Angabe der Änderungsauflagen
- bei Ablehnung: Begründung in Stichworten

Nur abgelehnte Arbeitspakete müssen nach Absprache mit dem Team- oder Projektleiter erneut einem Review unterzogen werden.

4.7.33 Meilensteindokument (E-70)

Als Meilensteinspezifikation (im Status "Zielvereinbarung") umfasst das Dokument folgende Punkte:
- Vereinbarte messbare und überprüfbare Ziele und Erfolgskritierien
- Ggf. Prioritäten und zu beachtende Besonderheiten, Sonstiges
- Unterschrift Projektleiter, ggf. Meilensteinverantwortlicher

Als Meilensteinergebnisbericht (im Status "Ergebnisbericht") umfasst das Dokument zusätzlich folgende Punkte:

- Kurze Beschreibung der erzielten Ergebnisse
- Bewertung der erzielten Ergebnisse anhand der vereinbarten Ziele und Erfolgskriterien
- Mögliche oder sichere Auswirkungen und Konsequenzen
- Beschluss über Meilensteinerreichung
- Notwendige Maßnahmen, Festlegung des weiteren Vorgehens, Empfehlungen
- Übersicht/Zusammenfassung der gewonnenen Erkenntnisse

Mögliche Status:
- Spezifikation (Zielvereinbarung)
- Ergebnisbericht

Synonyme:
- Reviewprotokoll

Ist Teil von:
- „Planungsordner (E-35)“ (⇨240)

4.7.34 Projektabschlussbericht (E-92)

Ein Bericht besteht aus:
- Titel (Worüber wird berichtet?)
- Datum des Berichtes
- Autor
- Adressaten des Berichtes (Verteiler)
- Status (falls Abstimmung o.Ä. notwendig)
- der eigentliche Berichtstext

Der Projektabschlussbericht beinhaltet:
- die Dokumentation über die Zielerreichung
- die Dokumentation über die Termineinhaltung
- Information über die Kostenentwicklung (Vor- und Nachkalkulation)
- Gründe/Ereignisse für Differenzen
- ggf. Ansprechpartner

So noch kein Erfahrungsbericht besteht, können gemachte Projekterfahrungen in den Bericht mit einfließen.

4.7.35 Produkt-Übergabeprotokoll (E-113)

Das Produkt-Übergabeprotokoll dokumentiert die Übergabe des Systems vom Projekt an die Wartung.

Das Protokoll enthält folgende Informationen:
- Auftrag (Um welchen Projektauftrag handelt es sich?)
- Freigaben (durch Lenkungsausschuss, Fachabteilung, Personalvertretung etc.)
- Übergabe (Termin, offene Aufwände, Dokumente, Dateien, Statistik etc.)
- Fachkonzept (ggf. Vorstudie, Anforderungsspezifikation etc.)
- Technisches Konzept (Schnittstellenübersicht, Subsysteme etc.)
- Einführung (Angaben zur Verfügbarkeit, Stabilität, Last, Performance)

4.7.36 Offene-Punkte-Liste (E-152)

Während der Projektlaufzeit kommt es immer wieder zu Situationen, wo bestimmte Fragen nicht sofort oder nicht abschließend geklärt werden können. Manchmal haben die Antworten bzw. Entscheidungen hierzu aber eine große Tragweite, so dass es grundsätzlich riskant ist, wenn diese offenen Fragen verloren gehen.

Daher ist die Einrichtung einer Offene-Punkte-Liste sinnvoll. Je nach Projektgröße kann es auch mehrere davon geben, bspw. eine fürs Gesamtprojekt und weitere Listen für einzelne Teams oder Teilprojekte.

Mit Hilfe dieser Liste(n) wird es einfacher, die Themen zu einem späteren Zeitpunkt zu klären und nachzuarbeiten.

Eine Offene-Punkte-Liste trägt einen eindeutigen Namen oder Nummer und enthält eine Liste mit offenen Punkten. Die Einzelpunkte sind eindeutig nummeriert und bestehen jeweils aus:

- Kurzbeschreibung der offenen Punkte
- Hinweis auf das weitere Vorgehen (Was soll/ist passieren/passiert, um den Punkt zu klären, wer soll was tun?)

4.7.37 Workshop-Protokoll (E-168)

Die Ergebnisse des Workshops werden dokumentiert. Das Protokoll enthält folgende Informationen:

- Titel des Workshops
- Datum und Ort des Workshops
- Teilnehmer
- Datum und Autor des Protokolls sowie Änderungshistorie
- Status des Protokolls (Entwurf | zur Prüfung vorgelegt | akzeptiert)
- Agenda
- Ergebnisse (mit spezifischer Untergliederung)

Wichtiger als die Form ist in den meisten Fällen der Inhalt, d.h., oftmals reichen bspw. Fotoprotokolle, handschriftliche Notizen o.Ä.

Motivation:

- Nachvollziehbarkeit und Verständnis von Entscheidungen und Ergebnissen

4.7.38 Arbeitsauftrag (E-5)

Ein Arbeitsauftrag ist eine Anweisung für ein oder mehrere Projektmitglieder, ein Ergebnis zu erzielen. Er beschreibt Voraussetzungen, Rahmenbedingungen und erwartete Ergebnisse.

Ein Arbeitsauftrag ist eine konkrete Instanz einer abstrakten Aktivitätsbeschreibung des Vorgehensmodells oder jede andere als notwendig erachtete Aktivität.

Die Beschreibung umfasst:

- Geplanter Start- und Endtermin der Aktivität
- Geschätzter Aufwand in Personentagen (PT)
- Ergebnisverantwortliche Person und ihre Rolle
- Weitere beteiligte Personen und ihre Rollen
- Reviewer (Gutachter)
- Beschreibung des erwarteten Ergebnisses (Form und Inhalt)
- Zu verwendende Hilfsmittel, Werkzeuge etc.

Vor dem Start der Aktivität wird der Arbeitsauftrag mit der verantwortlichen Person abgestimmt und ggf. angepasst. Der Verantwortliche unterzeichnet als Mitautor des Arbeitsauftrages.

Der Reviewer überprüft nach Abschluss des Arbeitsauftrages die Zielerreichung. Der Reviewer wird vor Arbeitsbeginn festgelegt und sollte möglichst nicht an der Ergebniserstellung beteiligt sein.

Arbeitsaufträge entstehen in mehreren Schritten über verschiedene Hierarchieebenen des Projektes hinweg. Die Identifikation und Erstellung des Arbeitsauftrages erfolgt beispielsweise oftmals von der

Projektleitung, die konkrete Ausformulierung und Aufwandsschätzung erfolgt durch den Ergebnisverantwortlichen.

Auch zeitlich entsteht der Arbeitsauftrag im Normalfall in mehreren Schritten. Für die jeweils übernächste Iteration (i+2) werden die Arbeitsaufträge lediglich grob formuliert, erst für die unmittelbar folgende Iteration (i+1) erfolgt dann die Detailbeschreibung.

In welcher Form Arbeitsaufträge verwaltet werden, hängt von den Rahmenbedingungen des Projektes ab. Es sind sehr informelle Formen möglich (Karteikarten, Planungstafel) oder sehr formelle (Projektmanagementwerkzeug, spezielle Verwaltungssoftware) und alle Formen dazwischen. Wichtiger als die Form ist der Inhalt und die Akzeptanz bei den Beteiligten bzw. die praktische Handhabbarkeit.

Mögliche Status:
- Entwurf/unvollständig
- Grob beschrieben und abgestimmt (i+2)
- Detailliert definiert (i+1)
- Mit Teilergebnis abgeschlossen und beurteilt
- Vollständig abgeschlossen und beurteilt
- Vorübergehend ausgesetzt
- Ergebnislos abgebrochen

QS-Hinweise:
- Ist die Projektaktivität im Projektplan berücksichtigt?
- Wurden Termine, Aufwände und erwartete Ergebnisse mit der verantwortlichen Person abgestimmt?
- Wurde die Verfügbarkeit der beteiligten Personen überprüft?
- Sind die erwarteten Ergebnisse eindeutig messbar oder überprüfbar beschrieben?

Ist Teil von:
- „Planungsordner (E-35)“ (⇨240)

4.7.39 Arbeitsauftrags-Statusbericht (E-181)

Ein kurzer Bericht, der für alle aktuellen Arbeitsaufträge der aktuellen Iteration den Status beschreibt.

Der Status sollte möglichst einfach beschrieben werden, beispielsweise als Ampelstatus:
- grün: Arbeitsauftrag ist ok, läuft wie geplant
- gelb: Arbeitsauftrag läuft, aber nicht optimal, es gibt Schwierigkeiten
- rot: Arbeitsauftrag läuft schlecht oder scheitert

Zusätzlich sollten noch kurz und knapp ein paar Stichworte zur Begründung bzw. Erläuterung angegeben werden, z.B. was gut oder schlecht läuft.

Synonyme:
- Statusbericht, Fortschrittsbericht

QS-Hinweise:
- Liegt für jeden Arbeitsauftrag eine Statusmeldung vor?
- Ist der Status eindeutig genannt (grün, gelb oder rot)?

4.7.40 Tätigkeitsbericht (E-147)

Bericht, in dem ein Projektmitarbeiter angibt, für welche Arbeitsaufträge er wann wie viel Zeit aufgewendet hat.

4.7.41 Bericht (E-77)

Ein Bericht besteht aus:
- Titel (Worüber wird berichtet?)
- Datum der Veranstaltung o.Ä., über die berichtet wird
- Datum des Berichtes
- Autor
- Adressaten des Berichtes (Verteiler)
- ggf. Teilnehmer der Veranstaltung
- Status (falls Abstimmung o.Ä. notwendig)
- der eigentliche Berichtstext

4.7.42 Sonstiges (E-146)

Sonstiges Ergebnis

5

Rollen

5.1 Projektinterne Rollen

Als Rollen werden die an den Aktivitäten Beteiligten verstanden. Unserer Erfahrung nach ist die Festlegung von Rollen in Vorgehensmodellen meistens wenig zufriedenstellend. Auch die Übertragung auf die unternehmens- und projektspezifische Organsiationsstruktur ist meistens nicht so einfach.

Wir haben daher für den OEP gar nicht den Anspruch aufgestellt, universell passende Rollenbezeichnungen und -beschreibungen zu finden. Die Art der Arbeitsteilung ist in der Praxis höchst unterschiedlich und auch nur bedingt logisch. In dem einen Projekt ist eine Unterscheidung zwischen Analytiker und Designer üblich, in einem anderen nicht. Oftmals werden einfach die Stärken oder Vorlieben bestimmter Personen als Ausgangspunkt zur Aufgaben- und Rollengestaltung verwendet, was auch sinnvoll ist.

Im OEP haben wir die Rollen ganz grob in projektinterne und projektexterne Rollen aufgeteilt. Die Entscheidung, ob eine Rolle projektintern oder -extern beheimatet ist, ergibt sich aus der Frage, ob die Projektleitung eine fachliche Weisungsbefugnis gegenüber der beteiligten Person hat – und dies kann in verschiedenen Unternehmen sehr unterschiedlich sein. In einem Unternehmen mag eine Rolle wie bspw. die des Framework-EntwicklerIns weisungsgebunden sein, also eine projektinterne Rolle, und in einem anderen Fall gibt es eine zentrale Framework-Entwicklungsabteilung und die Rolle ist projektextern.

Je nach Projektgröße werden bestimmte Rollen möglicherweise von jeweils eigenen Personen wahrgenommen oder in Personalunion von einer einzigen. In einem kleinen Projekt mit fünf Mitarbeitern ist die Abgrenzung von Gesamtprojektleitung, fachlicher Projektleitung und technischer Projektleitung wahrscheinlich wenig sinnvoll.

Auch sind nicht alle genannten Rollen prinzipiell eigenständige Aufgabenbereiche, sondern beschreiben eher situative Rollen, was vielleicht besser mit einer Metapher zu erklären ist: Im Fußballspiel gibt es explizite Rollen wie Stürmer oder Torwart, aber situative Rollen wie den Torschützen oder Elfmeterschützen. Entsprechend gibt es in Softwareprojekten explizite Rollen, wie den Systemanalytiker oder den Projektleiter sowie situative Rollen, wie den Arbeitsauftragsverantwortlichen und den TestautomatisiererIn. Nicht immer ist die Abgrenzung dieser Rollenarten unumstritten.

Aus diesen Gründen ist die in diesem Buch vorgenommene Rollenabgrenzung durchaus willkürlich.

5.1.1 Gesamtprojektleitung (R–3)

Die Gesamtprojektleitung wird stets durch genau eine Person wahrgenommen. Diese Rolle kann während der Projektlaufzeit ggf. zwischen verschiedenen Personen wechseln – zu einem Zeitpunkt jedoch ist immer eine Person verantwortlich. Beispielsweise kann während der Konstruktionsphase die Rolle von der Anwendungsentwicklung sowie in allen anderen Phasen von der Fachabteilung wahrgenommen werden. Zwei oder mehr Gesamtprojektleiter, auch wenn eine inhaltliche Abgrenzung ihrer Verantwortlichkeiten vorgesehen ist, bringen Unglück. Der/die ProjektleiterIn

- leitet und verantwortet das gesamte Projekt,
- ist äußerer Repräsentant des Projektes,
- transportiert ggf. gefilterte Informationen über das Projekt an das Projektumfeld und von außen zum Projektteam,
- erstellt Projektpläne, steuert und kontrolliert den Entwicklungsprozess (gemeinsam mit dem Prozessverantwortlichen),
- ist verantwortlich für die Erreichung der Projektziele und die Umsetzung des Projektauftrages,
- ist verantwortlich für das Vorgehen, die Planung und Organisation innerhalb des Projektes, insbesondere die Definition von Arbeitsaufträgen für alle Projektmitglieder,
- ist verantwortlich für die Projektdokumentation.

Ist verantwortlich für:
- „Meilensteinreview vorbereiten (A-261)" (⇨146)
- „Meilensteinerreichung überprüfen (A-18)" (⇨147)
- „Aufwandsschätzworkshop durchführen (A-249)" (⇨189)
- „Gesamtplanung (Makroplan) erstellen bzw. aktualisieren (A-12)" (⇨193)
- „Arbeitsaufträge für Iteration i+2 erstellen (A-294)" (⇨196)
- „Wöchentliche Mikrosteuerung (A-296)" (⇨202)
- „Arbeitsauftrags-Planungskorrektur (A-297)" (⇨203)
- „Arbeitsaufträge für Iteration i+1 erstellen (A-46)" (⇨197)
- „Wöchentliches Mikrocontrolling (A-295)" (⇨201)
- „Systemidee und Zielsetzung entwickeln (A-194)" (⇨177)
- „Zulieferleistungen überwachen (A-301)" (⇨168)
- „Risikomanagementworkshop durchführen (Risiken, Erfolgskriterien) (A-250)" (⇨180)
- „Aufwandsschätzworkshop durchführen (A-249)" (⇨189)
- „Anforderungsänderung genehmigen (A-283)" (⇨198)
- „Projektpräsentation vorbereiten und halten (A-184)" (⇨180)
- „Lenkungsausschuss vorbereiten (A-298)" (⇨183)
- „Iterationsauftaktveranstaltung (A-159)" (⇨182)
- „Monats- bzw. Quartalsbericht erstellen (A-172)" (⇨183)
- „Change-Management-Konzept umsetzen (A-307)" (⇨170)
- „Personalrat über geplante Anwendung informieren (A-182)" (⇨185)
- „Mitbestimmungsverfahren einleiten (A-181)" (⇨186)
- „Neuausrichtungsworkshop durchführen (A-252)" (⇨187)
- „Projektübergabe an Wartungsteam planen (A-266)" (⇨166)
- „Übergabe der Projektergebnisse an das Wartungsteam (A-265)" (⇨165)
- „Projektabschlussbericht erstellen (A-147)" (⇨188)

Ist beteiligt an:
- „Daten- und Systemmigration vorbereiten (A-138)" (⇨162) – aktiv mitwirkend
- „Anwenderfragebögen auswerten (A-279)" (⇨168) – ergebnisempfangend
- „Soziale und systemische Auswirkungen der Systemeinführung berücksichtigen (A-306)" (⇨171) – beratend
- „Anforderungsspezifikations-Entwurf erstellen (A-176)" (⇨90) – ergebnisempfangend
- „Lenkungsausschusssitzung (A-183)" (⇨184) – aktiv mitwirkend
- „Iterationen und Builds planen (A-16)" (⇨194) – beratend, ergebnisempfangend

Idealqualifikation:
- Kennt den Auftraggeber und andere für das Projekt wichtige Personen und Institutionen.
- Ist mit dem Paradigma der Objektorientierung vertraut und sollte selbst einmal objektorientiert entwickelt haben.
- Kann das Team bilden, motivieren und führen.
- Hat eine hohe Präsenz und Aufmerksamkeit.

5.1.2 Fachliche Projektleitung (R–27)

- Erstellt zusammen mit dem Projektleiter Projektpläne und Meilensteine
- Plant Inhalte, Ziele, Termine für Iterationen, Meilensteine u.Ä.
- Erarbeitet detaillierte inhaltliche Pläne für die einzelnen Iterationen
- Legt zusammen mit Anwendern, Auftraggebern, Entwicklern u.a. Iterationsziele fest
- Steuert und kontrolliert den Entwicklungsprozess
- Verfolgt systematisch kritische Aktivitäten und Ergebnisse, arbeitet neue Prioritäten, Anforderungen, Erfolgskriterien etc. in die Planungen ein

Ist verantwortlich für:
- „Projektexterne Anforderungen identifizieren und spezifizieren (A-95)" (⇨161)
- „Iterationen und Builds planen (A-16)" (⇨194)
- „Anforderungsänderung beurteilen (A-179)" (⇨198)

- „Datenschutzkonzept erstellen (A-305)“ (⇨170)

Ist beteiligt an:
- „Anwenderdokumentation entwickeln (A-139)“ (⇨163) – autorisierend
- „Anforderungsänderung genehmigen (A-283)“ (⇨198) – beratend
- „Aufwandsschätzworkshop durchführen (A-249)“ (⇨189) – aktiv mitwirkend
- „Gesamtplanung (Makroplan) erstellen bzw. aktualisieren (A-12)“ (⇨193) – aktiv mitwirkend
- „Vorstudie erstellen (A-128)“ (⇨92) – aktiv mitwirkend
- „Arbeitsaufträge für Iteration i+1 erstellen (A-46)“ (⇨197) – aktiv mitwirkend
- „Anforderungsspezifikation zusammenstellen (A-15)“ (⇨113) – autorisierend
- „Meilensteinerreichung überprüfen (A-18)“ (⇨147) – aktiv mitwirkend
- „Projektziele und Projektauftrag formulieren und iterativ abstimmen (A-2)“ (⇨178) – aktiv mitwirkend
- „Soziale und systemische Auswirkungen der Systemeinführung berücksichtigen (A-306)“ (⇨171) – beratend
- „Anforderungsworkshop durchführen (Vorbereitungsphase) (A-226)“ (⇨96) – aktiv mitwirkend
- „Workshop: Modellierungsfokus festlegen und Unternehmensziele beschreiben (A-237)“ (⇨69) – aktiv mitwirkend
- „Ziel und Zweck der Geschäftsprozessmodellierung festlegen (A-239)“ (⇨71) – aktiv mitwirkend
- „Migrationskonzept erstellen (A-137)“ (⇨161) – aktiv mitwirkend
- „Systemanwendungsfälle identifizieren (A-200)“ (⇨95) – aktiv mitwirkend
- „Risikomanagementworkshop durchführen (Risiken, Erfolgskriterien) (A-250)“ (⇨180) – aktiv mitwirkend
- „Lenkungsausschuss vorbereiten (A-298)“ (⇨183) – aktiv mitwirkend
- „Arbeitsaufträge für Iteration i+2 erstellen (A-294)“ (⇨196) – aktiv mitwirkend
- „Wöchentliche Mikrosteuerung (A-296)“ (⇨202) – aktiv mitwirkend
- „Arbeitsauftrags-Planungskorrektur (A-297)“ (⇨203) – aktiv mitwirkend
- „Release entwickeln (A-299)“ (⇨175) – beratend
- „Projektabschlussbericht erstellen (A-147)“ (⇨188) – aktiv mitwirkend
- „Teststrategie (A-300)“ (⇨149) – aktiv mitwirkend

Idealqualifikation:
- Kennt den Auftraggeber und andere für das Projekt wichtige Personen und Institutionen.
- Hat ein umfassendes inhaltliches Verständnis von den fachlichen Anforderungen und Rahmenbedingungen.
- Ist mit dem Paradigma der Objektorientierung vertraut und sollte selbst einmal objektorientiert entwickelt haben.
- Kann das Team bilden, motivieren und führen.
- Hat eine hohe Präsenz und Aufmerksamkeit.

5.1.3 Technische Projektleitung (R–37)

Ist verantwortlich für:
- „Architektur und Softwareentwicklungsumgebung evaluieren (A-23)“ (⇨173)
- „Entwicklungsrichtlinien überprüfen (A-72)“ (⇨148)
- „Code-Review durchführen (A-258)“ (⇨128)
- „Release entwickeln (A-299)“ (⇨175)

Ist beteiligt an:
- „Anforderungsänderung genehmigen (A-283)“ (⇨198) – beratend
- „Aufwandsschätzworkshop durchführen (A-249)“ (⇨189) – aktiv mitwirkend
- „Gesamtplanung (Makroplan) erstellen bzw. aktualisieren (A-12)“ (⇨193) – aktiv mitwirkend
- „Arbeitsaufträge für Iteration i+1 erstellen (A-46)“ (⇨197) – aktiv mitwirkend
- „Vorstudie erstellen (A-128)“ (⇨92) – aktiv mitwirkend
- „Anforderungsspezifikation zusammenstellen (A-15)“ (⇨113) – autorisierend
- „Iterationen und Builds planen (A-16)“ (⇨194) – aktiv mitwirkend
- „Projektexterne Anforderungen identifizieren und spezifizieren (A-95)“ (⇨161) – aktiv mitwirkend

- „Entwicklung globaler Dienste und Klassen (A-55)" (⇨160) – beratend
- „Meilensteinerreichung überprüfen (A-18)" (⇨147) – aktiv mitwirkend
- „Projektziele und Projektauftrag formulieren und iterativ abstimmen (A-2)" (⇨178) – aktiv mitwirkend
- „Datenschutzkonzept erstellen (A-305)" (⇨170) – beratend
- „Projekterfahrungsbericht erstellen (A-253)" (⇨188) – aktiv mitwirkend
- „Testkonzept überarbeiten und anpassen (A-257)" (⇨159) – aktiv mitwirkend
- „Testkonzept erstellen (A-256)" (⇨150) – aktiv mitwirkend
- „Arbeitsaufträge für Iteration i+2 erstellen (A-294)" (⇨196) – aktiv mitwirkend
- „Risikomanagementworkshop durchführen (Risiken, Erfolgskriterien) (A-250)" (⇨180) – aktiv mitwirkend
- „Lenkungsausschuss vorbereiten (A-298)" (⇨183) – aktiv mitwirkend
- „Wöchentliche Mikrosteuerung (A-296)" (⇨202) – aktiv mitwirkend
- „Arbeitsauftrags-Planungskorrektur (A-297)" (⇨203) – aktiv mitwirkend
- „Projektabschlussbericht erstellen (A-147)" (⇨188) – aktiv mitwirkend
- „Teststrategie (A-300)" (⇨149) – aktiv mitwirkend

5.1.4 Fachexperte (R–2)

Experte im Anwendungsbereich des Projektes oder eines Teilgebietes

Ist verantwortlich für:

- „Glossar überprüfen und aktualisieren (A-290)" (⇨90)
- „Systemanwendungsfallmodell entwickeln (A-233)" (⇨107)
- „Glossar überprüfen (A-289)" (⇨114)
- „Glossar überprüfen und aktualisieren (A-71)" (⇨116)
- „Enumerationsinhalte (Schlüsseltabellen) neu definieren oder überarbeiten (A-174)" (⇨120)
- „Hotline, Support und Multiplikatoren schulen (A-142)" (⇨164)

Ist beteiligt an:

- „Geschäftsprozesse definieren (A-244)" (⇨78) – aktiv mitwirkend
- „Anforderungsworkshop durchführen (A-228)" (⇨102) – aktiv mitwirkend
- „Systemanwendungsfall detaillieren (A-229)" (⇨105) – aktiv mitwirkend
- „Berichte und Auswertungen identifizieren und beschreiben (A-231)" (⇨110) – aktiv mitwirkend
- „Nichtfunktionale Anforderungen identifizieren (A-235)" (⇨111) – aktiv mitwirkend
- „Workshop: Modellierungsfokus festlegen und Unternehmensziele beschreiben (A-237)" (⇨69) – aktiv mitwirkend
- „Workshop: Geschäftsanwendungsfälle der aktiven Geschäftspartner identifizieren (A-241)" (⇨74) – aktiv mitwirkend
- „Aktive Geschäftspartner identifizieren (A-240)" (⇨73) – aktiv mitwirkend
- „Geschäftsmitarbeiter identifizieren und Akteurmodell entwickeln (A-243)" (⇨77) – aktiv mitwirkend
- „Geschäftsprozesse dokumentieren (A-245)" (⇨79) – aktiv mitwirkend
- „Geschäftsanwendungsfälle essenziell beschreiben (A-247)" (⇨80) – aktiv mitwirkend
- „Geschäftsanwendungsfall-Abläufe modellieren (A-248)" (⇨82) – aktiv mitwirkend
- „Systemschnittstellen identifizieren und klassifizieren (A-7)" (⇨136) – aktiv mitwirkend
- „Iterationen und Builds planen (A-16)" (⇨194) – beratend
- „Meilensteinerreichung überprüfen (A-18)" (⇨147) – aktiv mitwirkend
- „Stapelverarbeitungsprogramme realisieren und testen (A-59)" (⇨140) – beratend
- „Stapelverarbeitungsprogramme identifizieren und spezifizieren (A-58)" (⇨139) – beratend
- „Projektexterne Anforderungen identifizieren und spezifizieren (A-95)" (⇨161) – beratend
- „Vorstudie erstellen (A-128)" (⇨92) – beratend
- „Referenzmodelle identifizieren und beschaffen (A-28)" (⇨121) – aktiv mitwirkend
- „Datenschutzkonzept erstellen (A-305)" (⇨170) – beratend
- „Soziale und systemische Auswirkungen der Systemeinführung berücksichtigen (A-306)" (⇨171) – aktiv mitwirkend
- „Anforderungsworkshop durchführen (Vorbereitungsphase) (A-226)" (⇨96) – aktiv mitwirkend
- „Features identifizieren (A-236)" (⇨112) – aktiv mitwirkend

- „Geschäftsanwendungsfall-Abläufe optimieren und konsolidieren (A-269)" (⇨83) – aktiv mitwirkend
- „Geschäftsanwendungsfall-Abläufe detailliert beschreiben (A-270)" (⇨84) – aktiv mitwirkend
- „Organisatorische Einbettung identifizieren und Abhängigkeiten ggf. reorganisieren (A-271)" (⇨85) – aktiv mitwirkend
- „Geschäftsanwendungsfallmodell erstellen (A-273)" (⇨86) – aktiv mitwirkend
- „Kern-Geschäftsklassenmodell entwickeln (A-272)" (⇨85) – aktiv mitwirkend
- „Zustandsmodelle für zustandsrelevante Geschäftsklassen erstellen (A-274)" (⇨95) – aktiv mitwirkend
- „Systemanwendungsfälle ableiten und identifizieren (A-276)" (⇨89) – aktiv mitwirkend
- „Geschäftliche Anforderungen und Regeln beschreiben (A-275)" (⇨88) – aktiv mitwirkend
- „Organisationseinheiten modellieren (A-238)" (⇨70) – aktiv mitwirkend
- „Ziel und Zweck der Geschäftsprozessmodellierung festlegen (A-239)" (⇨71) – aktiv mitwirkend
- „Unterstützende Geschäftsanwendungsfälle identifizieren (A-242)" (⇨75) – aktiv mitwirkend
- „Systemanwendungsfälle identifizieren (A-200)" (⇨95) – aktiv mitwirkend
- „Arbeitsaufträge für Iteration i+2 erstellen (A-294)" (⇨196) – beratend
- „Anwendertest durchführen (A-153)" (⇨156) – aktiv mitwirkend

Idealqualifikation:

- Ist Experte für die Begrifflichkeit des Anwendungsgebietes (spricht die Sprache der Anwender, Kunden, Auftraggeber).
- Kennt die vorhandenen Systeme im Umfeld des Anwendungsgebietes.
- Kennt alle wichtigen fachlichen Ansprechpartner oder vermag sie schnell zu ermitteln und einzuschätzen.
- Hat Wissen darüber, welche Dinge im Anwendungsbereich stabil sind, welche sich ändern, welche Qualität sie haben.
- Hat praktische Erfahrung mit objektorientierter Analyse und Design, besonders mit der Anwendungsfallanalyse und -beschreibung, Klassenmodellierung, Aktivitätsmodellierung und Interaktionsmodellierung.
- Kennt die für das Projekt relevante technische und fachliche Architektur (soweit vorhanden).
- Kommunikative Fähigkeiten und soziale Kompetenz sind wichtig.
- Grundlegende Kenntnisse des Benutzungskonzeptes sind wichtig.

5.1.5 Schnittstellenexperte (R–5)

Experte für Schnittstellen zu vorhandenen Systemen

Ist verantwortlich für:

- „Systemschnittstellen identifizieren und klassifizieren (A-7)" (⇨136)

Ist beteiligt an:

- „Anforderungsworkshop durchführen (A-228)" (⇨102) – aktiv mitwirkend
- „Projektexterne Anforderungen identifizieren und spezifizieren (A-95)" (⇨161) – beratend
- „Adapter für externe Schnittstellen konzipieren, entwickeln und testen (A-48)" (⇨138) – beratend
- „Systemschnittstelle beschreiben (A-206)" (⇨122) – aktiv mitwirkend

Idealqualifikation:

- Kennt die vorhandenen Systeme und ihre Zusammenhänge gut.
- Kennt die Schnittstellen der vorhandenen Systeme bzw. kann aktuelle und verbindliche Informationen hierüber besorgen.
- Kennt alle wichtigen fachlichen Ansprechpartner oder vermag sie schnell zu ermitteln und einzuschätzen.
- Hat Wissen über die Stabilität, Funktionsfähigkeit, Möglichkeiten, Grenzen, Wichtigkeit und Qualität der vorhandenen Systeme, ihrer Schnittstellen und der von ihnen gelieferten Daten bzw. der ihnen zu liefernden Daten.

5.1.6 TechnischeR ArchitektIn (R–6)

Definiert, verantwortet und vermittelt die technische Architektur. Wirkt bei der Planung, Priorisierung und Risikobetrachtung mit.

Im Einzelnen sind die folgenden Aufgaben zu übernehmen:
- Definition einer technischen Systemstruktur
- Entwurf der Abhängigkeitsstruktur zwischen den technischen Subsystemen
- Entwurf von Schnittstellen zwischen den technischen Systemteilen
- Abhängigkeitsmanagement
- Überwachung der Einhaltung der Architekturvorgaben bei der Subsystementwicklung
- Darstellung der technischen Architektur gegenüber projektinternen und -externen Beteiligten

Ist verantwortlich für:
- „Technisches Architekturmodell definieren (A-187)" (⇨141)
- „Subsystemabhängigkeiten identifizieren und ggf. restrukturieren (A-213)" (⇨134)
- „Designklassenmodell restrukturieren (A-285)" (⇨119)
- „Betriebskonzept und -handbuch erstellen (A-304)" (⇨169)

Ist beteiligt an:
- „Entwicklungsrichtlinien überprüfen (A-72)" (⇨148) – aktiv mitwirkend
- „Aufwandsschätzworkshop durchführen (A-249)" (⇨189) – aktiv mitwirkend
- „Systemschnittstellen identifizieren und klassifizieren (A-7)" (⇨136) – beratend
- „Stapelverarbeitungsprogramme identifizieren und spezifizieren (A-58)" (⇨139) – autorisierend
- „Stapelverarbeitungsprogramme realisieren und testen (A-59)" (⇨140) – beratend
- „Architektur und Softwareentwicklungsumgebung evaluieren (A-23)" (⇨173) – beratend
- „Geschäftsklassenmodelle konsolidieren (A-251)" (⇨117) – aktiv mitwirkend
- „Systemanwendungsfälle ableiten und identifizieren (A-276)" (⇨89) – aktiv mitwirkend
- „Daily-Build und Smoketest (A-292)" (⇨174) – beratend
- „Automatischer Systemtest (Regressionstest) (A-293)" (⇨157) – beratend
- „Lenkungsausschuss vorbereiten (A-298)" (⇨183) – aktiv mitwirkend

Idealqualifikation:
- Kennt die beteiligten Subsysteme in ihrer Gesamtheit.
- Kennt Zusammenhänge und Wechselwirkungen zwischen den Subsystemen.
- Hat für dieses Gebiet Verantwortung und Entscheidungskompetenz.
- Kennt alle Programmiermodelle, Entwicklungsrichtlinien etc. und trägt diese mit.
- Hat Erfahrungen und Wissen über funktionale und nichtfunktionale Anforderungen an die zu entwickelnden Subsysteme.
- Kennt die für die Performance entscheidenden Faktoren.
- Weiß, wie Wiederverwendung betrieben werden kann, und unterstützt bzw. forciert diese.

5.1.7 SystemanalytikerIn (R–12)

Unterstützt die Systemanalyse, Anwendungsfallmodellierung, Analyse und Kommunikation in einem Projekt.
- Analysiert, identifiziert, bewertet, strukturiert und beschreibt die Anforderungen an das zu erstellende System, hinterfragt ihren Nutzen, ihre Vollständigkeit und evtl. Widersprüche.
- Identifiziert und beschreibt Systemanwendungsfälle und stimmt diese mit den Fachexperten, Anwendern, Entwicklern etc. ab.
- Wirkt aktiv bei der Erstellung von Lösungskonzepten zur Erfüllung der Anforderungen mit, d.h. beim Übergang von der Analyse zum Design.
- Leitet Mitarbeiter zur Einhaltung von Standards an.

Experte für objektorientierte Analyse

Ist verantwortlich für:
- „Workshop: Modellierungsfokus festlegen und Unternehmensziele beschreiben (A-237)" (⇨69)

- „Organisationseinheiten modellieren (A-238)" (⇨70)
- „Ziel und Zweck der Geschäftsprozessmodellierung festlegen (A-239)" (⇨71)
- „Aktive Geschäftspartner identifizieren (A-240)" (⇨73)
- „Workshop: Geschäftsanwendungsfälle der aktiven Geschäftspartner identifizieren (A-241)" (⇨74)
- „Unterstützende Geschäftsanwendungsfälle identifizieren (A-242)" (⇨75)
- „Geschäftsmitarbeiter identifizieren und Akteurmodell entwickeln (A-243)" (⇨77)
- „Anforderungsspezifikations-Entwurf erstellen (A-176)" (⇨90)
- „Materialsammlung und -studie (A-201)" (⇨91)
- „Vorstudie erstellen (A-128)" (⇨92)
- „Anforderungsbeitragende identifizieren (A-195)" (⇨93)
- „Anforderungsworkshop durchführen (Vorbereitungsphase) (A-226)" (⇨96)
- „Fachliches Glossar anlegen (A-204)" (⇨104)
- „Anforderungsspezifikation zusammenstellen (A-15)" (⇨113)
- „Geschäftsprozesse definieren (A-244)" (⇨78)
- „Geschäftsprozesse dokumentieren (A-245)" (⇨79)
- „Geschäftsanwendungsfälle essenziell beschreiben (A-247)" (⇨80)
- „Geschäftsanwendungsfall-Abläufe modellieren (A-248)" (⇨82)
- „Geschäftsanwendungsfall-Abläufe optimieren und konsolidieren (A-269)" (⇨83)
- „Geschäftsanwendungsfall-Abläufe detailliert beschreiben (A-270)" (⇨84)
- „Organisatorische Einbettung identifizieren und Abhängigkeiten ggf. reorganisieren (A-271)" (⇨85)
- „Geschäftsanwendungsfallmodell erstellen (A-273)" (⇨86)
- „Kern-Geschäftsklassenmodell entwickeln (A-272)" (⇨85)
- „Systemanwendungsfälle ableiten und identifizieren (A-276)" (⇨89)
- „Geschäftliche Anforderungen und Regeln beschreiben (A-275)" (⇨88)
- „Systemanwendungsfälle identifizieren (A-200)" (⇨95)
- „Zustandsmodelle für zustandsrelevante Geschäftsklassen erstellen (A-274)" (⇨95)
- „Anforderungsworkshop durchführen (A-228)" (⇨102)
- „Systemanwendungsfall detaillieren (A-229)" (⇨105)
- „Geschäftsklassenmodell entwickeln (A-230)" (⇨109)
- „Berichte und Auswertungen identifizieren und beschreiben (A-231)" (⇨110)
- „Nichtfunktionale Anforderungen identifizieren (A-235)" (⇨111)
- „Features identifizieren (A-236)" (⇨112)
- „Interaktionsmodelle erstellen (A-68)" (⇨115)
- „Enumerationen (Schlüsseltabellen) identifizieren (A-284)" (⇨119)
- „Referenzmodelle identifizieren und beschaffen (A-28)" (⇨121)
- „Systemschnittstelle beschreiben (A-206)" (⇨122)
- „Dialog spezifizieren (A-26)" (⇨124)
- „Primitive Datentypen identifizieren (A-165)" (⇨125)
- „Ausnahmen und mögliche Fehler identifizieren und beschreiben (A-81)" (⇨129)
- „Datenbankabfragen identifizieren und spezifizieren (A-74)" (⇨132)
- „Sequenzdiagramm entwickeln (A-215)" (⇨135)
- „Zustandsmodell beschreiben (A-67)" (⇨126)
- „Datenbankabbildung beschreiben (A-157)" (⇨127)
- „Migrationskonzept erstellen (A-137)" (⇨161)
- „Daten- und Systemmigration vorbereiten (A-138)" (⇨162)
- „Anforderungen ändern oder ergänzen (A-282)" (⇨199)

Ist beteiligt an:

- „Systemanwendungsfall detaillieren (A-229)" (⇨105) – aktiv mitwirkend
- „Geschäftsklassenmodell entwickeln (A-230)" (⇨109) – aktiv mitwirkend
- „Berichte und Auswertungen identifizieren und beschreiben (A-231)" (⇨110) – aktiv mitwirkend
- „Designklassenmodell und validiertes Subsystemmodell entwickeln (A-232)" (⇨130) – aktiv mitwirkend
- „Nichtfunktionale Anforderungen identifizieren (A-235)" (⇨111) – aktiv mitwirkend
- „Aufwandsschätzworkshop durchführen (A-249)" (⇨189) – aktiv mitwirkend
- „Datenschutzkonzept erstellen (A-305)" (⇨170) – aktiv mitwirkend
- „Risikomanagementworkshop durchführen (Risiken, Erfolgskriterien) (A-250)" (⇨180) – aktiv mitwirkend

- „Neuausrichtungsworkshop durchführen (A-252)" (⇨187) – aktiv mitwirkend
- „Projekterfahrungsbericht erstellen (A-253)" (⇨188) – aktiv mitwirkend
- „Testkonzept überarbeiten und anpassen (A-257)" (⇨159) – aktiv mitwirkend
- „Testkonzept erstellen (A-256)" (⇨150) – aktiv mitwirkend
- „Code-Review durchführen (A-258)" (⇨128) – aktiv mitwirkend
- „Exploratives Schnittstellen-Prototyping (A-207)" (⇨108) – aktiv mitwirkend
- „Subsystemmodell und grobes Geschäftsklassenmodell entwickeln (A-246)" (⇨116) – aktiv mitwirkend
- „Fachliches Architekturmodell entwickeln (A-260)" (⇨118) – aktiv mitwirkend

Idealqualifikation:

- Kennt die UML sehr gut.
- Hat mindestens zwei Monate Erfahrung mit dem eingesetzten Modellierungswerkzeug.
- Hat mindestens sechs Monate praktische Erfahrung mit objektorientierter Analyse und Design, besonders mit der Anwendungsfallanalyse und -beschreibung, Geschäftsklassenmodellierung, Spezifikation von Operationen und Attributen inkl. Invarianten, Datenbankabbildung, Ausnahmen etc., Schnittstellenklassen, Aktivitätsmodellierung und Interaktionsmodellierung.
- Kennt die für das Projekt relevante technische und fachliche Architektur (soweit vorhanden).
- Ist mit der Begrifflichkeit des Anwendungsgebietes vertraut (versteht die Sprache der Anwender, Kunden, Auftraggeber).
- Hohe kommunikative Fähigkeiten und soziale Kompetenz sind notwendig.
- Verfügt über gute Moderationskenntisse.
- Grundlegende Kenntnisse des Benutzungskonzeptes sind wichtig.

5.1.8 Anwendungsentwicklerln (R–11)

Experte für Programmierung und Design

Ist verantwortlich für:

- „Interaktionsmodelle erstellen (A-286)" (⇨129)
- „Fachklasse realisieren und testen (A-134)" (⇨133)
- „Adapter für externe Schnittstellen konzipieren, entwickeln und testen (A-48)" (⇨138)
- „Interaktionsmodell erstellen (A-287)" (⇨142)
- „Enumeration (Schlüsseltabellen) integrieren (A-173)" (⇨129)

Ist beteiligt an:

- „Primitive Datentypen identifizieren (A-165)" (⇨125) – aktiv mitwirkend
- „Enumerationen (Schlüsseltabellen) identifizieren (A-284)" (⇨119) – aktiv mitwirkend
- „Enumerationsinhalte (Schlüsseltabellen) neu definieren oder überarbeiten (A-174)" (⇨120) – beratend
- „Sequenzdiagramm entwickeln (A-215)" (⇨135) – beratend
- „Interaktionsmodelle erstellen (A-68)" (⇨115) – aktiv mitwirkend
- „Designklassenmodell und validiertes Subsystemmodell entwickeln (A-232)" (⇨130) – aktiv mitwirkend
- „Geschäftsklassenmodelle konsolidieren (A-251)" (⇨117) – aktiv mitwirkend
- „Kern-Geschäftsklassenmodell entwickeln (A-272)" (⇨85) – aktiv mitwirkend
- „Zustandsmodelle für zustandsrelevante Geschäftsklassen erstellen (A-274)" (⇨95) – aktiv mitwirkend
- „Release entwickeln (A-299)" (⇨175) – aktiv mitwirkend

Idealqualifikation:

- Kennt die UML gut.
- Hat mindestens zwei Monate Erfahrung mit dem eingesetzten Modellierungswerkzeug.
- Hat mindestens sechs Monate praktische Erfahrung mit objektorientierter Analyse und Design, besonders mit der Anwendungsfallanalyse und -beschreibung, Klassenmodellierung, Spezifikation von Operationen und Attributen inkl. Invarianten, Datenbankabbildung, Ausnahmen etc., Schnittstellenklassen, Aktivitätsmodellierung und Interaktionsmodellierung.

- Kennt die für das Projekt relevante technische und fachliche Architektur (soweit vorhanden).
- Ist mit der Begrifflichkeit des Anwendungsgebietes vertraut (versteht die Sprache der Anwender, Kunden, Auftraggeber).
- Hat weitgehende Kenntnisse und Erfahrungen mit Entwurfsmustern.
- Hat weitgehende Kenntnisse und Erfahrungen mit Testautomatisierung.
- Kennt das Benutzungskonzept.
- Hat praktische Erfahrungen mit der eingesetzten Programmiersprache und anderen Komponenten der Softwareentwicklungsumgebung (Konfigurationsmanagement, Generatoren, Frameworks etc.).

5.1.9 DialogentwicklerIn (R–15)

- Entwirft und entwickelt die Benutzungsoberfläche.
- Sorgt für einfache und einheitliche Erscheinung und Bedienbarkeit des Systems.

Ist verantwortlich für:

- „Dialoge und Ablaufsteuerung entwickeln (A-86)" (⇨123)
- „Exploratives Schnittstellen-Prototyping (A-207)" (⇨108)

Ist beteiligt an:

- „Entwicklungsrichtlinien überprüfen (A-72)" (⇨148) – aktiv mitwirkend
- „Anforderungsworkshop durchführen (A-228)" (⇨102) – aktiv mitwirkend
- „Dialog spezifizieren (A-26)" (⇨124) – aktiv mitwirkend
- „Dialogdoubletten identifizieren (A-259)" (⇨117) – aktiv mitwirkend

Idealqualifikation:

- Ist mit dem Benutzungskonzept bestens vertraut.
- Kennt alle maßgeblichen Gestaltungsrichtlinien.
- Hat mindestens zwei Monate Erfahrung mit den Werkzeugen, Bibliotheken, Rahmenwerken und Sprachen zur Erstellung der Benutzungsoberfläche.
- Kann Systemanwendungsfälle lesen und verstehen.
- Ist mit den Grundbegriffen des Anwendungsbereiches vertraut, versteht die Sprache der Anwender.
- Kennt die grundsätzlichen Arbeits- und Verhaltensweisen der Anwender und ihre Arbeitssituation.
- Hat kommunikative Fähigkeiten und soziale Kompetenz.
- Kennt die Systemarchitektur und ihre einzelnen Bestandteile, insbesondere die des Clients.

5.1.10 StapelverarbeitungsprogrammentwicklerIn (R–20)

- Konzeption von Batch-Programmen
- Programmierung von Batch-Programmen

Ist verantwortlich für:

- „Stapelverarbeitungsprogramme realisieren und testen (A-59)" (⇨140)
- „Stapelverarbeitungsprogramme identifizieren und spezifizieren (A-58)" (⇨139)

Ist beteiligt an:

- „Adapter für externe Schnittstellen konzipieren, entwickeln und testen (A-48)" (⇨138) – aktiv mitwirkend
- „Anforderungsworkshop durchführen (A-228)" (⇨102) – aktiv mitwirkend
- „Aufwandsschätzworkshop durchführen (A-249)" (⇨189) – aktiv mitwirkend
- „Systemschnittstellen identifizieren und klassifizieren (A-7)" (⇨136) – beratend

Idealqualifikation:

- Erfahrener Entwickler von Batch-Programmen.
- Kennt Entwicklungsumgebung für Batch-Programme sehr gut (z.B. Host, Cobol etc.).

5.1.11 BerichtsentwicklerIn (R–21)

Konzipiert und realisiert Berichte, Reports, Auswertungen, Listen etc.

Ist verantwortlich für:

- „Berichte und Auswertungen entwickeln und testen (A-70)" (⇨132)

Idealqualifikation:

Kennt die notwendigen Werkzeuge und Schnittstellen, um Berichte etc. zu realisieren, und kann sie in die Anwendung integrieren.

5.1.12 Konfigurations- und Build-ManagerIn (R–17)

Organisiert und verantwortet das Konfigurationsmanagement und den Build-Prozess.

Ist verantwortlich für:

- „Mitarbeiterarbeitsplatz einrichten (A-155)" (⇨171)
- „Projektumgebung einrichten bzw. anpassen (A-168)" (⇨172)
- „Daily-Build und Smoketest (A-292)" (⇨174)

Ist beteiligt an:

- „Entwicklungsrichtlinien überprüfen (A-72)" (⇨148) – aktiv mitwirkend
- „Architektur und Softwareentwicklungsumgebung evaluieren (A-23)" (⇨173) – beratend
- „Risikomanagementworkshop durchführen (Risiken, Erfolgskriterien) (A-250)" (⇨180) – aktiv mitwirkend
- „Release entwickeln (A-299)" (⇨175) – aktiv mitwirkend

Idealqualifikation:

- Kennt die Systemarchitektur, Zweck und Zusammenwirken ihrer Bestandteile, die Paketstruktur usw.
- Kennt die Abläufe und beteiligten Werkzeuge zur Erstellung einer Konfiguration, des Gesamtsystems oder eines Teilsystems.

5.1.13 DatenmodelliererIn (R–22)

- Entwirft, modelliert und pflegt Datenmodelle und das Datenbankschema.

Ist verantwortlich für:

- „Datenbankschema spezifizieren (A-56)" (⇨121)

Ist beteiligt an:

- „Subsystemmodell und grobes Geschäftsklassenmodell entwickeln (A-246)" (⇨116) – aktiv mitwirkend
- „Aufwandsschätzworkshop durchführen (A-249)" (⇨189) – aktiv mitwirkend
- „Datenbankabfragen identifizieren und spezifizieren (A-74)" (⇨132) – autorisierend
- „Datenbankabfragen entwickeln und testen (A-76)" (⇨131) – beratend
- „Datenbankabbildung (Persistierung) realisieren und testen (A-151)" (⇨127) – beratend
- „Anwendung und Daten migrieren (A-144)" (⇨165) – aktiv mitwirkend
- „Referenzmodelle identifizieren und beschaffen (A-28)" (⇨121) – aktiv mitwirkend
- „Datenbanken und Datenbankschema einrichten (A-150)" (⇨141) – beratend
- „Datenbankabbildung beschreiben (A-157)" (⇨127) – beratend
- „Fachliches Architekturmodell entwickeln (A-260)" (⇨118) – aktiv mitwirkend

Idealqualifikation:

- Hat inhaltliches Verständnis von den vorhandenen Datenbankstrukturen und ihrer Nutzung.
- Kenntnisse der Datenmodellierung, der eingesetzten Datenbanken und Hilfsmittel sind vorhanden.
- Ausgeprägte Kenntnisse in UML und Entity Relationship Modelling.

5.1.14 DatenbankentwicklerIn (R–30)

Ist verantwortlich für Datenbankmodellierung, Entity Relationship Modelling (ERM), Einrichtung und Bereitstellung von Datenbanktabellen, Indizes etc.

Außerdem formuliert er Mapping-Vorschriften für die Abbildung persistenter Objekte auf die gegebenen Datenbankstrukturen und implementiert und testet diese.

Ist verantwortlich für:
- „Datenbankabbildung (Persistierung) realisieren und testen (A-151)" (⇨127)
- „Datenbankabfragen entwickeln und testen (A-76)" (⇨131)

Ist beteiligt an:
- „Daten- und Systemmigration vorbereiten (A-138)" (⇨162) – aktiv mitwirkend
- „Entwicklungsrichtlinien überprüfen (A-72)" (⇨148) – aktiv mitwirkend
- „Datenbankabbildung beschreiben (A-157)" (⇨127) – beratend
- „Migrationskonzept erstellen (A-137)" (⇨161) – aktiv mitwirkend
- „Übergabe der Projektergebnisse an das Wartungsteam (A-265)" (⇨165) – aktiv mitwirkend
- „Projektübergabe an Wartungsteam planen (A-266)" (⇨166) – beratend

Idealqualifikation:
- Kennt die UML.
- Hat mindestens sechs Monate Erfahrung im Entity Relation Modelling.
- Hat mindestens sechs Monate Erfahrung mit der eingesetzten Datenbank.
- Hat mindestens zwei Monate Erfahrung mit dem eingesetzten Datenbankwerkzeug.
- Hat mindestens zwei Monate Erfahrung mit dem eingesetzten Persistenz-Framework.
- Hat mindestens sechs Monate praktische Erfahrung mit objektorientierter Analyse und Design, besonders mit der Klassenmodellierung, Spezifikation von Operationen und Attributen inkl. Invarianten und Datenbankabbildung.
- Kennt die für das Projekt relevante technische und fachliche Architektur.
- Ist mit der Begrifflichkeit des Anwendungsgebietes vertraut (versteht die Sprache der Anwender, Kunden, Auftraggeber).
- Hat weitgehende Kenntnisse und Erfahrungen mit Entwurfsmustern.

5.1.15 Datenbank-AdministratorIn (R–49)

Einrichtung und Pflege der Datenbanken und der zu Grunde liegenden Datenbankschemata. Macht die Datenbank für die EnwicklerInnen verfügbar, d.h. administriert sie.

Ist beteiligt an:
- „Roll-Out durchführen (A-268)" (⇨167) – aktiv mitwirkend
- „Daten- und Systemmigration vorbereiten (A-138)" (⇨162) – ergebnisempfangend

Idealqualifikation:

Mindestens sechs Monate Erfahrung
- in der Administration der eingesetzten Datenbanken,
- in der Anwendung der einzusetzenden Datenbanktools,
- davon mind. zwei Monate auf den jeweils eingesetzten Betriebssystemen.

5.1.16 System-Framework-EntwicklerIn (R–23)

Konzipiert und realisiert globale und Komponenten übergreifende Dienste, Klassen und Schnittstellen, primitive Klassen und Datentypen u.Ä.

5.1.17 BerechtigungsadministratorIn (R–31)

Technische/physische Einrichtung und Pflege von Berechtigungen für die entwickelte Software.

Ist beteiligt an:
- „Hotline, Support und Multiplikatoren schulen (A-142)" (⇨164) – aktiv mitwirkend
- „Roll-Out durchführen (A-268)" (⇨167) – aktiv mitwirkend

Idealqualifikation:
- Mindestens zwei Monate Erfahrung mit den relevanten Betriebssystemen und der Betriebssystemunterstützung des Berechtigungsmanagements.
- Genaue Kenntnisse in der Bedienung der Berechtigungsverwaltung.
- Genaue Kenntnisse der Geschäftsprozesse im Zusammenhang mit der Einrichtung, Änderung und dem Löschen von Berechtigungen.

5.1.18 Projekt-QualitätsmanagerIn (R–38)

Testet einzelne Subsysteme und das Gesamtsystem. Organisiert Iterationsreviews, d.h.
- legt auf Basis der Iterationsziele geeignete Mess- und Kontrollmaßnahmen fest,
- bereitet diese Maßnahmen vor, z.B. durch Erstellung von Testfällen, -daten, Checklisten u.Ä.,
- organisiert Reviewveranstaltungen, d.h. legt Agenda, Teilnehmer, Ziele, Zeitpunkt, Ort etc. fest, führt sie durch,
- erstellt Reviewberichte.

Ist verantwortlich für:
- „Testkonzept entwerfen (A-254)" (⇨150)
- „Tätigkeitsberichte analysieren (A-193)" (⇨200)
- „Testkonzept erstellen (A-256)" (⇨150)
- „Teststrategie (A-300)" (⇨149)
- „Testfälle erstellen (A-61)" (⇨154)
- „Testplan erstellen (A-152)" (⇨153)
- „Testkonzept überarbeiten und anpassen (A-257)" (⇨159)
- „Subsystem testen (A-51)" (⇨155)
- „Release testen (A-302)" (⇨158)
- „Release abnehmen (A-303)" (⇨158)
- „Anwendertest durchführen (A-153)" (⇨156)

Ist beteiligt an:
- „Daten- und Systemmigration vorbereiten (A-138)" (⇨162) – aktiv mitwirkend
- „Anforderungsänderung genehmigen (A-283)" (⇨198) – beratend
- „Aufwandsschätzworkshop durchführen (A-249)" (⇨189) – aktiv mitwirkend
- „Gesamtplanung (Makroplan) erstellen bzw. aktualisieren (A-12)" (⇨193) – aktiv mitwirkend
- „Anforderungsspezifikation zusammenstellen (A-15)" (⇨113) – autorisierend
- „Vorstudie erstellen (A-128)" (⇨92) – autorisierend
- „Projektexterne Anforderungen identifizieren und spezifizieren (A-95)" (⇨161) – aktiv mitwirkend
- „Projektziele und Projektauftrag formulieren und iterativ abstimmen (A-2)" (⇨178) – aktiv mitwirkend
- „Neuausrichtungsworkshop durchführen (A-252)" (⇨187) – aktiv mitwirkend
- „Projekterfahrungsbericht erstellen (A-253)" (⇨188) – aktiv mitwirkend
- „Code-Review durchführen (A-258)" (⇨128) – ergebnisempfangend
- „Risikomanagementworkshop durchführen (Risiken, Erfolgskriterien) (A-250)" (⇨180) – aktiv mitwirkend
- „Migrationskonzept erstellen (A-137)" (⇨161) – aktiv mitwirkend
- „Release entwickeln (A-299)" (⇨175) – aktiv mitwirkend
- „Projektabschlussbericht erstellen (A-147)" (⇨188) – aktiv mitwirkend
- „Testfälle erstellen (A-61)" (⇨154) – aktiv mitwirkend
- „Testplan erstellen (A-152)" (⇨153) – aktiv mitwirkend

Idealqualifikation:
- Kennt den Auftraggeber und andere für das Projekt wichtige Personen und Institutionen.
- Hat ein umfassendes inhaltliches Verständnis von den fachlichen Anforderungen und Rahmenbedingungen.
- Ist mit dem Paradigma der Objektorientierung vertraut und sollte selbst einmal objektorientiert entwickelt haben.
- Kann das Team bilden, motivieren und führen.
- Hat eine hohe Präsenz und Aufmerksamkeit.

5.1.19 Technische(r) RedakteurIn (R–48)

Entwickelt
- Projektdokumentation
- Anwenderdokumentation
- Schulungsunterlagen
- Online-Hilfe

Ist verantwortlich für:
- „Anwenderdokumentation entwickeln (A-139)" (⇨163)

Ist beteiligt an:
- „Hotline, Support und Multiplikatoren schulen (A-142)" (⇨164) – aktiv mitwirkend

5.1.20 TesterIn (AnwenderIn) (R–54)

Durchführung der fachlichen Tests der Systemteile, die über die Benutzungsoberfläche für Anwender testbar sind. Grundlage für die Tests bilden die fachlichen Anforderungen.

Ist verantwortlich für:
- „Enumerationen testen (A-175)" (⇨156)

Ist beteiligt an:
- „Meilensteinerreichung überprüfen (A-18)" (⇨147) – aktiv mitwirkend
- „Anwendertest durchführen (A-153)" (⇨156) – aktiv mitwirkend
- „Release testen (A-302)" (⇨158) – aktiv mitwirkend

Idealqualifikation:
- Mindestens sechs Monate Erfahrung in der Anwendung der bisherigen Systeme, an die das neu zu entwickelnde System angrenzt bzw. die es ablösen soll
- Kenntnisse der Testmethodik bzgl. der Durchführung von Tests
- Kenntnis der dem Test zu Grunde liegenden Testprozesse

5.1.21 FachlicheR ArchitektIn (R–70)

Die Aufgabe des fachlichen Architekten besteht darin, eine geeignete, durchgängige Struktur des Systems zu entwickeln und dessen Umsetzung zu überwachen. Im Rahmen dieser Rolle ist es nicht notwendig, dass Verantwortung für inhaltliche Funktionalität übernommen wird. Im Einzelnen sind die folgenden Aufgaben zu übernehmen:
- Definition einer fachlichen Systemstruktur
- Entwurf der Abhängigkeitsstruktur zwischen den fachlichen Subsystemen und zu anderen Komponenten
- Entwurf von Schnittstellen zwischen den fachlichen Systemteilen
- Konzeption der Schnittstellen zu externen Anwendungen

- Koordination der Entwicklungsergebnisse bei der Subsystementwicklung
- Überwachung der Einhaltung der Architekturvorgaben bei der Subsystementwicklung
- Darstellung der Architektur gegenüber projektinternen und -externen Akteuren

Ist verantwortlich für:

- „Subsystemmodell und grobes Geschäftsklassenmodell entwickeln (A-246)" (⇨116)
- „Fachliches Architekturmodell entwickeln (A-260)" (⇨118)
- „Geschäftsklassenmodelle konsolidieren (A-251)" (⇨117)
- „Dialogdoubletten identifizieren (A-259)" (⇨117)

Ist beteiligt an:

- „Designklassenmodell restrukturieren (A-285)" (⇨119) – beratend
- „Anforderungsworkshop durchführen (A-228)" (⇨102) – aktiv mitwirkend
- „Geschäftsklassenmodell entwickeln (A-230)" (⇨109) – aktiv mitwirkend
- „Systemanwendungsfallmodell entwickeln (A-233)" (⇨107) – aktiv mitwirkend
- „Designklassenmodell und validiertes Subsystemmodell entwickeln (A-232)" (⇨130) – aktiv mitwirkend
- „Aufwandsschätzworkshop durchführen (A-249)" (⇨189) – aktiv mitwirkend
- „Dialoge und Ablaufsteuerung entwickeln (A-86)" (⇨123) – aktiv mitwirkend
- „Datenbankschema spezifizieren (A-56)" (⇨121) – beratend
- „Adapter für externe Schnittstellen konzipieren, entwickeln und testen (A-48)" (⇨138) – beratend
- „Vorstudie erstellen (A-128)" (⇨92) – beratend
- „Systemschnittstellen identifizieren und klassifizieren (A-7)" (⇨136) – aktiv mitwirkend
- „Technisches Architekturmodell definieren (A-187)" (⇨141) – aktiv mitwirkend
- „Anforderungsworkshop durchführen (Vorbereitungsphase) (A-226)" (⇨96) – aktiv mitwirkend
- „Risikomanagementworkshop durchführen (Risiken, Erfolgskriterien) (A-250)" (⇨180) – aktiv mitwirkend
- „Neuausrichtungsworkshop durchführen (A-252)" (⇨187) – aktiv mitwirkend
- „Projekterfahrungsbericht erstellen (A-253)" (⇨188) – aktiv mitwirkend
- „Code-Review durchführen (A-258)" (⇨128) – aktiv mitwirkend
- „Systemanwendungsfälle ableiten und identifizieren (A-276)" (⇨89) – aktiv mitwirkend
- „Lenkungsausschuss vorbereiten (A-298)" (⇨183) – aktiv mitwirkend

Idealqualifikation:

- Ist ein erfahrener Analytiker/Designer von Anwendungssystemen.
- Kennt die UML sehr gut.
- Hat mindestens zwei Monate Erfahrung mit dem eingesetzten Modellierungswerkzeug.
- Hat mindestens zwölf Monate praktische Erfahrung mit objektorientierter Analyse und Design, besonders mit Systemstrukturierung, Framework-Nutzung, Paketdesign, Klassenmodellierung.
- Kennt technische und fachliche Systemarchitektur sehr gut.
- Ist mit der Begrifflichkeit des Anwendungsgebietes vertraut (versteht die Sprache der Anwender, Kunden, Auftraggeber).
- Kenntnisse und Erfahrungen mit Entwurfsmustern und Abhängigkeitsmanagement sind sehr wichtig.
- Hohe kommunikative Fähigkeiten und soziale Kompetenz sind notwendig.
- Grundlegende Kenntnisse des Benutzungskonzeptes sind wichtig.
- Ist mit der eingesetzten Programmiersprache und anderen Komponenten der Softwareentwicklungsumgebung vertraut (Konfigurationsmanagement, Generatoren, Frameworks etc.).
- Schnelle Auffassungsgabe hilfreich.

5.1.22 DesignerIn (R–84)

Experte für Softwareentwurf bzw. objektorientiertes Design

Ist verantwortlich für:

- „Designklassenmodell und validiertes Subsystemmodell entwickeln (A-232)" (⇨130)

Ist beteiligt an:
- „Ausnahmen und mögliche Fehler identifizieren und beschreiben (A-81)" (⇨129) – aktiv mitwirkend
- „Adapter für externe Schnittstellen konzipieren, entwickeln und testen (A-48)" (⇨138) – aktiv mitwirkend
- „Designklassenmodell restrukturieren (A-285)" (⇨119) – beratend
- „Betriebskonzept und -handbuch erstellen (A-304)" (⇨169) – aktiv mitwirkend
- „Übergabe der Projektergebnisse an das Wartungsteam (A-265)" (⇨165) – aktiv mitwirkend
- „Projektübergabe an Wartungsteam planen (A-266)" (⇨166) – beratend
- „Zustandsmodell beschreiben (A-67)" (⇨126) – aktiv mitwirkend

Idealqualifikation:
- Kennt die UML sehr gut.
- Hat mindestens zwei Monate Erfahrung mit dem eingesetzten Modellierungswerkzeug.
- Hat mindestens sechs Monate praktische Erfahrung mit objektorientierter Analyse und Design, besonders mit der Anwendungsfallanalyse und -beschreibung, Klassenmodellierung, Spezifikation von Operationen und Attributen inkl. Invarianten, Datenbankabbildung, Ausnahmen etc., Schnittstellenklassen, Aktivitätsmodellierung und Interaktionsmodellierung.
- Kennt die für das Projekt relevante technische und fachliche Architektur.
- Ist mit der Begrifflichkeit des Anwendungsgebietes vertraut (versteht die Sprache der Anwender, Kunden, Auftraggeber).
- Hat weitgehende Kenntnisse und Erfahrungen mit Entwurfsmustern.
- Hat weitgehende Kenntnisse und Erfahrungen mit Testautomatisierung.
- Kennt das Benutzungskonzept.
- Hat praktische Erfahrungen mit der eingesetzten Programmiersprache und anderen Komponenten der Softwareentwicklungsumgebung (Konfigurationsmanagement, Generatoren, Frameworks etc.).

5.1.23 TesterstellerIn (R–86)

Erstellung effizienter und erfolgversprechender, spezifikationsorientierter Testfälle

Ist beteiligt an:
- „Testplan erstellen (A-152)" (⇨153) – aktiv mitwirkend
- „Testfälle erstellen (A-61)" (⇨154) – aktiv mitwirkend
- „Testkonzept erstellen (A-256)" (⇨150) – beratend
- „Testkonzept überarbeiten und anpassen (A-257)" (⇨159) – aktiv mitwirkend
- „Anwendertest durchführen (A-153)" (⇨156) – aktiv mitwirkend
- „Subsystem testen (A-51)" (⇨155) – aktiv mitwirkend
- „Automatischer Systemtest (Regressionstest) (A-293)" (⇨157) – beratend

Idealqualifikation:
- klassische Testmethodik
- objektorientierte Testmethodik
- objektorientierte Softwareentwicklung
- Testautomatisierungstechniken

5.1.24 TestdurchführerIn (R–87)

Durchführung manueller, spezifikationsorientierter Tests sowie Konfiguration, Start und Auswertung automatisierter Tests

Ist verantwortlich für:
- „Automatischer Systemtest (Regressionstest) (A-293)" (⇨157)

Ist beteiligt an:
- „Fachklasse realisieren und testen (A-134)" (⇨133) – aktiv mitwirkend

- „Testfälle erstellen (A-61)" (⇨154) – ergebnisempfangend
- „Testkonzept überarbeiten und anpassen (A-257)" (⇨159) – aktiv mitwirkend
- „Anwendertest durchführen (A-153)" (⇨156) – aktiv mitwirkend
- „Subsystem testen (A-51)" (⇨155) – aktiv mitwirkend
- „Daily-Build und Smoketest (A-292)" (⇨174) – beratend
- „Release testen (A-302)" (⇨158) – aktiv mitwirkend

5.1.25 Testautomatisiererln (R–88)

Programmierung automatisierter Tests auf Grundlage der manuellen, spezifikationsorientierten Testfälle inkl. der automatischen Auswertung der Testläufe

Ist beteiligt an:

- „Testplan erstellen (A-152)" (⇨153) – beratend
- „Testkonzept erstellen (A-256)" (⇨150) – beratend
- „Testkonzept überarbeiten und anpassen (A-257)" (⇨159) – aktiv mitwirkend
- „Anwendertest durchführen (A-153)" (⇨156) – aktiv mitwirkend
- „Subsystem testen (A-51)" (⇨155) – aktiv mitwirkend

Idealqualifikation:

- mindestens sechs Monate Programmiererfahrung
- mindestens zwei Monate Erfahrung mit dem Testautomatisierungstool
- Kenntnisse der zu testenden fachlichen Abläufe
- Grundkenntnisse der klassischen und objektorientierten Testmethoden

5.1.26 Testbetreuerln (R–89)

Pflege und Weiterentwicklung bestehender spezifikationsorientierter Testfälle

Ist beteiligt an:

- „Testkonzept überarbeiten und anpassen (A-257)" (⇨159) – aktiv mitwirkend
- „Anwendertest durchführen (A-153)" (⇨156) – aktiv mitwirkend
- „Subsystem testen (A-51)" (⇨155) – aktiv mitwirkend
- „Automatischer Systemtest (Regressionstest) (A-293)" (⇨157) – aktiv mitwirkend
- „Release testen (A-302)" (⇨158) – aktiv mitwirkend

Idealqualifikation:

- klassische Testmethodik
- objektorientierte Testmethodik
- objektorientierte Softwareentwicklung
- Testautomatisierungstechniken

Für die Pflege und Wartung automatisierter Tests kommen noch hinzu:

- mindestens sechs Monate Programmiererfahrung
- mindestens zwei Monate Erfahrung mit dem Testautomatisierungstool
- Kenntnisse der zu testenden fachlichen Abläufe
- Grundkenntnisse der klassischen und objektorientierten Testmethoden

5.1.27 Roll-Out-ManagerIn (R–90)

Planung, Durchführung und Kontrolle des Roll-Out-Prozesses

Ist verantwortlich für:

- „Roll-Out planen (A-267)" (⇨166)
- „Roll-Out durchführen (A-268)" (⇨167)

Ist beteiligt an:

- „Betriebskonzept und -handbuch erstellen (A-304)" (⇨169) – aktiv mitwirkend
- „Migrationskonzept erstellen (A-137)" (⇨161) – ergebnisempfangend

Idealqualifikation:

- Organisationstalent und Zuverlässigkeit
- technisches Grundverständnis
- Durchsetzungsfähigkeit gegenüber Auftragnehmern und Kunden
- mindestens sechs Monate Erfahrung in ähnlicher Position

5.1.28 ProzessverantwortlicheR (R–91)

Ist verantwortlich für die Spezifikation und Umsetzung eines oder mehrerer Systemanwendungsfälle. Diese Rolle ist vor allem für größere Projekte wichtig. Während die mit Anwendungsfällen beschriebenen Anforderungen Abläufe beschreiben, gliedert sich die fachliche Architektur in Subsysteme, die fachlich zusammenhängende Strukturelemente (Klassen, Komponenten) enthalten. Da auch die Teams nach diesen Strukturen organisiert werden (Subsystem-Teams), fehlt häufig die Gesamtverantwortung und Subsystem übergreifende Betreuung der Abläufe. Diese Aufgabe ist durch den Prozessverantwortlichen wahrzunehmen.

Ist beteiligt an:

- „Lenkungsausschuss vorbereiten (A-298)" (⇨183) – aktiv mitwirkend

5.1.29 ArbeitsauftragsverantwortlicheR (R–92)

Für jeden Arbeitsauftrag ist genau ein Projektmitglied verantwortlich. Neben dem Verantwortlichen können weitere Personen den Arbeitsauftrag unterstützen.

Ist beteiligt an:

- „Arbeitsaufträge für Iteration i+1 erstellen (A-46)" (⇨197) – aktiv mitwirkend
- „Arbeitsauftragsreview durchführen(A-39)" (⇨143) – aktiv mitwirkend

5.1.30 ArbeitsauftragsgutachterIn (R–93)

Vor dem Start eines jeden Arbeitsauftrages wird jeweils eine Person festgelegt, die nach Erledigung des Arbeitsauftrages das Ergebnis daraufhin überprüft, inwieweit das geplante Ergebnis erreicht wurde und was offen geblieben ist. Der/die GutachterIn sollte selbst nicht aktiv an dem Arbeitsauftrag mitarbeiten, jedoch ausreichend Sachverstand zur Beurteilung des Ergebnisses besitzen.

Ist verantwortlich für:

- „Arbeitsauftragsreview durchführen(A-39)" (⇨143)

5.1.31 Alle Projektmitglieder (R–67)

Alle Projektbeteiligten, die zum Projektteam gehören, d.h. der Projektleiter und alle ihm direkt zugeordneten Mitarbeiter. Diese "Rolle" wird als Platzhalter benutzt, um bei Aktivitäten, an denen alle beteiligt sind, nicht alle Einzelrollen zuweisen zu müssen.

Ist beteiligt an:
- „Anwenderdokumentation entwickeln (A-139)" (⇨163) – beratend
- „Entwicklungsrichtlinien überprüfen (A-72)" (⇨148) – ergebnisempfangend
- „Arbeitsauftragsreview durchführen(A-39)" (⇨143) – aktiv mitwirkend
- „Iterationsauftaktveranstaltung (A-159)" (⇨182) – aktiv mitwirkend
- „Tätigkeitsberichte analysieren (A-193)" (⇨200) – aktiv mitwirkend
- „Übergabe der Projektergebnisse an das Wartungsteam (A-265)" (⇨165) – aktiv mitwirkend
- „Projektübergabe an Wartungsteam planen (A-266)" (⇨166) – beratend
- „Roll-Out planen (A-267)" (⇨166) – ergebnisempfangend
- „Wöchentliches Mikrocontrolling (A-295)" (⇨201) – aktiv mitwirkend
- „Systemidee und Zielsetzung entwickeln (A-194)" (⇨177) – ergebnisempfangend
- „Phasenauftaktveranstaltung (A-158)" (⇨176) – ergebnisempfangend
- „Arbeitsaufträge für Iteration i+1 erstellen (A-46)" (⇨197) – ergebnisempfangend
- „Iterationen und Builds planen (A-16)" (⇨194) – beratend
- „Wöchentliche Mikrosteuerung (A-296)" (⇨202) – beratend
- „Arbeitsauftrags-Planungskorrektur (A-297)" (⇨203) – beratend
- „Arbeitsauftrags-Planungskorrektur (A-297)" (⇨203) – ergebnisempfangend

5.2 Projektexterne Rollen

5.2.1 AuftraggeberIn (R–1)

Auftraggeber des Projektes. Bei unternehmensinternen Projekten ist dies gewöhnlich die Fachabteilung, die DV-Leitung, das Produktmanagement oder die Geschäftsführung.

Ist beteiligt an:
- „Workshop: Modellierungsfokus festlegen und Unternehmensziele beschreiben (A-237)" (⇨69) – aktiv mitwirkend
- „Ziel und Zweck der Geschäftsprozessmodellierung festlegen (A-239)" (⇨71) – aktiv mitwirkend
- „Projektziele und Projektauftrag formulieren und iterativ abstimmen (A-2)" (⇨178) – aktiv mitwirkend
- „Meilensteinerreichung überprüfen (A-18)" (⇨147) – aktiv mitwirkend
- „Neuausrichtungsworkshop durchführen (A-252)" (⇨187) – aktiv mitwirkend
- „Release abnehmen (A-303)" (⇨158) – aktiv mitwirkend
- „Systemidee und Zielsetzung entwickeln (A-194)" (⇨177) – autorisierend
- „Lenkungsausschusssitzung (A-183)" (⇨184) – aktiv mitwirkend
- „Risikomanagementworkshop durchführen (Risiken, Erfolgskriterien) (A-250)" (⇨180) – aktiv mitwirkend
- „Risikomanagementworkshop durchführen (Risiken, Erfolgskriterien) (A-250)" (⇨180) – ergebnisempfangend
- „Teststrategie (A-300)" (⇨149) – aktiv mitwirkend

5.2.2 AnwenderIn (R–18)

Späterer Anwender des zu entwickelnden Systems bzw. Anwender der bestehenden Systeme im Anwendungsbereich. Stammt z.B. aus einer Geschäftsstelle oder einer Fachabteilung.

Ist beteiligt an:
- „Geschäftsprozesse definieren (A-244)" (⇨78) – aktiv mitwirkend
- „Features identifizieren (A-236)" (⇨112) – aktiv mitwirkend
- „Anwender schulen (A-141)" (⇨164) – aktiv mitwirkend
- „Anforderungsworkshop durchführen (Vorbereitungsphase) (A-226)" (⇨96) – aktiv mitwirkend
- „Geschäftsanwendungsfall-Abläufe optimieren und konsolidieren (A-269)" (⇨83) – aktiv mitwirkend
- „Geschäftsanwendungsfall-Abläufe detailliert beschreiben (A-270)" (⇨84) – aktiv mitwirkend
- „Organisatorische Einbettung identifizieren und Abhängigkeiten ggf. reorganisieren (A-271)" (⇨85) – aktiv mitwirkend
- „Unterstützende Geschäftsanwendungsfälle identifizieren (A-242)" (⇨75) – aktiv mitwirkend
- „Exploratives Schnittstellen-Prototyping (A-207)" (⇨108) – aktiv mitwirkend
- „Systemanwendungsfälle identifizieren (A-200)" (⇨95) – aktiv mitwirkend
- „Systemschnittstelle beschreiben (A-206)" (⇨122) – aktiv mitwirkend

Idealqualifikation:
- Experte im Anwendungsbereich des Projektes oder eines Teilgebietes.
- Ist Experte für die Begrifflichkeit des Anwendungsgebietes.
- Kennt die vorhandenen Systeme im Umfeld des Anwendungsgebietes.
- Kennt die Anforderungen, Begriffe, Abläufe, Geschäftsprozesse, Schwachstellen und Prioritäten im Anwendungsbereich.

5.2.3 Helpdesk-MitarbeiterIn (R–34)

Ist zuständig für die Hotline (First-Level-Support).

Durch den Helpdesk sollen alle Standardprobleme der Anwender mit der Systemsoftware, aber auch mit den im Umfeld benutzten Standardtools und den im Einsatz befindlichen Betriebssystemen schnell, eigenständig und telefonisch gelöst werden. Nur die Probleme, die so nicht gelöst werden können, werden an den Second-Level-Support weitergereicht.

Ist beteiligt an:
- „Hotline, Support und Multiplikatoren schulen (A-142)" (⇨164) – aktiv mitwirkend
- „Roll-Out durchführen (A-268)" (⇨167) – ergebnisempfangend

Idealqualifikation:
- Ausbildung in der Anwenderschulung aller eingesetzter Teile der Systemsoftware
- mind. zwei Monate Erfahrung im Telefonsupport
- Kommunikationsschulung im Telefonsupport
- Ausbildung in der Anwenderschulung aller eingesetzter Standardtools wie Textverarbeitungen usw.
- Ausbildung in der Anwenderschulung aller eingesetzten Betriebssysteme

5.2.4 Second-Level-Support (R–46)

Detaillierte Anwenderunterstützung für das Softwaresystem und ggf. auch für das Hardwaresystem, die durch den Helpdesk qualitativ nicht mehr geleistet werden kann.

Ist beteiligt an:
- „Hotline, Support und Multiplikatoren schulen (A-142)" (⇨164) – aktiv mitwirkend
- „Roll-Out planen (A-267)" (⇨166) – beratend
- „Roll-Out durchführen (A-268)" (⇨167) – aktiv mitwirkend
- „Release entwickeln (A-299)" (⇨175) – aktiv mitwirkend

Idealqualifikation:
- Weite und tiefe Kenntnisse in der Bedienung des Systems
- Detailkenntnisse der Installation des Systems
- Geschult im Telefonsupport für Anwender
- Erfahren im direkten Umgang mit Kunden und Anwendern

5.2.5 TrainerIn (R–35)

Ist zuständig für Schulung und Coaching der Benutzer der entwickelten Software.

Ist verantwortlich für:
- „Anwender schulen (A-141)" (⇨164)

Ist beteiligt an:
- „Anwenderfragebögen auswerten (A-279)" (⇨168) – aktiv mitwirkend
- „Hotline, Support und Multiplikatoren schulen (A-142)" (⇨164) – aktiv mitwirkend
- „Anwenderschulung vorbereiten (A-140)" (⇨163) – aktiv mitwirkend
- „Roll-Out durchführen (A-268)" (⇨167) – aktiv mitwirkend

Idealqualifikation:
- mind. sechs Monate Erfahrung in der Schulung von Anwendern ähnlicher Systeme
- Detailkenntnisse in der Anwendung des neuen Systems und der zu Grunde liegenden Prozesse
- Kenntnis praxisnaher Probleme und deren Lösungen
- Kenntnisse der Installation und der damit verbundenen möglichen Probleme und ihrer Symptome
- geeignete didaktische Ausbildung

5.2.6 TrainingskoordinatorIn (R–47)

Koordination und Organisation der Anwenderschulungen. Dabei sind u.a. die folgenden Punkte zu berücksichtigen:
- Sicherstellen, dass die Schulungsunterlagen rechtzeitig in ausreichender Qualität und Umfang erstellt sind
- Rechtzeitige und ausreichende Vervielfältigung der Schulungsunterlagen
- Beschaffung von geeigneten Räumlichkeiten für die Durchführung der Schulungen
- Beschaffung ausreichender geeigneter Trainer zur Durchführung der Schulungen
- Rechtzeitige Information der Teilnehmer über Datum und Ort der Schulungsmaßnahmen
- Prüfung und Kontrolle der Abrechnung aller Schulungsmaßnahmen sowie der aufgelaufenen Kosten

Ist verantwortlich für:
- „Anwenderschulung vorbereiten (A-140)" (⇨163)
- „Anwenderfragebögen auswerten (A-279)" (⇨168)

Ist beteiligt an:
- „Roll-Out planen (A-267)" (⇨166) – beratend
- „Roll-Out durchführen (A-268)" (⇨167) – aktiv mitwirkend

Idealqualifikation:
- Organisationstalent und Zuverlässigkeit
- mind. sechs Monate Erfahrung in ähnlicher Position

5.2.7 Operator (R–50)

Führt alle unterstützenden Aufgaben aus, die den laufenden Betrieb sicherstellen, die sich entweder aus den normalen Arbeitsprozessen ergeben, wie das Wechseln von Sicherungsmedien, oder auf Anfrage der Anwender notwendig werden, wie z.B. das Einspielen von Sicherungskopien. Daneben zählt auch das standardmäßige Aufsetzen von Entwicklungs- oder Anwendungsumgebungen zu den Aufgaben.

Ist beteiligt an:
- „Betriebskonzept und -handbuch erstellen (A-304)" (⇨169) – aktiv mitwirkend
- „Datenschutzkonzept erstellen (A-305)" (⇨170) – beratend
- „Projektumgebung einrichten bzw. anpassen (A-168)" (⇨172) – beratend
- „Roll-Out durchführen (A-268)" (⇨167) – aktiv mitwirkend

Idealqualifikation:
- mindestens zwei Monate Erfahrung in der Installation von Hard- und Software in den eingesetzten Umgebungen
- Einführung in die zu unterstützenden Prozesse, die z.B. die Datensicherungen, die Softwareverteilungen oder das Aufsetzen neuer Hardware betreffen

5.2.8 Lenkungsausschuss (R–58)

Der Lenkungsausschuss (auch Steuerkreis o.Ä. genannt) ist ein regelmäßig zusammenkommendes Gremium, dem Vertreter des Auftraggebers, des Auftragnehmers und die Projektleitung angehören und das die Aufgabe hat, den Projektverlauf zu kontrollieren und zu steuern und Entscheidungen zu treffen, die den Kompetenzbereich der Projektleitung übersteigen. Dazu gehören die Rahmenbedingungen, die Projektziele, der Projektumfang und der Projektauftrag.

Jede Iteration beginnt mit einer Aufstellung konkreter und möglichst objektiv überprüfbarer Arbeitsaufträge und endet mit Reviews zur Feststellung der Zielerreichung der Arbeitsaufträge. Zusätzlich werden Meilensteine definiert, d.h. Termine, zu denen bestimmte Ergebnisse in vorgegebener Qualität vorliegen sollen.

Der Steuerkreis wird zu jeder Iteration über die geplanten und tatsächlichen Ergebnisse der Arbeitsaufträge, Meilensteine, Risiken etc. informiert und erhält so regelmäßig detaillierte Informationen über den Status und Fortschritt des Projektes.

Dem Steuerkreis gehören an:
- Auftraggeber
- Projektleiter
- Auftragnehmer
- Fachabteilungsleitung(en)
- Controlling
- ggf. weitere

Der Lenkungsausschuss wird über Status und Fortschritt des Projektes informiert sowie über mögliche und vorhandene Probleme.

Der Lenkungsausschuss kann die Rahmenbedingungen, Projektziele u.Ä. korrigieren.

Ist verantwortlich für:
- „Lenkungsausschusssitzung (A-183)" (⇨184)

Ist beteiligt an:
- „Anforderungsänderung genehmigen (A-283)" (⇨198) – ergebnisempfangend
- „Monats- bzw. Quartalsbericht erstellen (A-172)" (⇨183) – ergebnisempfangend
- „Change-Management-Konzept umsetzen (A-307)" (⇨170) – aktiv mitwirkend

5.2.9 InstallationsvorbereiterIn (R–65)

Vorbereitung der Installation der Systemsoftware und ggf. der Anwenderhardware

Ist verantwortlich für:

- „Anwendung und Daten migrieren (A-144)“ (⇨165)

Ist beteiligt an:

- „Roll-Out planen (A-267)“ (⇨166) – beratend
- „Roll-Out durchführen (A-268)“ (⇨167) – aktiv mitwirkend

5.2.10 Hauptpersonalrat (R–71)

Mitbestimmung bei Änderung oder Einführung von Arbeitsverfahren und Anwendungen

Ist beteiligt an:

- „Mitbestimmungsverfahren einleiten (A-181)“ (⇨186) – ergebnisempfangend
- „Personalrat über geplante Anwendung informieren (A-182)“ (⇨185) – ergebnisempfangend
- „Lenkungsausschusssitzung (A-183)“ (⇨184) – aktiv mitwirkend

5.2.11 Verschiedene (R–72)

Individuell festzulegende Beteiligte

Ist verantwortlich für:

- „Produktreview vorbereiten (A-262)“ (⇨144)
- „Produktreview durchführen (A-263)“ (⇨145)

Ist beteiligt an:

- „Anforderungen ändern oder ergänzen (A-282)“ (⇨199) – aktiv mitwirkend
- „Lenkungsausschusssitzung (A-183)“ (⇨184) – ergebnisempfangend
- „Lenkungsausschusssitzung (A-183)“ (⇨184) – aktiv mitwirkend
- „Change-Management-Konzept umsetzen (A-307)“ (⇨170) – aktiv mitwirkend
- „Anforderungsänderung beurteilen (A-179)“ (⇨198) – aktiv mitwirkend
- „Zulieferleistungen überwachen (A-301)“ (⇨168) – aktiv mitwirkend
- „Risikomanagementworkshop durchführen (Risiken, Erfolgskriterien) (A-250)“ (⇨180) – aktiv mitwirkend

5.2.12 Personalabteilung (R–73)

Bei Wartungsprojekten entscheidet die Personalabteilung mit, ob die Einleitung eines Mitbestimmungsverfahrens notwendig ist.

Ist beteiligt an:

- „Personalrat über geplante Anwendung informieren (A-182)“ (⇨185) – aktiv mitwirkend

5.2.13 Controlling (R–75)

Projekt übergreifendes oder unternehmensweites Controlling. Fordert gewöhnlich Berichte und Kennzahlen über den Status des Projektes.

Ist beteiligt an:
- „Monats- bzw. Quartalsbericht erstellen (A-172)“ (⇨183) – ergebnisempfangend
- „Lenkungsausschusssitzung (A-183)“ (⇨184) – aktiv mitwirkend
- „Projektabschlussbericht erstellen (A-147)“ (⇨188) – aktiv mitwirkend

5.2.14 Rechtsabteilung (R–76)

Bei Wartungsprojekten entscheidet die Rechtsabteilung mit, ob die Einleitung eines Mitbestimmungsverfahrens notwendig ist.

5.2.15 DV-Leitung (R–77)

Ist beteiligt an:
- „Betriebskonzept und -handbuch erstellen (A-304)“ (⇨169) – ergebnisempfangend
- „Change-Management-Konzept umsetzen (A-307)“ (⇨170) – aktiv mitwirkend
- „Systemidee und Zielsetzung entwickeln (A-194)“ (⇨177) – aktiv mitwirkend
- „Lenkungsausschusssitzung (A-183)“ (⇨184) – aktiv mitwirkend
- „Release entwickeln (A-299)“ (⇨175) – autorisierend

6

V-Modell XT: ein Überblick

6.1 Einführung

Der oose Engineering Process ist ein Vorgehensmodell, das einige ganz explizite Grundannahmen trifft. Dazu gehören die Verpflichtung auf ein iterativ-inkrementelles Vorgehen, die Annahme, dass ein Softwaresystem erstellt wird und dass dieses System in der Regel eine Anwendersoftware widerspiegelt. In diesem abgesteckten Rahmen bietet der oose Engineering Process eine passende Methodik an. So wird der Entwicklungsprozess in Phasen unterteilt. Innerhalb dieser Phasen werden Aktivitäten durchgeführt, die sich verschiedenen Disziplinen zuordnen lassen. Durch inhaltliche Beschreibung der zu erzielenden Ergebnisse bietet der OEP eine konkrete, problemspezifische Hilfestellung an. Nach Möglichkeit vermeidet der OEP also Abstraktion zugunsten konkreter Hilfestellung.

Zusammenspiel OEP und V-Modell XT

Der Bund, als Auftraggeber des V-Modell XT, hat sich für einen anderen Weg entschieden. Im öffentlichen Dienst wird eine Vielzahl von Projekten abgewickelt, die größtenteils ausgeschrieben werden. Der Bund hat erkannt, dass der Ausschreibungsprozess qualitativ unterstützt werden kann, wenn sich Auftraggeber und Auftragnehmer an ein gemeinsames Vorgehensmodell halten. Darüber hinaus soll nicht nur der Ausschreibungsprozess unterstützt werden, sondern es soll auch für beide Seiten eine Transparenz in Bezug auf die Auftragserfüllung hergestellt werden. Das V-Modell XT regelt die klassische Frage eines jeden Vorgehensmodell: Wer macht was wann? Aus der Vielzahl der möglichen durchzuführenden Projekte und deren unterschiedlichen Charakteristika ergibt sich auch die im Vergleich zum OEP wesentlich abstraktere Natur des V-Modell XT. Der OEP ist darum bemüht, dem Anwender des Vorgehensmodells auch methodische Unterstützung zu liefern, wo dies sinnvoll ist. Also ist die Frage: „Wer macht was wann?" zu ergänzen um: „Wer macht was wann wie?"

Kompatibilität von OEP und V-Modell XT

Aus vielerlei guten Gründen kann man sich dafür entscheiden, für das Unternehmen oder ein Projekt das V-Modell XT zu verwenden. Dann stellt sich zwangsläufig die Frage, wie kompatibel der OEP und das V-Modell XT sind. Kann der OEP V-Modell-XT-konform angewendet werden? Unterstützt das V-Modell XT überhaupt agile Prozesse?

6.2 V-Modell XT Überblick

6.2.1 Projekttypen

Wie jedes Vorgehensmodell liefert das V-Modell XT eine Beschreibung durchzuführender Aktivitäten, der erstellten Produkte und weist Rollen mit entsprechenden Verantwortungen zu. Anders als im OEP können mit dem V-Modell XT explizit verschiedene Sichtweisen auf ein Projekt vorherrschen. Die Sichtweise wird im V-Modell XT durch den Projekttyp definiert. Die folgenden Projekttypen existieren:

- Systementwicklungsprojekt eines Auftraggebers
- Systementwicklungsprojekt eines Aufragnehmers
- Systementwicklungsprojekt in Kombination der Auftraggeber- und Auftragnehmerrolle
- Einführung und Pflege eines organisationsspezifischen Vorgehensmodells

Durch die beiden ersten Projekttypen wird bereits deutlich, was eine der Grundannahmen des V-Modell XT ist: nämlich dass es eine klare Rollenverteilung zwischen Auftraggeber und Auftragnehmer gibt, die auch explizit durch das V-Modell XT unterstützt wird. Für ein klassisches Projekt, das in einer Ausschreibung vergeben wird und so auch die entsprechenden Rollen vergibt, existiert im V-Modell XT also Unterstützung für beide Seiten. Das heißt auch, dass beide Parteien, die ihr jeweiliges Projekt aus ihrer Perspektive durchführen, erwarten können, Produkte nach der Definition des V-Modells geliefert zu bekommen. Man spricht hier von der Auftraggeber/Auftragnehmerschnittstelle des V-Modell XT. Erst mit neueren Versionen des V-Modell XT ist die Kombination der Auftraggeber- und Auftragnehmerrolle überhaupt möglich. In diesem Falle entfallen einige Aktivitäten, wie zum Beispiel die Ausschreibung des Projektes.

6.2.2 Projektdurchführungsstrategien

Die Wahl eines Projekttyps alleine gibt allerdings noch nicht vor, welche Aktivitäten in einem Projekt durchzuführen sind, wann sie durchzuführen sind und welche Produkte daraus resultieren. Eine weitere Verpflichtung besteht in der Wahl einer geeigneten Projektdurchführungsstrategie (PDS), die einen abstrakten Ablaufplan für das Projekt festlegt. Dies ist ein wesentlicher Unterschied zum V-Modell 97, welches den Ablauf des Projektes größtenteils am Produktfluss ausgerichtet hat. Dieser ist nun im Rahmen des Möglichen konfigurierbar.

Für den Auftraggeber des Projektes dagegen gestaltet sich die Wahl denkbar einfach. Sein Projekt lässt sich in der Regel mit der einzig verfügbaren Projektdurchführungsstrategie

- Vergabe und Durchführung eines Systementwicklungsprojektes [1]

durchführen.

Als Auftragnehmer eines Projektes erweitern sich die Wahlmöglichkeiten. Ein Auftragnehmer kann wählen zwischen:

- Inkrementelle Systementwicklung
- Komponentenbasierte Systementwicklung
- Agile Systementwicklung
- Wartung und Pflege von Systemen

Diese vier Projektdurchführungsstrategien gibt es in Variationen nochmals für die Rolle des kombinierten Auftraggebers/Auftragnehmers.

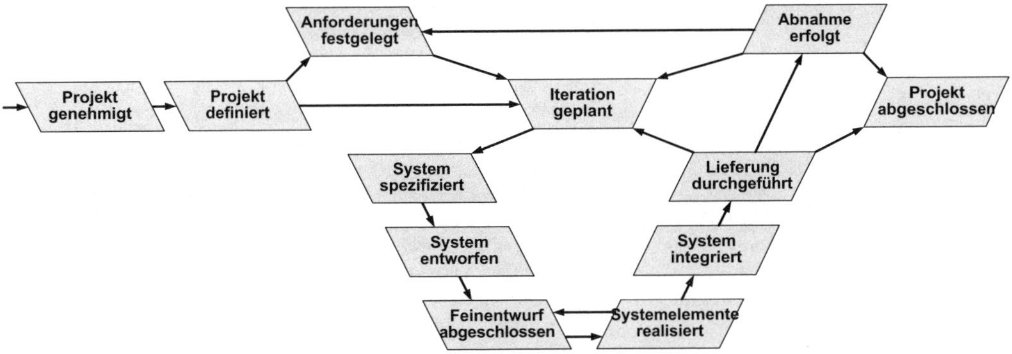

Abb. 6.2-1: Inkrementelle Projektdurchführungsstrategie

Entscheidungspunkte

Generell gilt, dass eine Projektdurchführungsstrategie einen konfigurierbaren Ablauf eines Projektes vorgibt, in dem bestimmte Punkte im Projektablauf definiert werden, die erst abgeschlossen werden dürfen, wenn alle Produkte zur Erreichung eines Punktes fertig gestellt vorliegen. Diese Punkte nennen sich im V-Modell XT Entscheidungspunkte (dargestellt durch die Rauten in der oberen Grafik). Zurzeit werden im V-Modell XT etwas mehr als 20 Entscheidungspunkte definiert, die in verschiedenen Anordnungen in den Projektdurchführungsstrategien verwendet werden.

Für die jeweiligen Entscheidungspunkte gilt, dass ein Entscheidungspunkt erst abgeschlossen werden kann, wenn die dazugehörigen Produkte in befriedigender Qualität vorliegen, also sich zumindest im fertig gestellten Zustand befinden. Über das Erreichen der nächsten Projektfortschrittsstufe entscheidet der Lenkungsausschuss des Pro-

[1] Es gibt noch eine weitere Projektdurchführungsstrategie, die beinhaltet, dass das Projekt an mehrere Auftragnehmer vergeben wird, die aber nicht Teil der weiteren Betrachtungen ist.

jektes. Es ist nicht gestattet, Entscheidungspunkte zu überspringen. Andererseits müssen Entscheidungspunkt auch nicht sequenziell abgearbeitet werden. Es ist durchaus erlaubt, mit Aktivitäten zu beginnen, die zum Erreichen eines Entscheidungspunktes notwendig sind, ohne dass vorherige Punkte bereits erreicht worden sind. Nur dürfen diese noch nicht abgeschlossen werden.

Entscheidungspunkt	Erklärung	Schlüsselprodukte[1]
Projekt genehmigt	Auf Basis eines externen Projektvorschlags entscheidet der Lenkungsausschuss, dass mit der Definition der Projektes begonnen werden kann.	Projektvorschlag (extern)
Projekt definiert	Prüfung, ob das Projekt korrekt wiedergegeben wird.	Projekthandbuch, QS-Handbuch
Anforderungen festgelegt	Anforderungen werden auf Vollständigkeit geprüft.	Anforderungen (Lastenheft)
Iteration geplant	Ggf. werden Änderungsanträge berücksichtigt, um den Verlauf des Projektes bis mindestens zum nächsten Inkrement festzulegen.	Projekthandbuch, Projektplan
System spezifiziert	Nach Spezifikation des Systems liegt ein grober Architekturentwurf vor, der die funktionalen und nichtfunktionalen Anforderungen an das System berücksichtigt, sowie Methoden, um das zu erstellende System zu prüfen.	Gesamtspezifikation (Pflichtenheft), Prüfspezifikation Systemelement
System entworfen	Eine Systemarchitektur mit den Entwurfsprinzipien und eine Spezifikation wurden erstellt und die entsprechenden Anforderungen berücksichtigt.	Systemarchitektur, Systemspezifikation
Feinentwurf abgeschlossen	Für jede SW-Einheit des Systems wird eine Softwarearchitektur erstellt.	Softwarearchitektur, Softwarespezifikation
Systemelemente realisiert	Es wird geprüft, ob die einzelnen Systemelemente sich gemäß ihrer Spezifikationen verhalten.	SW-Einheit
System integriert	Bei der Integration des Systems wird geprüft, ob sich das System erfolgreich aus seinen einzelnen Einheiten zusammenstellen lässt und den Anforderungen entspricht.	System
Lieferung durchgeführt	Die Lieferung des Systems wird durchgeführt.	Lieferung
Abnahme erfolgt	Im Falle einer positiven Prüfung der Lieferung kann die Abnahmeerklärung unterschrieben werden.	Abnahmeerklärung
Projekt abgeschlossen	Kann das Projekt abgeschlossen werden, so ist ein Projektabschlussbericht zu erstellen, der die gewonnenen Erfahrungen am Projekt dokumentiert.	Projektabschlussbericht

Abb. 6.2-2: Entscheidungspunkte für die Projektdurchführungsstrategie *Inkrementelle Systementwicklung (AG/AN)*

Alle Entscheidungspunkte für die Projektdurchführungsstrategie *Inkrementelle Systementwicklung (AG/AN)* – also mit kombiniertem Auftraggeber und Auftragnehmer – werden in der Abb. 6.2-2 kurz erläutert.

[1] Die „Schlüsselprodukte" geben nur die allerwichtigsten Produkte wieder, die fertig gestellt werden müssen, und geben nicht die vollständige Liste der im V-Modell XT notwendigen Produkte zur Erreichung der nächsten Projektstufe wieder.

6.2.3 Projektmerkmale

Die Wahl einer Projektdurchführungsstrategie ist abhängig von den weiteren Charakteristika des Projektes. Hilfestellung zur Anpassung des V-Modell XT an spezifische Projektbedürfnisse bieten so genannte Projektmerkmale. Die Auswahl der Projektmerkmale bildet ein Anwendungsprofil, das es ermöglicht, passende Bausteine zu diesem Projekt auszuwählen. Die folgenden Projektmerkmale sind im V-Modell XT definiert:

- Projektgegenstand
- Projektrolle
- Systemlebenszyklusausschnitt
- Kaufmännisches Projektmanagement
- Quantitative Projektkennzahlen
- Fertigprodukte
- Benutzerschnittstelle
- Safety und Security (Funktions- und Informationssicherheit)
- Hohe Realisierungsrisiken

Viele der Projektmerkmale lassen sich durch einfache Beantwortung einer Ja/Nein-Frage beantworten. So ist das Projektmerkmal *Benutzerschnittstelle* wie folgt definiert: „Für Systeme, bei denen die Benutzerschnittstelle für den Projekterfolg wesentlich ist, sind besondere analytische Maßnahmen durchzuführen und gestaltungstechnische Vorgaben zu treffen. Beispiele hierfür wären Systeme, die aufgrund der hohen zu erwartenden Nutzeranzahl besonders intuitiv bedienbar sein müssen." Die möglichen Auswahlwerte beschränken sich auf Ja und Nein. Ein weiteres Beispiel soll mit dem Projektmerkmal *Fertigprodukte* gegeben werden, das sich ebenfalls mit Ja und Nein beantworten lässt: „Der Einsatz von Fertigprodukten erfordert frühzeitig in der Systementwicklung Maßnahmen zur Erfassung der möglichen Systemelemente, die Kandidaten für Fertigprodukte sind. Zudem müssen die hierfür auf dem Markt existierenden Lösungen ermittelt und bewertet werden. Der Einsatz von Fertigkomponenten ist besonders sinnvoll, wenn ein Projekt Komponenten beinhaltet, für die bereits viele Lösungen auf dem Markt existieren." Komplexer ist die richtige Definition des Projektgegenstands. Hier wird festgelegt, welcher Art das System ist, das entwickelt werden soll. Dementsprechend lässt sich die Frage nach dem Projektgegenstand auch nicht einfach nur mit Ja und Nein beantworten. Mögliche Werte sind:

- Einführung und Pflege eines organisationsspezifischen Vorgehensmodells

- Eingebettetes System
- Hardwaresystem
- Softwaresystem
- Komplexes System
- Systemintegration

Zum für uns wichtigsten Punkt, dem Softwaresystem, heißt es im V-Modell XT: „Hauptgegenstand des Projektes ist ein Softwaresystem, also ein Programm im weitesten Sinn. Softwaresysteme sind zum Beispiel E-Commerce-Anwendungen oder Programme zur Adressverwaltung." Die anderen Projektgegenstände sowie die weiteren Definitionen der Projektmerkmale lassen sich im V-Modell XT nachlesen.

6.2.4 Vorgehensbausteine

Nachdem ein Anwendungsprofil erstellt und der Projekttyp festgelegt wurde, folgt daraus, dass einige der Aktivitäten und Produkte sowie Rollen des V-Modell XT in diesem Projekt keine Anwendung finden werden. Sie können also herausgestrichen oder aber auch nach Belieben dem Projekt hinzugefügt werden. Dem V-Modell XT dienen Vorgehensbausteine zur Gruppierung zusammengehöriger Aktivitäten, Produkte und Rollen. Die Vorgehensbausteine sind modular aufgebaut und teilweise voneinander abhängig.

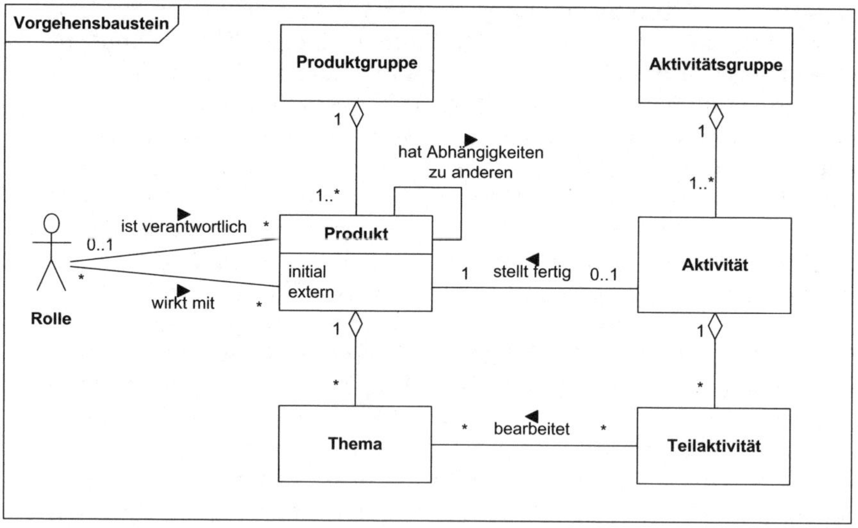

Abb. 6.2-3: Generischer Aufbau aller Vorgehensbausteine

Ein Kern von vier Vorgehensbausteinen wird aber für jedes Projekt benötigt, das konform zum V-Modell XT sein soll. Diese vier Vorgehensbausteine bilden die Managementdisziplinen

- Projektmanagement
- Qualitätssicherung
- Konfigurationsmanagement
- Problem- und Änderungsmanagement

ab.

Zur Konformität eines Projektes gemäß V-Modell XT gehört weiterhin, dass es die Abhängigkeiten, wie sie sich aus der Verwendung der Vorgehensbausteine ergeben, korrekt berücksichtigt.

Weitere Vorgehensbausteine beinhalten die folgenden Themen:

- Lieferung und Abnahme
- Vertragsschluss
- Anforderungsfestlegung
- Evaluierung von Fertigprodukten
- Systemsicherheit
- Kaufmännisches Projektmanagement
- Messung und Analyse
- Systemerstellung
- HW-Entwicklung
- SW-Entwicklung
- Logistikkonzeption
- Benutzbarkeit und Ergonomie
- Weiterentwicklung und Migration von Altsystemen
- Einführung und Pflege eines organisationsspezifischen Vorgehensmodells
- Multi-Projektmanagement

Wer die Projektmerkmale verfolgt hat, wird einige Übereinstimmungen zwischen den Merkmalen und evtl. vorhandenen Vorgehensbausteinen feststellen. Zum Beispiel führt die Beantwortung des Projektmerkmals *Benutzerschnittstelle* zur Berücksichtigung des Vorgehensbausteins *Benutzbarkeit und Ergonomie*.

6.2.5 Rollen, Produkte und Aktivitäten

In jedem Vorgehensbaustein sind für die Aufgabe notwendige Rollen, Produkte und Aktivitäten gekapselt. Mit Wegfall des Vorgehensbausteins aus dem Projekt entfallen auch diese Projektartefakte. Eine mögliche (und sehr einfache) Form, das V-Modell XT anzupassen, ist zu entscheiden, welche Vorgehensbausteine man für die Umsetzung eines Projektes benötigt. Die einfache Durchführbarkeit dieser Anpassung war eines der Hauptziele bei der Entwicklung des neuen V-Modell und spiegelt sich im Namen XT wider (XT = extreme Tailoring).

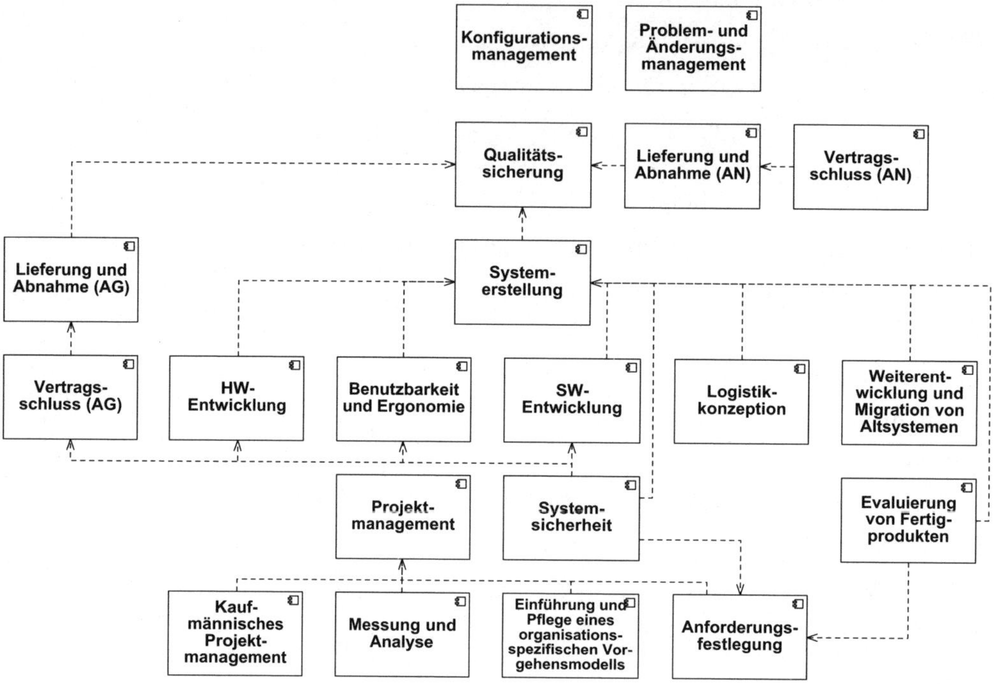

Abb. 6.2-4: Abhängigkeitsbeziehungen der Vorgehensbausteine

Jeder Vorgehensbaustein des V-Modell XT ist in gleicher Weise (grafisch) beschrieben. Zunächst finden sich auf der linken Seite die Rollen wieder, die in diesem Vorgehensbaustein definiert werden. Anhand des Vorgehensbausteins *Anforderungsfestlegung* sollen die verschiedenen Darstellungsweisen kurz besprochen werden. Zunächst wird die Rolle *Anforderungsanalytiker (AG)* definiert. Die Abkürzungen AG und AN stehen im V-Modell XT jeweils für Auftraggeber respektive Auftragnehmer. Der Analytiker auf der Auftraggeberseite ist hier verantwortlich, ein Lastenheft zu erstellen. Das Lastenheft wird durch die Aktivität *Anforderungen festlegen* fertig gestellt. Sowohl das Lastenheft als auch die Anforderungsbewertung sind in der obigen Abbildung durch ein „I“ gekennzeichnet. Dies steht für „initial“ und bedeutet, dass dieses Produkt im Projekt auf jeden Fall erstellt werden muss und darüber hinaus auch nur genau einmal erstellt wird. Es gibt natürlich auch Produkte (die Mehrzahl), die nicht initial sind, man denke an Arbeitsaufträge für Entwickler, die mehrfach erstellt werden. Andere Produkte sind optional und werden gar nicht erstellt.

Der Projektvorschlag ist mit einem „E" für „extern" gekennzeichnet. Das heißt, dieses Produkt (der Projektvorschlag) wird nicht im Rahmen des V-Modell XT erstellt, sondern von außen erbracht. Aus diesem Grund gibt es auch keine Rolle, die für den Projektvorschlag verantwortlich ist, und keine Aktivität, die diesen Vorschlag erstellt. Dennoch bestehen natürlich auch zu solchen Artefakten Abhängigkeiten. Diese Abhängigkeiten sind im V-Modell XT ersichtlich, allerdings nicht in der Übersichtsgrafik. Unterschieden wird prinzipiell zwischen inhaltlichen und erzeugenden Abhängigkeiten. Eine inhaltliche Abhängigkeit besteht beispielsweise zwischen Projektvorschlag und Lastenheft. Sie bedeutet, dass Änderungen an einem der Dokumente möglicherweise auch Änderungen an dem anderen zur Folge haben. Erzeugende Abhängigkeiten legen Regeln und Bedingungen fest, unter denen ein Produkt erstellt werden muss oder kann. So heißt es zum Beispiel bei der erzeugenden Abhängigkeit zwischen einerseits Anforderungen (Lastenheft) und Projektvorschlag und andererseits dem Produkt *Marktsichtung für Fertigprodukte*: „Wird schon aus dem Projektvorschlag ersichtlich oder während der Erstellung von Anforderungen (Lastenheft) festgestellt, dass auch die Beschaffung und der Einsatz von Fertigprodukten in Frage kommt, wird eine Marktsichtung für Fertigprodukte (AG) durchgeführt."

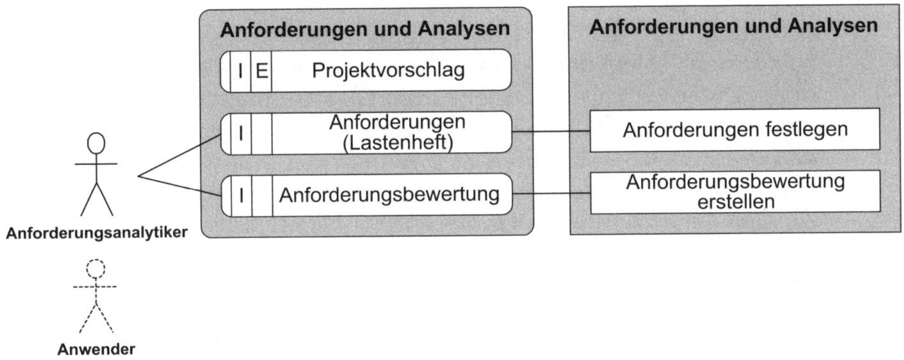

Abb. 6.2-5: Aufbau des Vorgehensbausteins *Anforderungen und Analysen.*

Um die Erklärung der Darstellung der Vorgehensbausteine abzuschließen: Es gibt auch Rollen, die keine unmittelbare Verantwortung für ein Produkt besitzen, wie zum Beispiel die Rolle *Anwender*, die an verschiedenen Produkten lediglich mitwirkt. Dies ist jeweils der Dokumentation zu entnehmen. Es folgt, dass in der Grafik diese Rollen nicht mit einem Produkt verbunden sind.

6.2.6 Projektmanagement

Das Projektmanagement hat die Aufgabe, das Projektteam zu leiten, so dass das Projekt erfolgreich abgeschlossen werden kann. Im V-

Modell XT wird unterschieden zwischen einem Projektleiter, der das Projekt nach innen leitet und die organisatorische Verantwortung besitzt, und einem Projektmanager, der das Projekt nach außen gegenüber Kunden und Partnern vertritt. Er repräsentiert das Projekt im Lenkungsausschuss. Durch den Rollencharakter des V-Modell XT kann die Rolle natürlich in Personalunion mit dem Projektleiter besetzt sein.

Wichtige Produkte, die im Rahmen des Projektmanagements anfallen, sind das Projekthandbuch, der Projektplan und die Risikoliste.

Das Projekthandbuch beschreibt die notwendigen Anpassungen des V-Modell XT an die spezifischen Projektgegebenheiten und -eigenheiten. Der Projektplan legt fest, was wann von wem zu tun ist, und wird unter Beteiligung aller Projektmitarbeiter erstellt. Die Risikoliste hält erkannte Projektrisiken fest und erläutert zu ergreifende Gegenmaßnahmen. Sie wird initial vom Projektleiter erstellt und im Projektverlauf fortgeschrieben.

6.2.7 Qualitätssicherung

Das V-Modell XT beinhaltet starke Konzepte hinsichtlich der Qualitätssicherung, was sich auch darin äußert, dass in jedem V-Modell-XT-konformen Projekt der Baustein *Qualitätssicherung* verwendet werden muss. Daraus folgt, dass ebenso ein QS-Handbuch gepflegt werden muss. Im QS-Handbuch wird festgehalten, welche Produkte wann, wie und unter welchen Kriterien zu prüfen sind. Dafür sind für jedes Projekt so genannte Prüfspezifikationen zu erstellen. Insbesondere sind zur Qualitätssicherung auch die Abhängigkeiten der Produkte des V-Modell XT zu berücksichtigen.

Damit eine Prüfung sinnvoll organisiert werden kann, hat jedes Produkt im V-Modell XT einen Produktzustand. Drei Zustände sind definiert:

- in Bearbeitung
- vorgelegt
- fertig gestellt

Jegliches modifizierte und ungeprüfte Produkt befindet sich zunächst im Zustand *in Bearbeitung*. Aus diesem Zustand kann es in den Zustand *fertig gestellt* wechseln, wenn es ausreichend ist, als Verantwortlicher für das Produkt eine Eigenprüfung vorzunehmen. In den meisten Fällen unterstützt das V-Modell XT allerdings explizit das Vier-Augen-Prinzip, in dem eigene Rollen für Prüfer definiert werden, denen das Produkt zur Prüfung vorgelegt wird. Das Produkt befindet sich dann im Zustand *vorgelegt*. Die Prüfung erfolgt dann gemäß den Regeln, die in den Prüfspezifikationen festgelegt sind. Auch diese Spezifikationen sind Produkte, die im Rahmen eines V-Modell-XT-konformen Projektes erstellt werden. Unterstützung finden die beteiligten Akteure im QS-Handbuch, das ein initiales Produkt im Projekt ist und dem eine zentrale Bedeutung zukommt.

Zur Prüfung vorgelegte Produkt können in den Zustand *fertig gestellt* wechseln, sofern ihre Prüfung erfolgreich war. Eine Prüfung beinhaltet, dass die inhaltlichen Abhängigkeiten zu anderen Produkten berücksichtigt werden müssen, um die Konsistenz aller fertig gestellten Produkte untereinander zu gewährleisten.

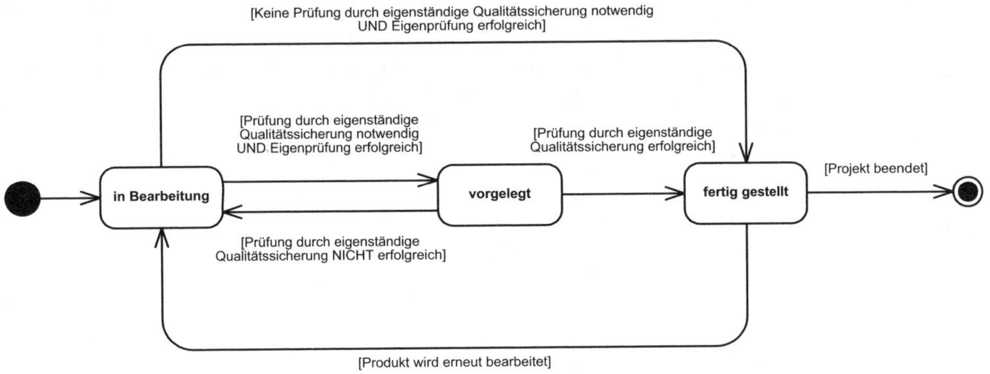

Abb. 6.2-6: Produktzustandsmodell im Rahmen der Qualitätssicherung

Bei festgestellten Mängeln, Inkonsistenzen oder Fehlern können auch andere Produkte ihren Prüfzustand ändern, wenn sie vom zu prüfenden Dokument abhängig sind. Die Ergebnisse der Prüfung werden in den jeweiligen Prüfprotokollen festgehalten.

6.2.8 Änderungsmanagement

Ab einer bestimmten Größe von Änderungen an den Produkten und Anforderungen eines Projektes sind diese konsequent zu dokumentieren, um die Nachverfolgbarkeit dieser Änderungen sicherzustellen. Dies gilt gerade auch in Hinblick auf evtl. vorhandene vertragliche Beziehungen zwischen Auftraggeber und Auftragnehmer.

Das V-Modell XT unterstützt ein Problem- und Änderungsmanagement durch den gleichnamigen Vorgehensbaustein. Formal betrachtet werden zwei Rollen eingeführt, und zwar der Änderungsverantwortliche (oftmals wohl gleichbedeutend mit einem Requirements-Engineer) und das Change Control Board. Der Änderungsverantwortliche bewertet auftretende Probleme und führt Änderungslisten. Die eigentlichen Problemmeldungen und Änderungsanträge sind im Sinne des V-Modell XT externe Dokumente, werden also in das Projekt hineingereicht.

Wann, wie und von wem Änderungsmeldungen eingereicht werden dürfen, ist im Projekthandbuch zu beschreiben. Generell gilt, dass nur fertig gestellte Produkte Gegenstand des Änderungsmanagements sind.

6.2.9 Konfigurationsmanagement

Das Konfigurationsmanagement im V-Modell XT hat die Aufgabe, die Produkte zu versionieren und in ihren historischen Zuständen verfügbar zu machen. Nach jedem erreichten Entscheidungspunkt werden die Produkte festgehalten und in einer so genannten Produktkonfiguration abgelegt. Typischerweise werden solche Arbeiten durch ein Versionskontrollsystem unterstützt, wie dies zum Beispiel durch CVS oder Subversion geschehen könnte. Das V-Modell XT fordert solche Historien explizit für alle Produkte und nicht nur dort, wo es gemäß allgemeiner Projektmanagementvorstellung bereits gang und gäbe ist – nämlich in der Softwareentwicklung.

6.2.10 System of Systems

Die vermeintliche Komplexität des V-Modell XT lässt sich sehr gut verstehen, wenn man begreift, dass das V-Modell XT Ansätze verfolgt, ein Entwicklungsvorhaben als ein Projekt eines „Systems aus Systemen" zu begreifen. Daher rührt die Untergliederung in ein System mit Untersystemen, die wiederum aus Software- oder Hardwareeinheiten bestehen können und im Verlauf des Projektes jeweils integriert werden müssen. Dieser Ansatz ist auch bei einfachen „reinen" Softwaresystemen hilfreich, denn auch in solch einer Umgebung steigt die Komplexität häufig mit der Zahl der zu berücksichtigenden Alt- und Fremdsysteme. Es schadet daher nicht, die Komplexität eines Problems auch aus der Vogelperspektive zu betrachten, um zu verhindern, dass ein Tunnelblick wichtige Probleme oder Risiken des Projektes nicht wahrnimmt. Zu der Strategie, ein Entwicklungsprojekt als ein Projekt eines „Systems aus Systemen" zu verstehen, gehört auch die Unterstützung von Fertigprodukten, die in das System integriert werden können oder müssen, wenn es dafür bestimmte Indikatoren gibt. Da aber nicht jedes Systementwicklungsvorhaben gleichermaßen komplex ist, gibt es das Konzept der Vorgehensbausteine, mit denen bestimmte Rollen, Produkte und Aktivitäten aus dem V-Modell XT ausgelagert werden können.

Die Begrifflichkeiten der Produkte erschließen sich, wenn man einen Überblick über die Namensgebung der Systemelemente des V-Modell XT gewonnen hat. Systemelemente sind alle Produkte, die zu einem System integriert werden. Die folgende Darstellung ist ein wenig vereinfacht. An oberster Stelle der Systemelemente steht das System selbst. Ein System setzt sich zusammen aus Segmenten. Das Segment ist eine Realisierungseinheit eines Systems und besteht (häufig) aus Software- und Hardwareeinheiten. Eine Einheit wiederum (egal ob Software- oder Hardwareeinheit) besteht nur aus Software bzw. Hardware. Einheiten unterteilen sich in Komponenten, wobei Komponenten auch solche beinhalten dürfen. Schließlich befindet man sich auf der Ebene der untersten Einheiten, der Module.

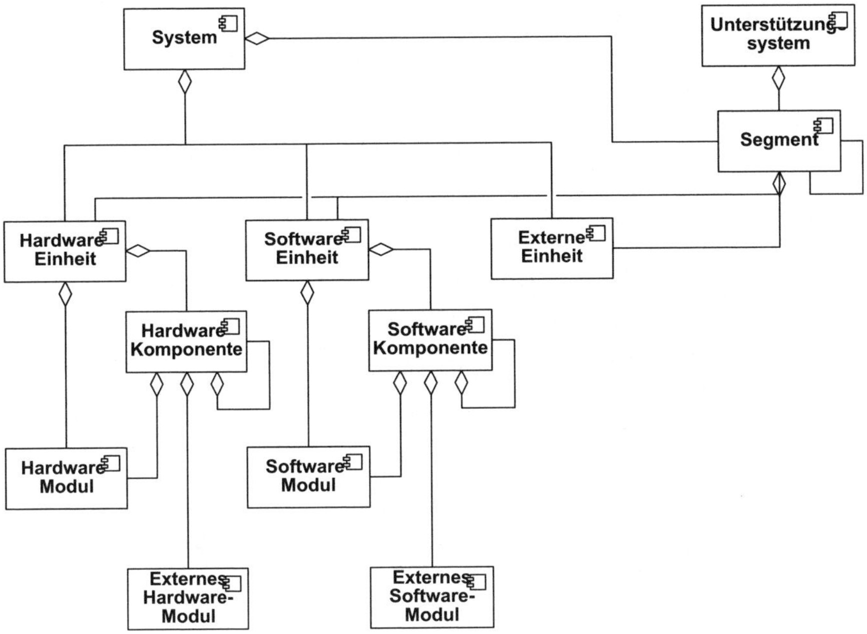

Abb. 6.2-7: Hierachische Ordnung der Systemelemente des V-Modell XT

Vergleichbar sind die Ebenen Einheit, Komponente und Modul mit den aus der Java-Programmierung bekannten Konzepten JAR-File, Paket und Klasse. Natürlich hinkt dieser Vergleich ein wenig, wenn eine Komponente mit einem Paket gleichgesetzt werden soll, aber der Vergleich hilft ein wenig, die abstrakten Begriffe der Hierarchie in bekannte Begriffe zu übersetzen.

6.3 OEP-Konventionsabbildung

In den vorherigen Abschnitten wurde das V-Modell XT kurz umrissen und dargestellt. Durch einige Beispiele ist deutlich geworden, dass es sich hierbei um ein sehr generisches Vorgehensmodell handelt. Der Entwicklungsprozess wird sehr abstrakt begleitet, und insbesondere die Managementebene erhält mit den Kernvorgehensbausteinen eine gute Unterstützung des Prozesses. Das V-Modell XT steht als Vorgehensmodell der öffentlichen Hand natürlich auch in direktem Bezug zu anderen nationalen und internationalen Standards. Deren Vokabular muss in einen Bezug zum V-Modell XT gesetzt werden. Dazu dienen die Konventionsabbildungen des V-Modell XT. Ihr Zweck ist es, das V-Modell XT und seine Begrifflichkeiten in Beziehung zu anderen Konventionen zu setzen. So existieren beispielsweise Abbildungen zu den Standards

- V-Modell 97,
- Capability Maturity Model Integration,
- ISO 9001,

um nur einige zu nennen.

6.3.1 Abbildung zum V-Modell XT

Grundlage der Konventionsabbildung ist ein getailortes V-Modell XT. Der oose Engineering Process geht davon aus, dass ein Projekt mit Hilfe der Projektdurchführungsstrategie *Inkrementelle Systementwicklung (AG/AN)* durchgeführt wird. Diese Projektdurchführungsstrategie trägt den Eigenarten des OEP am besten Rechnung. Die Abbildung zum V-Modell XT erfolgt also nicht für ein allgemeines V-Modell XT, sondern für eine spezifische getailorte Version.

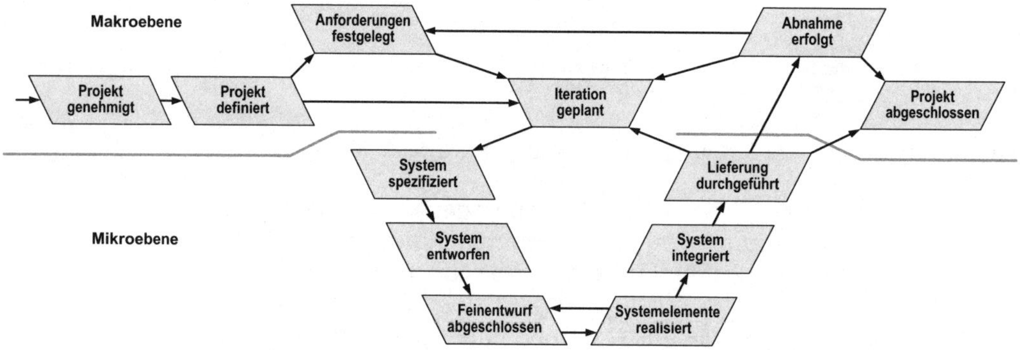

Abb. 6.3-1: Makro- und Mikroebenen im V-Modell XT

Die auszuwählenden Vorgehensbausteine sind mindestens

- Projektmanagement
- Qualitätssicherung
- Konfigurationsmanagement
- Problem- und Änderungsmanagement
- Systemerstellung
- SW-System

Andere Vorgehensbausteine, wie zum Beispiel zur Evaluierung von Fertigprodukten oder zur Benutzbarkeit und Ergonomie, können optional ausgewählt werden.

Die zu wählende Projektrolle:

- AG/AN ohne Anforderungsermittlung und ohne Unterauftragnehmer

Eine Abbildung wurde zunächst nur für die Pflichtaktivitäten der verschiedenen Phasen des OEP vorgenommen, wobei diese auch nur wiederum durch Aktivitäten des V-Modell XT abgebildet werden. Andere Konventionsabbildungen sind natürlich möglich. Es ist aber unser Bestreben, ein möglichst handbares Nachschlagewerk zu liefern, das sich auf die Phasen des OEP bezieht. Für die einzelnen Phasen des OEP soll dann die Frage beantwortet werden, welche Aktivitäten dem V-Modell XT entsprechen.

6.3.1.1 Phasen und Entscheidungspunkte

Die Phasen des OEP werden durch die Projektdurchführungsstrategie abgebildet. Die inkrementelle Systementwicklung des V-Modell XT sieht dabei auf den ersten Blick vor, dass die Entwicklung in iterativen Schritten auf der Mikroebene stattfindet, also von den Entscheidungspunkten *System spezifiziert* bis hin zu *Lieferung durchgeführt*. Diese Denkweise trägt dem Phasenmodell des OEP nur ungenügend Rechnung, da sich dieses durch ein iteratives Vorgehen in allen Stadien des Projektes auszeichnet. Natürlich finden auch im OEP die Iterationen schwerpunktmäßig in der Konstruktionsphase statt.

Ein besseres Verständnis einer Abbildung des OEP zum V-Modell XT erwirbt man, wenn die Phasen des OEP jeweils vollständig durch die Projektdurchführungsstrategie abgedeckt werden. Das heißt, auch die Entwurfsphase, die mehrere Iterationen durchlaufen kann, durchläuft die Mikroebene, in der ja auch tatsächlich bereits einige Prototypen evaluiert werden. Die Lieferung des Systems scheitert in dieser Phase aber bewusst, so dass weitere Iterationen geplant werden.

Die Vorbereitungsphase wird ganz gut durch die ersten drei Entscheidungspunkte abgebildet. Insbesondere wird dort ein Projekt definiert, und es werden erste Anforderungen erhoben.

6.3.2 Vorbereitungsphase

Die Aufgabe der Vorbereitungsphase ist es, das Projektziel und die Projektparameter zu definieren. Dazu gehören organisatorische Fragen wie die Benennung des Projektleiters oder auch die Klärung der Anforderungen und Risiken des Projektes. Daher werden verschiedene Disziplinen in der Vorbereitungsphase durchgeführt, die insbesondere das Projektmanagement und die Anforderungsanalyse betreffen. Im Sinne des V-Modell XT wird eine Grundlage geschaffen, um den Entscheidungspunkt *Projekt definiert* zu erreichen. Die Aktivitäten gehen im OEP auch schon darüber hinaus. Spätestens in den folgenden Entscheidungspunkten sollten aber die bekannten Anforderungen festgelegt worden sein.

6.3.2.1 Geschäftsprozessmodellierung

Die Aktivitäten der Anforderungsanalyse nehmen einen großen Raum in der Vorbereitungsphase ein. Explizit finden sie im V-Modell XT keine Erwähnung, sondern gehören zum Bereich der Anforderungserhebung. Als solche ist die Geschäftsprozessmodellierung auch in der Methodenreferenz des V-Modell XT aufgenommen.

Element der Konvention	wird realisiert durch
A-237 Workshop: Modellierungsfokus festlegen und Unternehmensziele beschreiben (⇨69)	Anforderungen festlegen
A-239 Ziel und Zweck der Geschäftsprozessmodellierung festlegen (⇨71)	Anforderungen festlegen
A-240 Aktive Geschäftspartner identifizieren (⇨73)	Anforderungen festlegen

6.3.2.2 Anforderungsanalyse

Die Tätigkeiten der Anforderungsanalyse werden durch das V-Modell XT gut abgedeckt. Der OEP liefert hier noch weitere methodische Unterstützung.

Element der Konvention	wird realisiert durch
A-195 Anforderungsbeitragende identifizieren (⇨93)	Anforderungen festlegen
A-226 Anforderungsworkshop durchführen (Vorbereitungsphase) (⇨96)	Anforderungen festlegen
A-15 Anforderungsspezifikation zusammenstellen (⇨113)	Anforderungen festlegen, Lastenheft

6.3.2.3 Systemerstellung: Fachliche Architektur

Soweit möglich, wird in der Vorbereitungsphase bereits ein Umriss des Systems erstellt, das sich in der Erstellung von System- und Softwarearchitektur reflektiert.

Element der Konvention	wird realisiert durch
A-246 Subsystemmodell und, soweit es sich ergibt, ein erstes grobes Geschäftsklassenmodell entwickeln (⇨116)	Systemarchitektur erstellen

A-260 Fachliches Architekturmodell entwickeln (⇨118)	SW-Architektur erstellen

6.3.2.4 Systemerstellung: Umfeld und Batch

Die Grenzen des Systems müssen möglichst früh festgelegt und, wenn möglich, die Kommunikation durch Schnittstellen beschrieben werden. Auch dies fällt in den Tätigkeitsbereich des Systemarchitekten, der die entsprechenden Ergebnisse festhält.

Element der Konvention	wird realisiert durch
A-7 Systemschnittstellen identifizieren und klassifizieren (⇨136)	Systemarchitektur erstellen

6.3.2.5 Qualitätssicherung, Test und Abnahmen

Die Prüfung von Artefakten ist ein wichtiger Schritt innerhalb der Vorbereitungsphase, da die Konsistenzen der einzelnen erzeugten Artefakte untereinander und die Korrektheit selbst geprüft werden müssen. Das V-Modell XT sieht hierfür verschiedene Prüfungen im Rahmen der Vorgehensbausteine vor, die je nach Art des zu prüfenden Gegenstands spezialisiert sind.

Element der Konvention	wird realisiert durch
A-263 Produktreview durchführen (⇨145)	Vorgehensbaustein *Qualitätssicherung*
A-261 Meilensteinreview vorbereiten (⇨146)	*Keine Entsprechung vorhanden*
A-18 Meilensteinerreichung überprüfen (⇨147)	Projektfortschrittsentscheidung herbeiführen

6.3.2.6 Einsatz, Verteilung und Projektexternes

Projektexterne Anforderungen sind zunächst einmal normale Anforderungen, die im Lastenheft festgehalten werden können. Im OEP sind damit aber auch explizit Anforderungen an evtl. zu erwerbende Produkte von Drittherstellern gemeint, die natürlich dann durch den entsprechenden Vorgehensbaustein im V-Modell XT explizit abgedeckt werden.

Element der Konvention	wird realisiert durch
A-95 Projektexterne Anforderungen identifizieren und spezifizieren (⇨161)	Anforderungen festlegen

6.3.2.7 Iterations-, Prozess- und Änderungsmanagement

In der Vorbereitungsphase müssen bereits Pläne für das fortschreitende Projekt erstellt werden, soweit dies möglich ist.

Element der Konvention	wird realisiert durch
A-249 Aufwandsschätzworkshop durchführen (⇨189)	Schätzung durchführen
A-12 Projekt planen (⇨193)	Projekt planen
A-46 Arbeitsaufträge für Iteration i+1 erstellen (⇨197)	Projekt planen
A-193 Tätigkeitsberichte analysieren (⇨200)	*Keine Entsprechung vorhanden*
A-16 Iterationen und Lieferungen planen (⇨194)	Projekt planen

6.3.2.8 Projektmanagement

Im Projektmanagement der Vorbereitungsphase sind insbesondere die Ziele und Ideen des Projektes festzuhalten, also das Projekt zu definieren.

Element der Konvention	wird realisiert durch
A-194 Systemidee und Zielsetzung entwickeln (⇨177)	Produkt: Projektvorschlag
A-2 Projektziele und Projektauftrag formulieren und iterativ abstimmen (⇨178)	Produkt: Projektvorschlag Projekthandbuch erstellen Vertrag abschließen
A-183 Lenkungsausschusssitzung (⇨184)	Projektfortschrittsentscheidung herbeiführen

6.3.3 Entwurfs- und Architekturphase

In der Entwurfs- und Architekturphase geht es darum, die Anforderungen, sofern bekannt, detailliert zu beschreiben und zu ordnen. Neben den Systemanwendungsfällen ist die Architektur des Systems zu beschreiben und ein genauer Projektplan zu erstellen. Sofern dies möglich ist, können wichtige Systemelemente bereits entwickelt werden, um frühzeitig Probleme erkennen zu können. Im Rahmen des V-Modell XT wird der Entscheidungspunkt *Anforderungen festgelegt* erstmals durchlaufen und mit der Systemspezifikation begonnen. Die erforderlichen Aktivitäten des OEP und V-Modell XT ergänzen sich sehr gut.

6.3.3.1 Geschäftsprozessmodellierung

In der Entwurfs- und Architekturphase werden die Geschäftsprozesse weiter detailliert und möglichst, soweit bekannt, vollständig beschrieben. Auch diese Aktivitäten fallen unter die Methodikreferenz der Geschäftsprozessmodellierung und werden im V-Modell XT durch die Aktivität *Anforderungen festlegen* umgesetzt. Das V-Modell XT enthält keine expliziten Produkte, die das Glossar abbilden. Ein solches Produkt müsste im Projekthandbuch beschrieben werden.

Element der Konvention	wird realisiert durch
A-290 Glossar überprüfen und aktualisieren (⇨90)	*Keine Entsprechung vorhanden*
A-244 Geschäftsprozesse definieren (⇨78)	Anforderungen festlegen
A-245 Geschäftsprozesse dokumentieren (⇨79)	Anforderungen festlegen
A-247 Geschäftsanwendungsfälle essenziell beschreiben (⇨80)	Anforderungen festlegen
A-241 Workshop: Geschäftsanwendungsfälle der aktiven Geschäftspartner identifizieren (⇨74)	Anforderungen festlegen
A-242 Unterstützende Geschäftsanwendungsfälle identifizieren (⇨75)	Anforderungen festlegen
A-243 Geschäftsmitarbeiter identifizieren und Akteurmodell entwickeln (⇨77)	Anforderungen festlegen

6.3.3.2 Anforderungsanalyse

In dieser Phase werden die Anforderungen in Form von Systemanwendungsfällen weiter präzisiert.

Element der Konvention	wird realisiert durch
A-289 Glossar überprüfen (⇨114)	*Keine Entsprechung vorhanden*
A-195 Anforderungsbeitragende identifizieren (⇨93)	Anforderungen festlegen
A-201 Materialsammlung und -studie (⇨91)	Anforderungen festlegen
A-228 Anforderungsworkshop durchführen (⇨102)	Anforderungen festlegen
A-229 Systemanwendungsfall detaillieren (⇨105)	Anforderungen festlegen
A-233 Systemanwendungsfallmodell entwickeln (⇨107)	Anforderungen festlegen
A-230 Geschäftsklassenmodell entwickeln (⇨109)	Anforderungen festlegen
A-231 Berichte und Auswertungen identifizieren und beschreiben (⇨110)	Anforderungen festlegen
A-15 Anforderungsspezifikation zusammenstellen (⇨113)	Anforderungen festlegen
A-235 Nichtfunktionale Anforderungen identifizieren (⇨111)	Anforderungen festlegen
A-236 Features identifizieren (⇨112)	Anforderungen festlegen

6.3.3.3 Systemerstellung: Fachliche Architektur

Das Architekturmodell wird verfeinert und durch die entsprechenden Aktivitäten umgesetzt. Die Aktivitäten *Dialogdoubletten identifizieren* und *Geschäftsklassenmodelle konsolidieren* lassen sich am besten durch entsprechende Prüfaktivitäten im V-Modell XT abbilden.

Element der Konvention	wird realisiert durch
A-259 Dialogdoubletten identifizieren (⇨117)	*Keine Entsprechung vorhanden*
A-251 Geschäftsklassenmodelle konsolidieren (⇨117)	*Keine Entsprechung vorhanden*
A-260 Fachliches Architekturmodell entwickeln (⇨118)	Systemarchitektur erstellen
A-206 Systemschnittstelle beschreiben (⇨122)	Systemspezifikation erstellen

6.3.3.4 Systemerstellung: Subsysteme

Die Beschäftigung mit Subsystemen in der Entwurfs- und Architekturphase dient der frühzeitigen Entkopplung der beteiligten Systeme. Daher müssen insbesondere Interaktionsmodelle erstellt und gemeinsam zu verwendende Elemente identifiziert werden. Als typische Aktionen, die von einer Methodik motiviert sind, finden sich keine äquivalenten Aktivitäten im V-Modell XT, sondern die Ergebnisse fließen in die jeweiligen Architekturbeschreibungen ein.

Element der Konvention	wird realisiert durch
A-165 Primitive Datentypen identifizieren (⇨125)	*Keine Entsprechung vorhanden*
A-151 Datenbankabbildung (Persistierung) realisieren und testen (⇨127)	SW-Modul realisieren
A-286 Interaktionsmodelle erstellen (⇨129)	Systemarchitektur erstellen
A-213 Subsystemabhängigkeiten identifizieren und ggf. restrukturieren (⇨134)	Systemarchitektur erstellen

6.3.3.5 Systemerstellung: Umfeld und Batch

Element der Konvention	wird realisiert durch
A-7 Systemschnittstellen identifizieren und klassifizieren (⇨136)	Systemarchitektur erstellen
A-58 Stapelverarbeitungsprogramme identifizieren und spezifizieren (⇨139)	SW-Spezifikation erstellen
A-48 Adapter für externe Schnittstellen konzipieren, entwickeln und testen (⇨138)	SW-Modul realisieren

6.3.3.6 Systemerstellung: Technische Architektur

Das technische Architekturmodell wird in der System- und Softwarearchitektur umgesetzt. Der OEP will im technischen Architekturmodell insbesondere ein recht fachlich neutrales Architekturmodell umsetzen, während das V-Modell XT hier bereits expliziter auf die funktionalen und nichtfunktionalen Anforderungen Bezug nimmt.

Element der Konvention	wird realisiert durch
A-287 Interaktionsmodell erstellen (⇨142)	Systemarchitektur erstellen
A-187 Technisches Architekturmodell definieren (⇨141)	Systemarchitektur erstellen, SW-Architektur erstellen

6.3.3.7 Qualitätssicherung, Test, Abnahmen

Die Aktivitäten der Qualitätssicherung werden naturgemäß im V-Modell XT durch entsprechende Aktivitäten des Vorgehensbausteins *Qualitätssicherung* abgebildet. Sie werden unter Umständen in spezialisierten Formen von davon abhängigen Vorgehensbausteinen konkretisiert.

Element der Konvention	wird realisiert durch
A-262 Produktreview vorbereiten (⇨144)	*Keine Entsprechung vorhanden*
A-256 Testkonzept erstellen (⇨150)	Prüfstrategie erstellen
A-39 Arbeitsauftragsreview durchführen(⇨143)	Besprechung durchführen
A-263 Produktreview durchführen (⇨145)	Systemelement prüfen
A-18 Meilensteinerreichung überprüfen (⇨147)	*Keine Entsprechung vorhanden*
A-51 Subsystem testen (⇨155)	Systemelement prüfen

6.3.3.8 Einsatz, Verteilung und Projektexternes

Wie bereits oben erwähnt, ist die Aktivität *Projektexterne Anforderungen identifizieren und spezifizieren* auch dahingehend zu verstehen, dass hier eine Marktsichtung für Fertigprodukte durchgeführt werden kann.

Element der Konvention	wird realisiert durch
A-95 Projektexterne Anforderungen identifizieren und spezifizieren (⇨161)	*Keine Entsprechung vorhanden,* Marktsichtung für Fertigprodukte durchführen

6.3.3.9 Konfigurations- und Änderungsmanagement

Der Begriff des Konfigurationsmanagements ist hier anders zu verstehen als im V-Modell XT. Dort werden die Produkte gemeinsam erfasst und versioniert. Diese hier genannten Aktivitäten finden keine direkten Entsprechungen im V-Modell XT und berühren die Lieferung des Systems.

Element der Konvention	wird realisiert durch
A-168 Projektumgebung einrichten bzw. anpassen (⇨172)	*Keine Entsprechung vorhanden*
A-155 Mitarbeiterarbeitsplatz einrichten (⇨171)	*Keine Entsprechung vorhanden*

6.3.3.10 Iterations-, Prozess- und Änderungsmanagement

Element der Konvention	wird realisiert durch
A-249 Aufwandsschätzworkshop durchführen (⇨189)	Schätzung durchführen
A-12 Projekt planen (⇨193)	Projekt planen
A-46 Arbeitsaufträge für Iteration i+1 erstellen (⇨197)	Arbeitsauftrag vergeben
A-193 Tätigkeitsberichte analysieren (⇨200)	*Keine Entsprechung vorhanden*
A-16 Iterationen und Lieferungen planen (⇨194)	Projekt planen

6.3.3.11 Projektmanagement

Element der Konvention	wird realisiert durch
A-158 Phasenauftaktveranstaltung (⇨176)	*Keine Entsprechung vorhanden*
A-183 Lenkungsausschusssitzung (⇨184)	Projektfortschrittsentscheidung herbeiführen
A-172 Monats- bzw. Quartalsbericht erstellen (⇨183)	Projekt-Statusbericht erstellen
A-159 Iterationsauftaktveranstaltung (⇨182)	*Keine Entsprechung vorhanden*

6.3.4 Konstruktionsphase

Der Schwerpunkt des Projektes liegt in der Konstruktionsphase und damit hauptsächlich in Aktivitäten zur Systemerstellung und Verifizierung der erreichten Ergebnisse. In der Projektdurchführungsstrategie bewegt man sich größtenteils zwischen den Entscheidungspunkten *Feinentwurf abgeschlossen* und *Systemelemente realisiert*. Sofern notwendig, werden über den weiteren Ablauf noch Iterationen geplant, wenn gelieferte Zwischenergebnisse die Erkenntnis erbringen, dass noch weitere Anforderungen zu berücksichtigen sind.

6.3.4.1 Geschäftsprozessmodellierung

Die Geschäftsprozessmodellierung ist in dieser Phase größtenteils beendet. Gegebenenfalls sind noch einige Systemanwendungsfälle als neue Anforderungen zu berücksichtigen.

Element der Konvention	wird realisiert durch
A-276 Systemanwendungsfälle ableiten und identifizieren (⇨89)	Anforderungen festlegen

6.3.4.2 Anforderungsanalyse

Anwendungsfälle müssen weiter detailliert und beschrieben werden, so dass sie zur Umsetzung zur Verfügung stehen.

Element der Konvention	wird realisiert durch
A-289 Glossar überprüfen (⇨114)	*Keine Entsprechung vorhanden*
A-200 Systemanwendungsfälle identifizieren (⇨95)	Anforderungen festlegen
A-229 Systemanwendungsfall detaillieren (⇨105)	Anforderungen festlegen
A-230 Geschäftsklassenmodell entwickeln (⇨109)	Anforderungen festlegen
A-231 Berichte und Auswertungen identifizieren und beschreiben (⇨110)	Anforderungen festlegen
A-15 Anforderungsspezifikation zusammenstellen (⇨113)	Anforderungen festlegen
A-235 Nichtfunktionale Anforderungen identifizieren (⇨111)	Anforderungen festlegen
A-236 Features identifizieren (⇨112)	Anforderungen festlegen

6.3.4.3 Systemerstellung: Fachliche Architektur

Einige der methodisch motivierten Aktivitäten des OEP haben keine direkte Entsprechung im V-Modell XT, sondern sind dort abstrakter realisiert. Prinzipiell wird die Architektur festgelegt und erste Programmteile umgesetzt.

Element der Konvention	wird realisiert durch
A-251 Geschäftsklassenmodelle konsolidieren (⇨117)	*Keine Entsprechung vorhanden*
A-259 Dialogdoubletten identifizieren (⇨117)	*Keine Entsprechung vorhanden*
A-285 Designklassenmodell restrukturieren (⇨119)	*Keine Entsprechung vorhanden*
A-260 Fachliches Architekturmodell entwickeln (⇨118)	SW-Architektur erstellen
A-174 Enumerationsinhalte (Schlüsseltabellen) neu definieren oder überarbeiten (⇨120)	*Keine Entsprechung vorhanden*
A-56 Datenbankschema spezifizieren (⇨121)	Datenbankentwurf erstellen
A-86 Dialoge und Ablaufsteuerung entwickeln (⇨123)	SW-Modul realisieren

6.3.4.4 Systemerstellung: Subsysteme

Beim Erstellen der Subsysteme werden erwartungsgemäß SW-Module realisiert und ggf. erkannte Abhängigkeiten in der Architektur berücksichtigt.

Element der Konvention	wird realisiert durch
A-26 Dialog spezifizieren (⇨124)	SW-Modul realisieren
A-165 Primitive Datentypen identifizieren (⇨125)	*Keine Entsprechung vorhanden*
A-157 Datenbankabbildung beschreiben (⇨127)	Datenbankentwurf erstellen
A-173 Enumeration (Schlüsseltabellen) integrieren (⇨129)	*Keine Entsprechung vorhanden*
A-286 Interaktionsmodelle erstellen (⇨129)	Systemarchitektur erstellen
A-232 Designklassenmodell und validiertes Subsystemmodell entwickeln (⇨130)	SW-Architektur erstellen
A-76 Datenbankabfragen entwickeln und testen (⇨131)	SW-Modul realisieren
A-70 Berichte und Auswertungen entwickeln und testen (⇨132)	SW-Modul realisieren
A-74 Datenbankabfragen identifizieren und spezifizieren (⇨132)	Datenbankentwurf erstellen
A-134 Fachklasse realisieren und testen (⇨133)	SW-Modul realisieren
A-213 Subsystemabhängigkeiten identifizieren und ggf. restrukturieren (⇨134)	SW-Architektur erstellen

6.3.4.5 Systemerstellung: Umfeld und Batch

Element der Konvention	wird realisiert durch
A-58 Stapelverarbeitungsprogramme identifizieren und spezifizieren (⇨139)	SW-Spezifikation erstellen
A-59 Stapelverarbeitungsprogramme realisieren und testen (⇨140)	SW-Modul realisieren

6.3.4.6 Systemerstellung: Technische Architektur

Das Architekturmodell ist den neuen Erkenntnissen gemäß zu definieren und zu aktualisieren. Dazu gehört ein passender Datenbankentwurf.

Element der Konvention	wird realisiert durch
A-150 Datenbanken und Datenbankschema einrichten (⇨141)	Datenbankentwurf erstellen
A-287 Interaktionsmodell erstellen (⇨142)	Systemarchitektur erstellen
A-187 Technisches Architekturmodell definieren (⇨141)	SW-Architektur erstellen

6.3.4.7 Qualitätssicherung, Test, Abnahmen

Die methodisch motivierten Testfälle des OEP können durch die Prüfspezifikationen des V-Modell XT sehr gut abgebildet werden.

Element der Konvention	wird realisiert durch
A-262 Produktreview vorbereiten (⇨144)	*Keine Entsprechung vorhanden*
A-175 Enumerationen testen (⇨156)	Systemelement prüfen

A-61 Testfälle erstellen (⇨154)	Prüfspezifikation *Systemelement erstellen*
A-152 Testplan erstellen (⇨153)	Prüfspezifikation *Systemelement erstellen*
A-39 Arbeitsauftragsreview durchführen(⇨143)	Besprechung durchführen
A-263 Produktreview durchführen (⇨145)	Systemelement prüfen
A-261 Meilensteinreview vorbereiten (⇨146)	*Keine Entsprechung vorhanden*
A-18 Meilensteinerreichung überprüfen (⇨147)	Projektfortschrittsentscheidung herbeiführen
A-51 Subsystem testen (⇨155)	Systemelement prüfen

6.3.4.8 Einsatz, Verteilung und Projektexternes

Element der Konvention	wird realisiert durch
A-95 Projektexterne Anforderungen identifizieren und spezifizieren (⇨161)	*Keine Entsprechung vorhanden*
A-267 Roll-Out planen (⇨166)	Prüfspezifikation *Lieferung erstellen*
A-139 Anwenderdokumentation entwickeln (⇨163)	Nutzungsdokumentation erstellen
A-140 Anwenderschulung vorbereiten (⇨163)	Nutzungsdokumentation erstellen Ausbildungsunterlagen erstellen
A-137 Migrationskonzept erstellen (⇨161)	*Keine Entsprechung vorhanden*
A-138 Daten- und Systemmigration vorbereiten (⇨162)	
A-142 Hotline, Support und Multiplikatoren schulen (⇨164)	*Keine Entsprechung vorhanden*

6.3.4.9 Konfigurations- und Umgebungsmanagement

Element der Konvention	wird realisiert durch
A-168 Projektumgebung einrichten bzw. anpassen (⇨172)	*Keine Entsprechung vorhanden*
A-155 Mitarbeiterarbeitsplatz einrichten (⇨171)	*Keine Entsprechung vorhanden*

6.3.4.10 Iterations-, Prozess- und Änderungsmanagement

Element der Konvention	wird realisiert durch
A-12 Projekt planen (⇨193)	Projekt planen
A-46 Arbeitsaufträge für Iteration i+1 erstellen (⇨197)	Arbeitsauftrag vergeben
A-193 Tätigkeitsberichte analysieren (⇨200)	*Keine Entsprechung vorhanden*
A-179 Anforderungsänderung beurteilen (⇨198)	Problemmeldung/Änderungsantrag bewerten
A-16 Iterationen und Lieferungen planen (⇨194)	Projekt planen
A-282 Anforderungen ändern oder ergänzen (⇨199)	Problemmeldung/Änderungsantrag erstellen
A-283 Anforderungsänderung genehmigen (⇨198)	Änderung beschließen

6.3.4.11 Projektmanagement

Element der Konvention	wird realisiert durch
A-158 Phasenauftaktveranstaltung (⇨176)	*Keine Entsprechung vorhanden*
A-183 Lenkungsausschusssitzung (⇨184)	Projektfortschrittsentscheidung herbeiführen
A-159 Iterationsauftaktveranstaltung (⇨182)	*Keine Entsprechung vorhanden*
A-172 Monats- bzw. Quartalsbericht erstellen (⇨183)	Projekt-Statusbericht erstellen

6.3.5 Einführungsphase

Die Einführungsphase dient dem Test und der Abnahme der kompletten Anwendung, der Auslieferung und Installation sowie der Schulung der Anwender.

In der Projektdurchführungsstrategie der inkrementellen Systementwicklung befindet sich diese Phase am Ende des Projektes, wenn die Lieferung durchgeführt wurde und die Abnahme zu erfolgen hat. Bei komplexen Produkten kann die Einführung über mehrere Iterationen erfolgen, in denen verschiedene Lieferungen durchgeführt werden, also dementsprechend auch mehrere Iterationen dafür anzusetzen sind. Auch dann wird im V-Modell XT der Iterationszyklus nochmals durchlaufen und ggf. neue Anforderungen aufgenommen.

6.3.5.1 Systemerstellung: Subsysteme

Aktivitäten der Systemerstellung spielen in dieser Phase nur noch eine untergeordnete Rolle und dienen lediglich der Anpassung.

Element der Konvention	wird realisiert durch
A-134 Fachklasse realisieren und testen (⇨133)	SW-Modul realisieren

6.3.5.2 Qualitätssicherung, Test, Abnahmen

Die Aktivitäten des Prüfens und Testen bilden einen Aktivitätsschwerpunkt in der Einführungsphase. Die entsprechenden Prüfspezifikationen sind von den verantwortlichen Rollen erzeugt worden.

Element der Konvention	wird realisiert durch
A-262 Produktreview vorbereiten (⇨144)	*Keine Entsprechung vorhanden*
A-175 Enumerationen testen (⇨156)	Systemelement prüfen
A-153 Anwendertest durchführen (⇨156)	Systemelement prüfen
A-61 Testfälle erstellen (⇨154)	Prüfspezifikation *Systemelement erstellen*

A-39 Arbeitsauftragsreview durchführen(⇨143)	Besprechung durchführen
A-263 Produktreview durchführen (⇨145)	Systemelement prüfen
A-261 Meilensteinreview vorbereiten (⇨146)	*Keine Entsprechung vorhanden*
A-18 Meilensteinerreichung überprüfen (⇨147)	Projektfortschrittsentscheidung herbeiführen
A-51 Subsystem testen (⇨155)	Systemelement prüfen

6.3.5.3 Einsatz, Verteilung und Projektexternes

Element der Konvention	wird realisiert durch
A-268 Roll-Out durchführen (⇨167)	Lieferung erstellen und ausliefern
A-144 Anwendung und Daten migrieren (⇨165)	*Keine Entsprechung vorhanden*
A-139 Anwenderdokumentation entwickeln (⇨163)	Nutzungsdokumentation erstellen
A-265 Übergabe der Projektergebnisse an das Wartungsteam (⇨165)	Instandsetzungsdokumentation erstellen
A-266 Projektübergabe an Wartungsteam planen (⇨166)	*Keine Entsprechung vorhanden*

6.3.5.4 Konfigurations- und Umgebungsmanagement

In dieser Detaillierung findet sich die Aktivität *Mitarbeiterarbeitsplatz einrichten* im V-Modell XT nicht wieder. Man kann sie als Bestandteil der Systemintegration betrachten.

Element der Konvention	wird realisiert durch
A-155 Mitarbeiterarbeitsplatz einrichten (⇨171)	*Keine Entsprechung vorhanden*

6.3.5.5 Iterations-, Prozess- und Änderungsmanagement

Element der Konvention	wird realisiert durch
A-249 Aufwandsschätzworkshop durchführen (⇨189)	Schätzung durchführen
A-12 Projekt planen (⇨193)	Projekt planen
A-46 Arbeitsaufträge für Iteration i+1 erstellen (⇨197)	Arbeitsauftrag vergeben
A-193 Tätigkeitsberichte analysieren (⇨200)	*Keine Entsprechung vorhanden*

6.3.5.6 Projektmanagement

In der Einführungsphase sind auch weitere Aktivitäten einzuleiten, die die Projektbetroffenen informieren und in Form von Besprechungen abgehalten werden können.

Element der Konvention	wird realisiert durch
A-158 Phasenauftaktveranstaltung (⇨176)	*Keine Entsprechung vorhanden*
A-183 Lenkungsausschusssitzung (⇨184)	Projektfortschrittsentscheidung herbeiführen

A-172 Monats- bzw. Quartalsbericht erstellen (⇨183)	Projekt-Statusbericht erstellen
A-182 Personalrat über geplante Anwendung informieren (⇨185)	Besprechung durchführen
A-181 Mitbestimmungsverfahren einleiten (⇨186)	Besprechung durchführen

6.3.6 Betriebsphase

Mit Erreichen der Betriebsphase hat das Projekt den Entscheidungspunkt *Projekt abgeschlossen* bereits erreicht. Diese Phase ist im V-Modell XT eigentlich nicht mehr explizit aufgenommen.

6.3.6.1 Einsatz, Verteilung und Projektexternes

Die Schulung der Anwender wird im OEP explizit berücksichtigt. Im V-Modell XT werden diese Maßnahmen indirekt durch das Erstellen von Ausbildungsunterlagen berücksichtigt.

Element der Konvention	wird realisiert durch
A-141 Anwender schulen (⇨164)	Nutzungsdokumentation erstellen Ausbildungsunterlagen erstellen

6.3.6.2 Projektmanagement

Der Abschluss des Projektes wird durch eine entsprechende Sitzung beschlossen.

Element der Konvention	wird realisiert durch
A-183 Lenkungsausschusssitzung (⇨184)	Projektfortschrittsentscheidung herbeiführen

6.3.7 Rollen

Die Rollen innerhalb des OEP und des V-Modell XT unterscheiden sich hauptsächlich in Hinblick auf ihre Granularität. Der OEP ist im weitaus stärkeren Maße darauf ausgelegt, eine Methodik zur Erstellung von Softwaresystemen zu beschreiben. Daraus ergeben sich wesentlich konkreter benannte Rollenbezeichnungen. Die Rollen des V-Modell XT sind hingegen wesentlich abstrakter und umfassen weitere Verantwortlichkeiten. Sie gehen auf die Welt der Softwareentwicklung nicht in dem Maße ein, wie es unter Umständen für sinnvoll erachtet wird, und bezeichnen einige Rollen nicht mit dem in der Umgangssprache vorherrschenden Rollennamen.

Folgend werden die Organisationseinheiten des OEP und die darin enthaltenen Rollen kurz denen des V-Modell XT gegenübergestellt.

6.3.7.1 Technisches Architekturteam

Die Aufgaben des technischen Architekturteams werden am besten durch den Systemarchitekten und Softwarearchitekten abgedeckt. Im OEP überlappen sich die Aufgaben etwas.

Element der Konvention	wird realisiert durch
TechnischeR ArchitektIn	Systemarchitekt, SW-Architekt
System-Framework-EntwicklerIn	SW-Entwickler

6.3.7.2 Wartung

Das Konzept der Wartung ist im V-Modell XT nur in dem Sinne enthalten, dass ein Projekt zur Weiterentwicklung bzw. Migration eines Altsystems aufgesetzt werden kann. Im Rahmen dessen betreibt der Systemarchitekt des V-Modell XT eine Altsystemanalyse. Die Zuordnung der Konventionselemente zum V-Modell XT ist daher nicht eindeutig reglementierbar.

Element der Konvention	wird realisiert durch
FachlicheR ArchitektIn	Systemarchitekt, SW-Architekt
TechnischeR ArchitektIn	Systemarchitekt, SW-Architekt
DesignerIn	SW-Entwickler
DatenbankentwicklerIn	SW-Entwickler

6.3.7.3 Anwendungsentwicklung

Die Organisationsabteilung der Anwendungsentwicklung wird durch Rollen in verschiedenen Vorgehensbausteinen des V-Modell XT abgebildet. Sie betreffen einige der Kernvorgehensbausteine wie Projektmanagement und Qualitätssicherung, aber auch Komponenten aus den Vorgehensbausteinen zur SW-Entwicklung und Systemerstellung.

Element der Konvention	wird realisiert durch
AnwendungsentwicklerIn	SW-Entwickler
SystemanalytikerIn	Systemarchitekt
LeiterIn Qualitätssicherheit	Qualitätsmanager
DialogentwicklerIn	SW-Entwickler
Projekt-KonfigurationsmanagerIn	KM-Verantwortlicher
StapelverarbeitungsprogrammentwicklerIn	SW-Entwickler
DatenbankentwicklerIn	SW-Entwickler
Technische Projektleitung	Projektleiter
Projekt-QualitätsmanagerIn	Qualitätsmanager
Technische(r) RedakteurIn	Technischer Autor

FachlicheR ArchitektIn	SW-Architekt
LeiterIn Anwendungsentwicklung	*Keine Entsprechung vorhanden*

6.3.7.4 Helpdesk

Diese Rollen sind im V-Modell XT nicht explizit aufgeführt.

Element der Konvention	wird realisiert durch
BerechtigungsadministratorIn	*Keine Entsprechung vorhanden*
Helpdesk-MitarbeiterIn	*Keine Entsprechung vorhanden*

6.3.7.5 Betrieb

Die beiden Rollen des OEP haben im V-Modell XT keine entsprechende Bedeutung, da die Phase des Betriebs im V-Modell XT generell unterrepräsentiert ist. Der Systemintegrator erfüllt die notwendigen Voraussetzungen noch am besten.

Element der Konvention	wird realisiert durch
Datenbank-AdministratorIn	*eingeschränkt* SW-Entwickler, Systemintegrator
Operator	*Keine Entsprechung vorhanden*

6.3.7.6 Qualitätssicherung

Die Qualitätssicherung wird im V-Modell XT größtenteils durch den Vorgehensbaustein *Qualitätssicherung* abgedeckt, wobei einzelne Rollen ebenfalls an der Spezifikation von Prüfdokumenten und der Durchführung von Prüfungen beteiligt sind. Je nach Projekt lassen sich also noch spezifischere Rollen im V-Modell XT finden.

Element der Konvention	wird realisiert durch
TesterstellerIn	Prüfer
TestdurchführerIn	Prüfer
TestautomatisiererIn	SW-Entwickler
TestbetreuerIn	Prüfer

6.3.7.7 Support

Die Rollen des Support werden durch das V-Modell XT nur unzureichend unterstützt. Geeignet ist wohl der Systemintegrator in der Anfangsphase des Roll-Out, um entsprechende Aufgaben zu übernehmen.

Element der Konvention	wird realisiert durch
Second-Level-Support	Systemintegrator
InstallationsvorbereiterIn	Systemintegrator

6.3.7.8 Anwender/Fachabteilung

Der OEP kennt in diesem Bereich einige Rollen, die sicherlich sehr detailliert sind und naturgemäß im V-Modell XT nicht vorkommen, wie zum Beispiel den Dienststellenleiter. Andere Rollen, wie die des Prozessverantwortlichen, sind im V-Modell XT nur indirekt wiederzufinden.

Element der Konvention	wird realisiert durch
Fachexperte	eingeschränkt Anforderungsanalytiker (AG)
AnwenderIn	Anwender
Fachliche Projektleitung	Projektleiter (AG)
DienststellenleiterIn	*Keine Entsprechung vorhanden*
TesterIn (AnwenderIn)	eingeschränkt Prüfer
ProzessverantwortlicheR	SW-Architekt Anforderungsanalytiker (AN)

6.3.7.9 Fachliches Architekturteam

Das fachliche Architekturteam wird sehr gut durch die Aufgaben des Softwarearchitekten im V-Modell XT abgedeckt. Einzig der/die DatenmodelliererIn hat einige Schwächen in der konkreten Überdeckung der Aufgaben.

Element der Konvention	wird realisiert durch
DatenmodelliererIn	SW-Architekt, Softwareentwickler
FachlicheR ArchitektIn	SW-Architekt

6.3.7.10 Betriebliche Entscheider

Die betrieblichen Entscheider bilden im OEP oftmals nur eingeschränkte Rollen ab, die Ergebnisse empfangen, aber nicht bei der Ergebnisfindung beteiligt sind (mit Ausnahmen!). Dementsprechend sind sie auch im V-Modell XT nicht exponiert vertreten, und ein Mapping lässt sich nur unzureichend erstellen.

Element der Konvention	wird realisiert durch
AuftraggeberIn	eingeschränkt Projektleiter (AG), Anforderungsanalytiker (AG)
Gesamtprojektleitung	Projektleiter
Lenkungsausschuss	Lenkungsausschuss
Alle Projektmitglieder	*Keine Entsprechung vorhanden*
Hauptpersonalrat	im OEP nur ergebnisempfangend
Verschiedene	*Keine Entsprechung vorhanden*
Personalabteilung	im OEP nur mitwirkend Projektleiter
Controlling	im OEP nur ergebnisempfangend
Rechtsabteilung	*Keine Entsprechung vorhanden*
DV-Leitung	*Keine Entsprechung vorhanden*

6.3.7.11 Schulung/Training

Element der Konvention	wird realisiert durch
TrainerIn	*Keine Entsprechung vorhanden*
TrainingskoordinatorIn	*Keine Entsprechung vorhanden*

6.3.7.12 Roll-Out-Management

Das Roll-Out wird durch den Systemintegrator bewerkstelligt. Der Systemintegrator hat Aufgaben, die mehr im Bereich der Systemintegration liegen, während der Roll-Out-Manager eine stärkere Orientierung zum Auftraggeber hat und dort für die erfolgreiche Lieferung zuständig ist.

Element der Konvention	wird realisiert durch
Roll-Out-ManagerIn	Systemintegrator

7

Anhang

7.1 Glossar

Ablauforganisation (G-209)
Ablauforganisation ist die zeitliche und räumliche Ordnung betrieblicher Prozesse innerhalb des durch die Aufbauorganisation geschaffenen Rahmens.

Abnahmetest (G-636)
Systemtest durch den Kunden zur Übergabe eines neuen oder modifizierten Systems (G-649, ⇨320) in die Produktionsumgebung des Kunden mit dem Ziel der Abnahme der Version durch den Kunden nach den allgemeinen Testkriterien.

Akteur (G-208)
Ein Akteur ist jemand, der an der Durchführung einer Aktivität mitwirkt.
Siehe auch: Aktivität (G-8, ⇨314)

Aktivität (G-8)
Eine Aktivität ist die konkrete Durchführung von definierten Aktionen innerhalb eines Entwicklungsprozesses und Ausprägung eines Aktivitätstyps.
Siehe auch: Aktivitätstyp (G-216, ⇨314)

Aktivitätstyp (G-216)
Ein Aktivitätstyp ist eine abstrakte Beschreibung von Tätigkeiten, um ein oder mehrere definierte Ergebnisse zu erzeugen. Ein Aktivitätstyp ist somit eine Art Arbeitsanleitung.

Analyse (G-811)
Mit Analyse werden alle Aktivitäten im Rahmen des Softwareentwicklungsprozesses bezeichnet, die der Ermittlung, Klärung und Beschreibung der Anforderungen an das System dienen (d.h. die Klärung, was das System leisten soll). Im Gegensatz zur Anforderungsanalyse findet dies in der Sprache der Softwareentwickler statt (z.B. UML).
Siehe auch: Anforderungsanalyse (G-388, ⇨314)

Änderungsmanagement (Organisationseinheit, G-220)
Entscheidungs- und Steuerungsgremium für das Änderungsmanagement.

Änderungsmanagement (Tätigkeit, G-219)
Management zur Aufnahme, Verfolgung und Durchführung von Änderungen, Erweiterungen und Fehlerbeseitigung.

Anforderungsanalyse (G-388)
Teil des Softwareentwicklungsprozesses und Menge von Entwicklungsaktivitäten, die der Identifizierung, Analyse und Beschreibung von Anforderungen an die zu erstellende Software dienen.
Siehe auch: Analyse (G-811, ⇨314)

Anforderungsspezifikation (G-574)
Ein Dokument, das alle Anforderungen an ein zu erstellendes Produkt beschreibt.
Siehe auch: Pflichtenheft (G-572, ⇨318), Lastenheft (G-573, ⇨317)

Arbeitsauftrag (G-225)
Ein Arbeitsauftrag definiert ein möglichst objektiv nachprüfbares Ergebnis, das von einer oder wenigen Personen erstellt werden soll. Typischerweise ist jeder Mitarbeiter pro Iteration an mehreren Arbeitsaufträgen beteiligt. Ein Arbeitsauftrag ist häufig kürzer, aber nie länger als eine Iteration. Rahmenbedingungen wie geschätzter bzw. geplanter Aufwand, Start- und Endtermin, Form und Qualität des Ergebnisses, ggf. einzusetzende Werkzeuge u.Ä. werden beschrieben.

Arbeitspaket (G-226)
Eine Menge von konkreten Arbeitsaufträgen oder die Beschreibung einer Aufgabe, die in mehrere konkrete Arbeitsaufträge zerlegbar ist.
Siehe auch: Arbeitsauftrag (G-225, ⇨314)

Architekturprototyp (G-228)
Ein Prototyp (G-335, ⇨319), mit dem die prinzipielle Brauchbarkeit und Funktionsfähigkeit einer technischen oder fachlichen Architektur nachgewiesen werden soll.
Siehe auch: Prototyp (G-335, ⇨319)

Artefakt (G-24)
Ein Artefakt ist ein Synonym für Produkt. Als Artefakte werden jegliche Produkte bezeichnet, die im Rahmen des Softwareentwicklungsprozesses erzeugt werden (Klassen, Testfälle, Projektpläne, Code etc.).

Audit (G-233)
Ein Audit ist eine Untersuchung einer Organisationseinheit oder eines Projektes, um die Einhaltung und Wirksamkeit von Regelungen, Verfahren und Standards zu ermitteln und zu dokumentieren.
Siehe auch: Inspektion (G-274, ⇨316), Review (G-347, ⇨319)

Baseline (G-647)
Überprüfte und genehmigte Spezifikation

Benchmark (G-648)
Test (G-368, ⇨320) zur Messung der Leistungsfähigkeit eines Systems (G-649, ⇨320) oder Moduls (G-694, ⇨318).

Black-Box-Test (G-644)
Test (G-368, ⇨320) eines Moduls (G-694, ⇨318), einer Komponente oder eines Systems (G-649, ⇨320) auf Basis der Anforderungen und Spezifikation ohne Kenntnis der Implementation.

Siehe auch: White-Box-Test (G-645, ⇨320), Grey-Box-Test (G-646, ⇨316)

Bootstrap (G-650)
Europäische Variante des Capability Maturity Model (CMM, G-654, ⇨315). Die Reifegrade wurden um eine Ebene im initialen Bereich erweitert und die ISO 9000 ff. (G-687, ⇨317) Norm wurde explizit integriert.
Siehe auch: Capability Maturity Model (CMM, G-654, ⇨315)

Bug (G-653)
engl.: Käfer, Wanze
Siehe auch: Fehler (G-673, ⇨316)

Build (G-236)
Ein Build ist eine gewöhnlich unvollständige und vorübergehende, aber ausführbare Version eines in Entwicklung befindlichen Systems.
Siehe auch: Version (G-188, ⇨320), Release (G-344, ⇨319)

Capability Maturity Model (CMM, G-654)
Bewertungsmodell für die Qualität von Prozessen, welche auf Reifegraden beruht. Es lässt sich direkt ein Maßnahmenkatalog ableiten, um von einer Stufe auf die nächsthöhere zu gelangen, wobei Stufen jedoch nicht übersprungen werden können. Das Erreichen einer höheren Stufe dauert ca. zwei Jahre.

Change Control (G-657)
Formeller Prozess, durch den ein System (G-649, ⇨320) nach der Bildung einer Baseline (G-647, ⇨314) geändert wird.

Change Control Board (G-658)
Gremium, das gemäß der Change Control (G-657, ⇨315) die Änderungen an einem System (G-649, ⇨320) genehmigt oder ablehnt.

Change Management (G-659)
Management von Änderungen an einem System (G-649, ⇨320) oder einem Teil davon. Die Änderungen erfolgen gezielt, dokumentiert, geplant und versioniert, um jederzeit Überblick über Art, Umfang, Umfeld, Beteiligte und Grund von Änderungen zu haben.

Configuration Control (G-661)
Formaler Prozess, bei dem alle Änderungen am System (G-649, ⇨320) genau protokolliert werden: wer wann was warum wo und in welcher Version (G-188, ⇨320) geändert hat.

Configuration Item (G-662)
Eindeutig identifizierbarer Teil oder Sammlung identifizierbarer Teile, die vom Konfigurationsmanagement (G-689, ⇨317) als eine Einheit betrachtet werden.

Debugging (G-664)
Lokalisieren und Beseitigen eines Bugs im Programm-Code.

Design (G-32)
Mit Design werden alle Aktivitäten im Rahmen des Softwareentwicklungsprozesses bezeichnet, mit denen ein Modell logisch und physisch strukturiert wird und die dazu dienen zu beschreiben, wie das System die in der Analyse beschriebenen Anforderungen erfüllt. Ein Design ist ein Lösungskonzept.

Diagramm (G-750)
Ein Diagramm ist die grafische Repräsentation eines Modells bzw. Ausschnitt eines Modells.
Siehe auch: Modell (G-780, ⇨317)

Domänenexperte (G-751)
Ein Experte in einem bestimmten Fachgebiet (einer Domäne).

Domänenmodell (G-34)
Ein Modell, beispielsweise ein Klassenmodell, welches die fachlich relevanten Sachverhalte repräsentiert, nicht aber technisch oder fachfremd motivierte Sachverhalte.

Entität (G-806)
Eine Entität bzw. Entitätsklasse ist eine Informationsklasse, d.h., ihre Verantwortlichkeit ist das Aufnehmen und Verwalten von Daten. Ein konkretes Exemplar wird als Entitätsobjekt bezeichnet. Entitätsklasse wird oft von Fachklassen abgeleitet bzw. synonym verwendet.
Siehe auch: Fachklasse (G-53, ⇨316)

Entwicklungsprozess (G-41)
Repräsentiert die zeitliche Perspektive und die Abfolge der Aktivitäten zur Erstellung eines Produktes.
Siehe auch: Vorgehensmodell (G-380, ⇨320)

Ergebnisstruktur (G-48)
Gliederung eines Ergebnisses.

Ergebnistyp (G-246)
Ein Ergebnistyp ist ein abstrahiertes Ergebnis, d. h., es wird damit definiert, welche Inhalte, Struktur und Form ein bestimmter Typ von Ergebnissen hat (syntaktische und semantische Beschreibung). Zur Beschreibung des Ergebnistyps gehören auch Aussagen zur Qualität und Granularität.

Ergonomie (G-667)
Zielt auf die Verbesserung der Leistungsfähigkeit von Arbeitssystemen (G-649, ⇨320) bei gleichzeitiger Minimierung der auf den arbeitenden Menschen einwirkenden Belastungen.

Evolutionäres Vorgehen (G-247)
Vorgehen, bei dem ausgehend von zunächst unvollständigen Anforderungen ein Ergebnis in mehreren aufeinander aufbauenden Zwischenschritten erstellt wird.

Fachabteilung (G-249)
Eine Fachabteilung ist eine aus Sicht der DV-Abteilung andere Organisationseinheit, die Anforderungen an Softwaresysteme hat und ein möglicher Auftraggeber für DV-Projekte ist.

Fachexperte (G-814)
Jemand, der sich in einem Fachgebiet gut auskennt. Nicht notwendigerweise ein Anwender.

Fachklasse (G-53)
Fachlich motivierte Klasse, die einen Begriff aus dem Problembereich des zu entwickelnden Systems repräsentiert. Sie ist Bestandteil der Analysemodelle zur Systementwicklung. Fachklasse und Geschäftsklasse werden oft synonym verwendet.
Siehe auch: Entität (G-806, ⇨315), Geschäftsklasse (G-810, ⇨316)

Feature (G-759)
Ein Feature ist eine Sammlung einer Menge einzelner Anforderungen jedweder Granularität.

Fehler (G-673)
Ein von impliziter oder expliziter Spezifikation abweichendes Verhalten oder abweichender Zustand.

Fehlermodell (G-677)
Statistisches Rechenmodell, das anhand von Annahmen über eine durchschnittliche Fehlerdichte Rückschlüsse auf ein Fehlerabbruchkriterium sowie Test- und Korrekturaufwände ermöglicht.

Freigabetest (G-679)
Systemtest zur Überprüfung der Übergabefähigkeit in den Produktionsbetrieb.

Function Point (G-680)
Sprachunabhängige Aufwandsmetrik (G-693, ⇨317) anhand der Feinspezifikation.

Gesamttest (G-681)
Durchführung aller Testfälle für ein System (G-649, ⇨320)

Geschäftsanfall
Wahrnehmbare körperliche Muskelkontraktion, die mit einer exorbitanten Zunahme an Gewaltbereitschaft gepaart ist.

Geschäftsanwendungsfall
Ein Geschäftsanwendungsfall beschreibt einen geschäftlichen Ablauf, wird von einem geschäftlichen Ereignis ausgelöst und endet mit einem Ergebnis, das für den Unternehmenszweck und die Gewinnerzielungsabsicht direkt oder indirekt einen geschäftlichen Wert darstellt.
⇨Kerngeschäftsanwendungsfall, ⇨Unterstützender Geschäftsanwendungsfall.

Geschäftsklasse (G-810)
Fachliche motivierte Klasse, die einen Begriff aus dem Problembereich des Geschäfts repräsentiert. Sie ist Bestandteil der Geschäftsprozessmodellierung. Fachklasse und Geschäftsklasse werden oft synonym verwendet.
Siehe auch: Fachklasse (G-53, ⇨316)

Geschäftsprozess
Ein Geschäftsprozess ist eine Zusammenfassung einer Menge fachlich verwandter Geschäftsanwendungsfälle. Dadurch bildet ein Geschäftsprozess gewöhnlich eine Zusammenfassung von organisatorisch evtl. verteilten, fachlich jedoch zusammenhängenden Aktivitäten, die notwendig sind, um einen Geschäftsvorfall (z.B. einen konkreten Antrag) ergebnisorientiert zu bearbeiten. Die Aktivitäten eines Geschäftsprozesses stehen gewöhnlich in zeitlichen und logischen Abhängigkeiten zueinander.

Geschäftsprozesskette
⇨Geschäftsprozess

Geschäftsprozessmodellierung
Bei der Geschäftsprozessmodellierung werden Geschäftsprozesse analysiert und in abstrakter Form zur Veranschaulichung bildhaft oder textuell dargestellt.

GP
⇨Geschäftsprozess

GPM
⇨Geschäftsprozessmodellierung

Grey-Box-Test (G-646)
Kompromiss aus Black-Box-Test (G-644, ⇨314) und White-Box-Test (G-645, ⇨320), bei dem Kenntnisse über die zentralen Implementationspunkte und allgemeine Implementationstechniken vorliegen, um einen „Testfall (E-59)" (⇨235) optimiert zu erstellen.
Siehe auch: Black-Box-Test (G-644, ⇨314) , White-Box-Test (G-645, ⇨320)

Heuristik (G-265)
Eine Heuristik ist eine wahrscheinlichkeitsbehaftete Regel, also eine sog. Daumen-Regel, die nicht immer, aber in vielen oder den meisten Fällen zutrifft.

Inch-Pebble (G-808)
Ein Inch-Pebble (Checkpoint) ist ein Zeitpunkt innerhalb einer Iteration, zu dem eine Menge zusammenlaufender Arbeitsaufträge synchronisiert wird.
Siehe auch: Meilenstein (G-294, ⇨317)

Inkrement (G-69)
Ein Inkrement ist die Erweiterung eines Produktes. Ein Inkrement ist gewöhnlich gekennzeichnet durch die Differenz zwischen zwei Builds (G-236, ⇨315). Auch das Teilergebnis, das innerhalb einer Iteration entstanden ist, wird Inkrement genannt.
Siehe auch: Build (G-236, ⇨315)

Inkrementelles Vorgehen (G-267)
Eine Vorgehensweise, bei der ein Produkt schrittweise in wachsenden Zwischenprodukten entsteht.
Siehe auch: Inkrement (G-69, ⇨316)

Inspektion (G-274)
Eine Sitzung zur Überprüfung einzelner Dokumente und Ergebnisse, vgl. Review (G-347, ⇨319).
Siehe auch: Audit (G-233, ⇨314) , Review (G-347, ⇨319)

Inspektion (G-684)
Überprüfung eines Systems (G-649, ⇨320) nach dessen Fertigstellung.

Integration (G-270)
Zusammenfügen von Teilsystemen oder Komponenten zu einem Gesamtsystem.

Integrationstest (G-686)
Den Systembau abschließender Test, der die gelungene Integration aller Teile eines Systems (G-649, ⇨320) prüft, jedoch keinen vollständigen Systemtest umfasst.

ISO 9000 ff. (G-687)
Aus vier Normen bestehender Normenverbund, der die Grundlage zur Sicherung von Qualität branchenunabhängig in Produktions- und Dienstleistungsbereichen festlegt. Die ISO 9000 ff. von 1994 wurde 2000 in einer überarbeiteten Version erweitert und neu festgelegt. In einer Übergangszeit bis 2003 galten beide Varianten parallel.

Iteration (G-76)
Eine Iteration ist ein in ähnlicher Weise mehrfach vorkommender Zeitabschnitt in einem Prozess. Iterationen können Timeboxen sein. Eine Iteration entsteht durch die zeitliche Einteilung des Entwicklungsprozesses in mehrere gleichartige Zeitabschnitte (Iterationen). Innerhalb jeder Iteration wird gewöhnlich ein Mikroprozess durchlaufen (Analyse – Design – Implementierung – Test).
Siehe auch: Inkrement (G-69, ⇨316), Timebox (G-807, ⇨320)

Iteratives Vorgehen (G-77)
Ein Vorgehen, bei dem der Entwicklungsprozess in mehrere gleichartige Zeitabschnitte (Iterationen) geteilt wird.
Siehe auch: Iteration (G-76, ⇨317)

Klassenmodell
Ein Modell, das ausschließlich oder vorwiegend Klassen (auch Schnittstellen und Typen) enthält und die Beziehungen dieser Elemente untereinander beschreibt. Meistens wird es durch ein oder mehrere Klassendiagramme dargestellt.

Kohärenz (G-775)
Zusammenhang, Zusammengehörigkeit

Komponente (G-587)
Eine Komponente ist ein unabhängig verwendbares Stück Software, bestehend aus einer Schnittstelle, einem Typmodell, einer Implementierung und einem Executable.

Konfigurationskontrolle (G-688)
Verfolgung der Änderungen von Configuration Items (G-662, ⇨315) und deren lückenlose Dokumentation.

Konfigurationsmanagement (G-689)
Verwaltung aller systemrelevanten Komponenten einer bestimmten Konfiguration zu zusammengehörigen, eindeutigen Versionen (G-188, ⇨320). Grundlage ist eine Versionsverwaltung aller modifizierbarer Elemente (Configuration Items (G-662, ⇨315)) einer Konfiguration wie dem Quellcode, genutzten Komponenten, spezieller Hardware, Dokumenten usw.

Lastenheft (G-573)
Ein Lastenheft beschreibt Funktionen, Leistungen und Schnittstellen eines zu beschaffenden oder zu entwickelnden Produktes für potenzielle Auftragnehmer, so dass diese den Gebrauchszweck und die Eigenschaften erkennen können, die für die Abgabe von Angeboten erforderlich sind.
Während das Lastenheft (G-573, ⇨317) vor allem in der Angebotsphase relevant ist, ist das Pflichtenheft (G-572, ⇨318) hingegen meistens ein Vertragsbestandteil.
Definition angelehnt an VDI/VDE-Richtlinie Nr. 3694: Lastenheft/Pflichtenheft für den Einsatz von Automatisierungssystemen.
Siehe auch: Pflichtenheft (G-572, ⇨318)

Life Cycle (G-690)
Lebenszyklus von Systemen (G-649, ⇨320) von der Anforderungsanalyse zum Abnahmetest (G-636, ⇨314) über die Wartung bis zur Außerbetriebnahme.

Linienorganisation (G-575)
Auf Dauer angelegte Organisation, um bestimmte Ziele zu verfolgen und sich wiederholende Aufgaben wahrzunehmen.
Siehe auch: Projekt (G-328, ⇨319), Projektorganisation (G-332, ⇨319)

Meilenstein (G-294)
Ein Meilenstein definiert einen Termin, zu dem eine Menge von Ergebnissen in vorgegebener Detaillierung und Vollständigkeit nachprüfbar und formal dokumentiert vorliegen muss. Liegen die Ergebnisse zum geplanten Termin nicht vor, wird der Meilenstein verschoben. Ein Meilenstein ist ein Hilfsmittel zur Planung und Überwachung eines Entwicklungsprozesses.
Siehe auch: Phase (G-321, ⇨318) , Inch-Pebble (G-808, ⇨316)

Methode (G-97)
Eine Methode ist eine Handlungsvorschrift, die beschreibt, wie ein Ziel bzw. Ergebnis unter gegebenen Bedingungen erreicht werden kann.

Metrik (G-693)
Normiertes Messsystem zum Vergleich bestimmter Eigenschaften komplexer Systeme (G-649, ⇨320).

Migration (G-100)
Ist der Wechsel grundlegender Softwareprogramme und/oder die Transformation von Daten in neue Formate (aus Wikipedia).

Modell (G-780)
Ein Modell ist ein Abbild einer konkreten Sache in vereinfachter Form mit dem Ziel, etwas zu veranschaulichen und zu einem besseren Verständnis beizutragen. Innerhalb eines Modellierungswerkzeuges (z.B. für UML) wird als Modell die Summe aller gespeicherten Informationen angesehen. Einzelne Diagramme repräsentieren grafisch einen bestimmten Ausschnitt dieses Modells. Nicht jede Modellinformation muss dabei in einem Diagramm enthalten sein. Eine Modellinformation kann jedoch in verschiedenen Diagrammen enthalten sein.
Siehe auch: Diagramm (G-750, ⇨315)

Modul (G-694)
Im jeweiligen Betrachtungsmaßstab sinnvolle kleinste Einheit eines Systems (G-649, ⇨320). (Dies ist eine sehr umfassende und eher pragmatische Definition.)

Modultest (G-695)
White-Box-Test (G-645, ⇨320) der Systementwicklung von einzelnen, funktionsfähigen Teilen. Diese können je nach Bedarf auf Methoden-, Klassen-, Paket-, Komponenten- oder Systemebene angewendet werden.

Norm (G-305)
Eine Norm ist die Vorgabe eines Handlungsmusters, das befolgt, oder einer Qualität, die eingehalten werden muss. Sie dient dazu, unabhängig voneinander entstehende Artefakte mit einheitlichen Eigenschaften oder Qualitäten herzustellen.
Siehe auch: Richtlinie (G-348, ⇨319)

Object Engineering Process (OEP, G-311)
Der OEP ist ein seit Mitte der 1990er Jahre existierendes Vorgehensmodell und Leitfaden zur agilen objektorientierten Softwareentwicklung, basierend auf UML und Unified Process. Siehe http://www.oose.de/oep. Wurde 2006 umbenannt in oose Engineering Process (OEP).

oose Engineering Process (G-1017)
Der OEP ist ein seit Mitte der 1990er Jahre existierendes Vorgehensmodell und Leitfaden zur agilen objektorientierten Softwareentwicklung, basierend auf UML und Unified Process. Siehe http://www.oose.de/oep. Wurde 2006 umbenannt von Object Engineering Process in oose Engineering Process (OEP).

Organigramm
⇨Organisationsplan

Organisation
Eine Organisation besteht aus Organisationseinheiten und strukturiert diese zielorientiert. Sie kann aufgabenbezogen als ablauf- oder strukturbezogen als Aufbauorganisation in Form eines bildhaften Organisationsplans dargestellt werden.
⇨Organisationseinheit

Organisationseinheit (G-317)
Eine Gruppe von Personen innerhalb eines Unternehmens, die eine definierte Rolle wahrnehmen. Die Organisationseinheit ist ein Element der Aufbauorganisation des Unternehmens. Die unterste Ebene ist gewöhnlich die Abteilung.

Organisationsplan
Ein Organisationsplan ist die grafische Darstellung struktureller Beziehungen zwischen Organisationseinheiten eines betrachteten Unternehmens.
⇨Organisation, ⇨Organigramm

Pflichtenheft (G-572)
Ein Pflichtenheft ist eine Anforderungsspezifikation für ein zu erstellendes Produkt. Es beschreibt Funktionen, Leistungen und Schnittstellen eines Produktes so weit, dass Auftragnehmer und Auftraggeber auf dieser Basis die Erfüllung der beschriebenen Eigenschaften nachweisen bzw. überprüfen können.
Während also das Lastenheft (G-573, ⇨317) vor allem in der Angebotsphase relevant ist, ist das Pflichtenheft meistens ein Vertragsbestandteil.
Definition angelehnt an VDI/VDE-Richtlinie Nr. 3694: Lastenheft/Pflichtenheft für den Einsatz von Automatisierungssystemen. Siehe auch DIN 69901.
Siehe auch: Lastenheft (G-573, ⇨317)

Phase (G-321)
Eine Phase ist ein zeitlicher bzw. sachlogischer Gliederungsabschnitt eines Projektes. Eine Phase fasst eine Menge von Aktivitäten und Ergebnissen zu einer Planungs- und Kontrolleinheit zusammen. Am Ende jeder Phase steht ein Meilenstein (G-294, ⇨317), der die in der Phase zu erzielenden Inhalte definiert.
Siehe auch: Iteration (G-76, ⇨317), Meilenstein (G-294, ⇨317), Timebox (G-807, ⇨320)

Pilot, Pilotprojekt (G-322)
Ein Pilot ist ein mit einer bestimmten Verfahrensweise oder Architektur erstmals erstelltes vollständiges Ergebnis, mit dem gewöhnlich die Brauchbarkeit nachgewiesen werden soll. Während ein Prototyp (G-335, ⇨319) nur ausgewählte Aspekte des endgültiges Produktes repräsentiert, ist ein Pilot ein vollständiges und rahmenbedingungskonformes Ergebnis. Ein Pilotprojekt ist ein Projekt, mit dem ein Pilot erstellt werden soll.
Siehe auch: Prototyp (G-335, ⇨319)

Primärer Anwendungsfall (G-578)
Mit primären Anwendungsfällen sind solche Anwendungsfälle gemeint, die primär und unmittelbar dem Geschäftszweck entspringen. Im Unterschied dazu sind sekundäre Anwendungsfälle solche, die sich auf Basis der primären im Laufe des Analyseprozesses ergeben, beispielsweise durch Abstraktion, Dekomposition und Restrukturierung des Anwendungsfallmodells.
Siehe auch: Sekundärer Anwendungsfall (G-579, ⇨319)

Problembereich (G-127)
Anwendungsgebiet bzw. Problembereich, innerhalb dessen die fachliche Modellierung stattfindet. Als Problembereichsmodell (Domänenmodell) wird in der Regel der Teil des Gesamtmodells verstanden, der sich auf den eigentlichen fachlichen Problembereich bezieht (auch fachliches Modell genannt). Technische, querschnittliche und ähnliche Aspekte gehören nicht dazu.

Produktkarton (G-1015)
Beschreibt den Namen, die Voraussetzungen und die Leistungen (Features) eines Produktes.

Projekt (G-328)
Ein Projekt ist ein einmaliges Vorhaben, das zeitlich, finanziell und personell begrenzt ist und zur Erreichung eines definierten Ziels geschaffen wird. Ein Projekt verfügt über eine projektspezifische Organisation.

Projektmanagement (G-331)
Gesamtheit der Aufgaben und Techniken zur Führung und Organisation eines Projektes.

Projektname (G-1016)
Der Projektname ist wichtig zur Identifikation der Beteiligten mit dem Projekt.

Projektorganisation (G-332)
Gesamtheit der Organisationseinheiten eines Projektes. Gewöhnlich setzt sich die Projektorganisation aus Bestandteilen der vorhandenen Betriebsorganisation zusammen.

Projektplan (G-333)
Ein Plan, der den grundsätzlichen „Fahrplan" des Projektes darstellt. Er enthält Meilensteine (G-294, ⇨317) und beschreibt die vorgesehenen Phasen (G-321, ⇨318) und Iterationen (G-76, ⇨317) des Projektes.
Siehe auch: Iteration (G-76, ⇨317), Meilenstein (G-294, ⇨317), Phase (G-321, ⇨318), Softwareentwicklungsplan (G-358, ⇨320)

Prototyp (G-335)
Ein Prototyp ist ein vorläufiges oder temporäres Produkt, mit dem ausgewählte Eigenschaften oder Aspekte des zu entwickelnden endgültigen Produktes erfahrbar und beurteilbar gemacht werden sollen. Prototypen können explorativ sein, d. h. zur Erforschung eines Sachverhaltes dienen, sie können experimentell sein, d. h. zur Überprüfung der Machbarkeit oder Funktionsfähigkeit dienen, oder evolutionär sein, d. h. vorab ein Teilprodukt bereitstellen.

Prototyping (G-336)
Herstellung eines Prototyps (G-335, ⇨319).

Prozessmodell (G-134)
Prozessmodell kann gewöhnlich mit Vorgehensmodell gleichgesetzt werden, wobei der Begriff Vorgehensmodell häufiger für die Durchführung von Aktivitäten durch Menschen gebraucht wird und Prozessmodell häufiger für die automatisierte Durchführung von Aktivitäten.

Qualitätsmanagement (G-137)
Qualitätsmanagement (QM) umfasst Managementaufgaben mit dem Ziel der Optimierung von Arbeitsabläufen oder von Geschäftsprozessen unter der Berücksichtigung vor allem qualitativer Aspekte.

Qualitätsmanagement-System (G-138)
Vielzahl aufeinander abgestimmter Maßnahmen und Werte zum Qualitätsmanagement.
Siehe auch: Qualitätsmanagement (G-137, ⇨319)

Qualitätssicherung (G-338)
Maßnahmen, die zur Erlangung, Steigerung oder Kontrolle von Qualität beitragen. Dazu gehören planerische Maßnahmen, konstruktive Maßnahmen (Werkzeuge, Richtlinien, Konventionen etc.), analytische Maßnahmen (Test, Validierung, Verifizierung).

Release (G-344)
Ein Build (G-236, ⇨315), das an den Auftraggeber (bzw. Produktempfänger) ausgeliefert werden kann.
Siehe auch: Build (G-236, ⇨315)

Repository (G-148)
Zentrale Informationsablage.

Review (G-347)
Ein Review ist eine Sitzung zur kritischen Begutachtung des aktuellen Projektstands auf Basis repräsentativer (Teil-)Ergebnisse mit dem Ziel, den Status zu ermitteln und mögliche Beiträge zur weiteren Problemlösung aufzunehmen.
Siehe auch: Audit (G-233, ⇨314), Inspektion (G-274, ⇨316)

Richtlinie (G-348)
Eine Richtlinie ist die Vorgabe eines Handlungsmusters, das befolgt, oder einer Qualität, die eingehalten werden sollte. Sie dient dazu, unabhängig voneinander entstehende Artefakt (G-24, ⇨314) mit einheitlichen, ähnlichen oder vergleichbaren Eigenschaften oder Qualitäten herzustellen.
Siehe auch: Artefakt (G-24, ⇨314), Norm (G-305, ⇨318)

Risikomanagement (G-151)
Risikomanagement ist der planvolle Umgang mit Risiken.

Rolle (G-407)
Eine Rolle ist ein abstrakter Platzhalter für jemanden, der an der Durchführung einer Aktivität mitwirkt, wobei ausgedrückt wird, in welcher Rolle er dabei mitwirkt. Der Begriff Rolle hat sich innerhalb von Vorgehensmodellen etabliert, während im Rahmen der Anwendungsfallanalyse eher von Akteuren die Rede ist.
Siehe auch: Aktivität (G-8, ⇨314)

Sekundärer Anwendungsfall (G-579)
In Abgrenzung zu normalen (primären) Anwendungsfällen sind mit sekundären Anwendungsfällen solche gemeint, die erst durch funktionale Zerlegung von Anwendungsfällen entstehen, d.h. durch die Anwendung von Generalisierungs-, Include- und Extend-Beziehungen.
Beispielsweise können mit Hilfe der Include-Beziehungen redundante Beschreibungen in Anwendungsfällen herausgelöst werden. Die so entstehenden Anwendungsfälle werden als sekundäre, mittelbare oder abgeleitete Anwendungsfälle bezeichnet.
Siehe auch: Primärer Anwendungsfall (G-578, ⇨318)

Sequenzielles Vorgehen (G-158)
Vorgehensweise, bei der einzelne Aktivitäten nacheinander und nicht gleichzeitig bzw. nebeneinander durchgeführt werden.

Softwareentwicklungsplan (G-358)
Zusammenfassung aller zur Projekt- und Iterationsplanung notwendigen Unterlagen und Ergebnisse.

Standard (G-360)
Eine Richtlinie (G-348, ⇨319) oder Konvention, um bestimmte Mindesteigenschaften sicherzustellen.
Siehe auch: Richtlinie (G-348, ⇨319)

Systemanwendungsfall (G-583)
Ein Systemanwendungsfall ist ein Anwendungsfall, der Sachverhalte und Geschäftsprozesse beschreibt, die innerhalb der zu entwickelnden Software liegen und von dieser zu berücksichtigen sind.

Test (G-368)
Testen ist eine Tätigkeit mit der Absicht, Fehler zu finden. Ein Test kann die Existenz eines Fehlers beweisen. Die Abwesenheit von Fehlern ist nicht beweisbar.

Timebox (G-807)
Eine Timebox definiert einen unverrückbaren Zeitrahmen, in dem eine Menge von Ergebnissen in vorgegebener Detaillierung und Vollständigkeit vorliegen soll. Liegen die Ergebnisse nicht wie geplant vor, werden die offenen Teile in eine nachfolgende Timebox verschoben. Hierzu werden zum geplanten Endtermin die tatsächlich erreichten Ergebnisse bestimmt. Eine Timebox ist ein Hilfsmittel zur Planung und Überwachung eines Entwicklungsprozesses.
Siehe auch: Timeboxing (G-595, ⇨320)

Timeboxing (G-595)
Timeboxing ist ein Verfahren, bei dem für eine oder mehrere Aktivitäten ein fester Zeitrahmen festgelegt wird. Der Endtermin ist dabei wichtiger als die Vollständigkeit des Ergebnisses.

Validierung (G-375)
Überprüfung, ob das richtige Ergebnis bzw. Produkt hergestellt wurde.

Version (G-188)
Eine bestimmte Fassung einer Software.

Vorgehensmodell (G-380)
Modellhafte und häufig formale Beschreibung, wie in Projekten vorgegangen werden soll.

White-Box-Test (G-645)
Test (G-368, ⇨320) auf System- (G-649, ⇨320), Komponenten- oder Subsystemebene unter genauer Kenntnis der Implementation.
Siehe auch: Black-Box-Test (G-644, ⇨314), Grey-Box-Test (G-646, ⇨316)

Wiki
Ein Wiki ist eine von Ward Cunningham initiierte Open-Source-Technologie zum kooperativen Erstellen von Internet- und Intranetseiten, d.h., jeder Benutzer darf jederzeit alles lesen, ändern und neue Seiten hinzufügen. Die Benutzung ist extrem einfach. *Wiki-Wiki* kommt aus dem Hawaianischen und heißt *schnell*. Auch die Taxis heißen dort so. Einfach ausprobieren unter http://c2.com/cgi/ wiki?WikiWiki

Worker (G-406)
Alternative Bezeichnung für Rolle.

Workflow
Ein Workflow ist die computergestützte Automatisierung und Unterstützung eines Geschäftsprozesses oder eines Teils davon.

7.2 Literatur

[Jacobson-1999]
I. Jacobson, G. Booch, J. Rumbaugh: *The Unified Software Development Process*, Addison-Wesley Longman, 1999.

[Kruchten-1998]
P. Kruchten: *The Rational Unified Process – An Introduction, 3rd edition*, Addison-Wesley Longman, 2004.

[Larman-2003]
C. Larman, V. R. Basili: *Iterative and Incremental Development: a Brief History*, in: IEEE Computer, 06/2003.

[Madden-1984]
R. Madden: *Design, Development, Integration: Space Shuttle Flight Software, in:* Communications of the ACM, 11/1984.

[OEP-1999]
oose Engineering Process (OEP): www.oose.de/oep

[Oestereich-2004-GPM]
B. Oestereich, C. Weiss, C. Schröder, T. Weilkiens, A. Lenhard: *Objektorientierte Geschäftsprozessmodellierung mit der UML*, 1. korr. Nachdruck, dpunkt.verlag, 2004.

[Oestereich-2006-APM]
B. Oestereich: *Die Kunst guten Projektmanagements, Timeboxing und agiles iteratives Management von Softwareprojekten*, dpunkt.verlag, erscheint 2006.

[Oestereich-2006-interPM]
B. Oestereich (Hrsg.): *Agiles Projektmanagement, Beiträge zur interdisziplinären Konferenz interPM*, dpunkt.verlag, 2006.

[Rausch-2006]
A. Rausch, M. Broy: *Das V-Modell XT - Grundlagen, Erfahrungen und Werkzeuge,* dpunkt.verlag, erscheint 2006.

[Royce-1970]
W. R. Royce: *Managing the Development of Large Software Systems*, in: Proceedings IEEE WESCON, 08/1970.

[VMXT-2006]
V-Modell XT: http://www.v-modell-xt.de/

[Weilkiens-2004]
T. Weilkiens, C. Schröder: *Praxisbericht, Erste Projekt-Erfahrungen mit der UML 2.0*, in: Objekt-Spektrum, 3/2004.

[Zockoll-2005]
G. Zockoll, L. Gummels, H. Krasemann: *Iterativ-inkrementelle Entwicklung mit UML 2 im Projekt HALIS – Seehafen Kiel,* Vortrag auf OOP-Konferenz München 2005.

7.3 Index